Arte da fuga

ARTE DA FUGA

*A história do homem que fugiu de
Auschwitz para alertar o mundo*

Jonathan Freedland

Tradução de George Schlesinger

Copyright © 2022 by Jonathan Freedland
Proibida a venda em Portugal.

TÍTULO ORIGINAL
The Escape Artist: The Man Who Broke Out of Auschwitz to Warn the World

COPIDESQUE
João Sette Camara

REVISÃO
Eduardo Carneiro
Laiane Flores

REVISÃO TÉCNICA
Lenilton Araujo

ADAPTAÇÃO DE PROJETO GRÁFICO E DIAGRAMAÇÃO
Ilustrarte Design

Mapas desenhados por Nicky Barneby, Barneby Ltd.
O mapa de Auschwitz I e as legendas no mapa de Auschwitz II foram adaptados de mapas de Nikola Zimring, Rudolf Vrba Archives, LLC 2018, usado com permissão.

DESIGN DE CAPA
© gray318, sobre foto do campo de Auschwitz da Alamy

CIP-BRASIL. CATALOGAÇÃO NA PUBLICAÇÃO
SINDICATO NACIONAL DOS EDITORES DE LIVROS, RJ

F93a

    Freedland, Jonathan, 1967-
    Arte da fuga : a história do homem que fugiu de Auschwitz para alertar o mundo / Jonathan Freedland ; tradução George Schlesinger. - 1. ed. - Rio de Janeiro : Intrínseca, 2023.
    376 p. : il. ; 23 cm.

    Tradução de: The escape artist: the man who broke out of Auschwitz to warn the world
    Inclui bibliografia e índice
    ISBN 978-65-5560-738-3

    1. Vrba, Rudolf. 2. Holocausto judeu (1939-1945). 3. Holocausto - Sobreviventes - Biografia. I. Schlesinger, George. II. Título.

23-83590   CDD: 940.5318092
                 CDU: 929:94(100)'1939-1945'

Gabriela Faray Ferreira Lopes - Bibliotecária - CRB-7/6643

[2023]
Todos os direitos desta edição reservados à
Editora Intrínseca Ltda.
Rua Marquês de São Vicente, 99, 6º andar
22451-041 – Gávea
Rio de Janeiro – RJ
Tel./Fax: (21) 3206-7400
www.intrinseca.com.br

Para meu pai, Michael Freedland, 1934-2018.
A memória dele é uma bênção.

Sumário

Nota do autor 9
Mapas 11
Prólogo 15

PARTE I: Os preparativos

1. Estrela 25
2. Quinhentos *Reichsmarks* 36
3. Deportado 44
4. Majdanek 51

PARTE II: O campo

5. Éramos escravizados 63
6. Kanada 78
7. A Solução Final 85
8. O grande negócio 95
9. A rampa 105
10. O homem da memória 118
11. Birkenau 126
12. "Foi maravilhoso" 137

PARTE III: A fuga

13. Fugir era loucura 151
14. Lições russas 157
15. O esconderijo 164

16.	Libertem meu povo	170
17.	Subterrâneo	178
18.	Em plena fuga	183
19.	Cruzando a fronteira	201

PARTE IV: O relato

20.	Tudo preto no branco	215
21.	Homens de Deus	226
22.	O que eu posso fazer?	232
23.	Londres foi informada	240
24.	Salame húngaro	251

PARTE V: A sombra

25.	Um casamento com armas	267
26.	Uma nova nação, uma nova Inglaterra	279
27.	Canadá	290
28.	Eu conheço uma saída	300
29.	Flores do vazio	309
30.	Gente demais para contar	314

Agradecimentos	327
Créditos das imagens	330
Notas	331
Referências bibliográficas	357
Índice remissivo	363

Nota do autor

Quando tinha 19 anos, fui ao cinema Curzon, em Mayfair, Londres, para assistir ao documentário épico de nove horas *Shoah*. Não foi uma experiência cinematográfica comum, em parte por causa da duração do filme, em parte por causa do público. Na sala havia sobreviventes do Holocausto. Meu amigo cometeu o erro de levar pipoca, algo que não deu muito certo. Mal tinha começado a mastigar, uma mulher de uma fileira próxima se debruçou e lhe deu um tapa forte na coxa. Num sotaque carregado do som e das memórias da Europa pré-guerra, ela disse:

—Você não tem respeito?

O filme foi profundamente marcante, mas um dos entrevistados me impressionou em especial. Seu nome era Rudolf Vrba. O documentário o mostra atestando os maiores horrores da história humana, horrores que ele presenciara e aos quais sobrevivera. E Rudolf mencionava brevemente algo extraordinário, um fato que o tornava único entre os sobreviventes do Holocausto. Aos 19 anos, a mesma idade que eu tinha quando assisti ao filme, ele havia fugido de Auschwitz.

Nunca esqueci seu nome nem seu rosto, e, ao longo das décadas, fiquei perplexo com o fato de tão pouca gente já ter ouvido falar dele. E então, cerca de trinta anos depois daquela noite no cinema em 1986, eu me peguei relembrando Rudolf Vrba. Estávamos vivendo a era da pós-verdade e das *fake news*, quando a própria verdade estava sob ataque, e mais uma vez pensei no homem que estivera disposto a arriscar tudo para que o mundo pudesse saber a terrível verdade escondida sob uma montanha de mentiras.

Comecei a pesquisar sobre a vida de Rudolf Vrba e encontrei um punhado de pessoas ainda vivas que o tinham conhecido, trabalhado com ele ou o amado. Descobri que sua paixão da adolescência e primeira esposa, Gerta, morava sozinha, aos 93 anos, em Muswell Hill, norte de Londres. Passei mais de meia dúzia de tardes de verão em 2020, o ano da praga, sentado no jardim dela conversando sobre um rapaz jovem, na época chamado Walter Rosenberg, e o mundo que ambos tinham conhecido. Ela me entregou uma mala vermelha repleta de cartas de Rudi, das quais algumas falavam de um sofrimento quase insuportável. Dias após a nossa última conversa, quando Gerta já tinha me contado a história toda, recebi um telefonema da família dela me informando que ela havia falecido.

A segunda esposa e viúva de Rudi, Robin, estava em Nova York. Também conversamos por muitas horas, enquanto ela completava a história do homem que Rudolf Vrba veio a se tornar, me contava as lembranças que ele lhe confiara, o amor que compartilharam. O que logo se tornou claro à medida que eu escutava e ia mergulhando nos documentos oficiais, nos depoimentos, nas memórias, nas cartas, nos relatos contemporâneos e nas narrativas históricas em que este livro se baseia foi que essa era mais do que a história real de uma fuga sem precedentes. Era também a história de como a História pode mudar uma vida, até mesmo por gerações; como a diferença entre verdade e mentira pode ser a diferença entre vida e morte; e como as pessoas podem se recusar a acreditar na possibilidade de sua destruição iminente, até mesmo, e talvez especialmente, quando essa destruição é evidente. Essas noções eram intensas e vívidas na Europa dos anos 1940, mas pareciam ecoar de um modo novo e temível na nossa época.

Também vim a perceber que esta é uma história de como os seres humanos podem ser levados aos limites extremos e, ainda assim, suportar isso de alguma maneira; como aqueles que testemunharam tanta morte podem reter a capacidade e a alegria de viver; e como as ações de um indivíduo, mesmo um adolescente, podem desviar o arco da História, se não na direção da justiça, pelo menos na direção de algo como a esperança.

Saí do cinema naquela noite convencido de que o nome Rudolf Vrba merecia estar ao lado de Anne Frank, Oskar Schindler e Primo Levi, no primeiro escalão das histórias que definem a Shoá — o Holocausto. Talvez o dia desse reconhecimento nunca chegue. Quem sabe, porém, por meio deste livro, Rudolf Vrba possa realizar um último ato de fuga: escapar do nosso esquecimento e ser lembrado.

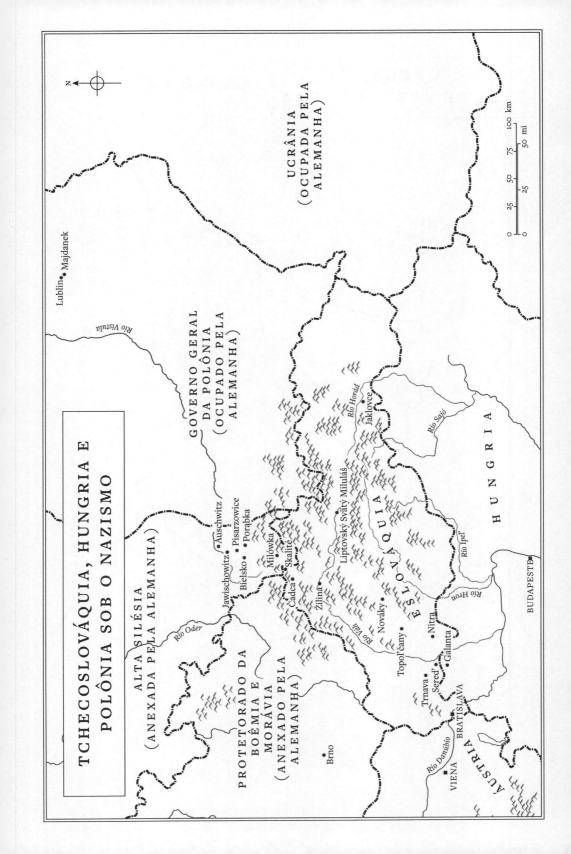

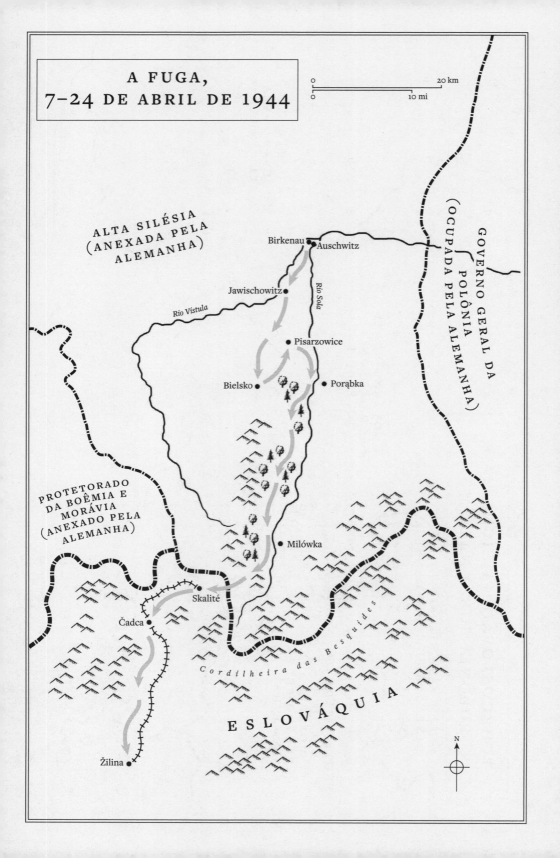

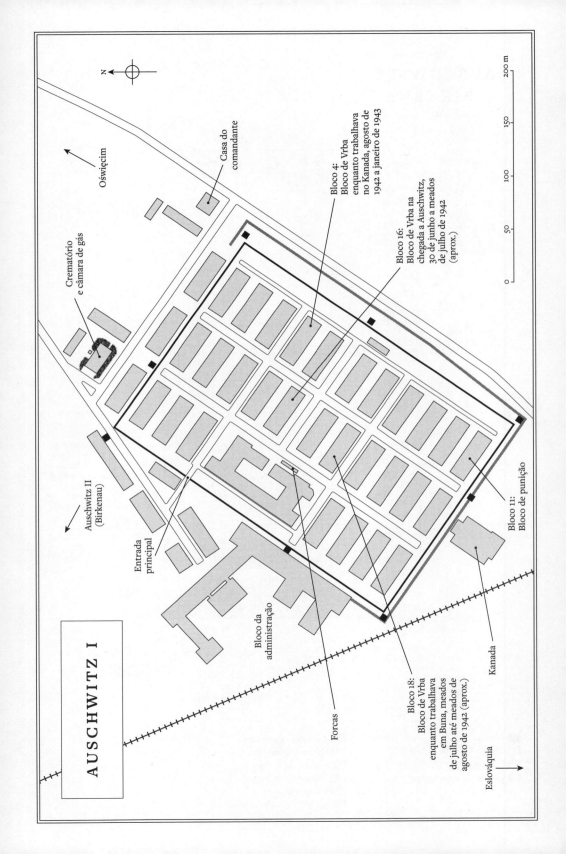

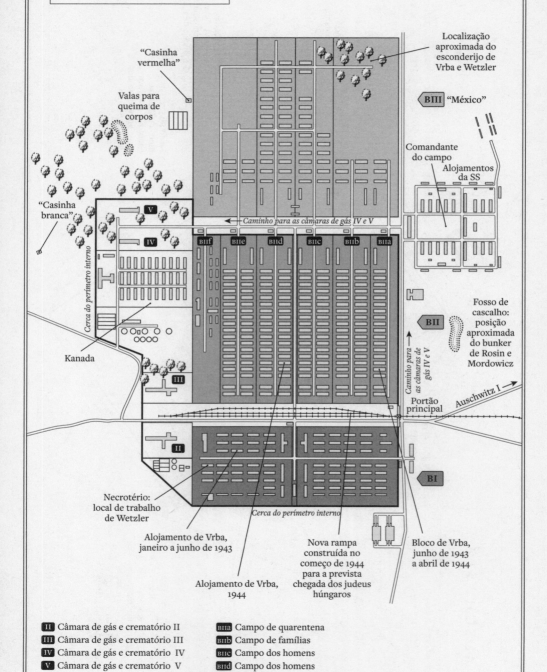

Prólogo

7 de abril de 1944

APÓS DIAS DE ATRASO, SEMANAS de preparação obsessiva, meses observando as tentativas fracassadas de outros prisioneiros e dois anos vendo as profundezas nas quais seres humanos podiam afundar, finalmente tinha chegado o momento. Era hora de fugir.

Os outros dois prisioneiros já estavam ali, no local combinado. Sem falar nada, assentiram com a cabeça: *É agora*. Walter e Fred não hesitaram. Treparam nas tábuas de madeira, acharam a abertura e, um após o outro, deixaram-se cair no buraco. Um segundo depois, seus camaradas botaram as tábuas no lugar sobre a cabeça de ambos. Um deles sussurrou: "*Bon voyage*",[1] e então tudo ficou escuro e silencioso.

Sem demora, Walter se pôs a trabalhar. Tirou o *machorka*, o tabaco soviético barato do qual haviam lhe falado, de um lote que tinha sido preparado conforme as instruções: imerso em gasolina e secado. Lentamente, começou a enfiá-lo entre as frestas das tábuas de madeira, às vezes soprando suavemente para que ficasse no lugar, na vã esperança de que o prisioneiro soviético que lhe ensinara o truque tivesse razão: o cheiro haveria de repelir os cachorros. Não que estivessem dependendo apenas do trabalho de Walter. Já haviam se assegurado de que o tabaco tratado fosse generosamente espalhado[2] no solo em volta do esconderijo, de modo que os cachorros da SS nem chegassem perto. Se a confiança do homem do Exército Vermelho estivesse bem fundamentada, Walter e Fred deveriam ser capazes de engatinhar dentro do buraco sob a pilha de madeira, em silêncio e sem ser perturbados, exatamente pelo tempo de que precisavam: três dias e três noites.

Walter olhou para os ponteiros fosforescentes do relógio.[3] O tempo se arrastava. Ele queria se levantar, se esticar, mas não podia fazer isso. Seus braços e suas pernas estavam ficando com câimbras, mas ele sabia que precisaria suportar, e suportar em silêncio. Em certo momento, Walter sentiu Fred, que era seis anos mais velho do que ele, pegar sua mão e apertá-la.[4] Walter tinha 19 anos.

O que foi aquilo? Som de passos... se aproximando. Seria esse o fim de Walter e Fred, tão rápido assim, tão logo eles haviam começado? Num reflexo, cada um pegou uma navalha. Uma coisa estava clara para ambos: podiam ser pegos, mas não se deixariam interrogar.[5] Dariam um fim a tudo naquele buraco dentro da terra; transformariam o esconderijo numa cova.

Não que os homens da SS fossem os deixar ali. Arrastariam os cadáveres de volta para o campo. Ergueriam ambos na ponta de espadas ou os pendurariam nos cadafalsos, com um cartaz de advertência pendurado no pescoço de cada um, o mesmo procedimento que se seguia a toda tentativa de fuga fracassada. Transformariam os corpos em troféus.

Os nervos de Walter pareciam se retesar a cada segundo que passava. O fosso onde estavam era pequeno demais. Mas então o som de passos, se é que eram passos mesmo, foi se esvaindo.

Às seis da tarde daquela sexta-feira, finalmente ouviu-se o som alto e estridente da sirene. Era um alarme que fazia o ar vibrar e o sangue congelar nas veias, mil alcateias de lobos uivando em uníssono. A dupla já a ouvira muitas vezes, um som tão lancinante que até mesmo os homens da SS tapavam os ouvidos. O barulho era pavoroso, mas todo interno no campo o recebia bem: significava que pelo menos um entre eles estava faltando na lista de chamada noturna — ou seja, que talvez um prisioneiro tivesse escapado de Auschwitz.

Esse era o sinal. Fred e Walter saíram do espaço principal, que havia sido construído para abrigar quatro pessoas, e se contorceram para dentro de uma parte lateral, uma espécie de passagem, capaz de acomodar apenas duas, cujo objetivo era ser uma camada extra de proteção: um esconderijo dentro do esconderijo. Os dois se apertaram lá dentro e ficaram imóveis como cadáveres, lado a lado.[6] Para Walter, foi quase um alívio. Finalmente a espera tinha terminado:[7] estavam em plena batalha. Cada um havia amarrado um pedaço de pano[8] em volta da própria boca, para que não traíssem a si mesmos nem ao outro com uma tossida. O único movimento vinha dos ponteiros luminosos do relógio.

Eles não veriam, mas sabiam o que a sirene provocaria. E logo conseguiriam ouvir: a caçada humana a caminho. O barulho de quase 2 mil pares de coturnos pisoteando o chão, os oficiais mais graduados alternando entre xingar e ladrar ordens — *berrando-as*, porque, dado o que acontecera alguns dias antes, outra fuga era uma humilhação —, duzentos cães babando[9] ao perceberem qualquer sinal de uma frágil e trêmula vida humana, cães treinados e aprimorados para esse propósito. Os homens da SS vasculhariam cada saliência e reentrância;[10] varreriam cada arbusto, examinariam cada fosso e lançariam uma luz em cada trincheira da metrópole da morte em expansão que era Auschwitz. A busca começara e não daria trégua por três dias.

Fred e Walter sabiam disso com precisão porque os nazistas tinham um protocolo de segurança do qual nunca se desviavam. Essa parte externa do campo, onde prisioneiros labutavam como escravizados, era guardada apenas durante as horas diurnas, quando os internos estavam trabalhando. Não havia necessidade de vigiá-la à noite, quando até o último prisioneiro era arrebanhado para dentro do campo interno, cercado por uma fileira dupla de arame farpado. Havia apenas uma exceção a essa regra: se um interno estivesse faltando, presumindo-se que tivesse tentado fugir, a SS mantinha o anel externo de postos de sentinela armado, com cada torre de vigilância ocupada por um homem junto a uma metralhadora.

E isso se estenderia por 72 horas, enquanto a SS fazia a busca. Passado esse tempo, concluiriam que o fugitivo — ou os fugitivos — tinha escapado: daí por diante, seria responsabilidade da Gestapo vasculhar a região mais ampla e encontrá-lo. Os que guardavam o perímetro externo receberiam ordem de recuar, deixando-o desguarnecido, o que significava que haveria uma lacuna nas defesas nazistas. Não uma lacuna literal, mas uma brecha. Se um prisioneiro conseguisse de algum modo se esconder na área externa durante três dias e três noites após o alarme ter soado, mesmo com a SS e seus cães treinados esforçando-se para farejá-lo, ele emergiria na quarta noite num campo externo sem guarda. E poderia escapar.

Walter ouviu uma voz familiar. Aquele bêbado assassino, o *Unterscharführer* Buntrock, um sargento, estava nas proximidades, dando ordens a alguns subalternos desafortunados.

— Olhem atrás daquelas tábuas — dizia ele. — Usem a cabeça!

Fred e Walter espremeram-se ainda mais. Os homens da SS se aproximavam. Agora os dois podiam ouvir coturnos subindo nas tábuas acima da cabeça deles, o que fazia cair uma pequena nuvem de poeira na cavidade abaixo. Os perseguidores estavam próximos, Walter ouvia a respiração pesada deles.

Em seguida vieram os cães, arranhando a madeira, fungando e farejando, passando de tábua em tábua, o arfar audível[11] através das paredes e do teto de madeira. Teria o prisioneiro soviético se equivocado em relação a esse tipo especial de tabaco? Ou teria Walter entendido errado suas instruções? Por que os animais não tinham sido repelidos pelo cheiro?

Dessa vez, Walter pegou uma faca em vez da navalha; queria uma arma para usar contra os outros, e não em si mesmo. Sentiu os batimentos do coração acelerarem.

Milagrosamente, porém, o momento passou. Os homens da SS e seus cães se distanciaram. Dentro daquele minúsculo caixão duplo que era o esconderijo deles, Fred e Walter se permitiram o conforto de um sorriso.

O alívio nunca durava muito. Durante todo o fim de tarde e aquela primeira noite, o som de passos e cachorros latindo se aproximava e depois se distanciava, aumentava e diminuía, mais alto e depois mais baixo, em seguida mais alto de novo, na medida em que as buscas voltavam a se concentrar no mesmo canto do campo. Walter gostava de imaginar que podia sentir a frustração nas vozes dos homens da SS, que vasculhavam o mesmo pedaço de chão, de novo e de novo. Ouvia-os xingando enquanto davam uma segunda, depois uma terceira olhada na pilha de tábuas e telhas, varrendo uma área que já tinham varrido duas vezes antes.

Walter e Fred estavam desesperados para flexionar ou estender os músculos, mas praticamente não ousavam fazer isso. Walter ansiava por esquentar as mãos e os pés gelados, porém até o mais sutil movimento fazia com que todo o corpo se contraísse com uma câimbra abrasadora. Se um dos dois cochilasse, o outro permaneceria alerta pela tensão, procurando escutar qualquer sinal de movimento na proximidade. Nem mesmo o sono trazia descanso, apenas pesadelos de um presente interminável, emperrado naquela caixa subterrânea: o subsolo, infernal; em cima era pior ainda.

Eles ouviram o turno da manhã começar, os sons familiares do trabalho forçado. Essa área era um canteiro de obras, e logo ecoaram as batidas das tábuas, o clangor de metal, o latido dos cães e os berros dos capangas da SS.[12] Fred e Walter avaliaram que o risco de sua pilha de madeira ser perturbada por trabalhadores escravizados era mínimo — aquelas tábuas não estavam reservadas para serem usadas tão cedo —, mas não conseguiam relaxar. Talvez dez horas tivessem se passado antes de o barulho cessar e o *Kommando* marchar de volta para os alojamentos.

Durante todo o tempo, os dois se mantiveram quietos, sabendo que lá atrás, no campo interno, a SS estaria vasculhando cada barraca, depósito, lavatório, latrina e anexo, virando de pernas para o ar o alojamento inteiro. Naturalmente, havia um sistema: o método era procurar numa série de círculos sempre decrescentes, com os cães farejadores no meio da matilha, fechando o cerco em torno da presa. E, uma vez que chegassem ao centro do círculo menor, começavam tudo de novo.

Os nazistas chegaram tão perto, tantas vezes, que Walter considerou um milagre ele e Fred não terem sido descobertos horas antes. Fred encarava de outro modo. "Estúpidos cretinos!",[13] dizia ele quando era seguro quebrar o silêncio. Talvez fosse bravata. Passadas 24 horas lá embaixo, nem Fred nem Walter eram capazes de comer ou beber. Haviam escondido algumas provisões naquela estreita passagem: vários quilos de pão,[14] cuidadosamente racionado em pedaços, bem como um pouco de margarina[15] e uma garrafa cheia de café frio.[16] No entanto, com aquele nível de nervosismo, nenhum dos dois tinha estômago para tocar na comida.

As horas se arrastaram ao longo do sábado, até que chegou o domingo, e a dupla decidiu arriscar. Pela primeira vez desde que as sirenes tinham soado, saíram da cavidade lateral e passaram para o espaço relativamente maior do bunker. Mesmo que Walter tivesse tentado preencher as frestas na parede e no teto com o tabaco tratado, não conseguira tapar todas: um pouco da gelada névoa matinal penetrava.[17]

Após tanto tempo deitados sem se mover, estavam absolutamente retesados. Fred não conseguia mexer o braço direito, além de ter perdido toda a sensibilidade nos dedos.[18] Walter massageou o ombro do companheiro para fazer o sangue voltar a circular. Não permaneceram no espaço maior por muito tempo.

A SS continuava a busca. Fred e Walter ficaram paralisados quando ouviram dois alemães a alguns metros de distância. Era começo de tarde, e puderam captar cada palavra.

— Eles não podem ter escapado[19] — disse um dos alemães. — Ainda devem estar dentro do campo.

Os dois homens começaram a especular sobre os prováveis esconderijos de Fred e Walter. Um deles, que claramente apontava para alguma coisa, perguntou:

— E aquela pilha de madeira?

A dupla de fugitivos não se moveu.

—Você acha que eles poderiam estar escondidos lá embaixo? — disse a segunda voz. — Talvez tenham construído uma pequena alcova.

O primeiro achou improvável. Afinal, refletiu ele em voz alta e com precisão, "os cães passaram por ali uma dúzia de vezes". A não ser que os judeus desaparecidos tivessem achado algum jeito esperto de despistar o faro dos cachorros.

Então, Walter e Fred ouviram algumas palavras resolutas, uma declaração de que "vale a pena tentar" e o som de dois homens se apressando para chegar mais perto.

Mais uma vez, Walter agarrou a faca. Fred fez a mesma coisa.

Os dois alemães subiram no alto da pilha de tábuas e começaram a desmanchá-la, uma por uma. Tiraram a primeira camada, depois a segunda e em seguida, com algum esforço, a terceira e a quarta.

Se tivesse acontecido dez segundos depois, teria sido tarde demais. Não pela primeira vez — na verdade deve ter sido a oitava ou a nona —, a vida de Walter foi salva por um momento casual de boa sorte. E, nesse caso, não poderia ter sido sincronizado com mais perfeição.

Ao longe, ouviu-se uma súbita comoção, vozes distantes mas exaltadas. Fred e Walter perceberam que os homens acima haviam feito uma pausa, os ouvidos aparentemente atentos para captar o que estava acontecendo. Um segundo se passou. Mais outro. Enfim, um dos dois disse:

— Eles foram capturados! Vamos lá... Rápido.[20]

E, um pouco abaixo, Fred e Walter ouviram seus possíveis descobridores se atropelando para ir embora.

A noite de domingo transcorreu e a segunda-feira chegou. Agora era uma contagem regressiva, com Walter fitando os ponteiros do relógio, sabendo que se conseguissem aguentar só mais um pouco...

O turno da manhã começou e trouxe consigo a mesma barulheira, o mesmo ladrar, tanto de cães quanto de homens, por mais dez horas, cada minuto passando no mesmo ritmo angustiante.

Por fim, o *Kommando* voltou ao alojamento. Os três dias estavam quase no fim.

Às 18h30, Walter e Fred finalmente ouviram o som pelo qual ansiavam, anunciado aos berros: "*Postenkette abziehen! Postenkette abziehen!*" Era a ordem para desmanchar a *grosse Postenkette*, o anel externo de postos de sentinela, gritada de uma guarita para a seguinte e, então, para a seguinte, até que percorresse todo o perímetro, ficando cada vez mais alta à medida que se aproximava, sumindo quando se distanciava, antes de completar finalmente todo o círculo. Para Fred e Walter, essas palavras, bramidas pelos homens que os tinham escravizado e assassinado centenas de milhares do seu povo, soavam como a música mais bela. Era uma admissão de derrota por parte da SS, o reconhecimento de que tinham fracassado em recapturar os dois prisioneiros evadidos.

Conforme exigia o protocolo da SS, o anel externo de torres de vigilância foi esvaziado e o perímetro se encolheu, para vigiar apenas o campo interno. Walter pôde ouvir os guardas retornarem ao círculo menor de guaritas. Essa era a grande falha no sistema de Auschwitz, a lacuna que ele e Fred haviam usado, muito tempo antes, para planejar a fuga.

Eles ficaram intensamente tentados a correr, mas se contiveram. Primeiro, tinham que sair da cavidade lateral. Para Walter, avançar apenas alguns centímetros foi o suficiente para provocar uma dor aguda[21] que lhe percorreu os braços, as pernas, o tronco e o pescoço. Os músculos estavam rijos e frios, os primeiros movimentos, incertos e descontrolados, como se o corpo precisasse reaprender as funções motoras básicas. Levou tempo para ambos, mas finalmente estavam no fosso central. Agacharam-se e se esticaram, giraram os pulsos e os pés; abraçaram-se no escuro.[22]

Então respiraram fundo e pressionaram as palmas das mãos contra o teto, tentando dar um impulso na tábua de baixo. Mas ela não se moveu. Tentaram em outro ponto do teto. Ainda assim, nada de a madeira ceder. Seria essa a falha fatal no plano deles? Teriam acidentalmente se trancado dentro da própria tumba? Era a única coisa que não tinham ensaiado, nem mesmo cogitado. Presumiram que, se era possível empilhar tábuas, também era possível desempilhá-las. No entanto, erguer tábuas é fácil quando se está em cima, quando se pode remover uma de cada vez. O mesmo não acontece embaixo, quando o peso da pilha inteira pressiona para baixo.

Empurrando juntos, gemendo de dor, conseguiram erguer uma das tábuas inferiores não mais do que alguns centímetros. Foi o bastante, porém, para lhes dar um ponto de apoio. Assim, foram capazes de segurá-la com força o suficiente para empurrá-la de lado. Fred virou-se para Walter e sorriu.

— Ainda bem que aqueles alemães quase nos acharam — sussurrou ele. — Se não tivessem movido as tábuas, teríamos ficado presos.[23]

Levou mais tempo do que qualquer um dos dois imaginara, mas finalmente havia uma abertura nas tábuas que lhes tinham servido de teto desde sexta-feira. Um lampejo do céu enluarado.

Eles reuniram novamente as forças e deslocaram e empurraram as tábuas até conseguirem, com excruciante esforço, se rebocar para cima e sair. Enfim tinham conseguido. Estavam fora daquele buraco no chão.

Contudo, ainda não estavam fora do campo. Havia muito chão a percorrer se quisessem ser dois dos primeiros judeus a escapar definitivamente de Auschwitz. Mesmo assim, para o adolescente Walter Rosenberg foi um sentimento de exultação — mas não totalmente novo. Porque essa não era a sua primeira fuga. E não seria a última.

PARTE I

Os preparativos

I
Estrela

Desde o começo, ele sabia que era especial. Ainda não era Rudolf Vrba; isso viria mais tarde. Seu nome era Walter Rosenberg, e bastava que olhasse nos olhos da mãe para sentir que era único. Ilona Rosenberg tinha esperado muito tempo pelo filho, e estava desesperada pela chegada dele. Ela já era madrasta — o marido, Elias, tinha três filhos de um casamento anterior —, mas isso não era o mesmo que segurar o próprio bebê. Durante dez anos, ansiara por um filho, mas os médicos lhe disseram para não ter mais esperanças. Então, quando Walter chegou, em 11 de setembro de 1924, ela o recebeu como um milagre.

Ilona o adorava, assim como os meios-irmãos da criança, dois meninos e uma menina, todos mais de uma década mais velhos — a relação com Sammy e Fanci, em particular, era mais de tio e tia do que de irmão e irmã. Objeto do tipo de atenção que em geral é reservada para um filho único, o pequeno Walter era precocemente esperto. Aos 4 ou 5 anos, costumava ser deixado por Fanci na escola de apenas uma sala onde uma amiga dela trabalhava — ansiosa para se encontrar com o namorado, a irmã queria que outra pessoa, que não ela, tomasse conta do menino. Ele devia ficar brincando ou desenhando com lápis de cera em um canto, mas, quando Fanci voltava, encontrava a professora apontando para Walter Rosenberg como um exemplo a ser seguido pelas outras crianças,[1] algumas com o dobro da idade dele.

"Vejam como Walter está fazendo bem a tarefa dele", dizia a professora. E não era muito mais velho quando a família o encontrou sentado, quieto, virando as folhas de um jornal.

Walter nasceu em Topol'čany, no oeste da Eslováquia, mas perto do centro do novo território da Tchecoslováquia, país que havia sido criado apenas seis anos antes. Não demorou muito para a família vender tudo e se mudar para o extremo leste do país, perto da fronteira com a Ucrânia — para Jaklovce, um pontinho no mapa tão insignificante que os trens passavam por ali sem parar. E não tinham como parar: não havia estação, nem mesmo uma plataforma. Então, o pai de Walter, proprietário de uma serraria local, obstinou-se a construir uma plataforma e uma modesta área de espera — uma estrutura que, para deleite de Walter, tinha a dupla função de *sucá** durante a semana de outono em que os judeus devem demonstrar sua fé no Todo-Poderoso fazendo as refeições em cabanas temporárias, ao ar livre.

O jovem Walter gostava da vida no campo. A família criava galinhas, e sentia um orgulho especial de uma galinha poedeira. Quando os pais notaram que estavam faltando ovos, mandaram Fanci ficar atenta: talvez houvesse uma raposa atacando o galinheiro. Certa manhã, a garota descobriu o culpado, e era um predador improvável: seu irmãozinho estava invadindo o cercado, roubando os ovos e comendo-os crus.

Os Rosenberg não ficaram no vilarejo muito tempo. Elias morreu quando Walter tinha 4 anos; Ilona, então, voltou para o oeste, que era de onde vinha a família dela. Ela precisava ganhar o sustento. Partiu para a estrada, a fim de trabalhar como vendedora ambulante, fornecendo lingeries e roupas de baixo que ela mesma fazia, ou modificando-as. Mas não era a situação ideal para criar uma criança. Certa vez, deixou Walter com uma amiga, que Ilona chamaria de "mulher manteúda". Zangada com um cliente que a tinha abandonado, a tal mulher subornou Walter para que ele fingisse ser filho bastardo do sujeito, e desfilava com a criança pela cidade, queixando-se em voz alta e chamando o terrível homem que a abandonara junto com seu filhinho querido. Walter foi recompensado pela atuação com uma ida à padaria, para escolher o doce que quisesse.

Depois disso, Ilona resolveu que o filho deveria viver com os avós, em Nitra. E o esquema deu certo. Walter logo estabeleceu um forte laço com o avô, que o criou nos costumes do judaísmo estritamente ortodoxo. Às vezes, fazia alguma tarefa que o levava até a casa do respeitadíssimo rabino da cidade,[2] e às sextas-feiras Walter acompanhava o avô quando ele e todos os outros homens iam até o rio, para o *mikvá* — quando submergiam o corpo na água, um ritual em que os judeus se purificam, preparando-se para o Shabat.

Walter gostava de tradição e adorava os avós; era feliz. O único porém era uma variante da rivalidade entre irmãos que existia com o primo de Viena, Max, dois anos mais velho que ele. Walter sabia que o avô se or-

---

* *Sucá* é, literalmente, "cabana". O nome da festa judaica é *Sucot* [cabanas]. [N. do T.]

gulhava do seu desempenho na escola, mas desconfiava de que o velho gostasse mais de Max.

Depois que a avó sofreu uma queda, o avô concluiu que não podia mais criar o menino sozinho, de modo que Walter foi despachado para um orfanato judaico em Bratislava. Ali, mais uma vez, impressionou os professores com a aplicação nos estudos — quando lhe pediam que citasse seus passatempos, ele dizia que eram idiomas e leitura, apesar de arranjar tempo para jogar futebol —, e o diretor sugeriu a Ilona que matriculasse o filho em um dos liceus de elite da cidade. Isso significaria estabelecer residência permanente em Bratislava e contratar uma moça para cuidar de Walter enquanto ela estivesse na estrada, mas, se o filho tinha oportunidade de acesso ao que havia de melhor, Ilona estava determinada a lhe oferecer isso.

Quando chegou a hora de posar para uma fotografia de turma, no outono de 1935, já era possível ver no perfil dele o homem que se tornaria. Com apenas 11 anos, podia até parecer um pouco nervoso, mas tinha presença. Cabelo escuro penteado para o lado, sobrancelhas grossas e escuras que o acompanhariam pelo resto da vida, Walter sentou-se empertigado e encarou a lente com intensidade. Os outros garotos fizeram o que lhes mandaram e posaram de braços cruzados. Walter, não.

Ele ainda vestia o tradicional colete com os *tzitzit* [franjas] nas pontas usado pelos homens judeus devotos, mas a mãe lhe fizera uma faixa na cintura para manter as franjas escondidas. O *peiot*, os cachos laterais no cabelo, que Walter usava em Nitra tinha sido cortado. Pela primeira vez, ele estava livre para tomar suas decisões religiosas, sem influência do avô ou do orfanato. Uma tarde, passeando pelas ruas de Bratislava com algum dinheiro no bolso para almoçar, decidiu testar Deus: entrou num restaurante e pediu carne de porco. Deu a primeira mordida e esperou o raio divino atingi-lo.[3] Como o raio não veio, ele tomou uma decisão — e fez a ruptura.

Os alunos do liceu podiam escolher qual instrução religiosa receberiam: católica, luterana, judaica ou nenhuma. Walter escolheu nenhuma.[4] Em seus documentos de identidade, no espaço reservado para nacionalidade, ele poderia ter colocado a palavra "judeu", mas em vez disso escolheu "tchecoslovaco". Na escola, estava então aprendendo não só alemão, como também alto-alemão. (Ele fizera um trato com um aluno emigrado: um daria ao outro aulas avançadas de sua língua natal.) No retrato de turma de 1936, o olhar de Walter está confiante, até mesmo pretensioso. Ele está olhando para a frente, para o futuro.

No entanto, na foto do ano acadêmico de 1938-1939, não há sinal de Walter Rosenberg, então com 14 anos. Tudo mudara, inclusive o formato do país. Depois do Acordo de Munique, de 1938, Adolf Hitler e seus aliados húngaros haviam pegado partes da Tchecoslováquia e dividido-as entre si, e, na primavera de 1939, o que restou foi fatiado. A Eslováquia se anunciou como república independente. Na realidade, foi uma criação do Terceiro Reich, concebida com a bênção e a proteção de Berlim, que viu no governo do ultranacionalista Hlinka, ou Partido Popular Eslovaco, um espelho de si mesmo. Um dia depois, os nazistas anexaram e invadiram os territórios tchecos remanescentes e marcharam sobre eles para declará-los um Protetorado da Boêmia e Morávia, ao passo que a Hungria se apossava do último pedaço de terra. Uma vez terminada a partição, as pessoas que viviam no que costumava ser a Tchecoslováquia estavam todas, em maior ou menor grau, à mercê de Adolf Hitler.

Na Eslováquia, o adolescente Walter Rosenberg sentiu imediatamente a diferença. Foi-lhe dito que não importavam a escolha que ele fizera para as aulas de estudos religiosos e com que palavra preenchera o campo "nacionalidade" naqueles formulários; ele atendia à definição legal de *judeu* e tinha mais de 13 anos, portanto a vaga no liceu de Bratislava não estava mais disponível. A educação dele estava terminada.

Por todo o país, judeus como Walter estavam começando a entender que, apesar de o novo chefe de governo ser um padre católico — padre Jozef Tiso —, a religião oficial da república infante era o nazismo, embora com uma denominação eslovaca. O contínuo credo antissemita afirmava que os judeus não eram somente indignos de confiança, desonestos e irreversivelmente estrangeiros,[5] eles eram também dotados de poderes quase sobrenaturais, que lhes permitiam exercer uma influência social e econômica totalmente desproporcional em relação a quantos eram. Então, em decorrência disso, as autoridades em Bratislava não tardaram a se mexer para culpar a minúscula comunidade judaica do país — 89 mil, numa população de 2,5 milhões de pessoas — pelo destino que recaíra sobre a nação, inclusive pela perda do estimado território para a Hungria. Cartazes de propaganda apareceram colados em muros de tijolos, e um deles mostrava um orgulhoso jovem eslovaco vestido com o uniforme negro da Guarda Hlinka chutando o traseiro de um judeu narigudo de cachos laterais — e a bolsa de moedas do judeu caindo no chão. No primeiro pronunciamento pelo rádio como líder da república recém-

-independente, Tiso assumiu apenas um firme compromisso político: "solucionar a questão judaica".

Depois que Walter foi expulso da escola, Ilona abandonou o trabalho de vendedora ambulante e ambos se mudaram para Trnava, uma pequena cidade cerca de cinquenta quilômetros a leste de Bratislava. Foi um choque depois de ter morado na capital: em Trnava, toda a vida, e múltiplas ruas estreitas, convergiam para uma praça central chamada Santa Trindade, que era controlada não por uma, mas por duas igrejas. No verão, a cidade era uma nuvem de calor e poeira, com a praça do mercado fedendo a esterco, palha e suor humano, toda a região tomada pelo cheiro que emanava da fábrica de açúcar nas redondezas ao se processar beterraba. Podia-se achar refúgio na área rural, com seus campos planos de milho maduro e brisas frescas,[6] a apenas algumas pedaladas de bicicleta.

Entretanto, se os Rosenberg, mãe e filho, esperavam encontrar refúgio, tinham ido parar no lugar errado. A determinação do governo em lidar com a chamada "questão judaica" também chegou à pequena Trnava, afetando a comunidade de menos de 3 mil judeus, cujas duas sinagogas ficavam a apenas alguns metros de distância uma da outra. Não que a boa gente de Trnava precisasse de muitos estímulos: haviam incendiado ambas as sinagogas[7] poucas semanas depois de a Eslováquia conquistar autonomia, em dezembro de 1938.

Walter logo entrou para um grupo de adolescentes judeus que, como ele, haviam sido banidos de uma instituição de ensino. No primeiro dia de aula, as escolas tinham pendurado cartazes nos portões com o aviso de que judeus e tchecos estavam expulsos, os ex-colegas cantavam: "Fora, judeus; fora, tchecos."[8] Depois disso, Walter e os outros jovens de Trnava, que cursavam da oitava série para cima, foram deixados por conta própria, vagando pela cidade sem aulas para assistir e sem lugar para ficar. Pelas novas regras, estavam impedidos até mesmo de estudar de maneira independente. Por esse motivo, Walter e seu amigo Erwin Eisler foram um dia ao prédio do conselho local para entregar os respectivos livros de estudo, obedecendo a uma ordem decretada como proteção contra a ameaça de crianças judias estudarem em casa. Walter obedecera devidamente e entregara os dele, mas Erwin o surpreendeu. Em geral, Erwin era tímido, corava a meros comentários sobre meninas e fugia de convites para acompanhar a turma quando iam para um café na vizinhança. Nesse dia, porém, ele mostrou uma coragem inesperada.

— Não se preocupe — cochichou ele. — Ainda tenho aquele livro de química.

Ele tinha guardado um dos dois volumes de química inorgânica e orgânica de autoria do cientista tcheco Emil Votoček.[9] A partir daquele dia, Walter e Erwin estudariam com base nesse único texto e adquiririam, em segredo, o conhecimento que o país estava determinado a lhes negar.

O autoaprendizado continuava sempre que os dois rapazes estavam juntos. Algumas vezes se reuniam num prado conhecido após a encarnação anterior como "o laguinho", sentavam-se e tentavam dar sentido a um mundo que parecia ter virado de pernas para o ar. Walter logo se estabeleceu como presença dominante, sua inteligência fazendo com que se destacasse. Uma garota de 13 anos, Gerta Sidonová, foi ficando cada vez mais encantada com ele, atenta a cada palavra dita. Os pais dela o contrataram como explicador,[10] embora ela devesse achar difícil se concentrar no que ele dizia. Gerta tinha esperança de que Walter a considerasse sua namorada, embora os sinais pudessem estar confusos. Certa vez, concordaram em sair juntos, mas ele lhe deu um bolo. Depois disso, Gerta o confrontou. Ele disse que tinha ido ao encontro dela, mas, quando foi chegando perto, viu que a garota usava um gorro com pompons,[11] o que o levara a dar meia-volta e ir embora. Gerta parecia uma criança de 9 anos com aquele gorro, afirmou Walter. Ele tinha 15, não podia ser visto com uma criança.

Os adolescentes judeus em Trnava tinham poucas opções além de si mesmos. Junto com as respectivas famílias, eles eram constantemente excluídos da vida da cidade que chamavam de lar. E a mesma coisa ocorria no país inteiro. O regime de Tiso estava determinado a empobrecer e isolar os judeus, primeiro banindo-os de serviços do governo, depois impondo uma quota ao número permitido para trabalhar em cada profissão. Posteriormente, os judeus foram impedidos de ter carros, rádios e até mesmo equipamento esportivo. Cada nova determinação era colocada num quadro de avisos no Centro da cidade:[12] os judeus o conferiam diariamente, para ver que nova humilhação os aguardava.

Walter e a mãe não possuíam nada a ser declarado, mas os judeus que tinham posses as viram confiscadas, uma por uma: primeiro lhes tomaram as terras, depois os expropriaram dos negócios. Era a arianização, diziam as autoridades. Para tentar manter seu açougue funcionando,[13] o pai de Gerta o entregou a um balconista que foi suficientemente esperto para filiar-se ao Partido Hlinka. Isso era chamado de "arianização voluntária", pela qual os negócios que pertenciam a judeus cederiam uma participação de pelo menos 51% da firma a um "candidato cristão qualificado". O nome do programa era forçado, porque os nazistas não encaravam os eslovacos como arianos, mas como uma categoria de eslavos. Como tais, eram decididamente *Untermenschen*, um povo inferior. Ainda assim, eram considerados superiores aos judeus, e era isso o que importava.

As surras tornaram-se lugar-comum, principalmente para judeus, mas às vezes também para não judeus que mostravam zelo insuficiente em atormentar os vizinhos judeus. As organizações paramilitares nacional-socialistas pressionavam as pessoas em Trnava e em todas as outras cidades e nos povoados eslovacos a boicotar os negócios judaicos e os judeus em geral.

Não havia lugar para se esconder, nem mesmo quando se estava em casa a portas fechadas. A partir de 1940, quando a população londrina sofria os ataques aéreos noturnos que logo chamariam de *Blitz*, os gendarmes eslovacos elevaram a política de expropriação de propriedades judaicas a um nível mais direto, literal. Entravam nas casas judaicas e as assaltavam, enquanto as crianças tinham que ficar paradas, observando. Podiam roubar uma raquete de tênis ou um casaco, uma máquina fotográfica ou uma preciosa herança de família, e até mesmo, pelo menos em um caso, um piano. Às vezes se aventuravam fora da cidade, encontravam uma fazenda de propriedade de judeus e tomavam os animais. Era o início de uma temporada de caça.[14] Se um judeu tivesse algo, um eslovaco podia pegar.

Entretanto, a nova república mal tinha começado esse processo. Quando Walter completou 17 anos, em setembro de 1941, o governo de Tiso introduziu uma versão própria das Leis de Nuremberg, o Códice Judaico. Os judeus passaram, então, a ser barrados de eventos públicos, clubes e organizações sociais de qualquer tipo. Tinham permissão de se aventurar fora de casa ou fazer compras apenas dentro de horários prescritos. Só podiam viajar por distâncias limitadas. Se quisessem comprar alguma propriedade, estavam sujeitos a um acréscimo de 20% no preço: uma sobretaxa judaica. Havia limites para o que podiam fazer como ganha-pão: deviam estar restritos a poucas ruas, um passo inicial rumo à criação do gueto. A manchete num folheto noticioso pró-governo se vangloriava, na disputa não declarada entre os Estados fascistas: "As leis mais estritas contra os judeus são da Eslováquia."[15]

Mas a mudança que teve o efeito mais imediato e visível sobre Walter foi também a mais brutal. Daquele momento em diante, qualquer judeu na Eslováquia a partir de 6 anos de idade precisava se identificar por meio do uso de uma estrela de Davi amarela, de quinze centímetros de largura,[16] costurada na parte externa da roupa. Se Walter e outras crianças judias quisessem ir ao cinema ou à pista de patinação de Trnava, bastava uma olhada na estrela amarela, e eles seriam impedidos de entrar. Enquanto os amigos que um dia conheceram ficavam na rua até tarde, os judeus estavam sujeitos a um toque de recolher. Tinham que estar dentro de casa às nove da noite.

Walter não se rebelou contra nenhuma dessas regras. Não chegou sequer a ficar chocado com elas. Talvez fosse porque o cerco tenha se fechado aos poucos, lentamente, de modo que cada novo aperto não parecia tão extraordinário se considerado o que viera antes. Qualquer que fosse a explicação, Walter usou a estrela amarela, da mesma forma que aceitou que, encerrada sua educação escolar, precisava achar um trabalho. Arrumou o emprego que pôde como trabalhador braçal, mas os empregadores só contratavam judeus se não houvesse mais ninguém disponível. Qualquer judeu com sorte o suficiente para pegar um turno diário seria pago segundo a tabela mais baixa — havia duas escalas de salários: uma para os judeus, mais baixa, e uma, mais alta, para as demais pessoas.

Essa era a vida do adolescente Walter Rosenberg. Comer *Wiener schnitzel* [bife de vitela vienense] com batatas fritas na cozinha apertada na casa que dividia com a mãe; tentar aprender sozinho novos idiomas — além de alemão, tcheco e eslovaco, que ele já falava, assim como um húngaro rudimentar —, geralmente a partir de um livro de páginas marcadas com as pontas dobradas; encontrar-se com os amigos no laguinho, para debater os méritos concorrentes dos vários "ismos" da época, discutindo se seria o socialismo ou o comunismo, o liberalismo ou o sionismo que viria em seu resgate. Por um lado, a possibilidade e a mensagem de orgulho judaico do sionismo eram um bálsamo para jovens judeus feridos diariamente por humilhação e exclusão.[17] Por outro, com certeza o sionismo era outro tipo de nacionalismo, destinado a fracassar num mundo que podia ser curado pela fraternidade universal. E não eram os socialistas que lideravam a luta contra o nazismo?[18] Eles jogavam tudo isso no ar, nas longas horas que passavam agrupados, evitados pelos vizinhos, marcados pela estrela amarela no peito.

No entanto, apesar de tudo, ainda eram adolescentes. Havia tempo para dar risada e flertar, para os meninos correrem atrás das meninas, as meninas correrem atrás dos meninos, e partirem o coração uns dos outros. Walter não era alto — não tinha muito mais do que 1,65 metro —, mas se movia como se fosse. As sobrancelhas escuras, os cabelos espessos e um sorriso largo, malicioso, garantiam que ele nunca carecesse de atenção.

Então, em fevereiro de 1942, a carta chegou. Parecia uma intimação judicial ou uma notificação de recrutamento militar, e instruía Walter a se apresentar tal dia e tal hora em tal lugar, levando uma bagagem de no máximo 25 quilos e que não contivesse ouro algum.[19] A mensagem era bastante clara. O país de Walter não se contentava mais em encurralar judeus como ele e os colegas em espaços cada vez menores, sem trabalho nem oportunidades. O objetivo era bani-los totalmente. Os judeus deveriam ser despidos de sua cidadania, despachados pela fronteira para a Polônia, a fim de viverem em locais que Walter e outros imaginavam ser "reservas", como aquelas terras cercadas das quais tinham ouvido falar nos Estados Unidos, separadas para "indígenas".

A ordem veio embalada numa linguagem gentil, até mesmo refinada. Os judeus não seriam *deportados*, muito menos expulsos. Não, seriam *reassentados*. E não todos os judeus. Apenas os homens, apenas os fisicamente aptos, apenas os com idade entre 16 e 30 anos. Se concordassem em ir voluntariamente, em silêncio e sem alarde, nada aconteceria com as famílias, que teriam permissão de permanecer onde estavam e depois se juntar a eles.[20] Quanto à proibição do ouro, bem, esta certamente era óbvia: o ouro só poderia ter sido adquirido por meio de desonestidade e patifaria judaicas, não mediante trabalho árduo, portanto qualquer ouro de posse dos judeus era por direito propriedade da nação eslovaca, à qual, não importando o local de nascimento ou a antiga cidadania, os judeus não pertenciam mais.

Tudo isso era parte do plano, preparado com a aprovação do oficial da SS *Hauptsturmführer* Dieter Wisliceny, uma espécie de capitão, que fora despachado de Berlim para Bratislava quase dois anos antes. A estratégia era bastante simples: secar os fundos em dinheiro dos judeus por meio do confisco da propriedade deles, apossando-se de seus bens e negando-lhes a possibilidade de ganhar a vida — e, então, denunciá-los como fardo econômico para a trabalhadora e sofrida nação eslovaca. Havia sido fácil classificar os judeus como parasitas quando eles tinham riqueza; agora, que não tinham nada, seria mais fácil ainda. O governo Hlinka, junto com os patronos alemães — irmãos no nacional-socialismo —, havia calculado o seguinte: uma vez que os judeus fossem destituídos de suas posses, o público eslovaco teria o máximo prazer em vê-los jogados para o outro lado da fronteira. E é claro que fazia sentido começar esse movimento com homens jovens como Walter. Se o governo Hlinka tinha a intenção de livrar o país de toda uma minoria, melhor seria remover primeiro os aptos e fortes, aqueles que formariam o núcleo de qualquer resistência futura.[21]

Walter olhou a carta que havia sido enfiada por baixo da porta, que lhe dizia quando e onde deveria se apresentar. A única coisa que sabia, quando o inverno de 1942 deu lugar aos primeiros indícios da primavera, era que ele se recusaria a ser removido de seu país. Aquilo o atingia como uma instrução estúpida.[22] Não, ele não se permitiria ser despachado num trem com destino desconhecido. É claro que não faria algo assim. Tinha nascido na Eslováquia; o eslovaco era sua língua natal. Ele era eslovaco. Não seria agarrado e descartado feito lixo, deixando a mãe indefesa.[23] Enquanto ela preparava a perene refeição vespertina de *Wiener schnitzel* e *Apfelstrudel* [torta de maçã] para Walter, ele lhe comunicou a decisão que tomara:

— Vou para a Inglaterra — disse. — Vou me juntar ao exército tchecoslovaco no exílio.

A mãe olhou para o filho como se ele estivesse louco. Discutiram o assunto durante uma hora, ele num quarto, ela na cozinha contígua. De tempo em tempo, entre o bater de panelas e frigideiras, ela soltava uma nova zombaria ridicularizando a tal ideia.

— Por que não embarcar para a Lua e cortar para si uma fatia de queijo verde? Mas esteja de volta a tempo para o jantar![24]

Para Ilona, isso era típico do filho, mais um de seus esquemas descabidos, como aquele negócio maluco de aprender inglês e russo por conta própria.

— *Russo!* Por que você não pode se contentar como todo mundo e aprender um ofício decente?

Nessa época havia um homem na vida de Ilona, um serralheiro.[25] Sem dúvida, dizia ela, essa era uma ocupação perfeitamente respeitável — mas não, Walter tinha que fazer as coisas do próprio jeito.

— Não sei a quem você puxou. Com toda a certeza, não se parece com ninguém do meu lado da família.[26]

Além disso, ela queria saber como, exatamente, ele se propunha a chegar à Inglaterra.

— Pela Hungria — respondeu ele. Era verdade que o governo húngaro em Budapeste era aliado dos nazistas, mas pelo menos a Hungria não estava deportando judeus. — De lá, vou para a Iugoslávia.

Isso deflagrou outra rodada de discussão, com Walter incapaz de especificar como cruzaria de um lado a outro a Europa ocupada, fosse por terra, fosse por mar, e como finalmente alcançaria a Inglaterra. Contudo, se não conseguisse ir além da Iugoslávia, tinha um plano de contingência. Ele se alistaria com os guerrilheiros liderados por Josip Tito e se tornaria um combatente da resistência.

Mais batidas de panelas. A discussão continuava, uma rodada após outra, com Ilona convencida de que aquilo era loucura, uma missão tão lunática quanto viajar para as estrelas — e igualmente malfadada. Walter, porém, não recuou. Por fim, encarou a mãe e disse, com voz calma e firme:

— Mamãe, não vou ser deportado num vagão como se fosse um bezerro.

As batidas de panelas e os berros cessaram. Ilona Rosenberg entendeu que a decisão do filho estava tomada.

Depois disso, ela se tornou cúmplice na conspiração: reuniu as roupas de que ele precisaria e juntou o pouco de dinheiro que tinha. Além disso, apareceu com uma solução para o problema imediato mais importante dele: como sair de Trnava e chegar a Sered', a cidade que cinco anos antes se localizava no interior profundo da Eslováquia, mas que no então momento praticamente abraçava a fronteira húngara.

— Você vai ter que pegar um táxi[27] — disse ela.

Foi a vez de Walter mostrar à mãe quão absurda era a ideia. Quem já ouviu falar de alguém pegando um táxi rumo à liberdade?

Entretanto, ele se deu conta de que não havia outro jeito. Conheciam um taxista que poderia fazer o trajeto, apesar do risco que ele próprio correria: transportar um judeu por aquela distância era estritamente proibido. Ainda assim, havia pessoas em Trnava que não tinham esquecido aqueles que um dia encararam como vizinhos, alguns que ainda se recordavam das dívidas de amizade.

E foi assim que, numa noite do começo de março de 1942, o jovem Walter Rosenberg se encolheu num dos gastos assentos de couro de um dos poucos carros de Trnava, uma cidade onde uma carroça puxada por cavalo ainda era a norma, com destino à fronteira húngara. Ele não olhou para trás. Não estava pensando no passado nem imaginando o futuro, mas cumprindo a tarefa que precisava ser completada naquele momento, no presente.

Olhou para baixo e arrancou a estrela amarela do casaco.

2
Quinhentos *Reichsmarks*

N AQUELA NOITE DE MARÇO DE 1942, o futuro consistia apenas na escuridão vazia que se estendia entre Walter e a fronteira que separava a Eslováquia da Hungria. Depois de meia hora, o motorista do táxi fez com que ele saísse do veículo; não era seguro chegar mais perto. O rapaz teria que seguir o trajeto a pé. Walter verificou os bolsos: um mapa e uma bússola, uma caixa de fósforos[1] e algum dinheiro — 200 coroas, dadas pela mãe, que ele deixara para trás.

Walter caminhou noite adentro, por estradas estreitas e campos planos, vazios. Estava agitado. Verdade seja dita, estava trocando um país de governo fascista por outro; dificilmente estaria andando rumo à liberdade. Mas aquele era o primeiro passo. Pelo menos na Hungria não estavam embarcando os judeus em trens para mandá-los sabe-se lá para onde.

Enquanto andava, a neve que começara a cair suavemente foi ficando mais pesada. Continuou caminhando, mas o frio estava lhe corroendo os ossos. No início, a adrenalina servira como isolante térmico, mas o efeito durou pouco. A bravata adolescente também começava a sumir. Walter sentia-se sozinho e assustado; era um menino no escuro.

As horas da noite se passaram, pontuadas pelo ruído das próprias botas esmagando a neve recém-caída. Por volta das cinco da manhã, com o nascer do sol distando ainda uma hora, viu outro aglomerado de luzes. Menos luzes do que vira em Sered', pois se tratava do vilarejo de Galanta, ligeiramente menor. Foi então que soube que tinha conseguido. Não passara por nenhuma fronteira formal, nenhuma cerca com sentinelas, mas cruzara o limite. Estava na Hungria.

Ali, ele tinha um endereço aonde ir: a casa de parentes de um colega de escola, os quais ficaram chocados ao ver um menino à porta ao raiar do dia, com as roupas cobertas de lama. Mesmo assim, acolheram-no, deixaram que tomasse um banho e ofereceram-lhe café da manhã, mas explicaram que Walter precisaria ir embora imediatamente — para um húngaro, ser surpreendido ajudando um refugiado eslovaco era risco de prisão por abrigar um espião.

A família o levou para a estação, proveram-no de um bilhete de viagem e um exemplar de um jornal nacionalista antissemita — só por segurança — e o puseram num trem para Budapeste. Na capital, ele também tinha um endereço aonde ir, que lhe fora dado por amigos dispostos a resistir em Trnava. Era um contato na clandestinidade socialista húngara, que deixou Walter ficar, depois de ele tentar, sem sucesso, obter documentos falsos que lhe permitissem arrumar um emprego. Sem os documentos, não poderia ficar em Budapeste por muito tempo; alguém acabaria por denunciá-lo à polícia.

Depois de dez dias, os camaradas do movimento clandestino chegaram a uma decisão improvável. A melhor aposta, concluíram eles, era que Walter refizesse o caminho de volta para Trnava, onde haveria contatos à espera dele com documentos arianos falsos. Uma vez de posse desses documentos, ele poderia retomar o plano original.

E então Walter refez a fuga no sentido inverso. Dessa vez, porém, ao tentar cruzar a fronteira para voltar à Eslováquia, foi parado por dois guardas de fronteira húngaros, que apontaram fuzis diretamente para ele. O instinto o fez correr, até que ouviu o som de um disparo e outro instinto diferente o fez parar.

Os guardas se aproximaram. Um deles o golpeou na cabeça com a coronha da arma e o outro o saudou com um chute forte na virilha. Eles o conduziram, os braços amarrados às costas, até o posto de fronteira mais próximo, onde Walter levou um soco na boca e foi atirado contra uma parede. Um cabo chegou, ansioso por participar da diversão: golpeou Walter repetidas vezes com uma pistola.

Os húngaros insistiam que Walter era um espião, uma acusação acompanhada toda vez de um soco ou de um chute. Walter negou, e repetiu que era um judeu da vizinha Eslováquia que cruzara a fronteira para a Hungria na tentativa de conseguir refúgio na capital. Estava a caminho de Budapeste, não vinha de lá. Entretanto, não tinha contado com o pedaço de papel que os homens acharam no bolso dele. Não continha nomes nem endereços dos contatos que o haviam abrigado — para isso, confiara na memória. E tampouco acharam dinheiro: enquanto estava na Hungria, esse filho de uma hábil confeccionista de roupas íntimas femininas tinha costurado as cédulas na braguilha da calça. O que os homens encontraram era menos valioso, porém muito mais incriminador. Era um bilhete de bonde. De Budapeste.

Para o homem responsável, pareceu óbvio que, como Walter mentira, obviamente devia ser um espião. E o homem queria saber quem eram os cúmplices.

O interrogatório passou para uma mesa e durou três horas brutais, mas o rapaz de 17 anos não cedeu. Talvez isso tenha convencido o oficial húngaro de que ele era, afinal, nada além de um refugiado judeu procurando escapar da deportação, o que ensejou aos dois soldados levarem Walter embora.

Enquanto os dois o arrastavam para a terra de ninguém, Walter estava convencido de que o matariam e jogariam seu corpo lá. Pegou o dinheiro que havia escondido e lhes deu, mas isso não fez diferença. Eles continuaram a arrastá-lo para o que seria a morte certa. E então, de repente, entraram em pânico. Perceberam que tinham estragado as coisas. Inadvertidamente haviam cruzado a fronteira. Estavam agora na Eslováquia. Se matassem o garoto, alertariam os guardas de fronteira eslovacos — na companhia de cães e metralhadoras. Por um segundo, ameaçaram cortar a garganta de Walter com uma baioneta, mas o medo levou a melhor: eles o soltaram.

Walter correu o mais rápido que pôde, porém seu corpo tinha sido espancado demais para que conseguisse ir muito longe. Tropeçou e caiu. Havia desejado muito escapar, mas, naquele momento, sabia que tudo estava acabado. E perdeu a consciência.

O som de alguém falando o fez voltar a si. A voz não era familiar, mas o idioma, sim.

— Meu Deus, ele ainda está vivo. — Foram as palavras que ouviu, e ditas em eslovaco.

Os húngaros estavam certos. Haviam cruzado a fronteira e entrado na Eslováquia, e os homens que iluminavam o rosto de Walter com uma tocha eram guardas fronteiriços eslovacos que se deparavam com um corpo que presumiram ser um cadáver.

Levaram-no para um albergue, onde lhe deram conhaque e a oportunidade de lavar o sangue e limpar as feridas. Mas a trégua não durou muito. Walter estava de volta ao país natal, o único país do qual tinha sido cidadão — o mesmo país de onde tentara fugir, uma terra então governada por fascistas que se vangloriavam de ser os líderes mundiais da caça aos judeus.

Então, inevitavelmente, a recepção incluía uma viagem ao posto de polícia local, onde foi rotulado de "*yid* sujo e maldito"[2] que tentara fugir do reassentamento somente porque era preguiçoso demais para trabalhar, como todos aqueles outros *yids*. Depois, foi jogado numa cela e trancafiado lá para passar a noite.

Na manhã seguinte, os carcereiros de Walter transferiram-no para um campo na cidadezinha de Nováky, distante cerca de 95 quilômetros dali. Walter pôde se confortar com o fato de ter evitado a deportação; ainda estava na Eslováquia. No entanto, era um prisioneiro, e estava mais longe do que nunca de Londres e da liberdade.

O rapaz foi jogado num enorme alojamento,[3] junto com várias centenas de outros homens, e logo ficou sabendo o que era aquilo. O lugar, descobriu, tinha duas funções.

Era um campo de trânsito, uma instalação de detenção em que os judeus eram mantidos antes de embarcar nos trens para algum lugar desconhecido, inicialmente ocupado por pessoas exatamente como Walter — homens e mulheres jovens, solteiros, que tinham recebido a intimação e sido escolhidos para deportação —, e que, mais tarde, receberia famílias inteiras das montanhas e dos vilarejos dos arredores. Haviam sido levados para lá não pelos alemães da SS, mas por eslovacos que tinham atribuído a si a tarefa de desalojar os vizinhos judeus dos respectivos esconderijos e prendê-los. Acontece que, na ansiedade por se livrar dos judeus, os eslovacos estavam pagando aos alemães pelo trabalho deles — e pagando generosamente. Para cada judeu deportado, Bratislava entregava a Berlim 500 *Reichsmarks*, que oficialmente serviriam para cobrir os custos de alimentação, moradia e, em tese, treinamento. Havia uma cobrança extra para transporte, a ser paga para a Deutsche Reichsbahn, a companhia ferroviária estatal alemã. Era caro, mas o serviço nazista de deportação vinha com garantia eterna, uma promessa de que em troca de 500 *Reichsmarks* o judeu em questão jamais retornaria. Melhor ainda, os nazistas permitiam à Eslováquia manter toda e qualquer propriedade confiscada dos judeus expulsos. Se os vizinhos dos Rosenberg, ou dos Sidonová, ou de qualquer outro judeu exilado quisessem se apossar da casa que havia sido abandonada, podiam pegá-la.

A seção do campo de trânsito de Nováky era ágil em seu trabalho. De 25 de março de 1942, mais ou menos a época em que Walter esteve lá, até 20 de outubro do mesmo ano, precisamente 57.628 judeus foram deportados de Nováky e de campos semelhantes espalhados pela Eslováquia. O destino era ou a região de Lublin, na Polônia, ou um campo muito mais próximo da fronteira eslovaca, construído perto da cidade de Oświęcim.

Nováky, no entanto, servia também a outro propósito. Continha um campo de trabalho, onde 1.200 judeus ou mais eram mantidos contra a vontade e usados como trabalhadores escravizados. Não demorou muito para Walter ver que eles não estavam sendo escravizados pela Alemanha, mas pelo país do qual tinham sido, até então, cidadãos. Cerca de 350 judeus trabalhavam em Nováky como alfaiates, costureiras e bordadeiras, fazendo uniformes para a polícia eslovaca, entre outras coisas. Os produtos eram fornecidos, sem dúvida a preços ultracompetitivos graças à ausência de custos trabalhistas, para o mercado doméstico eslovaco.

O trabalho em Nováky era forçado, e os internos eram mantidos numa área cercada de arame farpado. Contudo, o trabalho não era ao ar livre nem árduo demais. A comida era básica — pão e geleia, sopa de ervilhas e batatas[4] —, mas era comida. Havia creche, jardim de infância e escola de ensino primário, bem como uma biblioteca e, de vez em quando, um espetáculo ou recital de música. As famílias tinham permissão para viver juntas, em alojamentos subdivididos em minúsculos quartos, do tamanho de cabanas.

Tudo isso era encarado com inveja pelos homens no campo de trânsito junto com Walter, que, confinado por dias, negociava lascas e migalhas de especulação desinformada e fazia a um e outro perguntas que nenhum deles era capaz de responder. Falavam sobre transportes e datas e imaginavam se algum trem iria buscá-los e levá-los embora naquele dia, no dia seguinte ou se isso nunca aconteceria. Tendo fracassado em conseguir um lugar cobiçado no campo de trabalho, eles eram mantidos ali, naqueles alojamentos, com dois guardas Hlinka junto à porta e apenas uma certeza: o pior estava por vir.

Esperar para saber qual seria seu destino não era do feitio de Walter. Um dia, da forma mais casual possível, tentou se meter na conversa dos alojamentos fazendo a pergunta que o incomodava desde o instante em que chegara:

— Digam para mim — disse ele. — Quais são as chances de sair daqui?

O quarto ficou em silêncio. Um detento acabou rindo, como se estivesse com pena do garoto.

— Ele quer ir para casa!

— Jesus — zombou outro. — Só faltava essa. Um maldito criador de problemas![5]

Depois disso, Walter guardou seus planos para si mesmo. Ainda assim, e embora fosse o último a ter chegado ao local devido ao fracassado esforço de atravessar a fronteira, conservou total confiança na sua habilidade de executar o que nenhum daqueles homens aparentemente nem sequer tinha chegado a considerar. Estava convencido de que conseguiria fugir.

Havia vantagens em ser pobre, sozinho e ter apenas 17 anos. Uma delas era que, quando os guardas Hlinka junto à porta exigiam alguém do alojamento para ir até o campo de trabalho e ajudar a trazer comida, Walter se mostrava a escolha óbvia. Era jovem e apto, porém — reconheciam até os mais mal-humorados de seus colegas internos — precisava de uma pausa: o rapaz não tinha ninguém para cuidar dele.

Na primeira viagem que fez pela linha divisória, fez um reconhecimento da área. Ficou impressionado com quanto o campo de trabalho era aberto, aberto para a luz do dia e o brilho do sol, com uma vista clara dos campos de trigo vizinhos. E o mais importante: Walter identificou de imediato que o perímetro dessa parte do campo estava demarcado com uma cerca de arame farpado que, pelo menos a seus olhos de adolescente, era pateticamente inadequada.[6] Melhor ainda: viu apenas um guarda patrulhando-a. Um único homem guardando uma extensão de aproximadamente mil metros. Dentro do universo fechado de Nováky, existia uma lógica perversa nisso. Todos queriam sair do campo de trânsito e entrar no campo de trabalho. E, uma vez lá dentro, por que haveriam de querer fugir?

Walter ficou tentado a sair correndo ali mesmo, naquele momento. Avaliou que conseguiria, e sabia que não havia tempo a perder: poderia ser empurrado para um trem de deportação a qualquer momento do dia. No entanto, aprendera com os esforços de fuga anteriores, abortados, que preparação era tudo. Necessitava de um plano. E iria precisar de um aliado.

Nos apertados e lotados alojamentos de trânsito ele casualmente conhecera Josef Knapp, um rapaz que, assim como Walter, era de Topol'čany; que também sonhara, como ele, com a liberdade na Grã-Bretanha; e que, como ele, tinha tentado fugir através da Hungria, mas, tal qual ele, fracassara. O jovem Josef, alto e de boa aparência, ansiava pela namorada que deixara em Topol'čany. Numa conversa, soltou que tinha dinheiro. Conseguira escapar da revista corporal inicial na chegada a Nováky e esconder algum dinheiro. Para Walter, era o colega conspirador ideal.

Um plano começava a tomar forma naquele momento. Walter persuadiria o guarda de que o transporte de comida que vinha fazendo entre os campos de trânsito e trabalho tinha se tornado serviço para duas pessoas, dadas as novas chegadas. O guarda, não vendo ameaça ao que mais lhe importava — seu acesso à cozinha e aos mantimentos —, autorizou a proposta. A partir de então, Walter e Josef puderam atravessar para o campo de trabalho de Nováky juntos e sem ser incomodados.

Uma vez do outro lado, foi fácil. Quando o guarda solitário na cerca do perímetro estava fora de vista, a dupla pôde simplesmente se abaixar, passar pelo arame e depois correr o mais rápido possível. Após três minutos, chegaram a um riacho que trazia água fresca da floresta. Escorregaram pelas margens, atravessaram-nas e continuaram correndo. Não mais do que dez minutos depois, estavam em meio à mata fechada, a luz do sol filtrada pelas árvores, e ouviam apenas o som das próprias risadas. Tinham conseguido. Estavam livres.

Continuaram andando. Por fim, seguindo o plano, eles se separaram: Josef iria para um vilarejo onde tinha amigos que o esconderiam. Walter pegaria um trem rumo a Topol'čany, para encontrar Zuzka, a namorada de Josef. O próprio Josef não se atrevia a dar as caras por ali: muito provavelmente alguém o reconheceria e o entregaria. Então, Walter ficaria em Topol'čany, e logo Josef mandaria notícias — e dinheiro. Com isso, Walter poderia completar a viagem que tentara fazer e fracassara semanas antes: voltaria para Trnava e pegaria os documentos arianos falsos, arranjados pelos contatos socialistas que tinha em Budapeste.

Walter seguiu a orientação: encontrou a casa de Zuzka e bateu à porta. Ela foi embora atrás do namorado, enquanto Walter ficou e esperou pacientemente, à mercê da boa vontade dos pais dela — ambos não judeus, que estavam se arriscando muito ao abrigá-lo.

Walter aguardou bastante, mas Josef nunca mandou notícias nem dinheiro. O garoto logo entendeu que havia sido traído. Despediu-se dos pais da moça e da cabana onde o tinham escondido e decidiu se virar sozinho na cidade onde nascera.

Após algumas horas, cometeu um grande erro. Entrou numa leiteria para se refrescar, mas havia um gendarme eslovaco lá dentro. Walter tentou sair o mais discretamente que pôde, mas não adiantou. O policial o seguiu, exigindo ver seus documentos.

Walter saiu correndo, porém era uma disputa desigual. O gendarme tinha uma bicicleta e logo o alcançou, então o deteve e o levou para a delegacia. Antes de entregá-lo, perguntou ao garoto se ele sabia o que o havia traído. Walter fez que não com a cabeça. O policial disse ter notado que Walter estava vestindo dois pares de meias num dia quente de verão. Por que alguém faria isso, a não ser que estivesse fugindo?

Na delegacia de polícia, todos pareciam saber quem ele era. Havia um mandado de prisão, inclusive uma descrição completa do fugitivo Walter Rosenberg. O mandado tinha circulado pelo país no instante em que ele passara pelo arame farpado de Nováky. A fuga o transformara num homem procurado.

Naquela noite, o trancaram numa cela; depois, trancaram a delegacia e o deixaram sem vigia ou guarda. O presente de despedida foram alguns cigarros para lhe fazer companhia e um aviso para que não tirasse a própria vida.

No dia seguinte, entregaram Walter Rosenberg para os guardas Hlinka. A viagem foi breve, com o trem percorrendo em minutos o trajeto que ele e Josef tinham levado muitas e cansativas horas para percorrer. Mesmo com toda a engenhosidade que empenhara na fuga, ele estava de volta atrás da cerca de arame farpado, de volta a Nováky. Era novamente prisioneiro.

3
Deportado

WALTER ENCAROU A FORMA COMO foi recebido em seu retorno a Nováky como um elogio. Foi saudado com uma surra sob medida dada pelos guardas Hlinka, cuja reputação havia sido manchada pela fuga dele. Para vingar a humilhação sofrida, os guardas se revezaram nos socos e chutes, golpeando-o com a coronha dos fuzis, e só pararam quando chegou um comandante que parecia ansioso por não deixar que esmurrassem o cativo até a morte. A notícia de um prisioneiro assassinado se espalharia por Nováky, especialmente entre os detidos no campo de trânsito, e isso poderia causar pânico — o que, por razões que Walter viria a entender depois, era a última coisa que os supervisores da deportação queriam. Então, o espancamento cessou, com ordens para que Walter fosse mantido numa cela especial — somente ele e outro homem — e colocado no transporte seguinte.

Certamente, quando o próximo trem estacionou, recolhendo os judeus que seriam despachados, o nome dele constava na lista. Os captores estavam determinados a não permitir que Walter Rosenberg os fizesse de bobos uma segunda vez. Na plataforma da estação, enquanto todos os outros judeus que seriam transportados se alinhavam numa fila para serem avaliados e terem os respectivos documentos examinados, a Walter foi designado um guarda Hlinka pessoal, que, armado com uma submetralhadora, estava encarregado exclusivamente de vigiá-lo. Quando chegou o momento da partida, os guardas lhe deram um conselho final, elaborado apenas para ele:

— Tente escapar de novo, e você é um homem morto.[1]

Mais uma vez, Walter preferiu se sentir lisonjeado pelo grau de atenção que recebeu.

Seria errado falar de passageiros "embarcando" naquele trem. Os judeus de Nováky eram carga e foram carregados como tal. Não foram sentados em vagões de passageiros, mas despachados em vagões de gado. A estimativa de Walter — e ele era bom em adivinhar números — era a de que havia oitenta espremidos em um único vagão, junto com toda a bagagem. Era cabeça de um na axila do outro, bochecha de um no queixo do outro.

A maioria dos que estavam à volta de Walter era ou muito mais velha ou muito mais nova que ele: o vagão estava cheio de crianças, dos respectivos pais e de idosos. Judeus eslovacos da idade de Walter tinham sido deportados nas primeiras levas, quando ele empreendera a primeira tentativa de fuga. A presença de crianças mudava as coisas. Bastara o fato de que na estação os guardas tivessem golpeado um adulto; depois disso, o silêncio reinou. A visão daquele único golpe deixara as crianças tão aflitas que, dali por diante, instintiva e coletivamente, os adultos[2] entenderam que precisavam se conter, obedecer às instruções dadas, quaisquer que fossem, e manter a ilusão de calma. Precisavam tranquilizar as crianças de que aquilo que ocorrera tinha sido uma aberração, não aconteceria de novo.

No início, os que estavam amontoados no vagão tentaram se ajustar à nova situação. Havia cooperação, até mesmo camaradagem. Os deportados compartilhavam a comida que tinham, e Walter passou de mão em mão o salame que fora presente de despedida do companheiro de cela noturno. Houve até mesmo a tentativa de um brinde de casamento para recém-casados que, como muitos outros jovens apaixonados, haviam se casado às pressas, incentivados pela garantia do padre Tiso de que nenhuma família seria separada pela deportação. E, à medida que o trem ia sacolejando hora após hora, a carga humana tentava manter a dignidade. Uma convenção tácita exigia que desviassem o olhar e dessem uma pretensa privacidade às pessoas que se revezavam no único balde existente.

Aquele, percebeu Walter, era o destino do qual ele tentara tão arduamente escapar. Cruzara fronteiras, vagara dentro da água e caminhara por florestas para evitar ser despachado como um bezerro numa caixa. No entanto, lá estava ele.

Naquelas primeiras horas, havia conversas, principalmente sobre a nova vida que os aguardava. Para onde, exatamente, estavam indo? Como seria esse novo lugar? Crianças perguntavam aos pais se haveria escolas e parquinhos onde brincar. Outros palpitavam que o destino deles acabaria se revelando um glorioso campo de trabalho ou então um gueto. A vida seria dura, mas suportável. Além disso, esse reassentamento se mostraria temporário, uma estranha e indesejada consequência de uma guerra que não duraria muito mais.

Uma prova-chave que pautava essas ponderações de pessoas que permaneciam em pé durante horas a fio, mal conseguindo se virar para quem estava falando à direita ou à esquerda, eram as cartas que aqueles deportados antes haviam enviado para casa. Muitos no vagão tinham recebido notícias de um filho ou de uma filha, de um primo ou de uma sobrinha que fora deportado no início e escrevera dizendo estar tudo bem. Essas cartas eram consistentemente positivas, elogiavam a comida dos deportados e as moradias para as quais haviam sido alocados, asseguravam aqueles que tinham permanecido na Eslováquia de que o reassentamento não era, afinal de contas, tão ruim assim.

No entanto, havia algo recorrente nas tais cartas, além da nota reconfortante de ânimo. Não todas, absolutamente, mas muitas delas incluíam algo esquisito, um detalhe que não se encaixava. Uma mulher descreveu o bilhete de uma prima que terminava com uma vívida insistência de que a mãe lhe mandava todo o seu amor. Todavia, a referida mãe morrera três anos antes.[3] Outra mulher disse que ficara igualmente intrigada por uma referência a um velho vizinho que se sentia muito bem na nova casa, mesmo que ambas, a remetente e a destinatária da carta, soubessem que o velho estava debaixo da terra havia anos.

Walter escutava, mas tinha pouco a acrescentar. Não recebera cartas, muito menos com erros inexplicáveis. Além disso, estava preocupado, espiando pela abertura que fazia as vezes de janela, observando a paisagem que ia passando. Tentava memorizar a rota, para que fosse capaz de fazer o caminho de volta. Estava, como sempre, pensando numa fuga. A ideia não o abandonou nem mesmo quando, no fim da tarde daquele primeiro dia, perto das cinco horas, o trem parou em Zwardoń, na fronteira da Eslováquia com a Polônia, onde os vagões foram esvaziados e os judeus, forçados a se enfileirar para contagem. Os guardas Hlinka deram lugar, então, aos membros da SS nazista; os alemães se encarregaram do trem e substituíram o maquinista por um dos deles. Ainda assim, Walter estava tentando bolar um plano de fuga.

Só que a rota a partir daquele ponto não fazia mais nenhum sentido, Walter não poderia adivinhá-la. O trem ia muito devagar e fazia longas paradas, quando parecia estar encalhado no meio do nada. O vagão permanecia fechado, então não havia como olhar em volta. Estariam na Cracóvia? Ou seria Katowice? Talvez em nenhuma das duas; talvez tivessem chegado a Częstochowa. Difícil dizer. O trem parecia estar tomando um longo desvio, fazendo uma rota extensa e sinuosa, possivelmente até mesmo voltando alguns trechos. Walter procurou uma lógica, mas não conseguiu encontrar nenhuma.

O tempo parecia se estender. Inacreditavelmente, o relógio de pulso dizia que ele estava enfiado naquele vagão havia 24 horas. Muitos dos deportados, inclusive Walter, tinham levado comida, a qual fora consumida, mas poucos se lembraram de carregar água suficiente. Então, naquele momento, após um dia inteiro no vagão de gado, as crianças se queixavam de uma sede terrível. Os lábios ressecaram e elas estavam ficando tontas. Não demorou muito para que a necessidade se tornasse desesperadora. As crianças necessitavam de água. A mera visão, através das tábuas do vagão, de um rio ou de um cartaz anunciando promoção de cerveja tornou-se um tormento.

A camaradagem das primeiras horas, do brinde de casamento e da comida compartilhada, havia muito acabara. Houve brigas, inclusive para disputar o acesso ao balde no canto, que a essa altura estava cheio, derramando. A sede deixou as pessoas desorientadas e despiu-as das camadas de cortesia e gentileza que vestiam quando deixaram Nováky. Com o suprimento de água seco, cresciam as acusações e as recriminações.

Ainda assim, Walter não conseguia ver lógica na viagem. Estavam rumando para leste, então ele via de relance a placa de uma estação pela qual já tinham passado e percebia que agora iam para oeste. Às vezes o trem deslocava-se para um desvio lateral, de modo a abrir caminho, presumia Walter, para um transporte militar considerado de mais alta prioridade. A permanência nesse desvio lateral podia durar vinte minutos ou dezesseis horas, nunca se sabia quanto tempo levaria até que o trem voltasse a andar.[4] A água, porém, estava sempre fora de alcance. Mesmo que estivesse ao alcance, não havia como apanhá-la, pois ninguém tinha permissão de descer do trem: o vagão de gado permanecia fechado.

Numa dessas paradas, Walter pôde ver, através das tábuas do vagão, que o trem estava estacionado ao lado de uma locomotiva que, naquele momento, abastecia os tanques de água. Ele pôde ver a mangueira esguichando água, galões e galões, uma pequena parte entrando no motor do trem e o resto espalhando-se pelos trilhos. Era uma visão enlouquecedora. Walter enfiou a mão pelo vão das tábuas, esticou a caneca para fora e pediu um pouco ao maquinista da locomotiva.

O homem o ignorou, e então Walter pediu mais uma vez. O maquinista nem sequer olhou-o nos olhos, simplesmente respondeu:

— Não vou levar um tiro por causa de vocês, seus filhos da mãe![5]

Àquela altura, já estavam no trem havia 24 ou 48 horas, quem sabe mais, porém esse momento talvez tenha sido o que deixou Walter mais chocado. Os judeus no trem não estavam sendo degradados apenas uns diante dos outros, eles também estavam sendo rejeitados pelo mundo exterior. O maquinista via e ouvia crianças passando mal, implorando por água para beber, e nem sequer foi capaz de olhar para elas. Filhos da mãe, era como os chamara a todos eles, enquanto fitava a distância.

Walter o xingou, chamando-o de porco egoísta e sem coração. Só mais tarde soube que a SS tinha emitido um decreto o qual dizia que quem fosse apanhado ajudando os deportados seria fuzilado ali mesmo, à vista de todos. Só depois o rapaz considerou que, antes de o trem em que ele estava ter se arrastado pela zona rural polonesa, outros tinham passado por ali; talvez algum homem tivesse dado água às pessoas nos trens e acabado pagando com a própria vida ou com a vida da esposa e dos filhos, destroçados pelo fogo de metralhadoras dos nazistas da SS. Talvez o maquinista tivesse presenciado a execução daquele castigo imediato e aprendido que, se quisesse ficar vivo, era melhor fingir que não via as mãos humanas estendidas por entre as tábuas dos vagões de gado que seguravam canecas vazias; era melhor fingir que não ouvia o choro das crianças que soluçavam, engasgadas, pedindo água.

A viagem prosseguiu, aos trancos e barrancos, em meio à sede e ao fedor, por três dias. Talvez mais, era difícil dizer. Isso fez com que, quando o trem finalmente parou, quando a porta do vagão finalmente foi aberta, os que estavam lá dentro amontoados sentissem alívio e, por mais estranho que pareça, gratidão. Tinham certeza de que o pior da provação já passara. Tinham certeza de que haviam chegado, e aquilo seria melhor do que o que tinham acabado de suportar.

Aquela era a expectativa quando o trem foi entrando lentamente na estação central da cidade de Lublin, estremecendo, até parar um pouquinho depois da estação. E essa expectativa pode ter durado até um ou dois segundos depois que as portas do vagão de gado foram abertas para revelar o grupo de boas-vindas: uma falange de homens da SS, armados com fuzis, metralhadoras, cassetetes e chicotes.

Veio, então, a ordem:

— Homens aptos para o trabalho entre 15 e 50 anos devem descer dos vagões. Crianças e velhos, permaneçam.[6]

Os oficiais da SS marchavam de um lado para outro ao longo do trem, ladrando uma versão dessa instrução, sempre em alemão, embora às vezes fossem mais concisos:

— Todos os homens entre 15 e 50, fora!

O quê? Aquilo não fazia sentido. Tinham lhes dito várias vezes que as famílias não seriam separadas, que seriam reassentadas nesses vilarejos novos *juntas*. O presidente da Eslováquia, o próprio monsenhor Tiso, havia lhes dado a palavra dele. Foi por isso que os noivos tinham se apressado em casar-se.

Talvez não fosse uma separação real, mas só uma questão de ordem: os homens entre 15 e 50 anos sairiam do trem primeiro e as mulheres, as crianças e os idosos iriam em seguida. Poderia ser isso?

A resposta não tardou. Mal os mais jovens se arrastaram para fora dos vagões, descendo da melhor forma que as pernas, rígidas por causa da imobilidade, permitiam e formando uma fila junto aos trilhos conforme as instruções, as portas voltaram a ser fechadas. Parado ali com seus pertences, Walter viu que a estação estava cercada, principalmente por guardas em uniformes distintos que se revelaram lituanos, munidos de armas automáticas.

Por reflexo, os que ficaram nos vagões tentaram alcançar os respectivos maridos, filhos e irmãos, esticando as mãos por entre os vãos das tábuas. Tratava-se menos de um gesto de adeus do que de um apelo desesperado e ansioso pelo consolo do toque. Os membros da SS também viram, e responderam ao ato com grande eficiência, percorrendo o comprimento do trem com chicotes e cassetetes e golpeando as mãos estendidas, quer pertencessem a uma mãe desolada, a uma criança aturdida ou a uma esposa recém-casada. Por fim, com esforço, o trem recuou, chiando. Os homens o observaram se afastar. As respectivas famílias tinham ido embora.

Os homens se consolaram especulando que talvez seus entes queridos estivessem, afinal, sendo reassentados. Pelo menos não estavam ali, sendo conduzidos feito uma manada em fila pelos membros da SS, que usavam os cassetetes e chicotes como estímulo enquanto avisavam que eles estavam prestes a marchar e tinham um longo caminho pela frente.[7]

Caso lhes parecesse mais fácil, foi dito aos homens, eles poderiam colocar as malas num caminhão, as quais depois receberiam de volta. Muitos aproveitaram a oferta, mas não Walter. Estava viajando com pouca coisa, só uma mochila nas costas. Além disso, apesar de ser mais jovem que quase todos eles, tinha algo que os outros homens não tinham: experiência. Experiência suficiente para saber que confiança era um jogo de tolos. Não aprendera essa lição quando cometeu o erro de confiar em Josef, depois da fuga conjunta de Nováky? A mochila ficaria nas mãos da única pessoa em quem Walter podia confiar: ele mesmo.

A marcha era para a cidade de Lublin, embora Walter tenha notado que seus captores não pegavam muitas ruas principais. Os membros da SS preferiam se ater a ruas secundárias, como se não quisessem que a procissão — como um antigo desfile de feitores do tráfico e seus escravizados — fosse vista. No entanto, após passar por Lublin, uma vez na estrada principal, rumo ao sudeste da cidade, tal contenção foi abandonada. Um homem da SS viu o relógio de pulso de Walter. Sob a mira de uma arma, exigiu que Walter lhe desse o objeto. E Walter lhe deu.

Depois de um tempo, passaram por uma fábrica de roupas. No pátio, enfileirados, estavam centenas de prisioneiros, talvez um milhar, obviamente judeus. Todos vestiam a mesma coisa, um uniforme de listras sujas, e estavam fazendo fila por comida. Walter olhou para os homens e sentiu o ânimo afundar.

O destino dos recém-chegados era um local originalmente designado como campo de prisioneiros de guerra, conhecido no local como "pequeno Majdan", em virtude da proximidade com o subúrbio de Lublin chamado Majdan Tatarski. Em polonês: Majdanek. A designação oficial, porém, era *Konzentrationslager*, um campo de concentração. Mas este termo, como Walter viria a descobrir, era um eufemismo.

4
Majdanek

ELE AVISTOU O CAMPO PELA PRIMEIRA VEZ à medida que iam se aproximando por um pequeno morro, e detectou as torres de vigilância, os alojamentos e a cerca de arame farpado. Só depois que os portões de Majdanek se abriram diante deles foi que Walter e os companheiros deportados viram os que já eram prisioneiros ali. Mais pareciam fantasmas do que homens. Tinham a cabeça raspada e o corpo esquelético coberto por um uniforme puído, aquele mesmo listrado macabro. Os pés calçavam tamancos de madeira ou estavam descalços e visivelmente inchados. Walter não sabia quem eles eram nem o que lhes acontecera.

Nenhum deles fez contato visual com Walter ou com algum dos recém-chegados. Mas falaram com eles. Um foi diretamente até Walter para avisá-lo de que ele e todos os outros em breve seriam privados dos pertences pessoais. O restante continuou trabalhando — buscando, carregando, varrendo ou cavando —, mas, pelo canto da boca, perguntavam: "Alguma comida? Alguma coisa no bolso?"[1] Era uma prática rotineira, as palavras disparadas automaticamente. E, quando alguém jogou um bocado de comida na direção deles — constituía um grande risco entregar a comida em mãos —, a reação que tiveram mostrou a Walter tudo que ele precisava saber sobre a vida em Majdanek. Os prisioneiros atacaram aquelas míseras migalhas, brigando por elas. Pareciam grunhir, como cães famintos. E quando os guardas se adiantaram para surrá-los com cassetetes e lhes baterem nas costas enquanto eles se curvavam sobre os restos de comida, os cativos os ignoraram, como se a possibilidade de até mesmo um mísero bocado de queijo ou pão valesse a dor.

No entanto, Walter e os outros recém-chegados não estavam ali em Majdanek para serem turistas por muito tempo. Foram logo transferidos pelas seções rigidamente demarcadas do campo: uma era para os oficiais da SS, uma para a "administração" e uma terceira para os prisioneiros, que, por sua vez, era subdividida por mais arame farpado em cinco subseções ou "campos" — Walter ficaria na Seção de Trabalho Nº 2, junto com muitos outros judeus tchecos e eslovacos —, com uma torre de vigilância no canto de cada uma e duas fileiras adicionais de arame farpado eletrificado cercando a área inteira. Walter notou que, nessa prisão externa composta somente de uma paisagem monótona de barracões de madeira, nada crescia. Não conseguiu ver uma única árvore. Era como se a terra tivesse sido calcinada.

A iniciação foi imediata. Primeiro, apesar da firme decisão de Walter de não confiar em ninguém, foi separado da sua mochila. Ordenaram que ele a entregasse num barracão denominado Balcão de Bagagens Esquecidas. O absurdo dessa designação — mais do que isso, a irônica afetação que continha, a zombaria daqueles que a viam — logo ficaria óbvio até mesmo para um novato em Majdanek. É verdade que, quando entregou a mochila, Walter recebeu um bilhete em troca, mas isso apenas contribuía para a descarada desonestidade de toda aquela prática: uma vez lá deixada, a bagagem jamais seria reclamada de volta.

Em seguida, vieram os "banhos", embora este também fosse um nome enganoso. Era outro barracão, equipado com tinas e cheirando a desinfetante. Os novos prisioneiros receberam ordens de se despir e imergir numa água fétida, como carneiros num tanque. Os que hesitavam eram surrados com cassetetes.

E então era hora de serem tosquiados. A cabeça era raspada em segundos. Depois, ficavam parados em cima de banquinhos para que todos os pelos pudessem ser raspados do corpo, inclusive das axilas e das partes íntimas. O propósito declarado era controle de pragas, livrar-se de piolhos, mas, para a SS, havia um benefício adicional: retirar dos prisioneiros porções de humanidade. Por fim, os homens recebiam roupas: as calças e os camisões listrados, tamancos de madeira e um boné de prisioneiro de campo de concentração.

Em cada estágio, Walter se parecia ainda menos consigo. Ele e todos os que tinham chegado no vagão de gado algumas horas antes tornaram-se mais parecidos entre si, além de mais semelhantes também aos prisioneiros que já estavam lá. Ainda assim, e estranhamente, no mesmo momento em que os recém-chegados perdiam a individualidade, os veteranos começavam a ganhar a deles, pelo menos aos olhos de Walter. Aos poucos, ele começou a diferenciar os espectros listrados uns dos outros. Começou a reconhecer alguns dos rostos. Não eram sombras do mundo subterrâneo, mas compatriotas judeus da Eslováquia: o filho de um rabino que Walter conhecera, um professor de escola, o dono de uma oficina mecânica, um bibliotecário, o filho de um ferreiro que em festas fazia um truque de dobrar uma moeda com os dentes. Lá estavam todos eles.

Junto ao portão de um dos campos, reconheceu Erwin Eisler, seu velho colega de estudos de Trnava, o rapaz que tinha desafiado as regras e guardado ilicitamente um livro de química. Esquelético, empurrava um carrinho de mão e vasculhava o lugar em busca de comida.[2]

Walter notou que havia uma categoria de prisioneiros que habitava uma zona indefinida entre cativos e captores. Esses internos podiam estar vestidos de forma ligeiramente diferente, com o camisão ou a calça que se desviavam das listras regulamentares, e muitas vezes usavam um triângulo verde na altura do coração. Walter logo descobriu que, no universo do campo de concentração, aquele era o símbolo para os internos que não eram judeus — cujos triângulos eram amarelos —, mas homens banidos por terem sido condenados como criminosos comuns. Um triângulo vermelho distinguia um prisioneiro político, um cor-de-rosa, um homossexual, um roxo, uma testemunha de Jeová. Entre aqueles homens, porém, a cor que predominava era a verde, que caracterizava os *Kapos*. Eles eram destacados pela SS para, por meio da força bruta, infligir uma disciplina violenta aos colegas internos à menor provocação e, às vezes, por motivo algum. Os homens que haviam espancado os prisioneiros que brigaram por migalhas de comida dos recém-chegados tinham sido os *Kapos*. Pelo que Walter pôde perceber, o que lhes faltava em hierarquia nazista, eles compensavam com crueldade.

Havia mais um rosto familiar que Walter veria em Majdanek: seu irmão mais velho, Sammy. Fazia pouco que Walter estava no campo quando um amigo cujo serviço envolvia transportar comida entre as seções lhe disse que o vira, que Sammy de fato estava no campo vizinho.

Walter mal pôde acreditar. Sabia que ambos os irmãos estavam na mesma situação que ele, que haviam sido marcados para deportação e suposto reassentamento. Contudo, descobrir que estavam ali, no mesmíssimo campo, era surpreendente. Walter teve que lutar contra o impulso de correr naquele exato momento até a barreira de arame farpado que separava um campo do outro. Já tinha aprendido o risco letal que uma atitude assim significava. Mais cedo, vira um homem, que trabalhava ali por perto e aparentemente estava enlouquecido em seu desespero, dar uma corrida súbita em direção ao arame farpado. Só conseguiu dar alguns passos antes de os tiros serem ouvidos. Walter não precisou de uma segunda vez para aprender: entendeu que qualquer um que fosse visto perto das cercas podia ser morto num instante. Se ele pretendia encontrar Sammy, teria que seguir um protocolo, um protocolo que demandava paciência.

Para falar com alguém de outra seção, era preciso esperar até o pôr do sol, quando havia menos *Kapos* por perto. Não podia haver concentração de gente junto à cerca, porque isso também seria notado. Em vez disso, era preciso esperar a vez e fazer fila longe da cerca, fora do campo de visão.

O mesmo sistema se aplicava a ambos os lados da cerca, de modo que Walter pôde ver um pequeno grupo se formar do outro lado, à mesma distância da cerca que ele estava, e ficar esperando nas sombras. Então, à medida que a luz ia enfraquecendo, ele viu o contorno alto do irmão. Um reflexo de reconhecimento mútuo se fez sentir. No mesmo instante, os dois ergueram os braços em saudação.[3]

Entretanto, ainda não era a vez deles. Walter e Sammy tiveram que assistir enquanto outros dois prisioneiros cautelosamente se aproximavam da divisa para o próprio momento de conversa furtiva. Walter permaneceu a postos, feito uma mola encolhida. Viu aqueles dois já junto ao arame farpado e esperou pelo primeiro sinal de que a conversa deles estava chegando ao fim.

Finalmente, o homem que havia precedido Walter junto à cerca começou a se afastar. Era o indício para Walter. Ele deu alguns passos para a frente e observou Sammy fazer a mesma coisa. Logo estariam conversando, de irmão para irmão. Quem teria acreditado, ali em Majdanek.

Mas então, em um instante, a calma desse ponto de encontro ao crepúsculo foi quebrada. De súbito surgiu um bando de *Kapos* com cassetetes em punho. Começaram a surrar o homem que tinha acabado de conversar com o amigo, golpeando-o na cabeça até ele ficar imóvel. Como pássaros que se dispersam ao ouvir um som repentino, todos os que estavam esperando a vez desapareceram na escuridão.

No dia seguinte, contaram a Walter que Sammy tinha sido transferido para outro campo. Não haveria encontro ao cair da tarde. Na verdade, Walter jamais veria o irmão novamente. No entanto, a lembrança daquela breve saudação ao anoitecer, cada um erguendo o braço para o outro, de irmão para irmão... a lembrança daquele instante ele guardaria para sempre.

Walter, com seus 17 anos, era um aluno que aprendia depressa, qualidade necessária num campo de concentração onde o período de orientação era medido em segundos. Quase não existia treinamento, com exceção de algumas poucas palavras de instrução ladradas naquele primeiro dia pelo *Oberkapo*, um chefe entre os *Kapos*, mas ainda assim um nada aos olhos dos verdadeiros senhores de Majdanek. O *Oberkapo* contara a Walter e aos outros recém-chegados sobre o ritual do *Appell*, a chamada de presença que ocorria duas vezes ao dia, pela manhã e à noite. Como deveriam se reunir num quadrado no centro da área de prisioneiros, cercados pelos diferentes campos, e se alinhar em filas de dez. Tirar o boné quando um homem da SS se aproximasse e recolocá-lo na cabeça quando ele se afastasse. Praticaram na chuva torrencial por várias horas. Tirando isso, não deveriam mover um músculo, sob pena de morte. Qualquer erro ou lapso na ordem seria punido com uma surra.

Então, Walter já havia sido escolado em duas das diversas maneiras como as pessoas podiam morrer em Majdanek. O homem podia ser baleado ou surrado até a morte. Havia também outros métodos disponíveis. Os barracões eram tão mal construídos, frágeis e frios, e tão superlotados — às vezes com até mil homens numa gloriosa cabana feita para abrigar duzentas pessoas, ou menos[4] —, que era fácil adoecer. Alguns barracões não tinham vidro nas janelas; muitos não dispunham nem de camas: os internos tinham que dormir no chão. As camas, quando existiam, consistiam em nada mais do que três longas tábuas na extensão de toda a cabana, colocadas umas sobre as outras. Supostamente, isso criaria um conjunto de beliches de três andares.

Havia escassez de roupas e remédios. Faltava até mesmo o saneamento mais básico: não existia local para se lavar nem para lavar as roupas. Não havia sistema de esgotamento sanitário. Durante o dia, fossas de esgoto a céu aberto serviam como latrinas. À noite, havia grandes caixas de madeira em cada barracão que funcionavam como banheiros comunitários. Walter logo descobriria que a disenteria grassava no campo. Mesmo que a doença não matasse de imediato, contraí-la era uma sentença de morte. Disenteria significava que o homem era considerado inapto para o trabalho. E, se não pudesse trabalhar, estava morto.

Alguns tentavam desafiar a doença, apresentando-se para o trabalho como se estivessem saudáveis, mas acabavam esvaziando os intestinos ali mesmo.[5] Walter lembrava-se do destino de um colega prisioneiro, Eckstein, um rabino da cidade eslovaca de Sered', que contraiu a doença. Certo dia, ele chegou alguns minutos atrasado para a chamada. Seus captores não toleraram o atraso. O oficial da SS encarregado ordenou a seus homens que pegassem o rabino e o enfiassem de cabeça para baixo em uma das latrinas, com a cara mergulhada no esgoto. Em seguida, mandou esguichar água fria nele, como se o estivessem limpando. Feito isso, o homem da SS pegou o revólver e matou o rabino.[6]

A doença era abundante, e mal havia alimento para comer ou água para beber. Pela manhã, antes da chamada e após o despertar às cinco ou seis horas, havia café preto de raiz de chicória torrada ou uma infusão feita com ervas silvestres. À noite, talvez cerca de trezentos gramas de pão, acompanhado de geleia de laranja ou uma imitação barata de manteiga, banha artificial da pior qualidade,[7] engolido com a ajuda da mesma infusão que tinham tomado no começo do dia. Duas vezes por semana talvez houvesse um pedaço de linguiça de carne de cavalo ou beterraba. Não era de admirar que Erwin estivesse com um aspecto tão esquelético.

Considerando tudo isso, um detalhe da chamada matutina negligenciado pelo *Oberkapo* não deveria ter surpreendido Walter. Mesmo assim surpreendeu. Enquanto ele e os demais faziam o melhor possível para se alinhar em bem-arrumadas e disciplinadas filas de dez, conforme as instruções, havia um grupo de prisioneiros que não fazia nada desse tipo. Eram os mortos, empilhados logo atrás dos vivos e contados de forma igualmente metódica, os corpos levados ao crematório e queimados. Homens que haviam morrido durante a noite, vítimas de fome, violência ou algo menos visível — a luz se apagando à medida que perdiam a vontade de viver. Walter esforçava-se ao máximo para contar os mortos e depois se lembrar do número, mantendo um cálculo mental. Isso se tornou um hábito.

Após a chamada, era hora do trabalho, um trabalho árduo. Trabalho, Walter compreendeu rapidamente, era vida. A mensagem era evidenciada e enfatizada na canção do campo, que lhe foi metida na cabeça nos primeiros dias em Majdanek e a qual os prisioneiros eram forçados a cantar, de pé, vezes e mais vezes, durante horas a fio, apesar de um dia inteiro de labuta, o que lhes custava enorme esforço físico.[8] Uma vez decorada, a letra permaneceu na lembrança de Walter muito tempo depois. Não conseguia tirá-la da cabeça:

Aus ganz Europa kamen, wir Juden nach Lublin.
Viel Arbeit gibt's zu leisten, und dies ist der Beginn.*

---

* "De toda a Europa, viemos nós, judeus, para Lublin./ Há muito trabalho a ser feito, e este é só o começo." [N. do T.]

Para alguns, o trabalho a ser feito significava ser conduzido em marcha pelos *Kapos* para fora de Majdanek, rumo às áreas industriais e às fábricas. Enquanto Walter observava os homens deixarem o campo, o hino à nobreza do trabalho ressoava-lhes nos ouvidos. E, com isso, uma ideia foi se plantando, uma ideia que só cresceria e amadureceria tempos depois.

Para Walter, não haveria tal viagem para fora. Ele devia trabalhar no próprio campo, em construção, transportando tijolos e madeira num carrinho, sempre correndo, sob pressão dos *Kapos*, que batiam em qualquer um que não se apressasse.

E assim, naquele dia de verão de 1942, Walter Rosenberg tornou-se um dos 13 mil judeus eslovacos que foram despachados para Majdanek com a finalidade de trabalhar compulsoriamente. Não estava claro o que ele e seus colegas prisioneiros estavam construindo. Ninguém lhes disse.

É óbvio que ele não deixou de pensar em fugir. Estava mais determinado do que a fazê-lo, mas também era nítido que havia um jeito certo e um jeito errado de proceder. O destino do homem que havia corrido junto à cerca confirmava que simplesmente ser suspeito de tentar escapar já configurava um crime capital. Depois disso, Walter não se permitiu sequer chegar perto da barreira, para evitar que aquilo parecesse uma tentativa de fuga. Não, libertar-se de Majdanek exigiria algo muito mais criativo do que sua fuga de Nováky.

A oportunidade chegou mais cedo do que ele teria esperado. Ouviu um *Kapo* patrulhando os alojamentos, berrando um pedido por quatrocentos voluntários para trabalho agrícola.

Walter não hesitou. O trabalho agrícola era rico em possibilidades. Seria longe do campo; provavelmente haveria transporte envolvido, talvez um trem. Isso lhe daria opções. O trabalho seria a céu aberto, longe do campo-prisão rigidamente policiado, o que tornava a fuga ao menos imaginável. Entre os mil homens que com avidez se ofereceram como voluntários, Walter foi um dos primeiros.

—Vou deixar o campo logo — disse ele a um dos prisioneiros mais experientes, com uma espécie de orgulho. — O trem deve partir em poucos dias.[9]

Seu colega, um prisioneiro político tcheco, alertou-o:

—Você está louco? Sabe para onde esse trem está indo?

— Não — respondeu Walter, livrando-se da carga que vinha carregando.

— Olhe, seu tolo. Eu estive em Dachau. Aquilo era ruim demais — disse o tcheco, e explicou que, quando a SS queria realmente punir alguém, era para aquele lugar novo que mandavam as pessoas. O homem foi inflexível: Walter estava cometendo um grande erro. Arrematou: — Vá para lá e você morre.[10]

No entanto, a decisão de Walter já estava tomada. Para ele, o destino era irrelevante. A saída de Majdanek e a chance de fugir que a acompanhava eram o que importava. Ou, como disse ao camarada mais velho:

— Qualquer lugar é melhor do que esta pocilga.

Quando chegou o dia de os voluntários partirem, Walter procurou o tcheco para se despedir. O homem não lhe desejou boa sorte. Simplesmente disse:

—Você vai lamentar.[11]

Depois disso, Walter entrou em fila com o restante dos voluntários, tendo eles recebido ordem de tirar e jogar fora os uniformes listrados e vestir roupas comuns em substituição. Receberam calças, casaco, camisa e boné, tudo do tamanho errado e descombinado. Walter olhou as roupas e imaginou quem as teria usado antes. Poderiam ter pertencido a qualquer um deles, os prisioneiros reunidos nesse grupo de quatrocentos ou os internos que estavam prestes a deixar para trás. Poderiam ter sido as roupas dos mortos, cujos corpos eram empilhados e contados toda manhã durante a chamada.

Walter compreendeu de imediato por que essa mudança de roupa era necessária. Estavam em vias de marchar para a estação de Lublin, e passariam pelas ruas da cidade. Os membros da SS claramente não queriam que os habitantes locais vissem como eles mantinham seus escravizados. Daí os bonés, para cobrir as cabeças raspadas.

Ainda assim, roupas de verdade eram roupas de verdade, e Walter e os demais ficaram contentes de poder vesti-las. Isso serviu para abrandar o longo atraso, enquanto ficavam horas de pé à espera de serem examinados e processados. Acabaram numa formação em coluna, com os homens da SS tomando posição ao lado deles, e começaram a marchar. Depois de apenas doze dias em Majdanek, Walter estava partindo. Era uma bela manhã no fim de junho, e ele estava concentrado no que imaginava ser o que o aguardava: a chance de algo diferente; acima de tudo, a chance de fugir.

Como se lesse sua mente, o oficial da SS encarregado dirigiu-se a Walter e seus possíveis colegas de trabalho agrícola logo que chegaram à estação de Lublin. Explicou que eles receberiam comida para a viagem, a qual deveriam economizar porque não sabia quanto tempo ela iria durar.

— E lembrem-se: é inútil tentar escapar — concluiu.

Naturalmente, isso só serviu para fazer com que Walter pensasse ainda mais em escapar. Mal as pesadas portas do vagão de gado foram fechadas e trancadas e o trem se pôs em movimento, ele já estava procurando brechas nas defesas do inimigo. Mesmo antes disso, quando os cativos foram colocados dentro do vagão, já estava à procura de um cúmplice em potencial.

E a sorte sorriu para ele: viu um rosto familiar, um colega veterano de Nováky cujo nome era Josef Erdelyi. Havia ainda uma ligação adicional: Walter fora colega de escola da namorada de Josef.

Walter aprendera a fazer avaliações rápidas, e logo decidiu que Josef era feito da matéria-prima certa, que poderia confiar nele: depois da experiência com o outro Josef, o apaixonado, em Topol'čany, Walter sabia que havia uma qualidade indispensável. Mal sussurrou a palavra "fuga", Josef foi receptivo, e ambos começaram a examinar meticulosamente o vagão. A janela tinha barras, mas o chão oferecia possibilidades. Se conseguissem fazer um buraco com um simples golpe, poderiam esperar o trem diminuir a velocidade e então se enfiar por ele e sair. Concordaram em não fazer nada até o anoitecer. No escuro, a fuga seria mais fácil.

Não demorou muito para essa esperança desaparecer. Na primeira parada, com 24 horas de viagem, quando as portas foram abertas pela primeira vez, o homem da SS encarregado ladrou novas informações. Haveria uma contagem de cabeças naquele momento e em todas as outras paradas. Se dessem pela falta de algum homem, "dez homens do vagão seriam fuzilados".

Isso colocou um ponto final na ideia. Uma coisa era arriscar a própria vida, mas tirar a vida de dez outros? Não. E, naqueles últimos meses, Walter havia aprendido muito bem que a SS não fazia ameaças vãs.

Viajaram mais 36 horas naquele vagão de gado. Seguiram o mesmo padrão da viagem que levara Walter de Nováky para Majdanek quinze dias antes. A ração inicial de comida — neste caso, um pouco de pão, geleia de laranja e salame — se esgotou junto com a pouca água que tinham recebido. A sede era tão intensa quanto tinha sido da outra vez, talvez até mais, dado o calor sufocante do vagão abarrotado com oitenta homens adultos. Mais uma vez, não haveria alívio: o trem parava fora, não nas estações onde poderia haver uma chance de abastecer. Quando chegava a hora das pausas, Walter e seus colegas tinham que ficar assistindo aos homens da SS bebendo de cantis que pareciam cheios de água fresca, gelada.

Por fim, o trem reduziu a velocidade pela última vez ao chegar ao destino. Walter espiou por um vão entre as portas do vagão. Viu torres de vigilância, que já eram bem familiares, assim como prédios feitos de tijolos, muito diferentes das primitivas cabanas de madeira de Majdanek.[12]

As portas foram abertas e os oficiais da SS encurralaram os prisioneiros em fila, ao lado do trem. Uma vez que os senhores ficaram satisfeitos, os cativos receberam ordem de marchar.

Walter notou outra diferença. Estava andando por uma rua de verdade, pavimentada, não por uma das trilhas de terra de Majdanek. E o mais surpreendente de tudo: viu árvores e arbustos, algo bem-vindo depois da desolada aridez do campo nos arredores de Lublin.

Algo semelhante a otimismo penetrou o coração do rapaz naquela noite de verão ao se aproximar daquele misterioso lugar, persistindo até mesmo quando ele viu o feixe de luz dos holofotes na entrada do campo iluminando os homens da SS que lá estavam, fuzil numa das mãos, a guia de um cão alsaciano na outra. A sensação ganhava força a partir da visão do pátio limpo e bem conservado e dos portões altos e duplos que guardavam o lugar e ostentavam um lema simples de três palavras: *Arbeit Macht Frei* [O trabalho liberta]. Se trabalho era a característica do lugar, não haveria problemas para Walter. Ele era jovem e apto; certamente podia trabalhar. Graças aos céus rejeitara o conselho que o manteria em Majdanek e longe dali. A sorte realmente parecia ter sorrido para ele.

Eram nove da noite de 30 de junho de 1942. Walter Rosenberg estava em Auschwitz.

PARTE II

O campo

5
Éramos escravizados

WALTER ROSENBERG VIU AS FILAS gêmeas de postes brancos de concreto, cada um equipado com isoladores de porcelana e ligados por fios que pareciam ser de alta voltagem, e concluiu que uma cerca eletrificada dupla envolvia o campo. Viu as guaritas, cada uma com um homem da SS postado, as mãos pousadas numa metralhadora montada sobre um apoio; o holofote que varria com frequência o campo depois de escurecer; e os cães altamente disciplinados que acompanhavam os respectivos donos, membros da SS.[1] Olhou tudo com meticulosidade e imaginou que segredo estaria sendo guardado naquele lugar que tornava tão imperativo ninguém conseguir fugir.[2]

Naquela primeira noite, já tarde, ainda tinha razões para acreditar que dera um passo adiante afastando-se da sujeira e do caos de Majdanek. Os alojamentos não eram apenas maciços — construções de tijolos, de diversos andares, do tamanho de uma escola secundária —, como também cada um tinha o próprio número, marcado tanto numa placa pintada quanto num letreiro elétrico junto à porta de entrada.

Já estava escuro quando foram levados em marcha até o Bloco 16 e, depois, enviados para o porão. Ali receberam as informações necessárias, dadas por um responsável do bloco, um *Kapo* que usava o distinto triângulo verde de criminoso (no caso, um assassino condenado). Esse homem advertiu os recém-chegados de que, por mais que estivessem sedentos, não deveriam tomar água das torneiras na parede: era um jeito fácil de contrair disenteria. Walter guardou o aviso na memória. Naquela noite, dormiu no chão.

O dia seguinte lhes trouxe um despertar às cinco da manhã, para o *Appell*, que seria às seis. Como Walter já aprendera em Majdanek, a chamada era para contar tanto os vivos quanto os mortos, sendo que este último grupo compreendia também os que estavam morrendo. Se os números batessem e não houvesse ninguém faltando ou algum fugitivo presumido, então a chamada podia ser declarada encerrada, e os cadáveres eram levados embora — cada um carregado nas costas por um único prisioneiro, com a cabeça sem vida pendendo sobre um de seus ombros. À medida que as duplas saíam cambaleando, olhavam para Walter parecendo monstros de duas cabeças, prisioneiro e cadáver juntos se arrastando lentamente rumo ao necrotério: era difícil dizer quem estava vivo e quem estava morto, porque ambos eram pele e osso.[3]

Para ele e os outros recém-chegados, enfileirados em seus trajes civis, foi difícil assistir aos outros internos marchando para o trabalho pesado enquanto ficavam para trás. Foram deixados vagando pelo campo, pelo menos pelas áreas abertas, tentando dar um sentido a tudo aquilo. Só no dia seguinte foram introduzidos ao ritual de iniciação, uma reprise do processo pelo qual Walter passara duas semanas antes em Majdanek.

O ritual começou com uma ida forçada aos chuveiros. Os *Kapos* lhes bateram com os cassetetes e pastorearam quatrocentos deles como se fossem um rebanho até uma sala construída para conter no máximo trinta; depois, voltaram a surrá-los, com chutes e golpes, até que estivessem de pé e nus no frio. Em seguida, ainda nus e tremendo, veio algo novo. Os deportados fizeram uma fila para serem tatuados com o respectivo número de Auschwitz. Dois colegas prisioneiros atuavam como atendentes, anotando os nomes e os locais de nascimento dos internos: Walter foi cadastrado no livro contábil como tendo nascido em Pressburg, o velho nome austro-húngaro para Bratislava. Informou como ocupação "serralheiro", adotando o ofício do homem que não era bem seu padrasto, mas que estava regularmente ao lado da mãe. Feito isso, era hora de ser marcado. Antes, o processo de tatuagem significava ser encostado contra uma parede por um prisioneiro que então pressionava um granido especial,[4] o qual parecia um carimbo com números de metal, do lado esquerdo do peito, logo abaixo da clavícula. Isso costumava ser feito com tanta brutalidade, que muitos deportados desmaiavam.[5] Nesse dia, porém, Walter teve uma escolha. Podia ser marcado no braço esquerdo ou no direito, na parte externa ou interna do braço, perto da axila. Walter escolheu a parte alta do antebraço esquerdo, onde a marca seria imediatamente visível, e assim foi feito. Durante os dois anos e meio seguintes, ele não voltaria a usar o próprio nome oficialmente. Daquele dia em diante, seria o 44070. Não demoraria muito tempo para aprender a importância dos números em Auschwitz: um "número antigo",[6] baixo, marcava o homem como um veterano e o colocava mais perto do topo da hierarquia do campo, cujos privilégios e restrições os internos seguiam rigorosamente.

Por fim, receberam roupas. As roupas velhas foram recolhidas e nunca mais devolvidas, ao passo que foram entregues os familiares uniformes feitos de tecido rústico, com o mortiço padrão com listras brancas e cinza-azuladas. Portanto, Walter seria uma zebra humana como todos os outros. Ainda assim, ao vestir a camisa-túnica — o número costurado junto com o símbolo-padrão para prisioneiros judeus, uma estrela formada com dois triângulos,[7] um vermelho de prisioneiro político e o outro amarelo —, bem como a calça, colocar o boné e calçar os tamancos de madeira, sentiu-se consolado, e não só pelo fato de não estar mais exposto aos elementos. Gostou também do fato de ter se tornado indistinguível, pelo menos de relance, do restante do rebanho; ele poderia, caso se esforçasse, se fundir e passar despercebido na multidão. Desaparecer era, à sua própria maneira, uma espécie de fuga.

Mesmo assim, não podia fugir da morte. Ele a viu na face daqueles que marcharam para o trabalho, em disciplinadas filas de cinco e colunas de cem, direto depois da chamada. Havia algo de estranho na maneira como andavam: pareciam mais marionetes do que humanos, os movimentos eram bruscos e angulares enquanto se esforçavam para manter o passo. Eram inspecionados ao sair, observados por um homem que Walter viria a temer por ser um brutamontes especialmente cruel entre os brutos, o *SS-Oberscharführer* Jakob Fries, uma espécie de primeiro-sargento. Era inacreditavelmente alto, uma montanha de homem, de rosto largo, olhos impiedosos, sempre armado com um porrete quase tão grande quanto ele. A tarefa que lhe fora dada era a de excluir os fracos demais para o trabalho. O método predileto era o de testar a força do prisioneiro com o porrete ou a bota. Se conseguissem aguentar o golpe ou o chute, então tinham permissão de seguir adiante para o trabalho. Caso não conseguissem, a sorte da pessoa estava selada.

Havia um termo para tais homens, o qual Walter logo aprendeu. Os mortos-vivos, esqueletos ambulantes com cabeça curvada e olhos fundos, vazios, eram conhecidos no campo como *Muselmänner*: não homens cujos músculos e carne tinham se desfeito,[8] que estavam morrendo aos olhos de todos, o sopro de vida abandonando-os lenta mas inexoravelmente. E mesmo assim, em alguns deles, a vontade de sobreviver ainda lampejava. Antes de uma inspeção, não era incomum ver dois *Muselmänner* dando tapas um na cara do outro, para corar as faces e fingir vitalidade.[9] Walter observou aqueles que Fries considerava inaptos cambalearem de volta para o campo, onde, se tivessem sorte, poderiam conseguir alguma tarefa exequível, talvez no depósito de madeira. Caso não, seriam mandados ao hospital do campo. Walter logo entendeu que aquilo era uma sentença de morte.

A morte estava em toda parte. Naquele primeiro dia, Walter viu um grupo de prisioneiros carregar uma carroça com o que estimou serem duzentos cadáveres, que foram empilhados como carcaças numa carroça de açougueiro. Por perto havia um par de prisioneiros que ele reconheceu de Trnava.

— O que está acontecendo aqui? — perguntou ele a um dos dois, apontando os mortos.

A resposta foi dada sem emoção:

— A colheita de hoje.[10]

Estavam olhando para os corpos de homens que tinham morrido na noite anterior, fosse por causa de surras, fosse por fome ou doença. Os corpos seriam levados e queimados. Walter não teve dúvida de que aquilo era absolutamente rotineiro.

Ficou sabendo também de outro fato por meio daqueles dois prisioneiros, algo importante que ele guardaria consigo. Tratava-se do destino do restante dos homens que haviam chegado com a dupla no transporte de Trnava. Eram seiscentos a princípio, mas só restavam dez, incluindo aqueles dois — Otto e Ariel. Walter soube que aos demais tinha sido dada uma tarefa terrível: queimar os corpos dos prisioneiros de guerra soviéticos mortos pelos oficiais da SS. Os que sobreviveram à provação foram condenados à morte, explicou Otto, "porque sabiam demais".[11]

Walter costumava ouvir essas coisas em sussurros entrecortados, e ia juntando os fragmentos lentamente, com o correr do tempo. Naqueles primeiros dias em Auschwitz, compreendeu que era essencial permanecer forte e sadio — ficou contente pelos dias que passara no orfanato, jogando futebol —, além de que o trabalho era um pré-requisito para a sobrevivência.

Walter foi designado inicialmente para o depósito de alimentos da SS, mas isso não durou muito. Ele e Josef seriam transferidos para vários destacamentos de trabalho diferentes. A primeira transferência foi para Buna.[12]

Buna era um paquidérmico *Industriekomplex*, uma rede planejada de fábricas e instalações que se estendia por um terreno maior do que o campo principal de Auschwitz e o sítio vizinho muito maior, em Birkenau, conhecido como Auschwitz II, somados. "Buna-S" era o produto a ser feito ali, um tipo de borracha sintética considerada necessária para o esforço de guerra. Essas fábricas, porém, primeiro precisavam ser construídas, serviço que seria feito por trabalho escravo. E foi aí que Walter e Josef entraram.

O despertar veio às três da manhã, cedo demais para a chamada. O *Kapo* alemão de triângulo verde deu o aviso de que dali em diante os homens deveriam comer apenas metade da ração noturna de pão e deixar o restante para a manhã seguinte, porque não haveria comida até o meio-dia, e eles precisariam se alimentar.

— Vocês vão trabalhar mais duro do que jamais trabalharam na vida[13] — advertiu ele.

Antes disso, havia uma marcha pesada a ser completada. Walter, Josef e os outros saíram da maneira já familiar: em filas de cinco, colunas de cem, passando pelo olhar escrutinador do *Oberscharführer* Fries e atravessando o portão.

Na primeira vez que Walter saiu por aquele portão, quando a segunda barreira pintada em preto e branco foi levantada, permitiu-se uma rápida ideia de fuga. Certamente, o simples ato de deixar as instalações dessa maneira significava que pelo menos em teoria era possível. No entanto, esse pensamento reconfortante se dissipou no dia em que ele chegou aos andares mais altos do prédio que abrigava o depósito de alimentos da SS.[14] Daquele ponto, que oferecia uma visão privilegiada, viu que os limites externos de Auschwitz eram cercados por um perímetro próprio, uma cadeia de guaritas muito parecidas com as que policiavam o campo interno: estruturas com janelas em três dos lados, sendo o quarto lado aberto para o homem da SS se posicionar junto a uma metralhadora montada. Walter compreendeu que o campo havia sido disposto de tal maneira que qualquer um que tentasse alcançar a cerca externa ficaria imediatamente visível para quem estivesse nessas torres de vigilância. A pessoa seria fuzilada e derrubada muito antes de chegar perto da cerca.

Então, não havia empolgação alguma a ser sentida enquanto Walter, Josef e os outros marchavam no escuro rumo ao desconhecido, nenhuma semente de esperança de que pudessem ver alguma brecha nas defesas nazistas. Só restava o medo.

Chegaram a uma via férrea. Ali aguardaram até um trem comprido — composto de cerca de setenta ou oitenta vagões — estacionar. No instante seguinte, os homens da SS estavam usando os cassetetes e cachorros, bem como fazendo ameaças com as armas automáticas, com o intuito de empurrar os prisioneiros para dentro dos vagões. A pressão era sufocante. O vagão era dividido em dois, uma parte para cerca de cem prisioneiros,[15] segundo Walter estimou, e a outra para o *Kapo* e três ou quatro capangas.[16] Na última vez que fora chutado e jogado dessa forma para dentro de um trem de gado, o primeiro instinto de Walter havia sido buscar uma abertura, algum meio de escapar. Nada disso lhe passou pela cabeça dessa vez. Seu único objetivo era sobreviver.

A viagem foi horrível. Estavam tão espremidos, que o cheiro de sangue, suor e fezes lhe causou ânsias de vômito. Um homem ao lado dele cuidava do braço quebrado por um *Kapo*, outro tinha sucumbido à disenteria. Walter estava desesperado para sair do trem.

Contudo, sair não trouxe nenhum alívio. Desde o instante em que as portas do vagão se abriram, Walter compreendeu que o que suportara até então era pouco em comparação com o que estava por vir. Os *Kapos* já estavam furiosos, chicoteando os prisioneiros e batendo neles num rimo frenético, açoitando-os enquanto berravam "Mais depressa, seus desgraçados!", e eram observados, por sua vez, pelos oficiais da SS, que, armados de pistolas e acompanhados de cães alsacianos, pareciam estar numa febre similar, chutando os *Kapos* por não se mexerem com suficiente rapidez.

Walter viu um *Kapo*, bem na frente dele, golpear um homem que havia cometido o erro de tropeçar. O golpe fez com que o homem cambaleasse e saísse da fila, o que levou o oficial da SS a abrir fogo. O sujeito, porém, errou o tiro e matou o prisioneiro ao lado do alvo. Então, um *Kapo* exigiu que o prisioneiro que tinha tropeçado pegasse o corpo do morto e o levasse dali.

— Isto aqui não é um cemitério! — berrou ele.

Aquilo definiu o tom. Homens, fracos de fome, privados de sono e sob um tórrido sol de verão, eram açoitados como animais de carga, obrigados a reunir uma força que não tinham para andar cada vez mais rápido. A caminhada foi de poucos quilômetros, mas pareceu muito mais longa. Foi por volta das oito da manhã, não tendo comido nem bebido nada desde que haviam sido acordados cinco horas antes,[17] que finalmente chegaram ao canteiro da construção.

Walter registrou uma cena diabólica. À primeira vista, era o que seria de esperar: misturadores de cimento, vigas de ferro, madeira, postes de concreto, hastes de metal fincadas no chão, estruturas semicompletas esperando para serem preenchidas e terminadas. Por todo o lugar havia homens correndo de um lado para outro num ritmo anormal, como num filme projetado com o dobro ou o triplo da velocidade.

Os homens eram atormentados o tempo todo, zanzando entre *Kapos*, que os chutavam e os golpeavam com algum cassetete ou tubo de metal se afrouxassem o ritmo,[18] e os oficiais da SS, que disparavam tiros à mínima provocação. A tensão nunca diminuía, o ar estalava com o som de disparos ou de um chicote lacerando pele humana, prisioneiros caindo mortos e os *Kapos* insistindo para que se mexessem mais depressa.

Walter foi incumbido de transportar sacos de cimento. Um saco lhe era jogado nas costas e ele tinha que correr o mais rápido que pudesse carregando-o, abrindo caminho por um grupo de assalto constituído por *Kapos* que o cutucavam para que andasse cada vez mais depressa, açoitando-o ou batendo nele a cada dez ou quinze metros. Walter viu colegas prisioneiros caírem e terem o crânio esmagado por um *Kapo*, com um forte pisão, e os cadáveres eram deixados no caminho, de modo que Walter precisava tomar cuidado para não tropeçar. Uma vez que chegasse ao misturador de cimento, não havia descanso. Tinha que correr de volta, no mesmo tempo, e pegar outro saco. E depois outro e mais outro. Durante horas, o trabalho prosseguia, em meio ao calor e à poeira, sem comida, bebida ou sequer uma pausa.

Era assim que os homens de Buna se viam forçados a trabalhar, sendo tiranizados e brutalizados para alcançar uma meta impossível, homens que caíam no chão de exaustão e fome,[19] ou então por causa de uma bala ou do porrete de seus senhores.

Walter mal tinha tempo de olhar para cima. Ainda assim, não pôde deixar de notar um elemento adicional nesse quadro já sádico, um elemento que o transformava de cruel em absolutamente surreal. Os prisioneiros e seus atormentadores não eram os únicos atores daquele drama. Dispersos entre eles havia civis: homens bem-vestidos que carregavam cadernos de anotações e réguas dobráveis, que em qualquer lugar do mundo seriam identificados como uma equipe de ricos arquitetos que inspecionava a construção de um novo edifício de escritórios ou de uma sala de concertos. Esses homens que pareciam não ver os prisioneiros — na verdade, pareciam capazes de olhar através deles, mesmo quando abriam caminho por entre uma pilha de cadáveres — não eram oficiais da SS nem *Kapos*, mas engenheiros e administradores do proprietário do local, o conglomerado industrial alemão IG Farben.

Depois de quatro horas, ouviu-se um apito e Walter pôde parar. Viu Josef na proximidade, afundado no chão, a cabeça entre os joelhos. Era meio-dia, e a comida apareceu. Uma versão de sopa, que era tomada todos os dias, de batata ou nabo,[20] servida numa tigela que continha cerca de um litro, a ser dividida entre cinco pessoas. Não havia colheres.[21] Os homens estavam tão desesperados, famintos do trabalho, sedentos por causa do calor, que precisavam se disciplinar para não tomar mais do que os dois ou três grandes goles que lhes cabiam. Depois, o mesmo procedimento: uma tigela para cinco homens, dessa vez com uma imitação de chá.

A sede acumulada ao longo da manhã era intensa. Havia uma torneira de água, porém mais uma vez os prisioneiros tinham sido advertidos: estava contaminada. Qualquer um que bebesse dela morreria. Mesmo assim, alguns, que não conseguiam aguentar mais, bebiam da fonte contaminada e logo sucumbiam.[22]

À uma da tarde, o apito soou de novo e, de algum modo, de algum lugar, tinham que tirar forças para recomeçar o trabalho. Nem todos conseguiam. Alguns permaneciam deitados no chão, e os *Kapos* os enchiam de chutes e golpes de porrete para ver se estavam fingindo exaustão. Muitas vezes não era mero cansaço, e sim a incapacidade de se mover porque estavam mortos.

Walter e Josef, porém, tiveram sorte. Foram recrutados por um civil francês que os queria para uma tarefa menos onerosa: torcer tirantes de metal para formar estruturas que, em breve, seriam encapsuladas em concreto. O francês explicou que o pedaço de terra que lhe pertencia era um quadrado de aproximadamente quarenta metros, e que dentro desse espaço ele estava no comando. Se Walter e Josef pisassem fora dele, no entanto, não haveria nada que ele pudesse fazer: os dois estariam à mercê dos *Kapos* e dos oficiais da SS.

Walter acreditou, porque já tinha visto que grande parte do canteiro de obras de Buna estava dividido em pequenos setores, talvez de dez por dez metros, cada um vigiado por um oficial da SS armado. Qualquer prisioneiro que pisasse fora do setor que lhe fora designado durante as horas de trabalho era baleado sem aviso por ter "tentado fugir".[23] Isso gerava muito divertimento para os oficiais e os encarregados de impor as regras. Um *Kapo* pegava o boné de um prisioneiro e então o jogava por cima da cerca de dez metros, dizendo "Corra para pegar o boné!".[24] Se o prisioneiro se recusasse, seria espancado pelo *Kapo* por desobedecer às ordens. Se fizesse o que lhe mandavam, seria baleado pelos homens da SS.

Graças ao seu protetor, Walter e o amigo ficaram isentos desse tratamento. Quando ao pôr do sol o apito soou avisando o fim do dia de trabalho, bastou olharem para o estado do grupo que vinha retornando para apreciar a sorte que ambos tiveram, pois os vivos estavam agora ombro a ombro[25] com os mortos e moribundos. As regras de Auschwitz determinavam que qualquer grupo de trabalho de cem homens que tivesse deixado o campo principal precisava retornar com o mesmo número. Isso significava que os sobreviventes do dia em Buna tinham que carregar de volta os que haviam sucumbido: cada corpo no meio de dois prisioneiros, carregado nos ombros como um tapete enrolado. A contagem tinha se tornado um hábito, e Walter fez uma avaliação rápida. Pelo cálculo dele, todo grupo de cem incluía entre cinco e dez cadáveres.[26]

Também deviam estar presentes para a chamada noturna, que se seguia ao dia de trabalho. Os que não podiam ficar de pé para serem contados eram amontoados no chão em pilhas de dez. Havia um padrão visível. O primeiro corpo da pilha, embaixo, tinha as pernas abertas, de modo que o segundo cadáver pudesse ser colocado por cima dele, mas na direção oposta, com a cabeça entre as pernas do primeiro. As pernas desse segundo homem eram então abertas, de modo que o terceiro pudesse ser colocado por cima, na mesma direção que o primeiro, mais uma vez com a cabeça entre as pernas do cadáver embaixo. Dessa maneira, era fácil contar cada pilha: cinco cabeças de um lado, cinco do outro.[27] Isso facilitava consideravelmente o processo para a SS. Bastava contar cada pilha como uma unidade de dez. Isso espelhava de maneira conveniente o padrão para os vivos, que também se alinhavam em filas de dez de tal forma que o oficial da SS podia contá-los rapidamente. O trabalho de contar um alojamento que tivesse, digamos, 953 pessoas, podia ser feito em minutos: 92 filas de vivos com três a mais na última fila, mais três pilhas de mortos. Fácil.

Feito isso, soava um gongo o qual indicava que ninguém devia se mover. Quem se movesse seria baleado. Uma vez perfeitamente aquietado o campo inteiro, uma segunda equipe da SS podia conferir os números de cada barracão e, então, levá-los para o comandante do campo, que ficava sentado a uma mesa num ponto central perto do bloco da cozinha. Uma equipe de registradores fazia a soma dos números e declarava a quantidade de prisioneiros presente no campo. Não especificavam quantos estavam mortos e quantos estavam vivos.[28] Esse procedimento se repetia a cada manhã e a cada noite, dia após dia.

Talvez porque fossem jovens, talvez porque, graças ao protetor francês, o trabalho em Buna fosse mais leve do que o dos outros, Josef e Walter aguentaram um mês ou mais num lugar que devorava quase todos os que lá entravam. Eles calcularam que, da coluna inicial de cem que haviam marchado para Buna naquele primeiro dia, apenas os dois tinham sobrevivido.

Isso significava que estavam presentes mais ou menos na época da suspensão temporária da ida a Buna, pois o transporte diário de trabalhadores para o canteiro de obras foi interrompido por causa de um surto de tifo, que se acreditava ter tido origem no campo das mulheres.[29] Os prisioneiros que de alguma forma tivessem suportado o trabalho pesado, a fome e a brutalidade dos *Kapos* agora sucumbiam à doença. A taxa de mortalidade em Buna, já alta, estava aumentando; as autoridades temiam que os empregados civis da IG Farben pudessem ser infectados. Walter, Josef e os demais foram redistribuídos. O novo local de trabalho eram os fossos de cascalho.

Localizados logo depois do perímetro, esses fossos eram pedreiras naturais, reservas profundas de cascalho para as quais as autoridades de Auschwitz tinham achado uma utilidade. O cascalho ajudaria na fabricação de postes de concreto para o campo. Escavá-lo não era fácil, mas havia prisioneiros judeus para a tarefa — inclusive Walter.

Os fossos eram tão profundos que, mesmo de pé, a cabeça do prisioneiro ficava abaixo do nível do solo. Dali, eram instruídos a usar as pás para carregar uma carroça puxada a cavalo, que estava à espera na beirada do fosso. Tudo nesse trabalho era duro. Para homens fracos devido à fome, o simples ato de levantar a pá já era uma provação: era pesada demais. Mas não bastava somente levantá-la. Tinham que a erguer acima da altura da cabeça se quisessem ter alguma chance de colocar o cascalho no leito da carroça. Só que o cascalho estava encharcado, o que não apenas o tornava mais pesado, como significava também que toda vez que erguiam a pá cheia ficavam molhados. A água escorria do pescoço para os ombros e descia até os pés, o que os deixava ensopados. Os prisioneiros descobriram que os pés, mal protegidos por um par de tamancos de madeira, rapidamente ficavam inchados.[30] Mesmo com toda a juventude de Walter e todo o seu vigor, acabou lhe acontecendo: ele logo descobriu que não conseguia mais se mover direito.

O problema estava tão disseminado que os supervisores ordenaram uma inspeção de uma "comissão" médica. Não era preciso que dissessem a Walter o que aconteceria com os que fossem considerados inaptos para o trabalho.

Quando chegou a hora, ele entrou em fila junto com os outros, pronto para ser examinado. Precisou reunir todas as forças para ficar de pé totalmente ereto, manter as costas retas e a posição. Desesperado, tentava se controlar, não deixar que a expressão o traísse. Mesmo que a vontade fosse de gritar, esses homens não veriam seus pés inchados ou a intensa dor que sentia.

Duzentos homens foram reprovados no teste e mandados imediatamente para o campo adjacente de Birkenau. Walter não foi um deles. Seu desempenho havia rendido frutos; ele dominara a dor.[31] Ainda estava vivo.

Teria ele sobrevivido a mais um único dia nos fossos? Nunca teve a resposta a essa pergunta, porque foi — em outro golpe de sorte — transferido mais uma vez. Então, foi destacado para trabalhar na Deutsche Ausrüstungswerke, ou DAW, a Fábrica Alemã de Equipamentos, uma companhia de propriedade da SS cujas vastas instalações ficavam ao lado do campo principal de Auschwitz e tinham cerca de oito vezes o tamanho dele.

A DAW era especializada em equipar os militares alemães, fosse com coturnos, uniformes, fosse com aparelhos. Entre os artigos fabricados, talvez destinados ao uso pelas tropas alemãs na frente oriental no meio do inverno, estavam esquis. O trabalho de Walter era pintá-los.[32] Depois do que vira em Buna e do que passara nos fossos de cascalho, essa perspectiva deve ter parecido com estar de férias. Ficaria no interior da fábrica e, além disso, quão extenuante poderia ser a tarefa de pintar esquis?

Não havia, contudo, nada de casual nessa atribuição. Cada trabalhador tinha que pintar uma quantidade mínima prescrita de esquis em cada turno: 110. Se não conseguisse pintar — e pintar direito — essa quantidade, sofreria um açoitamento ministrado meticulosamente. Ou seja, não havia nenhuma moleza.

Bastou a Walter olhar para alguns colegas de grupo na DAW para ver as consequências de não cumprir uma meta de produção ou não atender aos padrões especificados pelos captores. Por perto, havia um grupo encarregado de fazer caixas para bombas, que incluíam, num dado momento, um lote de 15 mil. A tarefa foi concluída, mas uma inspeção revelou que as caixas eram pequenas demais. Os oficiais da SS determinaram que havia sido um ato deliberado, e fuzilaram vários judeus por sabotagem.[33]

Logo houve uma nova ameaça a enfrentar. Numa noite de agosto, os prisioneiros voltaram de um dia de trabalho e descobriram o campo alvoroçado, iluminado não só pelos holofotes habituais, mas também por holofotes portáteis carregados por oficiais da SS de mochilas com baterias nas costas. Todos pareciam estar despertos e atentos, os trabalhadores dos turnos diurno e noturno reunidos na praça principal. Mas não estavam perfilados para uma chamada especial. Em vez disso, Walter ouviu o som de madeira contra pedra, os tamancos batendo no chão em ritmo frenético: os homens corriam para trás e para a frente, como se estivessem fazendo alguma rodada de exercícios noturnos malucos.

O rapaz levou um tempo para entender. Os homens foram mantidos em pé e em silêncio hora após hora, esperando dar meia-noite, três da manhã, até que Walter viu de relance, à luz de um holofote, a montanha humana que carregava porretes, Jakob Fries, presidindo uma macabra Olimpíada noturna.

Como se avaliasse os atletas em competição, Fries fazia os prisioneiros passarem por ele, um por um. Uma vez que o interno estivesse bem em frente a ele, o *Oberscharführer* examinava as pernas do homem. Se parecessem inchadas, um gesto do polegar de Fries mandava o homem para a esquerda. Caso não, Fries ordenava que o prisioneiro desse uma corrida: vinte metros para a frente, vinte metros para trás.[34] Os que corriam bem eram encaminhados para a direita. Os que claudicavam ou cambaleavam eram mandados para junto dos que estavam à esquerda.

Um após outro, postavam-se em frente a Fries. *Corra*. Para a esquerda. *Corra*. Para a direita. *Corra*. Para a esquerda. Para a esquerda. Para a esquerda. *Corra*. Para a direita...

Walter deu uma olhada no grupo da esquerda, que estava sendo levado embora enquanto outros tomavam o lugar deles. Já estava em Auschwitz por tempo suficiente, então ouvira histórias demais para saber o que acontecia com aqueles que eram reprovados nos testes de aptidão de Fries. Entrementes, a fila de inspeção ia diminuindo. Logo seria a vez de Walter.

Ele estava bastante cansado, a exaustão o corroía até a medula. Durante a longa espera, chegou a adormecer de pé. E então chegou a vez dele. Apesar da fadiga e da fome, sabia que estava prestes a correr pela vida.[35] Teria que escavar até as próprias profundezas para encontrar, escondida em algum lugar, alguma reserva de energia. E começou.

Correu o primeiro trecho com o máximo da força, os pés batendo no chão. No trecho de retorno, podia vê-lo, o monstruoso Fries, parado ali de pé com o cassetete, esperando.

Então, viria o veredito.

O *Oberscharführer* ergueu a mão, fechada em punho, e moveu o polegar. Tinha avaliado Walter Rosenberg, que se orgulhava de ser um rapaz apto e forte, de 18 anos ainda incompletos, e resolvido mandá-lo não para a direita, mas para a esquerda.

Exausto como estava, sem fôlego, Walter sentiu o medo tomando-o. Era o amigo Josef quem corria no momento, e tropeçou, e tropeçou de novo. Quando Fries o despachou também para a esquerda, para ficar junto a Walter e a cerca de outros quarenta prisioneiros, a sorte estava selada. Ambos tinham sido reprovados no teste. Walter olhou para os colegas rejeitados e notou algo que, por fim, explicava o que estava acontecendo. Os homens estavam tremendo, mas não de frio. Tinham febre. O que só podia significar uma coisa: tifo.

Era por isso que estavam examinando as pernas dos prisioneiros. Procuravam sinais de manchas escuras ou da dor muscular e articular que representavam sintomas precoces. Walter então compreendeu. Os senhores de Auschwitz tinham medo de que o campo estivesse prestes a ser envolvido por uma nova onda da doença. Em março, haviam reagido a um surto no campo feminino mergulhando os infectados em banhos de desinfetante, mas isso serviu apenas para piorar as coisas, pois acelerou o contágio. Não demorou muito, o tifo estava reclamando quinhentas vidas por mês.[36] Se fossem apenas os prisioneiros que estivessem em risco, a SS não teria se preocupado: a vida deles era dispensável. Mas os nazistas temiam pelas próprias vidas. O piolho transmissor não tinha respeito por hierarquia ou classificação racial: podia transferir o sangue de um judeu infectado para um ariano num instante. E mais: a SS via que, para os bem alimentados, era mais difícil se recuperar do tifo[37] do que para os famintos. Se quisessem erradicar o piolho, teriam que erradicar todos os que o portavam. Em outras palavras, não tentariam curar os doentes — eles os matariam.[38]

Então, os que tinham sido reprovados no teste de corrida de Jakob Fries naquela noite seriam mandados para a morte: em 29 de agosto de 1942, foram mortos um total de 746 prisioneiros.[39] Walter e Josef, com as pernas trêmulas após tantas horas sem comida ou sono, haviam sido selecionados para ficar entre os condenados. Tinham sido escolhidos para morrer.

A não mais do que vinte metros de distância estavam os que tinham ganhado de Fries o indulto de um gesto do polegar dele para o lado direito. Walter observou a distância entre os dois grupos e imaginou se haveria algum jeito de correr para o outro. No entanto, havia homens da SS por todo lado, armados e vigilantes. Com certeza não havia como.

As fileiras de rejeitados estavam aumentando. Com um talento natural para fazer contagens rápidas e acuradas, Walter estimou que havia naquele momento oitenta deles. A julgar pelo que tinha visto, os guardas esperariam até o número chegar a cem, e então os removeriam em marcha. Se esperasse muito mais tempo, seria levado à morte, tinha certeza disso. No entanto, sair correndo garantiria o mesmo resultado. Os colegas condenados que, da mesma maneira, tinham avaliado o destino que os aguardava, com certeza chegaram à mesma conclusão: fracos, doentes e cercados por homens armados da SS, não restava nada que pudessem fazer. Ele e Josef trocaram cochichos desesperados.

E, mais uma vez, Walter foi abençoado pela boa sorte e por um inesperado ato de gentileza. Veio na forma de dois súbitos e fortes golpes nos ombros.

— Seus desgraçados! O que vocês estão fazendo aqui?[40]

Quem falava era um *Kapo*, conhecido mais de Josef do que de Walter. Ele estava censurando os dois por terem desobedecido às ordens, por estarem no grupo errado. Em voz alta, arrancou-os do grupo dos que iriam morrer e levou-os para o dos que viveriam. Uma vez ali, abandonou a encenação, fez um gesto na direção dos que estavam sendo levados para o crematório, aqueles em meio a quem Walter e Josef tinham estado segundos antes, e disse:

—Vocês são sortudos, rapazes.[41]

Eram mesmo.

Depois disso, o grupo foi levado em marcha para um buraco na cerca que separava a seção dos homens da seção das mulheres. Desde que chegara, Walter fizera pouco mais do que dar rápidas olhadas para as internas, o suficiente para saber que elas não tinham aparência de quaisquer outras mulheres que já havia visto. Estavam famintas, trajavam velhos trapos de uniformes do Exército Vermelho e estavam descalças ou calçavam sapatos de madeira. O cabelo, cortado rente.[42]

Walter e os demais receberam ordens para tirar a roupa e passar através do buraco. Primeiro, porém, dois *Kapos* fizeram uma última inspeção nas pernas deles e depois esfregaram cada corpo nu com um pano encharcado de desinfetante. Só então os prisioneiros foram liberados para passar pela cerca e entrar no que antes fora o campo das mulheres. Naquele momento estava vazio. Metade das antigas ocupantes fora considerada doente demais para ter permissão de viver e a outra metade havia sido realocada para o campo feminino de Birkenau.

Aquela noite foi uma matança seletiva. O rumor que circulava pelos corredores de Auschwitz dizia que metade da população prisioneira do campo havia sido assassinada. Entretanto, isso não resolveu o problema do tifo. Haveria outra eliminação dos doentes em meados de outubro, outra em janeiro e mais outra em fevereiro.

Para Walter e os demais, aquilo significava um novo começo. Tiveram a cabeça novamente raspada, foram lavados e receberam novos uniformes listrados. Viveriam no antigo campo das mulheres, onde, devido à redução das fileiras de internos, haveria mais espaço. Também foram organizadas novas unidades de trabalho. Walter não voltaria a Buna, nem aos fossos de cascalho, nem à tarefa de pintar esquis; ele seria mandado para outro lugar: o Canadá.

6
Kanada

O CANADÁ ERA OUTRO PAÍS e outro mundo. Uma terra de fartura onde os estômagos ficavam cheios, o vinho era fino e o cardápio, sempre recheado de delícias exóticas. Era um lugar de prazeres sensuais, lençóis novos, meias de seda e peles macias e exuberantes. Havia riquezas de todo tipo: ouro e prata, diamantes e pérolas. Poderia ter sido o lugar mais rico e luxuoso da Europa. E ficava em Auschwitz.

Walter ouvira falar de Canadá, ou Kanada, o Eldorado de Auschwitz onde ninguém jamais passava fome; ao contrário, a questão mais premente era com qual quitute se banquetear primeiro. Somente aqueles com a sorte mais improvável encontravam um caminho para lá. E, mais uma vez, Walter seria abençoado.

A sorte veio depois do surto de tifo, quando ele ainda estava nu, a pele reluzente de desinfetante. No grupo de homens que haviam sobrevivido ao abate, ele ouviu alguém falando eslovaco. Por instinto, Walter se aproximou. E descobriu que o homem era um dentista de uma cidadezinha não distante de Trnava. Prisioneiro havia cinco meses, Laco Fischer era considerado um veterano endurecido — e imediatamente simpatizou com Walter e Josef, dois colegas judeus eslovacos.

Disse-lhes que certa vez andara pelo chão pavimentado de ouro de Kanada, e estava determinado a voltar para aquele lugar. Ouvira que estavam procurando recrutas, e ainda tinha alguma influência com os *Kapos* de lá, de modo que usou essa influência para recomendar a si mesmo e os dois jovens na negociação. A juventude, a força e a relativa aptidão física faziam deles contratações decididamente qualificadas para o que Walter logo descobriria ser uma unidade de elite. Bastaram uma palavra do dentista e um breve teste físico — outra corrida, ida e volta — para os *Kapos* concordarem: Walter e Josef estavam dentro.

Então, após o suor e o empenho das primeiras semanas em Auschwitz, nas quais cada dia envolvia um esforço frenético e exaustivo para sobreviver, tudo melhorou. Eles foram alojados no porão do Bloco 4, onde lhes ofereceram um banho de chuveiro de verdade, com água que não era nem gelada, nem escaldante. Cada homem tinha uma cama própria e um cobertor. A SS e seus encarregados podiam praticar inúmeras crueldades fora daquele prédio, mas dentro dele os *Kapos* falavam com os prisioneiros em voz uniforme, sem berros ou reclamações. E o mais notável era que não havia espancamentos. Walter mal pôde acreditar na sorte que tivera.

Pela manhã, o *Appell* revelou como as coisas eram diferentes. Parecia haver metade dos prisioneiros reunida no dobro do espaço. Os *Muselmänner* sumiram e somente os prisioneiros que conseguiam manter a cabeça erguida e os ombros retos estavam presentes. Para Walter, Auschwitz pareceu um corpo cujos membros enfermos tinham sido amputados. Era vergonhoso admitir, mas ele achou a visão quase entusiasmante.

Então veio a ordem que convocava os *Aufraumungskommando*, o Comando de Remoção, a marchar para o trabalho. Esse era o grupo Kanada, e Walter estava orgulhoso de fazer parte dele.

O destino ficava próximo do último local de trabalho do jovem, a DAW. Consistia em seis grandes barracões.[1] Cinco deles eram de madeira, cada um do tamanho de um grande estábulo, ao passo que o sexto era construído de tijolos, com uma varanda da qual o encarregado da SS podia observar os procedimentos, tudo disposto em volta de um enorme pátio quadrado. Walter estimou que a área abrangia mais de 8 mil metros quadrados.[2] Era cercada com arame farpado e uma guarita em cada canto, todas ocupadas por guardas armados de metralhadoras. O que impressionou Walter foi a montanha formada no meio, uma gigantesca pilha que continha todo tipo de bagagem: malas, mochilas, baús, pacotes e sacolas. Por perto havia um monte semelhante, formado inteiramente por cobertores, milhares e milhares deles. Na proximidade havia outro monte, constituído de panelas e frigideiras de aço, danificadas e gastas.

Por causa disso, aquele era o lugar oficialmente conhecido como *Effektenlager*, o depósito de objetos pessoais. Para lá eram levados os pertences de todos os recém-chegados a Auschwitz, tirados deles logo que chegavam. Cabia ao Comando de Remoção abrir as malas e sacolas e fazer a triagem do conteúdo, separando as coisas que podiam ser usadas das que deviam ser descartadas.

Walter mal teve tempo para absorver o que estava vendo, pois logo foi empurrado para o trabalho. Os prisioneiros deviam atacar a montanha de bagagens com a máxima rapidez, agarrar o tanto de bolsas que conseguissem, idealmente duas malas em cada mão, e depois correr com a carga até um dos depósitos do tamanho de estábulos, nos quais deveriam largar a bagagem sobre um cobertor gigante estendido no chão. Os trabalhadores do depósito então pulavam em cima das malas ou dos baús e os quebravam ou rasgavam, para poder espalhar o conteúdo e deixá-lo pronto para os peritos em seleção poderem fazer a triagem. Com a rapidez de um relâmpago, eles formavam pilhas novas: roupas masculinas, roupas femininas, roupas infantis, e assim por diante, até essas pilhas serem retiradas por grupos de mulheres prisioneiras, que as sujeitavam então a uma seleção mais meticulosa. Nessa missão, elas tinham três tarefas básicas. Primeiro, recebiam ordens de separar o que estava danificado ou quebrado do que era utilizável. Segundo, deviam remover todo e qualquer indício de propriedade judaica: geralmente isso significava arrancar a estrela amarela de um casaco ou de uma jaqueta, mas uma etiqueta com um nome judaico era igualmente indesejável. Por último e mais importante, tinham ordens expressas de procurar itens valiosos ocultos.[3] Isso significava correr cuidadosamente os dedos[4] ao longo das costuras de todas as roupas para buscar quaisquer joias ou dinheiro que pudessem ter sido escondidos ali.

Isso explicava a atividade inicialmente desconcertante que chamou a atenção de Walter em um dos depósitos. Uma fila de talvez vinte mulheres[5] sentadas de pernas abertas, "montadas" num banco e ladeadas por filas de baldes de zinco. Os baldes estavam cheios de tubos de pasta de dentes, que Walter presumiu terem sido tirados das malas e dos baús. As mulheres espremiam a pasta e em seguida descartavam o tubo vazio. Parecia um trabalho inútil, sem sentido. Até que alguém explicou que vez ou outra achavam um diamante enfiado num tubo de pasta de dentes, colocado por algum deportado de Auschwitz na esperança de que pudesse servir como garantia de segurança. Às vezes não era uma pedra o que encontravam, mas moedas ou notas de dinheiro enroladas e enfiadas dentro do tubo.

O trabalho das espremedoras de tubos de pasta de dentes, ou melhor, a ideia por trás desse trabalho, foi o que deu origem ao nome Kanada, pelo menos segundo uma das teorias. Dizia-se que as integrantes do Comando de Remoção que falavam alemão muitas vezes podiam ser ouvidas perguntando, enquanto separavam os artigos, *Kann er da nicht was drin' haben?* [Pode haver alguma coisa (de valor) aí dentro?]. A expressão *Kann er da* virou Kanada. A explicação alternativa era a de que anos antes da guerra grandes quantidades de eslovacos e de poloneses haviam emigrado para o Canadá. Cresceu a lenda de que até mesmo um camponês que não conseguia ganhar o próprio sustento na terra natal podia achar um pedaço de terra e ter uma vida melhor no Canadá. No imaginário da Europa Central, o Canadá era uma terra mítica de indescritível riqueza.

Não havia tempo, porém, para refletir sobre como aquele lugar era improvável, porque Walter devia ser uma mula, instigado para o trabalho pelos chutes e golpes dos dois *Unterscharführers* da SS de Kanada, homens cujos nomes ele jamais esqueceria: Otto Graf e Hans König, este último conhecido como *der König von Kanada*, o Rei de Kanada. No mundo real, antes de Auschwitz, ambos haviam sido atores em Viena, e ali estavam para sempre interpretando personagens, atiçando e cutucando os animais humanos que carregavam bagagem diante deles, infligindo-lhes injustiça brutal e sumária. Walter estava trabalhando havia apenas alguns minutos quando viu König castigar um prisioneiro até a morte por guardar para si algo que tinha encontrado na montanha de malas: uma maçã e um pedaço de pão.

Logo Walter entendeu o erro do morto. Em certo momento, enquanto corria de um lado para outro entre a montanha e o depósito, uma das malas que Walter estava carregando se abriu. Entre os sapatos e as camisas que caíram havia sanduíches e um pedaço de salame. A visão da comida fez com que ele se detivesse, em parte porque não comia fazia quase dois dias, em parte porque se lembrou do conselho que o veterano de Kanada lhe dera. Ali, ele advertira, era melhor ir com calma. Somente pão seco no primeiro ou nos dois primeiros dias — para um estômago contraído por dois meses alimentando-se com as rações de Auschwitz, qualquer coisa além disso seria demais.

Assim, Walter não pegou a comida que tinha caído daquela mala. Mesmo que quisesse fazê-lo, não houve tempo. König e Graf estavam em cima dele no exato segundo em que a mala arrebentou, o que o obrigou a seguir em frente. Naquele momento, porém, enquanto os homens da SS estavam distraídos, o prisioneiro atrás de Walter, como um pássaro que vira uma minhoca, agachou-se, pegou e engoliu o salame sem interromper a marcha. Então, era assim que os prisioneiros de Kanada saciavam o apetite. Walter aprendeu a lição. Começou a ficar na expectativa pelas surras em outros detentos dispensadas pelos *Unterscharführers*, preparava-se para elas, quase ansiando, uma vez que, quando acontecessem, poderia roubar para comer e sobreviver.[6]

Em Kanada, havia comida por todo lado, contanto que se soubesse quando e como pegá-la. Era por isso, com toda a certeza, que as mulheres de Kanada tinham a aparência de mulheres de verdade, não eram os espectros magros e raspados das *Muselmänner*, cujos alojamentos tinham acabado de ser esvaziados. Essas eram mulheres de carne abundante e sangue quente, jovens e saudáveis, cuja mera presença distraía o adolescente Walter Rosenberg. Eram vigiadas por mulheres *Kapos*, que pareciam, elas mesmas, viçosas e, o que era ainda mais estranho, elegantes.

Ele estava tonto com a estranheza daquilo tudo, e também correndo para fazer o que lhe mandavam e assim se manter fora do alcance dos coturnos e porretes dos homens da SS. Aos poucos acostumou-se ao trabalho, e, como tinha comida no estômago para permitir que outras coisas além de fome e sobrevivência física imediata lhe ocupassem os pensamentos, começou a enxergar o que estava realmente procurando em Kanada.

Talvez fossem as fotografias de família que muitas vezes caíam de um baú ou de uma mochila. Talvez fosse a pilha dos sapatos de crianças. Talvez, ainda, fosse a área atulhada de carrinhos de bebê, centenas deles, tanto requintados quanto modestos, novos e velhos, reluzentes e gastos. Seja lá qual fosse a causa daquilo, Walter não pôde evitar a conclusão que deveria ter sido óbvia desde o início.

Ele chegara a Auschwitz num vagão de gado carregado apenas com os que eram considerados suficientemente aptos para trabalhar como escravizados. Daí por diante, aquele era o único tipo de pessoa que encontrava no campo: colegas prisioneiros, homens e mulheres, forçados a trabalhar duro. É verdade que tinha visto muitos deles sendo surrados e mantidos famintos até a morte, ou então mandados para uma enfermaria, de onde os corpos saíam para serem queimados. Ainda assim, para os que conseguiam fugir desse destino, Auschwitz era um campo de trabalho: brutal e infernal, sim, mas um campo de trabalho. Fora isso que ele dissera a si mesmo? Porque agora precisava absorver uma verdade muito mais sombria.

Ele tivera vagas desconfianças,[7] é claro que tivera. Como não ter, considerando tudo que havia em volta? Mas em verdade era que tinha tentado suprimi-las. Entretanto, a partir do momento em que vira Kanada, não conseguia mais fazer isso.

Estava claro que não eram apenas os aptos e capazes, pessoas como ele, que haviam sido levados para Auschwitz. Bastava apenas olhar para aquelas roupas que formavam pilhas altas, os vestidos de mulheres velhas, as calças dos homens idosos. E os sapatinhos. E os carrinhos de bebê.

Ele então entendeu. Os limões, as latas de sardinhas, as barras de chocolate; os xales, as camisas, os sapatos de couro; os brinquedos; as maçãs, os figos, os sanduíches; os casacos de inverno, o conhaque, as roupas de baixo, os relógios de pulso, os retratos de família desbotados, tudo aquilo havia sido empacotado por mães ansiosas e avós preocupados, que embarcaram numa viagem a qual acreditavam ser, ou esperavam que fosse, um reassentamento para uma nova vida. Cada artigo havia sido escolhido cuidadosamente, pois o espaço era limitado. Tinham conseguido ficar apenas com o que podiam carregar, e se agarraram aos seus últimos bens terrenos espremidos naqueles imundos e sufocantes vagões de gado. Era por isso que havia uma montanha de panelas e frigideiras: aquelas pessoas achavam que estavam mudando de casa. Tinham vindo com seus idosos e suas crianças. Os mais pessimistas tomaram precauções — costuraram um brilhante numa bainha, esconderam dinheiro na costura de uma mala ou espremeram notas de dinheiro num preservativo e depois o enfiaram num daqueles tubos de pasta de dentes — e prepararam uma reserva para o futuro, a ser gasta no improvável caso de tudo dar certo ou ser usada como suborno se as coisas ficassem desesperadoras.

Essas pessoas nunca puseram os pés no campo de Auschwitz que Walter conhecia, o campo de Auschwitz do *Arbeit Macht Frei*, da chamada matinal e dos diversos *Kommandos* de trabalho. Certamente tinham entrado no complexo de Auschwitz — até aí estava muito claro agora, a prova estava bem diante dele. Mas tinham desaparecido, engolidas pela noite.[8] Em Kanada, ele estava cercado por essas evidências, embora a SS se esforçasse para ocultá-las. Walter havia notado que, uma vez que as malas e as sacolas tivessem sido sacudidas e esvaziadas no depósito, outro grupo de prisioneiros corria para tirá-las a fim de serem queimadas, junto com quaisquer documentos de identificação. Parecia importante para os nazistas que as pessoas que fossem para lá, cuja mais íntima propriedade estava sendo empilhada no *Effektenlager*, não deixassem nenhum vestígio da própria presença.

Esse pensamento não se formou imediatamente. Levou algum tempo, talvez por causa da enormidade, em grande desacordo em relação a tudo que Walter tinha aprendido — e no que queria acreditar — sobre ciência, progresso e civilização. No entanto, por fim, ele foi obrigado a concluir que não era somente prisioneiro num campo de concentração, um *Lager* de trabalho escravo, mas um interno em algo totalmente novo: uma fábrica de morte. Aquele era um lugar onde mulheres e homens classificados como sem valor algum — ou melhor, considerados, pelo simples fato de existirem, uma ameaça mortal à saúde de toda a nação alemã e da raça ariana — eram assassinados. Eram mortos, junto com os pais idosos, junto com os filhos, junto com os bebês. Walter vira as pilhas de sapatos com os próprios olhos. Era impossível fugir da realidade. Os nazistas pretendiam erradicar o povo judeu, e estavam fazendo isso bem ali, em Auschwitz.

Até então, ele dissera a si mesmo que a fumaça do crematório no campo principal era oriunda dos mortos que tinham caído à beira da estrada de Buna, ou tombado durante a marcha na volta de um dia de trabalho no fosso de cascalho, ou morrido de inanição, ou sucumbido a um espancamento de *Kapos*, ou reprovado no teste de tifo de Fries, ou simplesmente finado em meio à escuridão dos barracões. Teria ele deixado de perceber que havia mais corpos sendo queimados do que até mesmo um cálculo sinistro podia explicar? Teria Walter visto o dois mais dois que estava diante dele, mas falhado em acertar que a soma era quatro, fosse por estar distraído pela dor e a fome e a necessidade de ficar vivo, fosse porque algumas verdades são duras demais para digerir?

Não deve ter sido fácil acreditar numa coisa tal como uma fábrica de morte, uma instalação projetada e operando 24 horas por dia com o principal propósito de assassinar seres humanos. Afinal, nunca havia existido um lugar como esse. Era algo alheio à experiência humana e, talvez, à imaginação humana.

Walter tinha 18 anos e uma mente aguçada e rápida para se adequar à situação. Naquele momento, porém, se deparava com coisas quase impossíveis de imaginar.

7
A Solução Final

Era isso que Walter não sabia nem podia imaginar. Auschwitz não fora construído para ser o epítome da morte e do assassinato. Nos meses que antecederam a chegada do jovem naquela noite de verão de 1942, o propósito inicial do lugar era algo diferente, cujo esboço impreciso era um projeto que Walter tinha intuído mesmo antes de chegar lá, já nos tempos em que estava apenas em um dos primeiros círculos do inferno, em Majdanek.

Quando os alemães invadiram a Polônia, no fim de 1939, o local, situado nos arredores da cidade de Oświęcim, na Alta Silésia, era composto de alojamentos vazios, abandonados, originalmente construídos para o Exército polonês: por isso aquelas construções sólidas de tijolos que tanto impressionaram Walter na chegada. Um dos líderes da SS e da polícia identificou a conveniência e tomou a iniciativa de usar o local para manter e aterrorizar membros problemáticos da pátria polonesa recém-ocupada. Reconhecidamente, os vinte prédios de dois andares, os estábulos de madeira e uma construção que um dia servira de depósito de tabaco estavam em péssimo estado, a terra em volta era pantanosa e a rede de água e esgoto não servia para muita coisa. Esses defeitos, contudo, não podiam superar uma singular vantagem: a proximidade de uma rede ferroviária. Nos arredores havia um entroncamento para a ferrovia principal que ligava a Cracóvia a Katowice. Para a função pretendida, era perfeito. Devido ao trabalho escravo de trezentos judeus de Oświęcim, não levou muito tempo para que tudo fosse reformado.

No começo de 1940, Auschwitz, como seus novos senhores germânicos tinham denominado a cidade, abriu as portas para multidões de prisioneiros políticos poloneses, e o comandante do campo, Rudolf Höss, pôs-se a trabalhar na construção de novas estruturas, algumas delas no antigo pátio para desfiles militares, e deu novos propósitos aos edifícios velhos. Prontamente converteu um antigo depósito de munição numa instalação que sem demora se tornou essencial: um necrotério. Os prisioneiros tendiam a morrer no campo, então o necrotério logo precisou ser melhorado, equipado com fornos os quais permitissem que os cadáveres dos internos fossem queimados no local, o que pouparia Höss da laboriosa e custosa tarefa de despachá-los para um crematório da região.

Os alemães governavam a Polônia havia um ano quando a SS concluiu que o potencial de Auschwitz estava sendo desperdiçado. O lugar estava sendo meramente utilizado para o encarceramento de incômodos dissidentes poloneses, mas havia dinheiro a lucrar ali.

De modo revelador, os campos passaram a estar sob o controle da SS--Wirtschafts- und Verwaltungshauptamt, ou SS-WVHA, a principal Agência Econômica e Administrativa da SS. "Econômica" era a palavra-chave. O chefe da SS, Heinrich Himmler, tinha a ambição de igualar o poderio militar do Terceiro Reich com o poderio econômico, e procurou construir nada menos do que um império industrial sediado no Sudeste polonês. Seria viabilizado por uma vantagem econômica fundamental, uma vantagem desfrutada pelos grandes impérios do passado: trabalho escravo. Dezenas de milhares de trabalhadores prisioneiros poderiam construir as fábricas e instalações que transformariam esse novo território alemão numa usina industrial que custaria quase nada ao Reich. Walter tivera uma amostra desse grandioso esquema em Majdanek, ao ver os *Kapos* conduzindo a marcha dos detentos para trabalhar em diversificadas fábricas e oficinas nos arredores de Lublin. Entretanto, foi Auschwitz, com suas excelentes ligações em termos de transporte e proximidade das minas de carvão da Silésia, que, em outubro de 1940, Himmler decidiu tornar o motor daquele esforço, um pulsante gerador de riqueza para o novo império nazista, alimentado pelo trabalho involuntário dos povos que ele agora governava. O trabalho era tudo. Daí o lema, tomado de empréstimo do campo de concentração de Dachau: "*Arbeit Macht Frei.*"

Himmler ordenou uma expansão massiva do campo, de modo que em pouco tempo ele incorporou o vilarejo vizinho de Brzezinka, que recebeu um charmoso nome dado pelos alemães cuja tradução literal é "alameda das bétulas": Birkenau. Em janeiro de 1942, Himmler ordenou que 100 mil homens judeus e 50 mil mulheres judias fossem enviados para trabalhar em Auschwitz-Birkenau.[1]

Entretanto, em poucos meses Auschwitz viria a adquirir um novo papel. A chegada de Walter coincidiu com a acidentada integração[2] do campo, em julho de 1942, que os nazistas então chamavam de Solução Final para a Questão Judaica. O objetivo havia sido formalmente adotado e o decreto selado seis meses antes, em 20 de janeiro, em Wannsee, um arborizado subúrbio de Berlim, num almoço numa esplêndida casa às margens de um lago. Na ocasião, os chefes das múltiplas agências do governo alemão encarregadas de lidar com os judeus se reuniram, comandados por Reinhard Heydrich, dispostos a organizar o estágio definitivo da guerra contra esse povo inferior: a eliminação.

Na época em que Walter foi despachado, o esforço já vinha sendo efetivado por quase um ano, seguindo-se à Operação Barbarossa, a invasão nazista da União Soviética em junho de 1941. Dava-se nas florestas da Lituânia e nos bosques da Polônia, nos campos de Belarus ou numa ravina de nome Babi Yar, nos arredores de Kiev, onde unidades móveis de extermínio, *Einsatzgruppen*, juntavam civis judeus às centenas e os baleavam à distância de alguns centímetros, geralmente nas costas ou na nuca, os corpos tombando em fossas e trincheiras. No fim de 1941, cerca de 600 mil judeus[3] espalhados pelo recém-conquistado Leste haviam sido assassinados dessa maneira.

Esses fuzilamentos em massa nunca cessaram. Na verdade, foram intensificados em toda a União Soviética ocupada pelos nazistas à medida que a SS esvaziava os guetos e massacrava os habitantes. Todavia, depois de Wannsee, o plano era suplementar esses esforços com uma abordagem mais fácil, mais fluida, em que crianças judias fossem transportadas junto com as mães, os pais e os avós para centros de extermínio na Polônia ocupada. Ali, os judeus seriam assassinados imediatamente ou enfrentariam a "aniquilação por meio do trabalho" — ou seja, trabalhariam até morrer.

O primeiro desses lugares foi Chełmno, no oeste do país, onde começaram a matar judeus em 8 de dezembro de 1941, um dia depois do ataque japonês a Pearl Harbor, que finalmente arrastaria os Estados Unidos para a guerra. A matança era feita com as vítimas trancadas em furgões, quando então era instalada uma mangueira no cano de descarga que levava a fumaça de volta para o interior do veículo, a qual asfixiava todos no interior. Foram necessários apenas quatro meses para matar mais de 50 mil pessoas dessa forma, sendo a maioria composta de judeus do gueto que os nazistas tinham criado em Łódź.

Os nazistas, porém, não queriam depender de câmaras de gás sobre rodas. Queriam campos fixos, construídos com esse propósito. Quando teve início o ano de 1942, construíram Bełżec, depois Sobibor e, finalmente,

Treblinka, refinaram o método de assassinato por gás. Majdanek aderiu ao empreendimento mais ou menos na época em que Walter passou por lá. Quanto a Bełżec, foram levados para lá e mortos os idosos e as mulheres espremidos no trem que chegara de Nováky, inclusive a jovem recém-casada que estendera a mão para o marido.

Auschwitz não era como esses três primeiros campos, construídos com o único propósito de assassinar judeus. Desde o começo sempre tivera diversas missões, e só acrescentou a destruição da vida de judeus ao seu rol de atividades relativamente tarde. Foi adquirindo essa função de forma gradual,[4] sendo incrementada aos poucos, de maneira até mesmo errática. O processo foi uma história familiar a qualquer industrial: expansão constante à medida que a capacidade crescia para atender à demanda.

Começou, após algumas tentativas em pequena escala em agosto de 1941, com o primeiro experimento de matança em massa conduzido no porão do Bloco 11, no campo principal, no mês seguinte: 250 internos poloneses doentes da enfermaria, cerca de seiscentos prisioneiros de guerra soviéticos e outros dez foram mortos por gás em 4 de setembro de 1941. A matança foi muito bem-sucedida, mas a localização não foi muito acertada. Para chegar ao porão, havia um labirinto de corredores a serem vencidos, o que tornou trabalhosa e incômoda a remoção dos cadáveres e o arejamento do bloco. Além do mais, não era discreto o suficiente.[5] O Bloco 11 ficava dentro do perímetro do campo; havia prisioneiros em volta. Felizmente para os dirigentes de Auschwitz, havia um local alternativo, fora de vista.

Conhecido inicialmente como "velho crematório", foi posteriormente designado Crematório I. Corpos já vinham sendo queimados[6] ali desde agosto de 1940, mas, após o teste realizado no Bloco 11, a SS optou por uma mudança de uso para a maior sala do prédio. Até então, essa sala comprida e sem janelas servira como necrotério:[7] dezessete metros de comprimento, cinco metros de largura e três metros de altura. Mas agora o necrotério serviria a outro propósito: seria transformado em câmara de gás. Isso significava isolar as portas e criar diversas aberturas no teto por onde poderiam ser jogados grânulos de Zyklon B. A sala poderia receber facilmente entre setecentas e oitocentas pessoas, até mil, se espremidas. Mais uma vez, prisioneiros soviéticos serviram de cobaias. Recebendo ordem de tirar a roupa numa antessala, pensaram que estavam entrando no necrotério para a eliminação de piolhos. Enfileiraram-se em silêncio, mas, quando os grânulos de Zyklon B foram lançados pelo buraco no teto e expostos ao ar, houve gritos de "Gás!" e fortes berros[8] foram ouvidos à medida que os prisioneiros se amontoavam junto às portas.

Não demorou muito para que a câmara de gás estivesse pronta para os judeus. Os escolhidos para morrer eram levados às portas do crematório em caminhões ou, se tivessem sido levados para Auschwitz em trens de gado, faziam esse último trecho da viagem a pé, obrigados a marchar até lá de forma ordeira, em linhas de cinco. Quando o grupo era composto na maior parte de idosos, caminhava devagar, o rosto deles abatido pela viagem até ali e por tudo que haviam suportado até aquele momento. As estrelas amarelas pareciam grandes nas roupas surradas.[9]

Embora parecessem estar desarmados, os membros da SS portavam pistolas escondidas nos bolsos. Diziam palavras de tranquilidade e estímulo, afirmando aos judeus que logo seriam alocados para trabalhos condizentes com o ofício ou a profissão de cada um. Então, os dois oficiais encarregados ficavam no telhado do crematório para se dirigir aos judeus reunidos embaixo. Um deles, Maximilian Grabner, chefe do *Politische Abteilung*, o Departamento Político, era quem tinha a tarefa de matar. Falava numa voz calorosa, até mesmo amigável:

— Agora vocês tomarão banho[10] e serão desinfetados. Não queremos epidemias no campo. Depois, serão levados para os alojamentos, onde receberão um pouco de sopa. Serão empregados de acordo com as respectivas qualificações profissionais. Dispam-se e coloquem as roupas no chão diante de cada um de vocês.

Os cativos estavam exaustos, desesperados para acreditar que as provações estavam chegando ao fim. Então, adiantavam-se, entravam na sala que um dia fora necrotério, as crianças agarradas à mãe ou ao pai. Alguns ficavam nervosos com o forte odor de produtos de limpeza, talvez água sanitária. Outros ficavam procurando canos de água ou chuveiros no teto, mas não os encontravam. Um tremor de pânico pulsava pela massa amontoada naquele salão e ia crescendo. Cada vez mais pessoas se espremiam no espaço. No entanto, os membros da SS ainda estavam lá, entre eles, empurrando-os para a frente, envolvendo-se em conversinhas fiadas, levando adiante a estranha brincadeira. Poucos notavam que os mesmos homens da SS, sorridentes e amigáveis, mantinham um olho atento à saída, esperando um sinal.

O sinal vinha quando o último judeu havia entrado e a sala era declarada cheia. Naquele momento, os nazistas se esgueiravam para fora. Instantaneamente, a porta, lacrada com borracha para impedir a entrada e a saída de ar, era fechada. Em seguida, ouvia-se o som de um pesado ferrolho sendo firmemente encaixado na fechadura.

O tremor, então, se transformava numa onda do mais profundo terror, que percorria a multidão ali trancada. Alguns começavam a bater na porta, exigindo sair. Outros a esmurravam com os punhos. Nesse momento, os guardas da SS não ofereciam palavras de tranquilidade. Alguns riam. Outros atormentavam os cativos:

— Não se queimem no banho!

Os que não estavam olhando para as portas lacradas olhavam para cima, e reparavam que as capas dos seis orifícios no teto tinham sido removidas. Talvez a visão mais aterrorizadora fosse a de uma cabeça usando uma máscara de gás em uma das aberturas, que arrancava urros dos que a viam.

A cabeça pertencia a um dos "desinfetadores", que, com formão e martelo, abriam as latas cujos rótulos anunciavam GÁS VENENOSO! ZYKLON. As latas estavam cheias de grânulos azuis, cada um não maior do que uma ervilha. Era cianeto de hidrogênio em forma sólida; bastava que fosse exposto ao ar para que o ácido prússico escapasse das pastilhas e se transformasse no gás mortal. Os próprios desinfetadores não se arriscavam a inalar quaisquer vapores. No instante em que a lata era aberta, despejavam os cristais pelos buracos. Uma vez vazia, voltavam a cobrir o orifício por cima — certa ocasião, porém, um homem da SS viu um colega erguer brevemente a máscara para cuspir nos que estavam embaixo na sala, como um insulto extra à agressão letal.

Grabner observava cuidadosamente. Quando considerava que uma quantidade suficiente de Zyklon havia sido aplicada, fazia um sinal para o motorista de um caminhão, que estacionara nas proximidades com esse exato propósito, para que ligasse o motor. A tarefa era fazer barulho o bastante para encobrir os gritos e berros de jovens e velhos, que de outra forma teriam preenchido os ares.

O olhar de Grabner permanecia fixo no ponteiro grande do relógio de pulso. Ele contava os dois minutos que geralmente eram necessários para que o som animal de urros, os prantos e as preces desesperadas, as violentas batidas e os golpes[11] dessem lugar a um gemido doloroso e, por fim, ao silêncio.

Então, o caminhão ia embora e os guardas desciam. O esquadrão de limpeza — os homens do comando Kanada — ia pegar as pilhas de roupas que haviam sido arrumadas com cuidado, exatamente como os oficiais da SS tinham determinado. Enfim, uma vez que a sala fosse declarada ventilada o suficiente para ser considerada livre de gás, os prisioneiros do Comando Especial, o *Sonderkommando*, entravam para remover os corpos. Estes costumavam ficar agrupados junto à porta, amontoados no local em que os assassinados, em seus últimos momentos, haviam tentado forçar a saída. Os membros frequentemente estavam entrelaçados, um emaranhado de braços e pernas que enrijeciam em razão do gás e revelava o caos e o terror finais. Os corpos pareciam apoiados uns nos outros e as bocas, às vezes ainda espumando, estavam bem abertas — como que escancaradas pelo choque.

Fora assim no começo, quando a única câmara de gás em uso era aquela improvisada no campo principal de Auschwitz. Aos poucos, porém, as coisas foram mudando. À medida que o campo se expandiu e foi ampliado até Birkenau, fazia sentido instalar equipamentos de gás ali, naquele lugar, em vez de depender de só uma câmara de gás a certa distância — uma câmara que em pouco tempo já estava rangendo por causa do esforço do uso excessivo. E havia também outro cálculo. Ainda que fora do perímetro, e apesar do empenho em ocultá-la, a atividade do Crematório I atraía atenção. Havia gente demais reparando no que acontecia. Mesmo quando o motorista do caminhão ligava o motor, ou uma motocicleta ficava dando voltas[12] na área, a fim de abafar o barulho, prisioneiros próximos podiam ouvir o som da pesada tosse[13] e dos vômitos quando o gás começava a fazer efeito; podiam ouvir os gritos, especialmente das crianças. A solução era uma casa de fazenda vazia e isolada — os proprietários tinham sido despejados — perto da floresta de bétulas que deu o nome a Birkenau.

A SS chamou a construção de Bunker I — ou, um nome mais charmoso, "casinha vermelha" —, e não foi muito difícil adaptá-la. Simplesmente emparedaram as janelas com tijolos, reforçaram e aplicaram lacres nas portas e perfuraram as paredes, deixando os buracos pelos quais jogariam os grânulos de Zyklon B. Cobriram o piso com serragem para que o sangue, a urina e os excrementos dos moribundos pudessem ser absorvidos. Tudo estava pronto para entrar em funcionamento em maio de 1942. Um mês depois, havia uma construção irmã em operação a algumas centenas de metros. Também era uma casa de fazenda isolada, igualmente adaptada, conhecida como Bunker 2, ou "casinha branca". Esta começou a funcionar no fim de junho ou no começo de julho de 1942, logo que Walter chegou a Auschwitz.

Foi naquele exato momento que o papel de Auschwitz na Solução Final começou a tomar impulso. Na primeira parte do ano, as aplicações de gás eram esporádicas e regionais. Consistiam, principalmente, em remessas irregulares de judeus da vizinha Silésia. No meio do verão europeu, quando Walter estava marchando para o canteiro de obras em Buna, houve uma mudança.

Desde julho, as remessas começavam a chegar diariamente de toda a Europa, às vezes duas vezes por dia, em geral com um contingente de cerca de mil pessoas. Incluíam os antigos vizinhos de Walter na Eslováquia, assim como judeus da Croácia, da Polônia, da Holanda, da Bélgica e da França: cerca de 60 mil pessoas[14] somente em julho e agosto. Reconhecidamente, eram números baixos em comparação com os alcançados pelos parceiros mais antigos na Operação Reinhardt: Bełżec, Sobibor e Treblinka mataram, juntos, por volta de 1,5 milhão de pessoas em 1942, sendo mais de 800 mil apenas em Treblinka. Com exceção de uma parte relativamente pequena de "ciganos", em especial das etnias Roma e Sinti, todos eram judeus. No mesmo ano, o número em Auschwitz foi de 190 mil,[15] um oitavo. Mesmo assim, na época em que Walter foi marcado como 44070, o assassinato em massa que viria a definir Auschwitz estava a caminho.

Walter, porém, só começou a se dar conta disso de verdade quando estava no Kanada. Naquele momento, diante daquela pilha de pequenos sapatos, a verdade o encarou tão duramente que ele não pôde mais fingir não ver. Talvez pudesse ser perdoado por ter levado tanto tempo para compreender o que por fim se revelaria óbvio, por deixar de enxergar as evidências que o cercavam, por não conseguir transformar fatos claros em conhecimento. A SS se esforçara muito para manter oculta essa operação, escondida até mesmo dos que viviam na cena do crime.

O primeiro local de extermínio, o velho crematório, já ficava afastado dos alojamentos, mas a SS foi mais longe ainda para ocultá-lo, e o disfarçou com árvores e plantas,[16] de modo que na verdade aquilo que um dia fora um *bunker* subterrâneo usado como arsenal parecia então um monte natural. O segundo e o terceiro locais, a casinha vermelha e a casinha branca, foram escolhidos deliberadamente: casas de fazenda abandonadas, seguramente fora de vista.

As remessas chegavam à noite, encobertas pela escuridão. E a Birkenau do verão de 1942 não era a Birkenau que se tornaria mais tarde, que pulularia com milhares de prisioneiros. Naquela etapa, a população era esparsa. Havia poucas testemunhas.

Tampouco havia a reveladora e quase permanente nuvem de fumaça que saía das chaminés dos crematórios. Isso surgiria apenas no ano seguinte, na primavera e no verão de 1943, com as máquinas de matar construídas com esse propósito que viriam a ser conhecidas como Crematório II e Crematório III e, mais tarde, seriam acompanhadas pelo par menor, mais simples, Crematório IV e Crematório V. Quando II e III estavam trabalhando a plena capacidade, podiam queimar até 1.440 seres humanos por dia. Embora tivessem sido construídos para serem mais eficientes — com as câmaras de gás e o conjunto de fornos no mesmo piso térreo, o que afastava a necessidade de um elevador de serviço para transportar os corpos do local da morte para o local da cremação —, IV e V tinham dificuldade de dar conta. Certa perícia adquirida pelos foguistas e operadores das fornalhas pertencentes ao *Sonderkommando* — escolher os corpos segundo a combustibilidade,[17] com os cadáveres dos bem alimentados usados para acelerar a queima dos esqueléticos — ajudava, mas não era o suficiente. Projetados para serem a última palavra em tecnologia de cremação, nem mesmo esses fornos e chaminés davam conta da fenomenal produção de cadáveres de Auschwitz. Por tudo isso, a SS podia parabenizar a si mesma por ter montado um esquema que operava com a uniformidade de uma linha de produção da Ford e ao mesmo tempo garantia que a aplicação do gás e a incineração de judeus corressem com discrição num único lugar, bem projetado e adequadamente ventilado.

No verão em que Walter se tornou interno de Auschwitz, porém, as coisas eram muito mais grosseiras. Os cadáveres das vítimas do gás eram simplesmente enterrados no chão, em covas profundas cavadas na floresta de Birkenau. O próprio solo parecia protestar, recusando-se a engolir os mortos: no calor, restos mortais em putrefação e fedidos pareciam emergir da terra. O fedor era nauseante e tomava conta de todo o campo. Fluidos escorriam de corpos em decomposição, uma massa escura e malcheirosa que brotava do solo e poluía o lençol freático. Mesmo que se desconsiderem os riscos sanitários para todo o entorno, aquilo mal ocultava o que os nazistas estavam fazendo.

Com os novos crematórios ainda por entrar em funcionamento e diante dos desagradáveis enterros em massa, devia haver uma alternativa. E de fato havia: a SS tinha uma unidade secreta especializada precisamente em conceber o sistema mais eficiente para se desfazer dos corpos humanos. Um método, em experiência-piloto em Chełmno, parecia apresentar o melhor funcionamento. Consistia em primeiro cavar uma fossa profunda, em seguida enchê-la de mortos, então tocar fogo nos corpos. Feito isso, acionar uma pesada máquina moedora para esmagar os esqueletos remanescentes e pulverizá-los, a fim de que pudessem ser dispersados sem deixar vestígios.

Isso era bom o suficiente para o comandante de Auschwitz, Höss, que ordenou que o *Sonderkommando* fosse forçado a trabalhar numa nova tarefa: tirar das covas os corpos já enterrados em Birkenau, ou seja, os prisioneiros teriam que desenterrar os corpos putrefatos com as próprias mãos. Sob a mira do fuzil, eles eram obrigados a empilhar os cadáveres em valas e depois incinerá-los, de modo a serem queimados a céu aberto. Em seguida, devido à pesada máquina de moer, tudo que restava eram cinzas e fragmentos de osso. Estes eram recolhidos e despejados em rios ou jogados nos brejos próximos, onde não poderiam fornecer nenhuma pista incriminadora. O resto era utilizado para fertilizar os campos e as terras agrícolas vizinhas. Mesmo depois de reduzidos a pó e cinzas, os judeus seriam obrigados a servir ao Reich.

A compreensão de tudo isso chegou a Walter de forma lenta e fragmentada. Havia boatos, é claro, originados dos poucos prisioneiros que tinham acesso aos segredos de Auschwitz, a começar pelos próprios homens do *Sonderkommando*. Mas esses rumores circulavam apenas entre os que estavam no escalão superior na hierarquia dos internos; não chegavam a um garoto que estava no campo havia apenas alguns poucos meses.

Assim, o conhecimento de Walter restringia-se ao que ele podia ver no Kanada: os bens terrenos que os mortos tinham deixado, um pouco da bagagem de cada alma extinta pelos homens que dirigiam o lugar. Ele precisou deduzir, por lógica, que o Kanada transbordava de leite e mel só porque os que tinham trazido tais delícias haviam sido assassinados.

Walter ainda tinha 18 anos quando deixou de lutar contra essa compreensão, quando começou a absorver que era prisioneiro num local de morticínio industrial e que o grupo-alvo dessa erradicação era o seu próprio povo.

No entanto, quase não teve tempo de digerir isso, porque ainda havia mais a absorver — outra revelação, relacionada a essa, que era, de alguma maneira, igualmente chocante.

8
O grande negócio

O QUE WALTER VIU NO Kanada era a prova de que Auschwitz não perdera a ambição fundamental, aquela que era alimentada por Heinrich Himmler. Embora o lugar tenha se tornado encarregado do negócio do assassinato em massa, os proprietários nazistas estavam claramente determinados a que Auschwitz continuasse a servir como eixo econômico, que mesmo na nova missão que lhe cabia deveria ser revertido em lucro.

Pois o Kanada era um empreendimento comercial. Qualquer artigo que não estivesse quebrado era recolhido, selecionado, armazenado e reembalado para consumo doméstico na Mãe Pátria. Em um mês, foram transportados cerca de 824 contêineres de carga de Auschwitz para o Velho Reich,[1] e tratava-se dos que continham artigos têxteis e de couro. Walter pôde ver por si próprio esse tráfego, como um trem de produtos estacionava todo dia de semana para ser carregado com propriedade roubada. Podiam ser camisas masculinas de boa qualidade numa segunda-feira, casacos de pele numa terça, roupas infantis numa quarta. Não permitiam que nada fosse perdido. Até mesmo roupas não apropriadas para uso eram separadas e depois classificadas com uma graduação: grau 1, grau 2 e grau 3; as peças categorizadas com grau 3, o pior, eram despachadas para fábricas de papel, nas quais eram desmanchadas até as fibras básicas e, então, recicladas. Se algo tivesse um pingo de valor que fosse, os nazistas o espremiam. Assassinato e roubo caminhavam de mãos dadas.[2]

Alguns desses bens seriam distribuídos gratuitamente para alemães necessitados, talvez por meio do *Winterhilfewerke*, o fundo de socorro de inverno. Uma mãe em Düsseldorf cujo marido estivesse no campo de batalha combatendo no *front* oriental podia ter seu ânimo melhorado pela chegada de um grosso casaco de inverno ou de sapatos novos para as crianças — contanto que não reparasse nas marcas que indicavam o lugar de onde a estrela amarela fora arrancada ou pensasse demais nas crianças que tinham calçado aqueles sapatos antes.

Além das vestimentas e roupas de baixo femininas e das roupas infantis, alemães de raça pura em território germânico podiam receber colchões de penas, mantas, cobertores de lã, xales, guarda-chuvas, bengalas, garrafas térmicas, protetores de ouvido, pentes, cintos de couro, cachimbos e óculos escuros, bem como espelhos, malas e carrinhos de bebê tirados do abundante suprimento que chamara a atenção de Walter. Havia tantos carrinhos de bebê, que carregar apenas um lote, o qual abrangia centenas de carrinhos, para o pátio de carga — transportados na disposição regular de Auschwitz,[3] isto é, em filas de cinco — levava uma hora inteira. Colonos de etnia germânica nas terras recém-conquistadas podiam também receber algum auxílio na forma de mobília e artigos domésticos, talvez panelas, frigideiras e outros utensílios. As vítimas dos bombardeios dos Aliados, que tinham perdido a casa, também eram consideradas dignas de compartilhar os despojos do Kanada: podiam receber toalhas de mesa ou artefatos de cozinha. Relógios de pulso, de mesa ou de parede, lápis, barbeadores elétricos, tesouras, carteiras e lanternas: se necessário, eram consertados e despachados para as tropas na linha de frente.[4] Os pilotos de combate da *Luftwaffe*, a Força Aérea alemã, não eram esquecidos: ganhavam canetas-tinteiro[5] que outrora haviam sido usadas para registrar palavras e pensamentos de judeus.

Alguns artigos encontravam um novo dono no próprio local. Os membros da SS que conseguissem fazer isso e sair impunes, acompanhados das respectivas esposas, regalavam a si mesmos uma viagem para o Kanada e mergulhavam naquele tesouro para pegar o que quer que imaginassem, fosse uma prática cigarreira para ele ou um vestido elegante para ela. O lugar era recheado de artigos de luxo que satisfaziam todos os gostos possíveis.

Ainda assim, não eram esses prazeres que davam ao Kanada a importância econômica, ou que aproximavam Auschwitz do objetivo fundamental de se tornar uma empreitada lucrativa. Uma pista para o tesouro maior estava no banco em que mulheres sentadas espremiam tubos de pasta de dentes à procura de joias ou cédulas de dinheiro enroladas. Além de artigos de luxo, o Kanada estava cheio de pedras preciosas, metais valiosos e o bom e velho dinheiro em espécie.

Walter viu isso com os próprios olhos, os itens muitas vezes mal escondidos, tendo sido enfiados pelas vítimas nas respectivas bagagens. Podiam ser dólares ou libras inglesas, a moeda que os deportados tinham adquirido após a venda da propriedade: a própria casa ou o próprio negócio, vendidos por uma ninharia nas apressadas horas antes de serem expulsos dos países em que a família de cada um tinha vivido por gerações. Havia uma equipe de trabalhadores na limpeza especializados em achar dinheiro e joias, mas todos no Kanada conheciam a gíria: "napoleões" eram as moedas de ouro com a imagem do imperador francês e "suínos", as que estampavam, mesmo um quarto de século depois da Revolução Bolchevique, a face do czar russo. Parecia haver dinheiro de todo canto do globo, não só francos e liras, como também pesos cubanos, coroas suecas, libras egípcias.

Walter jamais vira tamanha riqueza, uma fortuna colossal guardada nota por nota e moeda por moeda num baú exclusivo para esse propósito. Todos os valores roubados iam para aquele baú: os relógios de ouro, os diamantes, os anéis, bem como o dinheiro. No fim de um turno, o baú muitas vezes estava tão cheio que os homens da SS nem conseguiam fechá-lo. Walter costumava observar o nazista encarregado pressionar a tampa com a bota,[6] forçando-a para que se fechasse.

Esse era o grande negócio para o Reich. Mais ou menos a cada mês, até vinte malas[7] quase estourando com a riqueza dos assassinados eram carregadas junto com caixotes repletos com mais valores em caminhões e transportadas, com a escolta de uma guarda armada, para o quartel-general da SS em Berlim. O destino era uma conta exclusiva no Reichsbank, mantida no nome de um indivíduo fabulosamente rico — e totalmente fictício: Max Heiliger.

Nem todo o ouro despachado para enriquecer o inexistente *Herr* Heiliger vinha de anéis de casamento, pulseiras e colares, nem todo o ouro passava pelo Kanada. Havia ainda outra fonte. Os nazistas concluíram que simplesmente saquear os pertences dos que eles assassinavam não era o bastante: havia também riqueza a ser extraída do corpo das vítimas. Os homens do *Sonderkommando*, já encarregados de remover os cadáveres das câmaras de gás minutos após a morte, receberam uma tarefa adicional. Deviam raspar a cabeça dos mortos. Os fios de cabelo tinham valor comercial: fardos de tecido feito de cabelo humano tinham serventia nas fábricas alemãs.[8] Além disso, tinham também utilidade militar: o cabelo podia ser usado em bombas de ação retardada[9] como parte do mecanismo de detonação. Idealmente, eram cabelos de mulheres,[10] mais grossos e compridos do que os de homens ou crianças.

Quaisquer membros artificiais encontrados num corpo também eram desparafusados e recolhidos, para reuso ou revenda. Ainda assim, o bem mais lucrativo era interno. Ocorreu a alguns homens do *Sonderkommando* abrir a boca dos mortos, ainda espumando, e buscar dentes de ouro. Se encontrassem algum, arrancavam-no com alicates. Era trabalho duro, interrompido por pausas regulares quando os "dentistas" paravam para vomitar.[11] Mas todos aqueles dentes de ouro formavam uma soma significativa. Entre 1942 e 1944, estima-se que seis toneladas de ouro dental[12] foram depositadas nos cofres do Reichsbank. Ao todo, uma "Lista de propriedade judaica recebida para envio", interna e ultrassecreta, compilada no começo de fevereiro de 1943, estimava que, ao longo do ano anterior, o transporte proveniente do arquipélago de campos de extermínio operados pelos nazistas na Polônia chegara a 326 milhões de *Reichsmarks*:[13] em moeda dos Estados Unidos do começo da década de 2020, isso equivaleria a 2 bilhões de dólares.

Walter só tinha conhecimento do que podia ver, que era um canto do campo atarefado com separação, empilhamento, carregamento e despachos. Superficialmente, teria parecido qualquer outro entreposto de comércio, movimentado e próspero. Não obstante, mesmo que Walter não pudesse ver todo o impacto do Kanada para a economia do Terceiro Reich, em breve entenderia como ele moldava o bizarro e invertido mundo do próprio campo de Auschwitz.

No fim do primeiro dia servindo como gloriosa mula, desviando-se dos bastões e cassetetes dos supervisores nazistas, carregando caixas e baús para lá e para cá, Walter teve a primeira pista de como as coisas funcionavam. Como sempre, ele e outros prisioneiros se enfileiraram em linhas de cinco, prontos para marchar de volta ao campo. Primeiro, porém, havia uma inspeção.

Cerca de quinze homens foram escolhidos e revistados meticulosamente. Caso se descobrisse que alguém havia roubado uma lata de sardinhas que fosse, essa pessoa era açoitada. Quem sabe, vinte chicotadas da SS por dois limões, 25 por uma camisa. Um pedaço de pão roubado resultava num castigo mais leve: um bom chute e um soco. Depois disso, o Comando de Remoção era dispensado, apenas para passar por outra inspeção ao chegar ao portão do campo principal. Ali, Fries e seus asseclas esperavam, dispostos a fazer outra boa revista nos homens do Kanada. Identificaram que um homem pegara uma camisa, e Fries prontamente o assassinou ali mesmo, surrando-o até a morte. Mas foi o único. O restante deles chegou ao Bloco 4 com a chance de verificar o que o dia rendera.

Para Walter foi um grande assombro e os primórdios de um sombrio conhecimento. Para outros, as horas no Kanada haviam rendido frutos mais tangíveis. De algum modo, aqueles prisioneiros tinham passado incólumes não só por uma, mas por duas revistas, e conseguiram retornar com toda espécie de riquezas. Um viera com uma barra de sabão, outro escondera diversas salsichas nas vestes. Tudo apareceu desordenadamente: seis latas de sardinhas trazidas por um interno, um quilo de figos escondidos por outro. Havia limões, salame, um presunto, até mesmo uma cartela de aspirina. E isso antes de se dar uma olhada nos pés dos homens. Com grande discrição, quase todos eles tinham se liberado dos tamancos de madeira que eram o padrão dos prisioneiros de Auschwitz e os trocado por sapatos de verdade: alguns de camurça, outros de couro de crocodilo, tudo comicamente incongruente. Logo Walter estaria fazendo a mesma coisa, depois de receber a garantia das mãos mais velhas de que calçados roubados não acarretavam punição. Eram considerados uma regalia do trabalho.

Na verdade, um lugar no Comando de Remoção permitia a um punhado de internos uma vida de luxo surreal e improvável. Acontecia de mulheres que trabalhavam na seleção usarem roupas e sapatos novos e vestirem roupas de baixo limpas. Podiam dormir com camisolas de seda e em lençóis de algodão. Tinham acesso a perfumes e meias de seda e, se trabalhassem no turno da noite, poderiam passar a tarde tomando banho de sol, refrescando-se com água corrente[14] ou lendo um dos muitos livros que os condenados tinham guardado nas malas. Faziam isso mesmo com o odor de carne queimada empestando o ar.

Naquele momento, porém, no Bloco 4, os tesouros que se espalhavam para fora das mangas, calças e túnicas dos homens não eram exatamente esses. Os prisioneiros do Kanada não tinham levado esses artigos com o intuito de servir de confortos mundanos para uso próprio. A função dos itens era muito diferente. Um limão em Auschwitz não era um mero limão — era uma unidade monetária. E o mesmo valia para cada um dos despojos do Kanada.

O termo-chave era "organização". Para sobreviver em Auschwitz, era preciso "organizar", ou seja: era preciso pegar o que oficialmente não lhe pertencia, ou roubando você mesmo, ou trocando algo com alguém que tivesse roubado. A moeda básica do lugar era a ração de comida. Os encarregados de distribuir a sopa nas tigelas ou entregar o pão retinham um pouco, de modo a poder "organizar" um favor com uma porção extra de margarina ou um pedaço de batata. Contudo, graças à existência do Kanada, a economia interna de Auschwitz se tornava muito mais elaborada do que isso.

Iguarias e artigos de luxo podiam comprar qualquer coisa necessária, mesmo que a taxa de câmbio muitas vezes fosse perversa. Um anel de brilhante podia ser trocado por um copo de água; uma garrafa de champanhe, negociada por tabletes de quinino;[15] uma pedra preciosa, por uma maçã, a ser passada para um amigo doente e faminto.

O valor do dinheiro era diferente em Auschwitz. Certa vez, Walter estava separando os bens para um carregamento de judeus poloneses de Grodno que, pelos padrões do Kanada, eram de pouca qualidade, certamente nada comparável ao tesouro que acompanhava judeus da França, da Holanda e da Bélgica — comunidades que não tinham sofrido ocupação nazista, nem privação, por tanto tempo. Tinha acabado de pegar um pão que lhe deu uma sensação esquisita na mão. A consistência era estranha. Partiu um pedaço e viu que o miolo havia sido parcialmente removido para deixá-lo oco. Dentro dele havia 20 mil dólares em notas de cem.

Walter precisou fazer um cálculo instantâneo. Podia fazer o que se esperava dele e depositar as notas dentro do baú exclusivo para dinheiro e valores, ou podia tentar guardá-las para si. Mas qual seria o sentido? As necessidades de um prisioneiro de Auschwitz eram quase infinitas, mas havia pouca finalidade para dinheiro.

Mesmo assim, Walter decidiu assumir o risco. Escondeu as duzentas notas e esperou até poder fazer uma pausa para se aliviar no banheiro. Não fazia sentido, ele sabia. Se fosse apanhado com aquela quantia, o castigo seria a morte, ele tinha certeza. Mesmo assim, arriscou. E dessa vez ninguém o parou.

Quando chegou ao banheiro, ou ao buraco no chão que servia a esse propósito, não hesitou. Pegou o dinheiro e o jogou fora. Seria aquele um ato de resistência? Em parte. Ele e os outros prisioneiros no Kanada já tinham criado o hábito de usar notas de vinte dólares como papel higiênico (embora, para esse propósito, as libras inglesas fossem preferíveis, pois tinham apenas um dos lados impresso).[16] Era melhor usá-las dessa maneira do que permitir que os nazistas se apossassem de dinheiro vivo. Então, sim, era um pequeno ato de sabotagem. Mas destruir 20 mil dólares era também um ato de rancor.[17] Ele próprio não podia guardar aquele dinheiro. Também não havia ninguém a quem ele pudesse dá-lo. Ainda assim, não via um bom motivo para que os alemães ficassem com a quantia. De qualquer modo, ou o dinheiro enriqueceria ainda mais o Reich, ou seria destruído. As pessoas que o tinham ganhado haviam sido mortas, então a coisa certa a se fazer era destruir também o dinheiro. Essa foi a lógica de Walter. E o banheiro parecia o lugar certo para isso.

O que não quer dizer que não achasse coisas de valor para ele no Kanada. Entre as descobertas mais relevantes na bagagem das vítimas estavam livros-texto e livros de exercícios: confirmação de que os nazistas haviam tido êxito em enganar os judeus, levando-os a acreditar que as "áreas de reassentamento" seriam comunidades legítimas, completas, com escolas para os filhos. Todos os papéis, obviamente, tinham que ser queimados, mas um dia Walter se deparou com um atlas infantil. O instinto o fez folhear as páginas até encontrar um mapa da Silésia: ele se lembrava, dos tempos de escola — que pareciam ter sido séculos antes —, de que aquela era uma região que abrangia o triângulo onde as fronteiras da Alemanha, da Polônia e da Tchecoslováquia se encontravam — ou costumavam se encontrar. Arrancou a página[18] e a meteu sob a camisa.

Quando chegou o momento, estava de volta na latrina. Só que, dessa vez, esperaria antes de destruir o que tinha pegado. Da forma metódica que pôde, estudou o mapa e chegou à conclusão de onde exatamente o campo e ele próprio estavam. Depois, se livrou da folha, mas não sem antes guardar na memória o que tinha visto — e o que aquilo significava para o sonho dele de fugir.

A maior parte das pilhagens no Kanada era preciosa de uma maneira mais direta, por causa do que podia comprar. Isso porque em Auschwitz operava um intrincado mercado clandestino que envolvia os "números velhos", especialmente os veteranos que tinham posições garantidas como *Kapos* ou anciãos de bloco. Eles trocavam bens dos quais conseguiam se apossar por privilégios, mas também por segurança e vidas humanas: a deles próprios e a dos que escolhiam proteger. Um ancião de bloco tinha acesso a rações destinadas a prisioneiros nominalmente sob os cuidados dele. Um *Kapo* na cozinha tinha acesso a carne. Ambos podiam usar esses bens para comprar tratamento preferencial, para si e para outros.

No sistema financeiro de Auschwitz, o Kanada desempenhava o papel de banco central: era onde a riqueza ficava depositada. No entanto, havia um paradoxo perverso: prisioneiros judeus que trabalhavam ali tinham mais acesso do que os *Kapos* supervisores ou seus senhores nazistas. A maioria dos homens da SS não podia simplesmente entrar à vontade, examinar os objetos e pegar o que bem entendesse. Precisavam de um interno para furtar o artigo para eles. Em troca, o prisioneiro precisava ter certeza de que nenhum membro da SS o revistaria na saída. Objetos preciosos em troca de vista grossa. Esse intercâmbio viria a formar a base de um conjunto de relações transacionais que se desenvolviam entre os integrantes da SS e um punhado de prisioneiros de Auschwitz que podiam ir a qualquer lugar perto do Kanada.

Essas relações logo criaram uma hierarquia entre a população da prisão. Internos com acesso às riquezas do Kanada podiam subornar *Kapos* e membros da SS por melhores locais de trabalho para si ou para os parentes e amigos. Podiam comprar do ancião do bloco uma posição melhor no alojamento ou um muito necessitado descanso na enfermaria com a promessa de que seriam protegidos, não deixados para morrer.

Oficialmente, a SS não tolerava tal corrupção. Inspecionava os alojamentos procurando, ostensivamente, bens furtados: na verdade, os homens chantageavam os anciãos do bloco, exigindo serem pagos com as delícias do Kanada. O ancião devia lhes dar o que eles queriam, de modo que recorria a algum interno que pudesse "organizar". Em troca, esse interno teria benefícios que propiciariam melhores condições de vida no campo.

Essa era a política econômica exclusiva de um campo de extermínio em que os bens terrenos de um povo condenado eram roubados e empilhados, enquanto a montanha de riqueza crescia mais a cada dia. E, trabalhando no Kanada, Walter Rosenberg estava no centro disso.

E provou ser um trabalhador confiável. Logo os mais antigos o estavam chamando pelo primeiro nome. Foi promovido: já não era um simples carregador de malas e baús para os depósitos em que eram desfeitos — ele havia passado para o estágio seguinte do processo, o de levar trouxas enormes de roupas para o posto de separação, no qual trabalhavam mulheres, muitas delas conterrâneas eslovacas. Como todo mundo no Kanada, aprendeu a negociar constantemente: passar às escondidas para as moças uma barra de chocolate em troca de um pouco de pão e queijo, um gole de limonada ou apenas um sorriso.

O supervisor direto de Walter, um *Kapo* de triângulo verde chamado Bruno, o usava como portador pessoal, e fazia com que ele levasse presentes para a amante, uma beldade vienense que servia como sua contraparte encarregada das moças de seleção eslovacas. Walter ia e voltava, levando uma laranja fresca numa viagem, um vinho fino na viagem seguinte. O casal de *Kapos* tinha até mesmo um ninho de amor escondido, criado a partir de pilhas de cobertores em um dos armazéns.

No entanto, durante um dos turnos, Bruno foi longe demais com Walter. Deu-lhe uma carga tão grande que o jovem ficou parecendo um herdeiro numa loja de departamentos: um frasco de Chanel, sardinhas de Portugal, salsichas finas da Alemanha, uma barra de chocolate suíço elegantemente embalada, tudo escondido numa pilha de roupas. E foi nesse momento que o oficial da SS encarregado do Kanada, o *Scharführer* Richard Wiegleb,[19] um sargento, fez uma revista-surpresa em Walter e exigiu que ele soltasse o que estava carregando. Tudo caiu no chão, e Wiegleb viu todo o conteúdo.

— Muito bem, que estranha coleção de roupas — disse, e examinou todos os artigos, um por um.

Wiegleb exigiu saber quem colocara Walter naquela situação. Sabia que tinha sido Bruno, mas queria uma confirmação. E pretendia surrar aquele jovem judeu até ouvir o que queria. Ordenou a Walter que se curvasse.

— Quem lhe deu isto aqui? — indagou, antes de descer o porrete nas costas de Walter. — Quem lhe deu isto?

Fez a mesma pergunta, vezes e vezes repetidas, à medida que rasgava a carne de Walter. Enquanto o porrete subia e descia, o jovem podia sentir os olhos do Kanada inteiro voltados para ele: até mesmo se prosseguissem com o trabalho, assistiam.

Wiegleb aplicou 47 golpes[20] naquele dia. Alguns dos veteranos do Kanada disseram que foi um recorde. E, mesmo que a agonia da surra o tenha levado a cair, inconsciente, Walter Rosenberg nunca respondeu à pergunta do homem da SS.

Quando voltou a si, a dor era lancinante. Walter mal podia se mover. Sabia que não estava apto a trabalhar, o que em Auschwitz significava que ele morreria. A surra infligida por Wiegleb deixara uma ferida aberta que tinha infeccionado, seu sistema imunológico mal conseguia armar uma defesa dado o regime de nutrição, higiene e sono insuficientes do campo. As pernas e as costas incharam feito balões. Ele desenvolveu um abscesso na nádega esquerda, que precisou ser drenado. Se aquilo não fosse tratado, ele morreria. Precisava ser operado.

A própria ideia de uma operação em Auschwitz era ridícula. Exigiria uma "organização" em escala enorme. Médicos, auxiliares, anciãos de blocos: todos teriam que ser subornados. Havia pouca gente no campo influente o bastante para concretizar isso. O que significava que o destino de Walter dependia de Bruno, o *Kapo*: ele reconheceria que devia a própria vida e a da amante vienense a Walter? Nada o obrigava a fazê-lo. Seria mais fácil deixar Walter morrer, levando junto com ele o segredo. Entretanto, se fizesse isso, nenhum interno regular, tampouco algum *Kapo*, voltaria a se arriscar novamente por Bruno. Esses eram os cálculos em Auschwitz.

Então, Bruno permutou e negociou até arranjar tratamento para Walter, assim como um suprimento de remédios, comida e bebida, tudo direto do Kanada. Muita gente lhe devia muitos favores. A operação,[21] em 28 de setembro de 1942 — exatamente quando as forças alemãs e o Exército Vermelho estavam travando o combate mortal na Batalha de Stalingrado —, foi traumática. Walter sentiu a incisão da lâmina antes de estar adequadamente anestesiado. Tentou berrar, mas não conseguiu emitir som algum. Por fim, desmaiou com o choque.

Mas a cirurgia foi bem-sucedida: Walter teve alta uma semana depois.[22] Não pela primeira vez, voltou a ficar de pé após ter sido derrubado. Isso significava um retorno imediato ao trabalho. O problema era que havia sido escalado para a construção industrial em Buna. Considerando seu estado, aquele tipo de trabalho duro acabaria por matá-lo.

Walter mencionou o nome de Bruno para o escriturário do hospital,[23] o que bastou para que a ordem fosse revogada. Em vez disso, foi mandado de volta para o Comando de Remoção. Era arriscado demais mostrar a cara no Kanada: Wiegleb o veria e imediatamente saberia que havia sido desafiado. Bruno, porém, tinha uma solução. Walter iria direto para a fonte. Trabalharia na rampa.

9
A rampa

AQUELA NÃO ERA A PRIMEIRA rampa de descarga — na verdade, uma plataforma ferroviária — que estava sendo usada em Auschwitz. Com a primeira, Walter estava familiarizado: fora por onde tinha chegado e desembarcado do trem que o transportara e a outros prisioneiros em vagões de gado para o canteiro de obras em Buna. Não, aquela era a rampa substituta, só recentemente colocada em serviço. Ficava no local da estação de carga que um dia servira à cidade de Oświęcim, espremida entre o chamado campo-mãe, Auschwitz I, e seu filhote, Birkenau, ou Auschwitz II, que logo viria a se tornar muito maior. Era lá que chegavam os carregamentos em massa de judeus. Eles a chamavam de *Alte Judenrampe*: a velha rampa judaica.

Walter trabalharia junto com o esquadrão de escravizados que eram os primeiros a retirar os malfadados passageiros dos trens que chegavam, recolhendo-lhes a bagagem e limpando os vagões de gado que os tinham levado a Auschwitz.

Aquele não era um trabalho disputado pelos prisioneiros no Kanada. Era mais exigente fisicamente do que o trabalho nos depósitos ou nas mesas de seleção e separação, e também mais perigoso. A taxa de mortalidade entre os que trabalhavam perto de Wiegleb e seus homens era muito alta, mas na rampa era ainda maior. Os membros da SS tendiam a perder a paciência e extravasar. Queriam que tudo fosse feito na maior rapidez possível.

Walter trabalhou nessa rampa por dez meses seguidos.[1] Durante esse tempo, ajudou a descarregar cerca de trezentos transportes, e viu as expressões atordoadas e assustadas de talvez 300 mil pessoas, se não mais: crianças judias e os respectivos pais, os velhos e os jovens, os dilacerados e os desafiadores, de todo o continente, nas horas que para quase todos eles seriam as últimas de vida. Com o decorrer das noites, com os dias se transformando em semanas e depois em meses, e à medida que as dezenas de milhares de faces iam passando, o velho sonho de fugir não se esvaiu. Mas se transformou. Tornou-se algo mais sólido e mais definido, menos temperado pela esperança do que pela determinação. Walter passara a ter como objetivo algo muito maior do que ele próprio.

Era assim que o serviço funcionava. Os carregamentos geralmente chegavam à noite. Quando o trem carregado com uma nova remessa de judeus estava a uma distância de cerca de vinte quilômetros,[2] a informação chegava a Auschwitz, e o oficial de serviço soprava um apito e berrava: "Carregamento chegando!" Então, todos os envolvidos, oficiais da SS, médicos, *Kapos* e motoristas, assumiam as respectivas posições, com os oficiais se dirigindo para a *Judenrampe* em caminhões ou motocicletas. Entrementes, o destacamento relevante do Comando de Remoção, cerca de duzentos homens fortes conhecidos como *Rollkommando*,[3] ou grupo de rolagem, recebia a instrução de se aprontar.[4] Podia ser no meio da noite, às quatro da manhã, mas um integrante da SS ia até o Bloco 4 e os acordava, e então eles saíam marchando, passando pelas cercas eletrificadas, por torres de vigilância e metralhadoras do campo principal de Auschwitz, escoltados por um grupo da SS que os esperava no portão principal.

Dali, marchavam durante os doze ou treze minutos[5] que eram necessários para chegar à plataforma de madeira ao lado de um trecho de trilhos que se ramificava da linha principal. Era uma plataforma longa e estreita: apenas três ou quatro metros de largura, mas talvez quinhentos metros de comprimento, o suficiente para, de todo modo, acomodar uma locomotiva que puxava cinquenta vagões de gado.[6] Walter e o *Rollkommando* assumiam as respectivas posições e aguardavam.

Em seguida, chegava um grupo da SS, talvez uma centena de homens, para assumir as posições, cada um a dez metros do outro, ao longo de toda a extensão da plataforma de madeira, de modo que ela ficasse totalmente cercada. Portavam fuzis e estavam com cães. Só então a escolta que levara Walter e os demais era liberada, porque então os homens do *Kanadakommando* estavam dentro de um rígido cordão armado. As luzes elétricas eram ligadas, de maneira que a rampa ficava iluminada como se fosse meio-dia. Podia fazer um frio de tremer, mas os prisioneiros esperavam em uniformes listrados, grosseiros, em filas de cinco, como sempre.

A linha férrea principal não ficava a mais de vinte metros. Era uma linha importante, que ligava Viena a Cracóvia, e às vezes passavam trens regulares de passageiros, devagar o suficiente para que os prisioneiros vissem as pessoas no interior do veículo. Walter reconhecia o vagão-restaurante[7] e se perguntava o que as damas e os cavalheiros lá dentro imaginavam acerca dos espectros iluminados enfileirados na plataforma. Talvez os passageiros piscassem os olhos e nem vissem a imagem, ou talvez simplesmente não olhassem.

Logo chegava um grupo novo, os oficiais da SS, homens num plano mais elevado do que os guardas que formavam o cordão. Walter pensava neles como uma elite de gângsteres,[8] elegantes como mafiosos em uniformes impecáveis e com as botas engraxadas, uma arrogância de superioridade. Os botões nas fardas eram dourados em vez de prateados. Não carregavam nada grosseiro como um porrete, mas uma bengala de cavalheiro; alguns usavam luvas brancas.[9] Havia entre doze e vinte deles, incluído um médico. Esse grupo era encarregado dos procedimentos.

Finalmente, dava-se o sinal e o trem entrava devagar, a locomotiva primeiro. Na cabine do maquinista, Walter notou, vinha um civil.

Os guardas no cordão externo não se moviam. Havia uma entrega de documentos, o comandante no trem estendia papéis e chaves para o colega na plataforma. As chaves eram então distribuídas pelo encarregado aos subordinados, que assumiam uma posição diante dos carros, geralmente um SS para cada dois ou três vagões de gado. Então, a um sinal, eles se adiantavam e destrancavam os carros. Walter e os outros tinham um primeiro vislumbre da massa de gente no interior.

— *Alles raus! Alles raus!*[10] — gritavam os membros da SS, mandando que saíssem.

Para reforçar a instrução, às vezes chutavam ou batiam nas primeiras pessoas que tropeçavam para fora do vagão, acertando-as com a bengala. Por perto estavam os *Kapos*, armados com cassetetes e porretes. Walter sabia da condição em que estavam esses recém-chegados: a sede, a fome, a desorientação depois de ficarem dias sem fim espremidos naquele espaço minúsculo e fétido com tantas outras pessoas. E agora, à medida que os olhos deles se ajustavam às fortes luzes, eram tirados do trem, e que saíssem rápido, rápido.

— Não peguem nenhuma bagagem! Deixem tudo no trem!

Os deportados eram agrupados imediatamente em colunas, uma para homens e outra para mulheres e crianças, cada qual composta de filas de cinco. Em um instante, famílias eram divididas, maridos se separavam das esposas e mães, dos filhos. O céu noturno começava a ecoar o barulho do choro e da separação.

O tempo todo, e sob a direção dos *Kapos* e seus porretes, Walter e os colegas prisioneiros eram incumbidos de esvaziar os vagões. Rapidamente, Walter subia num vagão de gado, alheio ao fedor, pegava duas sacolas pesadas, saltava de volta para o chão e as jogava na pilha que logo se formava na rampa. Nos primeiros dias, concentrou-se em dominar as exigências físicas do trabalho e ver o que conseguia pegar para si mesmo. Privados da generosidade mais prontamente acessível do Kanada central, ele e os outros duzentos homens do *Rollkommando* tinham que fabricar a própria sorte.

Walter aprendia depressa, e não demorou muito para ser capaz de identificar, após uma olhada rápida, se uma mala continha roupas, utensílios de cozinha ou comida. Em pouco tempo, já era capaz de correr com duas malas ao mesmo tempo que dava uma mordida num salame, o qual ele depois jogava para outro interno, tudo sem ser visto. E desenvolveu uma habilidade nova: a capacidade de abrir uma lata e devorar seu conteúdo[11] em poucos segundos, sem ser percebido.

Os rapazes do Kanada sabiam de onde eram os judeus de cada carregamento pelas provisões que de repente estavam disponíveis. Se estivessem comendo queijo, era porque tinham acabado de receber judeus dos Países Baixos. Se fossem sardinhas, era porque havia chegado um transporte de judeus franceses. Halvá e azeitonas[12] identificavam os judeus gregos de Tessalônica, vestidos em cores que Walter nunca tinha visto antes e falando uma língua nova para um ouvido asquenaze:* o dialeto judeu sefardi chamado ladino,[13] ou judeo-espanhol. Ele via todos, todos mandados para Auschwitz aos milhares.

Só quando a última sacola — ou a última mala — estivesse fora do trem — levada para os caminhões e transportada ao Kanada —, o *Rollkommando* podia se dedicar a remover os mortos. A ordem de prioridades era muito clara, e qualquer desvio[14] era punido. Afinal, extrair bens terrenos era o negócio central do Kanada. A bagagem vinha em primeiro lugar; os mortos, em segundo.

A remoção dos mortos era uma atividade imprevisível. Um carregamento vindo do leste no meio do inverno, cuja viagem levava dez dias, podia chegar com um terço dos passageiros morto, o que equivalia a talvez

---

* Os judeus podem ser divididos em grupos regionais, de acordo com a área geográfica em que moram e os respectivos costumes, tradições, linguagens etc. Os dois principais grupos são os asquenazes — oriundos da Europa Central e da Oriental — e os sefardis — oriundos da Península Ibérica, do norte da África e do Oriente Médio. [N. do T.]

trezentas pessoas. Se o trem viesse do oeste, porém, de Praga, Viena ou Paris, onde os nazistas precisavam manter ao menos certa aparência de que se tratava de um ato civilizado de reassentamento, então podia haver apenas três ou quatro cadáveres a bordo, se a viagem não tivesse levado mais que poucos dias. A mesma coisa valia para o número de moribundos em cada vagão, os que ainda não estavam mortos, mas não tinham força para se levantar e sair do trem, nem mesmo sob a ameaça de um golpe da vara de bambu de um homem da SS. Também era necessário lidar com eles — e *Laufschritt*, aos pares. Sempre aos pares.

Isso significava agarrar os corpos imóveis, dois internos para cada cadáver — ou semicadáver —, um segurando os tornozelos e o outro, os pulsos, e carregá-los até o fim da plataforma — incitados pelo porrete e pela bengala do *Kapo* e do oficial da SS —, onde uma frota de caminhões aguardava, às vezes meia dúzia de veículos, pronta para transportar os defuntos a serem descartados. Eram caminhões basculantes, cuja traseira podia ser içada para despejar uma carga de areia ou cascalho. Para essa operação, entretanto, a caçamba ficava na horizontal e aberta. Walter e seu colega carregador de cadáveres tinham que subir os degraus na traseira do veículo — *Laufschritt, Laufschritt* —, nos quais havia outros prisioneiros preparados para receber a carga. Eles agarravam o corpo e jogavam-no dentro da caçamba, enquanto Walter e seu camarada davam meia-volta e corriam para esvaziar o trem, com a finalidade de pegar algum outro judeu que não tivesse sobrevivido à viagem. Em nenhum momento os mortos eram separados dos moribundos.[15] Não havia tempo nem capacidade de distinguir entre as duas situações. Respirando ou não, os corpos eram jogados no caminhão, que fazia a pequena viagem até o crematório, onde seriam incinerados.

As duas colunas de deportados agora se moviam para a frente, rumo à elite de gângsteres, os responsáveis pela revista que lhes decidiria o destino. Os recém-chegados não sabiam disso, mas estavam prestes a enfrentar uma seleção. Se fossem mandados para a direita, seriam primeiro encaminhados[16] e cadastrados como prisioneiros, em seguida teriam a chance de trabalhar e, portanto, viver, ainda que por pouco tempo. Se fossem mandados para a esquerda, o destino iminente era a morte.

O encarregado da SS geralmente era o médico em serviço, às vezes Josef Mengele, às vezes um mero cabo do serviço de saneamento,[17] responsável por identificar os que eram inaptos para o trabalho: os velhos, os doentes, os muito jovens. Walter notou que as mulheres de boa aparência[18] entre 16 e 30 anos eram escolhidas para sobreviver e agrupadas numa fila própria. Mulheres que tivessem crianças a reboque, mesmo que fossem aptas, fortes e certamente capazes de trabalhar, eram mandadas para a esquerda: os nazistas não queriam ser perturbados por mães que fariam escândalos na rampa ao serem separadas dos filhos. Era mais simples, mais limpo, mantê-los juntos e matar ambos.

Tudo era feito com celeridade, e às vezes, em meio ao ruído da plataforma e à cacofonia de diferentes idiomas, em vez de indicar com o dedo o lado a seguir, o selecionador usava o gancho do cabo da bengala[19] para agarrar pelo pescoço um judeu ou uma judia em frente a ele e empurrá-lo(a) para a esquerda ou para a direita. Era um método especialmente útil no caso, digamos, de um filho e um pai que estivessem implorando para não serem apartados: o membro da SS acabava separando-os fisicamente.

Entre os oficiais, os responsáveis pela tomada de decisão discutiam sobre a proporção de judeus deportados que devia ser morta de imediato e a que devia ser poupada ou, mais precisamente, assassinada em ritmo lento, por meio de "aniquilação pelo trabalho". Alguns queriam que fosse escravizado o máximo possível de judeus: por que desperdiçar o valor deles como trabalhadores antes de explorá-los? Mesmo que esses judeus estivessem fracos demais para trabalhar por mais de uma ou duas semanas, certamente algumas horas de trabalho braçal eram melhores do que nada. Outros achavam tolice sobrecarregar a mão de obra de Auschwitz com quem não estivesse entre os mais fortes e saudáveis: todo o restante devia ser despachado para as câmaras de gás sem consumir sequer um mínimo dos recursos do campo.[20]

A discussão ia e voltava sem que jamais se conseguisse uma resolução de Heinrich Himmler, o chefe da SS e o único que poderia tomar uma decisão. Mas o debate era resolvido na prática, não na teoria. Quatro em cada cinco judeus recém-chegados a Auschwitz eram selecionados para morte imediata. Se alguém parecesse velho demais ou jovem demais para trabalhar, se estivesse visivelmente fraco e indisposto, era mandado para a esquerda. Dali, durante a maior parte do período em que Walter trabalhou na rampa, a pessoa era orientada a subir num dos grandes caminhões da SS que estavam à espera ou então caminhar os dois quilômetros do campo até a casinha vermelha ou a casinha branca, onde encontraria a morte.

Nesse processo de seleção que se desenrolava noite após noite, não havia papel para o *Rollkommando*, exceto ficar parado em pé e assistir. Em Buna ou nas fossas de cascalho, Walter fizera trabalhos de arrebentar as costas de um homem jovem. No entanto, aquele trabalho na rampa era de arrebentar o coração. Sob as luzes brilhantes, em meio ao caos e ao alarido, aos gritos e às lágrimas, ele via de perto a face dos condenados, e via aos montes. Ainda um adolescente, tinha que contemplar, a apenas alguns passos de distância, as últimas despedidas de mães e filhos, pais e filhas, minutos antes de serem assassinados. Rações de fome, sujeira, trabalho duro e constante, violência fortuita: ele aprendera a suportar tudo isso, a deixar o corpo absorver os golpes. Contudo, naquele momento, era a alma dele que estava sendo espancada.

Nos depósitos do Kanada, em meio às pilhas de cobertores e sapatos, ele captava vislumbres das vítimas: era capaz de imaginar a vida de cada uma delas. Ali na rampa, porém, conseguia vê-las. E, a cada novo trem que chegava, ele tinha que reviver um pavor que muitos só experimentavam uma vez: o terror de chegar a Auschwitz.

Alguns teriam ficado destroçados ao ver o que Walter via; outros teriam enlouquecido. Todas essas reações eram conhecidas em Auschwitz. Walter de fato se sentiu arrasado, o suficiente para que os colegas prisioneiros notassem nele uma mudança. O rapaz confiante e impetuoso, até mesmo pretensioso, que tinha chegado a Auschwitz começava a mostrar sinais de nervosismo e depressão.[21] Alguns o julgaram emocionalmente instável.

E, ainda assim, Walter não sucumbiu nem perdeu a cabeça. Ao contrário, colocou o cérebro precoce — o cérebro do garoto que aprendera química sozinho a partir de um único livro-texto proibido — para trabalhar a partir do que estava vendo. Talvez fosse a maneira de ele lidar com aquilo, um tipo de desligamento proposital, mas, em situações em que outros poderiam tentar desviar o olhar, Walter observava tudo da forma mais aguçada possível.

Foi assim que notou as variações: como os membros da SS podiam bancar os bonzinhos numa noite e abusar da bengala e das botas na noite seguinte; como um dia podia trazer um único carregamento e o dia seguinte, cinco ou seis; como às vezes 75% dos recém-chegados eram mandados para as câmaras de gás e outras, 95%. Walter aprendera ciência o suficiente para saber que tudo era questão de identificar padrões, e não demorou muito tempo para que ele encontrasse um. Depois disso, esse padrão era tudo que conseguia enxergar — e aquilo o preencheu com nova determinação, urgência e fervor para escapar dali.

Havia muita coisa a absorver, especialmente para alguém ainda tão novo: que ele era ao mesmo tempo testemunha e alvo de um programa de assassinato industrializado, de dimensão continental, e que esse projeto visava simultaneamente a erradicar todo um povo e gerar lucro para os assassinos. Contudo, passou também a ver outra dimensão que possibilitava todo o resto. Primeiro, aos poucos, percebeu que os nazistas estavam engajados num grande e devastador artifício, que o crime que se desenrolava diante dos olhos dele se baseava num ato único, essencial, que tornava todo o empreendimento possível: engodo.

Os nazistas mentiam para as vítimas a cada etapa daquela viagem rumo à destruição, passo após passo. As pessoas despejadas daqueles vagões de gado tinham embarcado acreditando que estavam sendo levadas para uma vida nova num lugar novo: "reassentamento no Leste", era como chamavam. Aqueles judeus haviam empacotado os próprios pertences e tinham apego a eles porque pensavam estar construindo um novo lar, portanto precisariam de panelas e vasilhas, roupas para vestir e brinquedos para os filhos. Acreditavam nisso porque fora isso que os nazistas haviam lhes dito, e inclusive os próprios familiares e amigos, naqueles cartões-postais enviados para casa que eles não percebiam terem sido escritos sob a mira de uma arma — aquelas mensagens de alegria forçada que Walter lera no trem a caminho de Majdanek — e cujo objetivo era selar a mentira.

A mentira continuava no instante em que os integrantes da SS destrancavam os vagões. Se estivessem com pressa, se houvesse cinco ou seis carregamentos em um único dia, eles podiam ser brutais. Se houvesse tempo, porém, se o clima estivesse bom e o ar, quente, eram capazes de montar um espetáculo diferente.[22] Fingiam que a pavorosa viagem que os recém-chegados tinham aguentado era uma espécie de aberração, uma falha que estava em vias de ser retificada. "Meu Deus", diziam eles, "em que estado aqueles terríveis eslovacos transportaram vocês? Isto é desumano". Os transportados de Paris ou Amsterdã, pessoas acostumadas a esperar o melhor dos civilizados alemães, eram levadas a acreditar que de todo modo, para alívio delas, no longo prazo, estariam então nas mãos de oficiais alemães que, naturalmente, garantiriam que haveria comida e bebida disponíveis, que a bagagem seria bem-cuidada e a ordem estava prestes a ser restaurada.

Se o tempo permitisse, o fingimento continuaria até os recém-chegados subirem nos caminhões que os levariam aos locais de morticínio. Os homens da SS, com suas maneiras impecáveis, podiam ajudar os doentes a subir a bordo, oferecendo a mão como auxílio. Para os que se dirigiam às câmaras de extermínio a pé, a tranquilidade era transmitida na forma de perguntas aos judeus sobre as "qualificações profissionais ou os ofícios no lugar de origem". Por que haveriam de perguntar essas coisas se não pretendessem fazer uso das habilidades dos deportados?

Se alguém perguntasse para onde estavam sendo levados, a resposta era: "Para desinfecção." Considerando quão imunda tinha sido a viagem, isso fazia sentido. Mais sensação de tranquilidade aflorava durante a caminhada ao longo do campo de Birkenau e do prado, motivada pela visão de uma ambulância — um furgão militar verde com uma cruz vermelha — que seguia lentamente atrás da coluna maltrapilha e ocasionalmente resgatava os que não conseguiam continuar andando sozinhos. Havia de fato um médico dentro do veículo, mas o propósito não era curar os doentes nem salvar vidas. O médico na ambulância era o doutor da SS que supervisionava a seleção, e a carga a bordo consistia em latas de Zyklon B. Walter também sabia de tudo a esse respeito: os furgões da Cruz Vermelha eram originários do Kanada, e uma das tarefas ocasionais que cabia a ele era a de carregá-los[23] com as latas mortíferas.

A cena do crime em si era disfarçada, bem como a arma utilizada. Os condenados acreditavam que estavam sendo levados para uma casa de fazenda isolada, bucólica, ao lado de duas cabanas de madeira para se despir, cercadas por árvores frutíferas. Junto aos Crematórios IV e V havia canteiros de flores.[24]

Uma vez lá, o engodo não se desfazia. Eram os minutos finais dos judeus, mas os nazistas os incentivavam a acreditar num futuro que não teriam. "Qual é a sua profissão?[25] Sapateiro?", voltava a indagar o oficial. "Precisamos de vocês urgentemente; apresente-se a mim imediatamente em seguida!" Enquanto as vítimas obedeciam à ordem de se despir, os homens da SS lhes diziam que estavam prestes a se banhar, que deviam se manter calmos e que depois receberiam "café e algo para comer".[26] Era aí que vinha o lembrete de amarrar os cadarços dos sapatos em pares, de modo que não sumissem e "depois vocês não tenham que perder tempo procurando o outro pé".[27] Na verdade, o lembrete era de cunho prático: os sapatos das crianças assassinadas[28] só teriam utilidade se viessem em pares. Quando os judeus eram finalmente empurrados para dentro das câmaras de gás, o engodo não terminava. Na placa das portas, lia-se BANHOS. Nas câmaras de gás que vieram mais tarde, no Crematório II,[29] o teto era dotado de falsos chuveiros. (Até mesmo o gás era parte da mentira: os fabricantes de Zyklon B tinham alterado o produto, livrando-o do odor artificial[30] que, anteriormente, agia como aviso para qualquer um que estivesse a uma distância possível de inalá-lo. Agora não havia nada, exceto o leve e amargo cheiro de amêndoa de cianeto de hidrogênio, que pudesse lhe revelar a natureza.) Walter logo entendeu que tudo isso não era uma cruel e elaborada piada. Tinha um propósito claro e racional. Isso ficou evidente a partir do trabalho dele na rampa.

Ele e os companheiros escravizados do comando Kanada estavam sob as mais estritas ordens de não dizer uma palavra sequer a qualquer pessoa que descesse dos trens. Não deveria haver nenhum contato. Walter tinha visto o que acontecia quando essa regra era quebrada.

Certa noite, chegou um transporte do gueto de Theresienstadt que funcionava como campo de concentração, na Tchecoslováquia. Era um dos carregamentos do Oeste, onde os nazistas tinham se esforçado para manter as aparências, e a carga humana chegou em condição relativamente boa. Uma das pessoas que desembarcaram era uma mãe tcheca bem-vestida, de mãos dadas com duas crianças pequenas, claramente aliviada por afinal ter chegado.

— Graças a Deus estamos aqui — disse ela a uma oficial alemã.

Era uma das várias pessoas deportadas que acreditavam que, por fim, seria aplicada uma medida de sanidade aos procedimentos, uma vez que estavam na nação de Goethe e Kant.

Aquilo foi demais para um dos jovens camaradas de Walter, que, ao passar por ela, sussurrou-lhe palavras cujo objetivo era ao mesmo tempo servir de censura e aviso:

— Logo você estará morta.

A mulher pareceu menos amedrontada do que afrontada pela intromissão de um homem macabro com pijama de listras, o hálito ruim, a cabeça raspada; um prisioneiro que, sem dúvida, era algum tipo de criminoso. Por que outro motivo estaria ele ali, com essa aparência? Ela imediatamente se aproximou de um oficial alemão como se fosse uma cliente ofendida numa loja de departamentos em Praga que exigia ver o gerente:

— Oficial, um dos bandidos me disse que eu e meus filhos seremos mortos — queixou-se, em um alemão perfeito.

O homem da SS, de luvas, a farda perfeitamente vincada, abriu seu sorriso mais benevolente e digno de confiança e disse:

— Minha cara senhora, nós somos gente civilizada. Que bandido lhe disse isso?[31] A senhora faria a gentileza de apontá-lo?

A mulher fez o que lhe foi pedido, e o oficial pegou um caderno e calmamente anotou o número do prisioneiro, visível na túnica do homem.

Depois, quando tudo estava terminado e todas as pessoas tinham ido embora, o oficial procurou o prisioneiro e mandou que o levassem para trás dos vagões, para que fosse morto. Walter estava entre os que carregaram o cadáver de volta para o campo. Mais ou menos na mesma hora, a mulher que fez a queixa estava sendo morta por gás, juntos com os dois filhos pequenos.

Outros prisioneiros tentavam dar avisos mais sutis e conselhos valiosos à medida que a seleção se tornava iminente. "Diga que você tem 16 anos", podiam cochichar para um jovem adolescente. "Diga que você tem 35", podiam dizer a um homem adulto na casa dos 40 anos. "Tente parecer em boa forma. Aja de forma saudável. Seja forte." O mais difícil de tudo era o conselho a ser dado em apenas um segundo às mães: "Solte seus filhos, deixe que os velhos os levem." O que qualquer pai ou mãe poderia deduzir dessa instrução? Como era possível entender um conselho cuja premissa era "Seus filhos vão morrer de qualquer maneira, então tente se salvar"?

Dar tal aviso, entretanto, era arriscar-se a ter a sorte do rapaz que Walter vira ser levado e assassinado. Walter viu pessoalmente o trabalho que os nazistas se davam para garantir que a real intenção permanecesse oculta, especialmente ao cortar o fornecimento de informação. Viu como ele e o restante do *Rollkommando* estavam sob ordens de assegurar que não permanecesse vestígio algum do transporte anterior, de modo que não pudesse haver nenhuma pista de que alguém estivera na *Judenrampe* poucas horas antes. Tinham que fazer a limpeza da rampa até não restar a mínima mancha. E viu também como os membros da SS se movimentavam entre os judeus enquanto se enfileiravam na plataforma, exigindo que ninguém falasse. "Silêncio, todo mundo!",[32] berravam eles. "Aqui não é uma sinagoga!" Havia propósito nessa ordem. Se ninguém pudesse falar, ninguém teria como passar adiante um boato ou compartilhar dúvidas que poderiam estar se formando, quaisquer possíveis inferências. Ninguém podia fazer a pergunta "O que vão fazer conosco?".

A SS não queria que nenhum indício da matança vazasse. Essa era uma das razões pelas quais os nazistas desenvolveram um elaborado vocabulário de eufemismos para encobrir o que estavam fazendo. Carregamentos de judeus não eram assassinados, mas submetidos a "tratamento especial" ou "manejo especial". Os homens que precisavam separar os cadáveres, raspar-lhes a cabeça e os pelos corporais e tirar-lhes os dentes de ouro eram membros de nada mais macabro do que o delicadamente rotulado "esquadrão especial". Era por esse mesmo motivo que a SS tentava encobrir os gritos dos que estavam morrendo com o som de um motor em movimento, o mesmo motivo de as câmaras de gás estarem localizadas inicialmente em lugares remotos e fora de vista, o mesmo motivo de o campo de Auschwitz ter sido escolhido para o trabalho de extermínio — em parte porque era isolado. Ninguém deveria saber.

Correndo de um lado para outro na rampa durante aqueles dez longos meses, carregando cadáveres ou malas, Walter gradualmente compreendeu por que os nazistas eram tão inclinados a manter as vítimas ignorantes do próprio destino, mesmo do destino final.

Eles precisavam que a máquina de matar funcionasse suavemente, sem perturbação, e isso requeria que as vítimas se mantivessem calmas, ou pelo menos dóceis a instruções. Dada a pressão do tempo à qual a SS frequentemente estava sujeita, com outro carregamento chegando pelos trilhos, não havia espaço para atrasos causados por pânico ou, pior, por rebelião. Idealmente, a SS gostava de manter as vítimas tranquilas organizando um desembarque gentil e polido. Mas, se o tempo estivesse apertado, a ação da bengala garantia mais sossego por vias mais diretas. De um modo ou de outro, o que importava era garantir que os judeus que desembarcavam daqueles trens não soubessem o destino que os aguardava. Se soubessem, poderiam começar a chorar e gritar, poderiam começar a empurrar, poderiam se recusar a formar colunas em filas de cinco e, em vez disso, correr na direção das cercas de arame farpado ou até para cima dos seus captores. É verdade que acabariam por ser sobrepujados e pacificados: os homens da SS portavam submetralhadoras, ao passo que as vítimas não tinham nada a não ser os próprios corpos, enfraquecidos pela fome e pela sede. Mesmo assim, às vezes havia mil pessoas ou mais na plataforma, o que superava o número de nazistas em uma proporção de talvez dez para um. Se os judeus soubessem o que estava por vir, como seriam capazes de emperrar as engrenagens da máquina que estava programada para devorá-los? Pode ser que não conseguissem pará-la, mas certamente mesmo uma modesta demonstração de desafio poderia desacelerar o funcionamento dela.

Walter via tudo com nova clareza. A fábrica da morte que os nazistas tinham construído naquele lugar amaldiçoado dependia de um princípio cardeal: que as pessoas que chegassem a Auschwitz não soubessem aonde estavam indo e com que propósito. Essa era a premissa sobre a qual se assentava todo o sistema.

Não seria preciso uma revolta total para perturbar o equilíbrio. Até mesmo uma ligeira onda de pânico entre os condenados desestabilizaria os nazistas e seu plano. Na visão de Walter, Auschwitz era um abatedouro, e ele vira abatedouros suficientes no interior da Eslováquia para saber que é muito mais fácil matar carneiros[33] do que caçar cervos. Se você precisa capturar animais individualmente, caçando-os um por um, esse é um trabalho lento e incômodo. Nunca é tão rápido e eficiente quanto conduzir milhares por vez, encurralados e organizados, rumo à morte. Os nazistas haviam concebido um método que viria a operar como um matadouro bem dirigido em vez de um pelotão de fuzilamento.

Walter entendeu bem porque ficava todo dia e toda noite na soleira do matadouro. A visão de tudo isso quase o destruiu. Naqueles dez meses, alguns colegas prisioneiros recearam que Walter Rosenberg estivesse prestes a desabar. No entanto, exatamente quando poderia ter ficado destroçado, foi preenchido por uma necessidade calorosa e inevitável: precisava agir.

Não foi necessário muito tempo para que ele percebesse o que fazer. Se a trama nazista para destruir os judeus se baseava em manter as pretendidas vítimas inteiramente ignorantes do destino que lhes estava reservado — garantir que fossem cordeiros e não cervos espalhados —, o primeiro passo para frustrar essa ambição assassina era acabar com a ignorância, informar aos judeus da sentença capital à qual os nazistas os tinham condenado. Era o único meio de parar a matança. Alguém precisava fugir e soar o alarme para emitir o aviso de que Auschwitz significava morte. Mais ou menos na época em que completou 18 anos, em setembro de 1942, ao assistir à SS decidir com um gesto do dedo quem viveria e quem morreria, Walter concluiu que aquela pessoa deveria ser ele. A primeira oportunidade veio mais depressa do que poderia ter imaginado.

10
O homem da memória

A OPORTUNIDADE VEIO SEM AVISO e quase por acidente. Era o turno da noite na rampa, e Walter estava fazendo o trabalho habitual, correndo de um lado para outro da plataforma, carregando duas malas por vez, enquanto os oficiais tranquilizavam os recém-chegados no último carregamento ao dizer que não precisavam se preocupar com a bagagem: o "esquadrão de criminosos", em referência aos prisioneiros do *Rollkommando*, cuidaria de tudo e lhes pouparia o trabalho de carregar as malas. Os criminosos, acrescentavam, eram mantidos sob a mais estrita disciplina: "Vocês não precisam se preocupar com seus pertences. Deixem tudo aí."[1]

Durante uma das corridas, com uma mala em cada mão e uma mochila nas costas, Walter tropeçou e caiu. O pé dele ficara preso numa tábua solta da plataforma de madeira. De cara no chão, viu algo em que nunca tinha reparado antes. Olhando através das tábuas, viu o chão cerca de três metros abaixo da superfície. Imediatamente lhe veio o pensamento: bem ali, debaixo da rampa, havia um espaço, e isso significava que havia um lugar para se esconder.

Terminou o trabalho do turno, mas uma ideia começou a tomar forma. A rampa estava sendo desgastada pelo uso intenso e contínuo: centenas, às vezes milhares de pessoas se atropelavam sobre aquela superfície de madeira, noite após noite. Deveria haver outras tábuas soltas. Se ele conseguisse puxar apenas uma delas, sem que ninguém o visse, poderia escorregar para baixo e se esconder.

O truque seria esperar. A prática da SS com cada novo transporte era, inicialmente, cercar o trem inteiro, mas, à medida que o Kanada ia liberando cada vagão, de uma ponta à outra do trem, o cordão começava a encolher: os homens da SS não se preocupavam em cercar os carros desocupados. Isso significava que, se fosse possível esperar tempo suficiente sob a rampa e depois voltar para o final do trem por baixo da plataforma sem ser visto, Walter encontraria um trecho vazio e sem vigilância. E estaria fora do cordão.

A posição também era perfeita. A rampa ficava numa terra de ninguém entre o campo principal de Auschwitz e Birkenau, fora dos perímetros externos[2] de ambos os campos. Se ele conseguisse esperar até o fim da seleção noturna, até a última leva de deportados ter sido despachada, ou como novos prisioneiros ou para as câmaras de gás, e até os homens da SS terem retornado aos alojamentos, poderia se dirigir para o interior da Polônia.

Nas noites seguintes, Walter examinava a rampa enquanto trabalhava, esboçando o plano de fuga. Teria que armazenar comida e roupas furtadas do Kanada. Empenhou-se em verificar se a SS colocava alguma guarda na extremidade deserta da plataforma. Se colocasse e fosse apenas um homem, Walter poderia tirá-lo do caminho com uma faca, sem fazer barulho algum.

Acima de tudo, estudou o piso de madeira da plataforma e buscou a tábua mais fraca, mais flexível, uma que pudesse ser erguida e colocada de volta no lugar em um ou dois segundos. Walter criara um mapa mental de toda a superfície. Tomaria uma atitude qualquer dia — qualquer noite — agora.

Contudo, o *Rollkommando* retornou à rampa para um novo transporte, e Walter viu que as coisas tinham mudado. Os vãos entre as tábuas haviam sumido. Talvez por ter identificado o perigo de um colapso completo, o comandante do campo mandara reforçar a plataforma com concreto. E foi rápido. Walter chegou à sombria conclusão num instante: não havia mais como fugir daquele jeito.

Ou seja, ele precisaria continuar trabalhando na rampa, vendo judeus serem enviados para a morte, fazendo anotações mentais de tudo que via, preparando-se para o dia de contar tudo ao mundo. Mais tarde perceberia que, de algum modo, ele necessitava daquela missão que dera a si mesmo. Ela o ajudava a vencer cada dia, dava-lhe a possibilidade de suportar o que via se desenrolar e, embora fosse mais difícil de articular, o que via em si mesmo.

Aos 18 anos, Walter testemunhava acontecimentos tão tormentosos que podiam mudar a vida da pessoa que os presenciava. E testemunhou esses momentos não só uma ou duas vezes, mas dia após dia após dia. Estava em Auschwitz, um lugar onde as fronteiras morais haviam se dissolvido havia muito tempo, onde tudo era permitido.[3] Era um lugar onde o dr. Mengele certa vez puniu uma mulher judia transformando o jovem filho dela num cachorro,[4] porque a mulher, para se defender, matara um cão de ataque da SS: o médico treinou o menino na ponta do chicote a andar de quatro, latir sem cessar e morder judeus. Walter estava num lugar onde um interno podia roubar o pão de outro, mesmo quando este último estivesse morrendo[5] ou o pão estivesse coberto de fezes. Estava num lugar onde, após uma execução por pelotão de fuzilamento, prisioneiros podiam correr até os cadáveres ainda quentes e comer o que restara dos corpos, garantindo uns aos outros que o cérebro humano era uma iguaria tão delicada que podia ser comido cru.[6]

Na rampa, Walter assistia aos nazistas usando varas de bambu para juntar crianças e qualquer pessoa acima dos 40 anos e conduzi-las à morte em câmaras de gás, e não fazia nada para impedi-los. Ele próprio carregava as latas de Zyklon B. Sem dúvida, tinha a obrigação moral de correr até o primeiro oficial da SS que visse, colocar as mãos em volta do pescoço do homem[7] e estrangulá-lo, sem se importar com o preço que pagaria por isso. Não era esse o dever dele?

Afinal, não podia alegar ignorância. Ao contrário dessas famílias, que haviam embarcado no trem para Auschwitz de modo ordeiro, tendo obedecido à instrução de levar os 25 quilos de bagagem autorizados, ele *sabia*. O véu da mentira tinha-lhe sido removido dos olhos muito tempo atrás.

Ele queria agir, uma vez que achava vergonhoso manter silêncio enquanto via todo aquele morticínio que o cercava.[8] Pior: o trabalho na rampa fazia dele um colaborador na grande mentira: ao esvaziar e limpar aqueles vagões, removendo até o último vestígio de cada carregamento, ajudava a manter a próxima remessa de vítimas na ignorância quanto ao destino que a aguardava, assim como a remessa seguinte e a seguinte.

Walter sabia, contudo, que não podia fazer nada. Não tanto porque, se fizesse algo, garantiria uma morte instantânea, mas sobretudo por causa da inevitável represália nazista que se seguiria. Não contra ele — já estaria morto —, mas contra os colegas internos, aqueles que ele deixaria para trás. Qualquer ato de resistência seria recebido com um castigo imediato e cruelmente desproporcional. Se Walter tivesse atacado um homem da SS e o matado, a SS teria assassinado, digamos, cem prisioneiros? E a matança seria o menor dos males — a morte daria a sensação de libertação, considerando os tormentos que os captores infligiriam antes de assassiná-los. A SS era criativa nesse quesito: Walter ouvira histórias do inferno que era o Bloco 11, o bloco de investigação, ou, mais precisamente, o bloco de tortura.⁹ Então, não, não haveria nenhum ato heroico de autossacrifício na *Judenrampe*. Não podia haver uma coisa dessas, porque nenhum homem estaria sacrificando somente a si mesmo. Os internos eram ligados por um senso de responsabilidade mútua. Não eram apenas prisioneiros, eram também reféns.

Mesmo assim, como tantos homens inteligentes que vieram antes e depois dele, Walter ansiava por algum sentido para a vida, algum sentido especialmente para o silêncio e a inação obrigatórios em face de um mal extremo. Se conseguisse viver o suficiente para escapar e avisar os judeus do destino que teriam naquele lugar maldito, isso não justificaria o fato de ele ter permanecido inerte e impotente enquanto o assassinato em massa era cometido na frente dele?¹⁰ Se fosse capaz de não simplesmente observar esse horror, mas em algum momento relatar o que tinha visto, será que isso não justificaria ter sobrevivido? O jovem Walter ainda não conhecia a expressão "sentimento de culpa do sobrevivente", mas o intuía e buscava evitá-lo.

Foi mais ou menos nessa época, e com essa nova missão autoimposta em mente, que Walter se propôs uma tarefa que daria um sentido à descida dele ao submundo e mudaria o curso da história. Ele registraria o que estava vendo. Não em um diário cheio de observações humanas e aguçadas, nem em esboços e notas mentais que um dia aflorariam em grandes obras de arte; por acaso, sem que ele soubesse, havia outros em Auschwitz fazendo isso. Não, Walter tinha sido um aluno com aptidão para matemática e ciências naturais. A linguagem dele era a dos números e dos fatos. Ele coletaria os dados do assassinato em escala industrial.

Então, memorizaria. O número de trens, o número de vagões por trem, o número aproximado de passageiros, o ponto de origem. Não tinha ideia de como obteria essas informações, mas sabia, por instinto, que, para ser eficaz — para ser *crível* —, teria que ser detalhista e preciso. Em pouco tempo, concebeu um método que funcionava como um jogo infantil de memória.¹¹ Todo dia ele dizia a si mesmo tudo que já sabia antes de acrescentar alguma informação nova que tivesse adquirido. O truque era permanecer mapeando a montanha de fatos que vinha se acumulando na cabeça, escalando-a novamente a cada dia, ficando mais e mais familiarizado com cada camada, acrescentando apenas informação incremental. E nesse esforço os nazistas o ajudaram.

O sistema de numeração por eles imposto — em que marcavam cada deportado que sobrevivesse à seleção e se tornasse um prisioneiro cadastrado, com uma sequência de algarismos tatuada na pele e exibida no uniforme listrado — servia como um precioso registro, e também um lembrete, de carregamentos passados, uma vez que os números não eram aleatórios. Em vez disso, avançavam cronologicamente: quanto mais recente o transporte, mais alto o número.

À medida que o tempo foi passando, Walter começou a reconhecer esses números e as histórias que contavam. Se visse uma túnica com um número entre 27400 e 28600,[12] sabia que estava diante de um prisioneiro digno do mais elevado respeito: um sobrevivente do primeiro comboio de homens judeus eslovacos, chegado em abril de 1942. Se o número estivesse entre 40150 e 43800, havia alta probabilidade de que o usuário da túnica tivesse chegado a Auschwitz vindo da França, levado para o campo num dos três carregamentos em junho de 1942. Entre 80000 e 85000, o prisioneiro era um dos poucos que tinham sido selecionados para o trabalho nos comboios de caminhões, não trens, que chegaram sem interrupção durante um período de trinta dias, transportando judeus poloneses dos guetos de Mława, Maków, Zichenow, Łomza, Grodno e Białystok. Com exceção desses 5 mil, o restante era o que Walter e seus companheiros chamavam de "civis":[13] mulheres, homens e crianças que nunca trabalhariam como escravizados em Auschwitz, pessoas cujo único conhecimento do campo seria a plataforma do trem, o caminhão e, por fim, a câmara de gás.

Walter via exemplos de todos esses números em todo o entorno no campo, em prisioneiros que haviam sido mandados para a direita e não para a esquerda na *Judenrampe*. Eles serviam como prova viva dos trens e caminhões que tinham chegado a Auschwitz cheios de condenados à morte.

Trabalhando naquela rampa dia após dia, esvaziando todo o carregamento, Walter tinha uma visão privilegiada que era excepcionalmente rara. E o trabalho no *Kommando* de remoção lhe permitia ver lugares que outros nunca viram — ou viram e não viveram para lembrar. Em novembro de 1942, por exemplo, um grupo de homens do Kanada foi enviado para remover uma pilha de roupas que havia sido deixada junto à câmara de gás do campo principal de Auschwitz. Walter era um deles. Do lado de fora, já pôde notar o telhado coberto de terra, e, uma vez dentro do prédio, viu as portas da câmara de gás, parecidas com portas de garagem, junto com duas aberturas laterais. E conseguiu entrar na sala.[14] Foi capaz de olhar no escuro.

Talvez esse projeto, de ver e lembrar, contar as vítimas dos nazistas à medida que iam chegando, fosse quixotesco e malfadado — ele podia ser morto a qualquer momento, e o conhecimento que ia acumulando metodicamente na cabeça morreria junto com ele. Mas, se esse objetivo fizesse algum sentido, havia poucos em situação melhor do que Walter Rosenberg para tentar executá-lo. Ele conseguia ver muitas coisas e tinha a capacidade mental de lembrar-se delas.

Trabalhar durante aqueles meses, subindo nos imundos vagões de gado e removendo a bagagem que continha bens valiosos e bugigangas sentimentais, suprimentos de comida e relíquias de família só serviu para convencê-lo ainda mais de que havia entendido os nazistas corretamente. O que a SS queria era um processo uniforme de destruição,[15] e, para isso, um pré-requisito era a ignorância absoluta, impermeável. Um incidente na rampa confirmou essa análise.

Foi um momento tão fugaz que pareceu quase evaporar. Contudo, Walter jamais o esqueceria. Numa noite fria no fim de 1942, por alguns segundos apenas, a bolha de ignorância na qual os nazistas buscavam envolver suas vítimas foi estourada.

Era por volta da meia-noite quando aconteceu. Walter e os outros tinham recebido um carregamento de judeus franceses: o tipo de transporte que geralmente constituía uma noite fácil para os nazistas. Eram judeus da Europa Ocidental cuja pele não fora engrossada pelos guetos, *pogroms* ou perseguições recentes; haviam tido uma vida altamente confortável, e o primeiro instinto era acreditar naquilo que os representantes da autoridade lhes diziam. Com toda a certeza, naquela noite de inverno estavam fazendo precisamente o que lhes mandavam fazer. Estavam organizando-se em fila para a seleção.

De repente, do meio da escuridão chegou um caminhão. Walter e os outros estavam acostumados a isso — era uma ocorrência noturna. O veículo estava ali para transportar a carga de cadáveres de prisioneiros daquele dia — os que tinham sido espancados até a morte, esmagados pelo peso do trabalho, da fome e da doença, ou então sucumbido na enfermaria — do campo principal de Auschwitz para Birkenau, onde os corpos seriam queimados. A rota envolvia atravessar os trilhos da ferrovia, bem diante da plataforma.

Geralmente, quando o veículo se aproximava, havia um sinal, e as lâmpadas a arco voltaicos que iluminavam a rampa eram desligadas por dois ou três segundos para permitir que o caminhão atravessasse. Mas nessa noite o apagar das luzes falhou e elas permaneceram acesas.

Em razão disso, os deportados franceses, corretamente alinhados nas respectivas filas à espera de novas instruções, viram — sob iluminação intensa — o veículo à medida que ele foi se aproximando e chegando à ferrovia. O caminhão tentou forçar a passagem, subindo nos trilhos. Insistiu com solavancos contra os trilhos, mas não conseguiu progredir: estava pesado demais, assoberbado pela carga.

Então, sob a luz elétrica branca, os que estavam na plataforma observaram o veículo insistir em passar e acabar deslizando de volta para trás, sacudindo e balançando por inteiro ao tentar avançar. Com as sacudidas, a carga foi deslocada e os corpos na caçamba[16] começaram a escorregar de um lado para outro. Walter assistiu, junto com os recém-chegados, a membros sem vida, feito galhos secos, serem jogados sobre a lateral do caminhão. Os braços pareciam estar acenando num adeus macabro.

Os judeus franceses em seus casacos de inverno viram aquilo, e a reação foi involuntária. Soltaram um lamento, um grito agudo de horror coletivo diante da visão de dezenas de corpos empilhados como lixo descartado. O som também continha desespero, pois certamente alguns compreenderam o que o grotesco espetáculo augurava com relação ao destino de cada um deles.

Por um segundo, Walter achou que aquela seria a hora. Aquele podia ser o momento da histeria em massa, o gatilho para um pânico descontrolado, pelo qual ele vinha esperando. Aqueles judeus de Paris, Marselha ou Nice, ou de onde quer que viessem, poderiam se voltar contra seus captores naquele momento, exigindo saber que diabos estava acontecendo. Poderiam os mais fortes atacar os homens da SS, talvez dominá-los, até mesmo pegar uma arma? Na bagunça que sem dúvida se seguiria, com os nazistas tentando restabelecer o controle, alguém poderia empreender uma fuga e escapar para dentro da escuridão. Poderia ser um dos recém-chegados; poderia ser um dos homens do comando Kanada. Poderia ser o próprio Walter.

O caminhão fez mais uma investida, o motor grunhindo, as molas rangendo, e finalmente conseguiu atravessar totalmente os trilhos e chegar ao outro lado. Foi embora, saindo do banho de luzes elétricas e voltando para dentro da noite. Pronto, o veículo se fora. E, junto com ele, aquele ruído de lamento e choque. A lamentação parou e o silêncio voltou a se instalar.

Tinha durado três ou quatro segundos, e depois desapareceu. Durante aquele brevíssimo intervalo, os judeus na plataforma olharam para o abismo. Walter os observou, exaustos após a viagem e inocentes da depravação que, àquela altura, era rotina para ele e seus camaradas, e viu como o grupo se reuniu e se reagrupou, comportando-se como se o caminhão tivesse sido uma ilusão de ótica, uma miragem[17] que não tinha como existir, não no mundo que eles conheciam. Concluíram que eram os próprios olhos, não os captores, que estavam contando mentiras.

Assim, não houve rebelião naquela noite nem em nenhuma outra. Os judeus franceses que tinham saído do trem entraram em fila, conforme lhes fora ordenado. Seguiram a indicação do dedo do oficial da SS que os mandava para a direita ou para a esquerda. Os mandados para a esquerda marcharam sem barulho ou agitação para as câmaras de gás, nas quais, dentro de uma hora, a maioria estaria morta.

Mesmo assim, aquele lamento, por mais breve que tivesse sido, deu uma esperança a Walter. Provou que, uma vez que a bolha da ilusão explodisse, as pessoas iriam reagir, ainda que apenas por reflexo.

Ele chegara a uma conclusão que viria a se tornar um artigo de fé, um credo inabalável que conduziria qualquer decisão tomada dali em diante. Agora compreendia que a diferença entre conhecimento e ignorância, entre verdade e mentira, era a diferença entre vida e morte.

Estava claro para ele a partir de então que os judeus destinados à destruição podiam desafiar o destino apenas se soubessem dele, de forma incontroversa e antes que fosse tarde demais. De algum modo, Walter precisava sair daquele lugar e contar ao mundo o que estava acontecendo. E ele ainda não sabia, mas estava prestes a encontrar pessoas que poderiam ajudá-lo.

11
Birkenau

O RESPONSÁVEL POR PROVIDENCIAR o encontro foi um piolho. Especificamente, o transmissor do tifo. O abate do fim de agosto de 1942 trouxera apenas um alívio temporário. Semanas depois, a doença voltou. A prova estava nas figuras inseguras, cambaleantes, de prisioneiros que mais uma vez faziam o melhor que podiam para se manter de pé ao passarem diante dos olhos de águia de Jakob Fries. Apesar dos alimentos surrupiados na rampa para a divisão Kanada e da consequente nutrição melhorada, até o próprio Walter se sentiu sucumbindo à tontura, o passo incerto como se tivesse tomado um pouco da bebida alcoólica contrabandeada que achava meios de entrar em Auschwitz. A solução, concluíram ele e o amigo Josef, era esconder-se por alguns dias, a salvo de inspeções que pudessem mandá-los para a enfermaria — onde os médicos da SS conduziam pequenas seleções duas vezes por semana, às segundas e quintas-feiras, para eliminar os inaptos — e lhes antecipar a morte.

Ambos se apresentaram a um dos ambulatórios que, depois do surto anterior de tifo, estavam espalhados pelo campo e tinham autorização de dar aos trabalhadores escravizados um ou dois dias de folga. Os rapazes acharam que tinham feito bem, jogando conforme as regras do sistema.

No entanto, foi um ato da mais perigosa ingenuidade, pois Walter e Josef haviam inadvertidamente se denunciado. Tinham feito o trabalho de Fries por ele. Walter só descobriu isso por meio de um dos arbitrários atos de gentileza que pareciam pontuar-lhe a vida naqueles anos. Comparecera mais cedo para agradecer ao plantonista que o havia indicado para supostamente tirar um dia de folga. Então, o homem, um prisioneiro polonês, disse-lhe a verdade: que tinha cadastrado Walter no hospital em que receberia uma injeção letal de fenol. Num gesto de generosidade que não fazia sentido racional, o homem concordou em tirar o nome de Walter da lista.

Walter foi procurar Josef para explicar. Entretanto, seu velho amigo, camarada desde Majdanek e colega veterano de Buna e, antes, do depósito de alimentos da SS, não quis escutá-lo. Estava convencido de que Walter tinha sido enganado, que era mais seguro estar naquela lista do que fora dela. Josef estava errado, e quando chegou a hora foi levado junto com os considerados portadores do temido tifo. Mais tarde, Walter ficaria sabendo que o amigo não havia morrido pela agulha do médico. No último momento, reagiu aos *Kapos* e correu em direção à cerca, onde foi fuzilado. Por mais sinistro que tivesse sido, Josef Erdelyi mantivera vivo o sonho que a dupla discutira desde o começo: ele tentara fugir.

Houve pouco tempo para chorar a morte do amigo, principalmente porque Walter podia sentir que o tifo piorava. Por um período, conseguiu permanecer despercebido no Bloco 4, mas só enquanto pôde esperar que os outros o acobertassem. Estava fraco demais para trabalhar na rampa, mas convencido de que havia lugares no próprio Kanada em que ele poderia se esconder e não ser notado. O desafio, dado que ele mal podia caminhar, era chegar lá e voltar, passando pelo sempre atento Fries. Mas dois camaradas concordaram em sustentá-lo, pegando um braço cada um e carregando-o para o Kanada, soltando-o apenas brevemente por alguns metros enquanto passavam pelo *Oberscharführer*, quando Walter precisou andar sem ajuda. No estado febril em que estava, esgotado, até mesmo aqueles dez passos exigiram profunda força, mas ele conseguiu.

Uma vez no Kanada, levaram Walter para o depósito onde eram separadas as roupas. Ali era o domínio da amante secreta, recebedora das provas de amor roubadas para quem Walter desempenhara o papel de portador. Ela se lembrou do ato de sacrifício de Walter e concordou em deixá-lo se refugiar no local. O esconderijo era engenhoso: as moças levantaram o jovem colega prisioneiro enfermo até o alto de uma grande pilha de roupas velhas, suficientemente macia para servir como leito de hospital e tão alta que ele ficava a salvo, fora de vista. Ali levaram-lhe comprimidos para abaixar a temperatura e um ocasional copo de limonada açucarada.

Por três dias, Walter foi levado e trazido daquela clínica improvisada. Mas não foi o suficiente; ele não estava melhorando, e pesava meros 42 quilos.[1] O tifo, o castigo de Wiegleb, a cirurgia com anestesia mínima, tudo isso cobrara um preço. O vigor de adolescente desertara: ele mal podia se mover, muito menos andar. Era óbvio: estava morrendo.

A única esperança, e era mínima, seria um tratamento médico. Isso significava voltar para o repouso ininterrupto no Bloco 4. Laco, o dentista eslovaco que inicialmente fizera com que Walter e Josef fossem para o Kanada, o homem que atuara como muleta humana fazendo Walter passar por Fries, achara o medicamento certo. E mais: conseguiu que um plantonista prisioneiro fosse da enfermaria para o alojamento e o injetasse.

Como Laco e Walter, ele era eslovaco. Seu nome era Josef Farber. O simples som da voz do amigo foi um alívio tão abençoado para Walter, após noites de suor, delírio e alucinações, que ele não estranhou as perguntas que aquele homem aparentemente velho, de cabelo grisalho — na verdade, estava na casa dos 30 anos —, fez enquanto espetava a agulha. Walter se submeteu à entrevista com facilidade, como uma conversa, e contou de livre e espontânea vontade a história de como viera a se tornar o prisioneiro 44070: Majdanek, Nováky, a viagem a Budapeste, a fuga noturna de Trnava, tudo. Num momento de suprema vulnerabilidade, talvez desesperado para se colocar nas mãos de alguém que pudesse o ajudar, abaixou totalmente a guarda.

O médico deixou escapar algo estranho sobre si mesmo. Estivera na Espanha durante a Guerra Civil, combatendo com as Brigadas Internacionais. Certa vez, trabalhara com o socialista húngaro mencionado por Walter.

Então, Walter confessou o medo que tinha de perder a batalha contra o tifo: que seguramente a paciência dos *Kapos* subalternos e de Ernst Burger, o encarregado dos registros do Bloco 4, não era infinita; não o acobertariam para sempre. Farber procurou acalmar-lhe a ansiedade. Os *Kapos* subalternos também eram veteranos da luta antifascista na Espanha. Quanto a Burger, acrescentou:

— Ele é um de nós.[2]

Aquele comentário precisou perfurar uma névoa de febre e doença antes de Walter compreendê-lo. Nós? Quem era "nós"? Finalmente a observação penetrou, e quando isso aconteceu Walter sentiu uma euforia que não conhecera desde a chegada àquele lugar desolado. *Nós*. Isso só podia significar que havia uma organização de resistência em Auschwitz, na clandestinidade. E, pelo uso dessa única pequena palavra — *nós* —, não tinha ele anunciado que Walter Rosenberg, com seus 18 anos, também fazia parte daquilo?

Walter não se enganara na leitura dos sinais. De fato, ele acabara de ser recrutado. Jovem como era, o silêncio que mantivera sob o açoite de Wiegleb lhe dera uma reputação de resiliência. Aquele rapaz que não alcaguetara nem mesmo depois de ser esfolado era digno de confiança, ele suportaria a tortura.[3] Para um membro reconhecido da resistência, não podia haver credencial mais importante.

O status de Walter dentro do campo mudou daquele momento em diante. Passou a desfrutar a proteção do submundo, embora ele mal constituísse uma entidade única. Todos os tipos de grupo se organizavam clandestinamente: podiam ser membros desse ou daquele partido nacionalista ou sindicato tcheco, veteranos da mesma unidade na Espanha, ou então colegas social-democratas ou comunistas.[4] Walter era jovem demais para ter esse tipo de histórico, embora os marxistas austríacos tivessem ficado impressionados ao saber da ligação dele com o primo de Viena, Max: o antigo rival de Walter pelo afeto do avô em Nitra tinha se tornado membro ativo do Partido Comunista Austríaco, e os antigos camaradas se lembravam dele.[5] Em todo caso, Walter passara a ser atendido por pessoal médico qualificado que lhe administrava drogas legítimas, tiradas dos fardos de medicamentos roubados que passavam pelo Kanada, e recebia rações extras de comida para acelerar a recuperação. Tudo era arranjado por Farber e seus camaradas. Não havia marca mais evidente da nova e protegida posição de Walter do que o fato de que os *Kapos* subalternos no Bloco 4 passaram a tomar conta dele; se precisasse ir ao banheiro durante a noite, um deles se levantava da cama e o guiava até lá.

Fazia sentido que a resistência estivesse tão profundamente inserida no Bloco 4, sede do comando Kanada. Eles tinham acesso à moeda essencial para o funcionamento de qualquer movimento clandestino. Os itens necessários e os luxos, as roupas e o conhaque, o que havia em abundância no Kanada, podiam ser usados para extrair favores e garantir a vista grossa, a qual era um pré-requisito para qualquer rede secreta. O movimento clandestino em Auschwitz podia se organizar porque podia "organizar".

E mais: eles exerciam um poderoso controle sobre os nazistas que eram atraídos para o Kanada e suas riquezas. Walter vira por si só a corrupção dos oficiais da SS, quanto eram tentados por dinheiro. Todo aquele dinheiro enfiado num baú, a caminho do Reichsbank? Nem todo ele chegava a Berlim. Parte tendia a permanecer nos bolsos dos alemães encarregados da transferência. Prisioneiros membros da resistência presenciavam esses pequenos roubos, ou ficavam sabendo deles, e então usavam essa informação para chantagear seus senhores nazistas.

Isso significava que tinham meios de restaurar a saúde de Walter, ao encontrar para ele um serviço leve no Kanada. Um rapaz jovem que tinha sobrevivido mais tempo do que a maioria, fluente em tcheco e eslovaco, com excelente domínio de alemão, polonês, russo e um conhecimento superficial de húngaro, era agora um patrimônio a ser protegido e cultivado. Conseguiram admiti-lo na separação de óculos, abrindo caminho pelas pilhas desse utensílio que um dia havia definido as faces de milhares e milhares de professores e alfaiates, encadernadores e relojoeiros, radicais e solitários, advogados, mães, poetas e filhas e filhos que tinham sido enviados para as câmaras de gás a poucos quilômetros dali.

Logo que foi considerado suficientemente apto, Walter foi deslocado para o serviço e encarregado de furtar medicamentos do suprimento do Kanada, ou de levar mensagens de um líder clandestino a outro. Ficou fascinado por ter sido incumbido disso. Não se importava de ser uma minúscula engrenagem na máquina da resistência. Cada pequeno ato era um pequeno passo rumo ao que era, sem dúvida, a missão final da clandestinidade: uma eventual revolta para destruir, ou pelo menos sabotar, a fábrica de mortes.

Os meses se passaram, e o outono de 1942 foi dando lugar ao inverno. Walter dava o melhor de si para manter a conta dos carregamentos que entravam em Auschwitz, fazendo cálculos mentais. Uma vez terminadas as batalhas com Wiegleb e o piolho do tifo, passou a se dedicar menos à mera sobrevivência e mais ao recém-adquirido propósito: a coleta de informação. Que esta figurava entre os produtos mais preciosos de Auschwitz era algo óbvio para ele. Bastava olhar e perceber o zelo com que a SS a guardava. Então, Walter pôs-se a trabalhar como pesquisador autodeclarado da máquina de matar de Auschwitz, e aproveitou cada oportunidade para expandir o conhecimento adquirido na usina de mortes que o cercava. Quando as autoridades do campo procuravam voluntários para trabalhar em Birkenau, Walter se oferecia, de modo que pudesse dar uma olhada mais de perto.

Ele fazia parte de uma unidade do Kanada que era colocada num caminhão e mandada para Birkenau com o intuito de esvaziar um estábulo[6] cheio, do chão ao teto, de roupas dos mortos. Mas o que mais importava era o trajeto até lá, que passava por numerosas valas com fogo a céu aberto, crateras com seis metros de comprimento,[7] seis de largura e seis de profundidade, que haviam sido cavadas no chão e aqueciam o ar mesmo em pleno inverno. Os prisioneiros tinham visto a incandescência do campo principal, mas agora Walter estava perto o suficiente para sentir o calor. Aproximou-se da borda de uma dessas valas, e nunca esqueceria o que viu ali.

Foi uma visão que confirmava Auschwitz-Birkenau como o canto da Terra onde a raça humana tinha finalmente transformado suas perenes fantasias do inferno em realidade material. Ali, na base do forno fumegante, com as chamas então reduzidas e exauridas, havia ossos humanos. Entre eles estavam cabeças de crianças[8] — não incineradas, mas apenas carbonizadas. Tempos depois, ele ficaria sabendo que a cabeça de uma criança contém água demais para queimar facilmente. Os pais tinham sido calcinados, mas as crianças permaneciam.

Walter encerrou aquela visão na memória. Talvez fosse a única maneira de guardar aquela imagem depois de vê-la: trancá-la num arquivo mental seguro do qual ele seria o eventual portador. Se tinha que ser um espectador daquela exibição de horror, então faria de si mesmo uma testemunha. Seria um repórter.

O Natal veio e se foi, com os homens da SS forçando os cativos judeus a aprender e cantar "Stille Nacht" — "Noite Feliz" —, talvez para lembrar aos alemães dos próprios lares. Os que não cantassem direito eram mortos.[9] Em Birkenau, a SS montou uma enorme árvore e, na noite de Natal, mandou trazer um grupo de prisioneiros. Para entretenimento próprio, deram aos homens uma tarefa sem sentido: ordenaram que enchessem os casacos de terra e balearam os que pegaram pouca quantidade. Então, fizeram uma pilha de cadáveres sob a árvore, dispondo-os como se fossem presentes.[10]

O novo ano trouxe uma mudança, que se seguiu a uma disputa de território entre as duas grandes bestas de Auschwitz: Wiegleb e Fries. A disputa foi concluída com uma decisão de realocar o Kanada: este seria transferido para Birkenau.

Em 15 de janeiro de 1943,[11] Walter e os outros marcharam para os novos alojamentos, e imediatamente notaram o contraste. Ao passo que aquele que Walter considerava o campo-mãe de Auschwitz era asseado e organizado, com todas as trilhas pavimentadas e construções de tijolos vermelhos, Birkenau era uma bagunça, caótico. Construído sobre um terreno pantanoso, consistia em estruturas montadas em madeira, mal protegidas das intempéries.

As estruturas eram impróprias para habitação humana, porque tinham sido feitas para animais. Foram construídas a partir de *kits* do Exército alemão, pacotes prontos que permitiam uma montagem fácil de estábulos para cavalos militares. A SS parecia achar divertido manter os prisioneiros dessa maneira. Às vezes, havia palha no chão, como se os judeus lá dentro fossem animais de criação; havia anéis de ferro nas paredes, caso algum dos animais precisasse ser amarrado. Uma unidade se destinava a abrigar não mais do que 51 cavalos,[12] mas a SS mantinha pelo menos quatrocentos judeus em cada. As vigas do telhado traziam lemas estampados: "Seja honesto", ou "Ordem é santidade", ou "Higiene é saúde", esta última exortação especialmente cruel, dadas as condições insalubres nas quais eram mantidos os internos de Birkenau. Os banheiros consistiam numa laje comprida de concreto, perfurada com dúzias de buracos circulares: a defecação devia ser em massa, a privacidade era mera lembrança. O lavatório também era uma gamela comprida.

O programa de extermínio em Birkenau era tão improvisado quanto sua construção. Enquanto a SS esperava pelas instalações aerodinâmicas construídas para esse fim que se tornariam os Crematórios II, III, IV e V, precisava se arranjar com câmaras de gás temporárias criadas a partir daquele par de casas de fazenda convertidas. Quando chegava a hora de se livrar dos corpos — o enterro, depois a incineração —, a SS não tinha manual de instruções. Como atestavam os fornos flamejantes cavados na terra em Auschwitz-Birkenau, um lugar que, ao contrário de Treblinka, Sobibor ou Bełżec, não era projetado para assassinatos em escala industrial, os nazistas estavam improvisando.

No entanto, se por fora Birkenau era mais bagunçado do que o campo principal, por dentro era um lugar mais severo e cruel. Quando Walter não incluía nos cálculos mentais o extermínio imediato dos "civis" nas câmaras de gás, restringindo-se apenas aos prisioneiros, constatava que a taxa de mortalidade em Birkenau aumentava de forma mais rápida e mais furiosa do que em Auschwitz. Ele se acostumara aos assassinatos arbitrários, mas em Birkenau matar era um esporte. Os *Kapos* eram capazes de chutar a cabeça de um *Muselmann*, caído na terra como se fosse uma bola de futebol. Diversas vezes os *Kapos* competiam para ver quem conseguia matar um prisioneiro com um único golpe.[13] Se um interno estivesse doente demais para trabalhar, uma dupla de *Kapos* esticava a vítima no solo, colocava uma barra de ferro[14] sobre o pescoço dela e então — um, dois, três — cada um saltava numa extremidade do objeto. O pescoço se quebrava, a vida se esvaía. Por todo o campo, diante de cada um dos alojamentos, havia pilhas de corpos magros feito pedaços de pau, geralmente cobertos de lama. Birkenau fedia a carne putrefata.

Ainda assim, mesmo naquele lodaçal, havia um movimento clandestino, e Walter chegou com alguns nomes e uma referência oral de reputação enviada por Farber. Isso o levou até David Szmulewski, o chefe de fato da resistência em Birkenau. Outro veterano das Brigadas Internacionais na Espanha, Szmulewski era um sionista e radical que chegara à Palestina como imigrante ilegal, apenas para ser expulso pelas autoridades britânicas governantes. Considerou Walter com potencial suficiente para merecer ser apresentado ao restante da liderança do submundo. Não demorou muito para que Walter fizesse parte de uma existência que poucos, dentro ou fora do confuso universo de Auschwitz, teriam imaginado.

A resistência usara o trunfo de que dispunha — a moeda do suborno combinada com a persuasão da chantagem — para conquistar postos que anteriormente eram reservados somente para a brutal casta de triângulos verdes de *Kapos* ex-criminosos. Lentamente, as fileiras dos anciãos de blocos e dos escriturários de blocos — os encarregados de monitorar os internos em cada alojamento, desempenhando o papel que lhes cabia na chamada de contagem pela manhã e novamente à noite — estavam sendo preenchidas por prisioneiros políticos de triângulo vermelho. Para os poucos afortunados — a esmagadora maioria, cerca de 80%, poloneses[15] em vez de judeus —, as condições de vida eram, em comparação com o restante do campo, definitivamente luxuosas.

Para Walter, esses homens viviam como aristocratas.[16] Tinham quartos próprios, de fato estreitos e despidos de mobília, mas separados do restante dos alojamentos. Tinham acesso a comida de verdade, e não ao pão adulterado[17] e à imitação de margarina, ou à sopa rala da qual os prisioneiros comuns sobreviviam. Esses homens — oficialmente *Kapos*, secretamente rebeldes — podiam se reunir num dos pequenos dormitórios para apreciar uma refeição noturna de batatas e margarina, ou uma tigela de mingau, e uma conversa de alto nível. Para Walter, o adolescente de Trnava, era uma sensação de privilégio simplesmente sentar-se e escutar. A admiração por esses homens aumentou ainda mais quando percebeu que eles, na verdade, comiam modestamente, pelo menos em comparação com as iguarias às quais tinham livre acesso no Kanada. Poderiam ter jantado como os *Kapos* que Walter encontrara em Auschwitz I, banqueteando-se com as mais finas delícias da Europa. Em vez disso, optavam por uma relativa frugalidade, talvez engasgados com o conhecimento de que, fora daqueles quartos privados, suficientemente perto para sentir o cheiro, os colegas prisioneiros passavam fome.[18]

Walter desfrutou o status de protegido. Gostava do fato de que as conexões mantidas com a clandestinidade combinadas com a posição de prisioneiro experiente lhe valessem o respeito dos *Kapos* de triângulo verde. Quando não estava no trabalho — havia voltado mais uma vez à rampa —, podia circular com relativa liberdade.

Ainda assim, por mais contente que estivesse por ter encontrado abrigo dentro da elite prisioneira de Birkenau, aquilo não era algo franco e direto. Estava grato a eles pela proteção que lhe ofereciam; admirava o autocontrole deles. Mas uma dúvida começou a criar raízes em sua mente e se recusava a desaparecer.

Talvez fosse por causa do trabalho que desempenhava: estava vendo a Solução Final tanto intimamente quanto em escala. Agora que morava em Birkenau, estava ainda mais perto do processo, o que lhe facilitava a tarefa autoimposta de coletar dados sobre os mortos. Veio a conhecer alguns dos escriturários de blocos, os caixas e contadores da morte, o que lhe possibilitou comparar os números deles com os que ele calculava. Tinha um bom contato no *Sonderkommando*, o esquadrão especial de prisioneiros certamente encarregados do pior serviço em Auschwitz, ou seja, esvaziar as câmaras de gás e descartar os cadáveres. O amigo Filip Müller era um dos que trabalhavam nos fornos. Filip podia calcular quantos corpos deviam ser queimados em cada turno pela quantidade de combustível que havia sido separada para a tarefa: quando se tratava de combustível, a SS nunca excedia o volume, preferia fornecer exatamente o requerido, nada além. Dia após dia, número após número, a soma mental de Walter Rosenberg aumentava, uma contabilidade que não era menos abrangente por não ser registrada por escrito.

Entretanto, a nova proximidade com a matança deu a Walter algo além de detalhamento estatístico adicional. Ele se tornou uma testemunha mais direta da viagem daqueles recém-chegados após saírem do trem. Via como eram conduzidos feito rebanhos rumo ao bloco de chuveiros falsos; via com os próprios olhos o engodo e seus efeitos. Via as mães e os filhos entrarem silenciosamente em fila para descer os degraus que os levavam ao subsolo, após o que nunca mais seriam vistos; uma fila ordeira em direção ao açougue de Auschwitz[19] — na visão de Walter, tudo porque acreditavam na mentira que lhes fora contada.

Isso só serviu para arraigar ainda mais nele a determinação de sair de lá e contar tudo ao mundo. Afinal, claramente o dever de qualquer pessoa que soubesse do horror de Birkenau era brecá-lo. Ele tinha presumido que aquele era o objetivo da resistência: interromper a produção da fábrica de mortes. Contudo, começava a se perguntar se tinha entendido errado, se no fim das contas a meta deles não era aquela.

Pelo que podia ver, o movimento clandestino era principalmente um tipo de sociedade de autoajuda mútua, uma fraternidade dedicada ao bem-estar dos próprios membros. E era muito bem-sucedido nesse objetivo. Usava suborno e chantagem com efeitos poderosos, garantindo, assim, que aqueles sob suas asas desfrutassem condições materiais melhores e leniência das autoridades quando necessário. Para Walter, a resistência era em parte um sindicato, em parte uma máfia antinazista.[20]

Ele apenas não conseguia enxergar muitos indícios de resistência, algo que desferisse um golpe com o objetivo de destruir ou simplesmente retardar a máquina de matar. Perguntou-se se estaria sendo ingênuo. Talvez houvesse um plano secreto do qual ele não tinha conhecimento. Mas, mesmo com o passar do tempo, não conseguiu ver nem sinal disso.

Para ser justo, o movimento clandestino conquistara melhorias na vida diária dentro do campo de concentração de Auschwitz (em oposição ao campo de extermínio). No decorrer de 1943, conseguiram reduzir o nível de violência cotidiana, corriqueira, contra os prisioneiros. A rotina de espancamentos, tortura e assassinato de internos ficou mais rara. Walter, o jovem estatístico em potencial, pôde perceber a mudança nos dados que estava reunindo na própria cabeça. Pela estimativa dele, cerca de quatrocentos prisioneiros[21] morriam todo dia em Birkenau no fim de 1942. Em maio de 1943, a taxa de mortalidade tinha caído drasticamente. Para a resistência, isso foi considerado uma grande vitória. Reconhecidamente, as mudanças climáticas ajudaram, mas também houve sucesso em reduzir as fileiras de *Kapos* compostas de criminosos brutais portando porretes e os substituir por prisioneiros políticos nascidos na Alemanha ou na Áustria, que não só eram vistos pela SS como arianos — e, portanto, seres humanos —, como também aspiravam a se comportar com dignidade, mesmo dentro do inferno de Auschwitz. Queriam humanizar o campo de prisioneiros e, a julgar por critérios estritos, estavam conseguindo. Mas, em seus intermináveis turnos na rampa, Walter constatava que não estavam tendo quase nenhum impacto sobre o que, para ele, era a única coisa que importava: parar ou retardar o assassinato organizado dos judeus da Europa.

Ele passou a acreditar que, mesmo com toda a sagacidade e a atitude incansável, a resistência não estava impedindo o projeto nazista de exterminação em massa, mas contribuindo com ele, ainda que de forma indireta e não intencional. Se só mil prisioneiros morressem no campo, era necessário selecionar apenas mil entre os recém-chegados para tomar o lugar deles — o que resultava em mais gente sobrando para ser conduzida às câmaras de gás. Quanto melhor fosse a vida para os prisioneiros, quanto mais longa fosse a expectativa de vida graças à engenhosidade da resistência, menos "civis" seriam salvos.

Além disso, Walter já não tinha entendido que ordem e calma eram o que a SS mais desejava? Que esses fatores eram uma condição essencial para o funcionamento tranquilo daquela fábrica de cadáveres? Conceder alguns privilégios aqui e ali, afrouxar um pouco a corda dos internos, sem dúvida era um pequeno preço para os nazistas pagarem se, em troca, o centro de matança em Auschwitz fosse escorado por um campo de concentração organizado e ordeiro por trás dele.[22]

Walter entendeu que Auschwitz era um caso especial. Não era como os outros campos de concentração — Mauthausen, digamos, ou Dachau —, porque Auschwitz funcionava como duplo campo de morte. O que em outros lugares poderia representar uma política nobre para um movimento de resistência — uma política com o objetivo de se gabar do índice de sobrevivência da maioria dos prisioneiros políticos —, em Auschwitz servia apenas para engraxar e lubrificar a maquinaria de aniquilação em massa.[23] Embora Walter fosse um adolescente, as vitórias do movimento clandestino, mesmo as que o beneficiavam diretamente, o impressionavam como uma espécie de sucesso vazio. Ele precisaria fazer algo mais.

Ainda assim, sabia que era impossível agir sozinho. Ele só estava vivo graças à resistência. Qualquer esperança de fugir permaneceria uma fantasia sem eles. Walter estava prestes a reaprender essa lição — e a conhecer o homem que mudaria a vida dele.

12
"Foi maravilhoso"

WALTER PASSARA A MAIOR PARTE do ano na rampa, observando a chegada de judeus, consciente de que a maioria nunca mais seria vista de novo. Então, no verão de 1943, o rapaz obteve acesso a uma informação ainda mais importante sobre o funcionamento interno de Auschwitz. E a informação veio graças a uma promoção, conseguida para ele pela resistência em Birkenau e auxiliada por mais uma onda de tifo.

Um novo surto da doença gerou uma transferência de prisioneiros para a seção BII de Birkenau, anteriormente desocupada, com Walter designado para um dos setores dela, identificado pela letra D: BIId. (Esses setores eram tão grandes, que praticamente representavam campos em si.) A mudança nos arranjos e o esperado influxo de novos prisioneiros criaram a necessidade de assistentes adicionais para os homens que faziam a contagem: os escriturários. Havia pouco tempo[1] que os prisioneiros judeus, em vez dos poloneses, tinham passado a ocupar tais postos privilegiados, e Walter foi beneficiado pela mudança. Ele trabalharia sob as ordens do escriturário do necrotério: Alfréd Wetzler.

Walter já conhecia Fred. Lembrava-se dele da cidadezinha comum a ambos, Trnava, onde Fred, que era seis anos mais velho, parecia uma figura inacreditavelmente glamorosa: seguro de si, boêmio, charmoso. Na juventude, uma diferença de seis anos é um abismo, portanto lá atrás, na Eslováquia, Fred mal tinha reparado em Walter.

Isso quer dizer que as primeiras palavras que os dois trocaram na vida foram no necrotério de Birkenau. Szmulewski, o líder clandestino, estava mostrando as instalações a Walter e apresentando o jovem recruta às pessoas que ele precisaria conhecer. Wetzler saudou Walter calorosamente, contente por poder trocar lembranças da cidade que ambos tinham deixado para trás.

Entretanto, Walter achou a experiência enervante, porque a conversa teve lugar numa construção de madeira com trezentos ou quatrocentos cadáveres[2] empilhados em arrumadas filas de dez. Wetzler permaneceu imperturbável, interrompendo o diálogo num certo momento a fim de cumprir seus deveres, o que significava supervisionar a transferência dos corpos para um caminhão estacionado do lado de fora do prédio.

Wetzler foi acompanhado por quatro prisioneiros poloneses para um processo que claramente havia se tornado ágil e rotineiro. Antes de um morto ser arremessado pela porta para a traseira do caminhão, um deles erguia o cadáver e lia o número da tatuagem. Como escriturário, Wetzler o anotava. Um segundo homem, então, forçava a boca do morto a se abrir, em busca de dentes de ouro; se visse algum, o arrancava com um alicate e jogava o ouro numa lata ao lado. Walter reparou no som metálico que o ouro fazia ao cair na lata. Esses homens não eram dentistas experientes e tinham pressa; às vezes, o dente de ouro aterrissava na lata ainda preso a um pedaço de gengiva. Então, os outros dois agarravam o corpo, dois membros cada um, e o lançavam na traseira do caminhão. Tudo isso era feito rapidamente, com Fred Wetzler como supervisor.

Mesmo assim, por mais macabra que tenha sido essa exibição naquele primeiro encontro, Walter acabou retornando com frequência. Ele e Fred dividiam uma xícara de café e falavam de casa e de tudo que tinha desaparecido. Fred perdera três irmãos[3] no *Sonderkommando*. A expectativa de vida para o "esquadrão especial" era notadamente baixa, até mesmo para os padrões de Auschwitz: a SS periodicamente matava a unidade inteira, para que as informações que retivessem morressem com eles. E ainda assim, apesar da presença de toda essa desgraça, Walter ia ao pequeno escritório de Fred sempre que podia. O lugar se tornou uma espécie de refúgio para ele, até mesmo um esconderijo. Raramente eram perturbados. A SS tendia a ficar longe do necrotério: não gostavam do cheiro.

Assim, Walter adorou trabalhar como escriturário assistente de Fred. Encarou aquilo como um passo adiante. Walter também achava que entendia por que a resistência o tinha colocado ali: daquele modo, ele teria acesso a informações cada vez mais valiosas, que obviamente transmitiria aos superiores, mesmo receando que eles não estivessem fazendo nada suficientemente digno de valor com os dados obtidos. No entanto, seu novo patrão, Fred Wetzler, entendia a nomeação de maneira diferente. Observou que Walter tinha ficado abalado em razão dos meses passados na rampa, que esteve prestes a desabar. Fred desconfiava de que o movimento clandestino também tivesse percebido isso, de modo que decidira remover o novo integrante da linha de frente do horror para o próprio bem dele.

Estavam todos francamente contentes com os resultados, porque em seis semanas tinham conseguido promover Walter ao cargo de escriturário. Para as autoridades, ele deveria monitorar o recém-aberto BIIa, o setor de Birkenau onde novos internos ficariam de quarentena; para a resistência, ele compartilharia tudo que soubesse e serviria como elo humano entre esse novo setor e o BIId, que em geral operavam como duas entidades distintas, uma isolada da outra. Walter se alternaria entre ambos, servindo como mensageiro.

Esse foi o primeiro benefício óbvio do novo serviço. Como funcionário do campo, Walter tinha certa medida de liberdade de circulação. Contanto que parecesse ter um propósito, talvez carregando um maço de papéis, podia andar pelo lugar sem muito risco de ser questionado. Obviamente, aquilo ajudava no trabalho para a resistência clandestina e também tornava a vida muito mais suportável para ele. Fato era que o lugar pelo qual ele tinha agora o direito de perambular era um campo de extermínio, mas o fardo que passara a carregar era melhor do que o de um prisioneiro comum: confinamento, vigilância e a permanente ameaça de violência física.

Walter também começou a parecer menos um interno regular. Era alimentado em vez de passar fome, além de ter recuperado a saúde robusta. Sempre atento à aparência, tinha agora algum direito de escolha no que dizia respeito ao próprio guarda-roupa. As calças zebradas puderam ser abandonadas, substituídas por culotes de montaria e botas pretas, brilhantes de tão engraxadas. A cabeça estava raspada, mas podia cobri-la com um boné decente. Embora ainda fosse obrigado a vestir o camisão listrado regulamentar, pediu a um dos internos alfaiates que cortasse uma versão sob medida para ele. De fato, uma marca daqueles que estavam nos escalões superiores da hierarquia dos internos era a melhor qualidade dos trajes de prisioneiro: roupas sem remendos, sapatos apropriados e, num privilégio não oficial concedido aos funcionários de escritório como Walter, um bolso costurado do lado de fora do camisão-jaqueta.[4]

De todas as vantagens que vieram com o novo papel, a que mais importava, no entanto, era a crescente proximidade da informação. Estava convencido de que tinha visto a face de todo prisioneiro novo levado para o campo desde 8 de junho de 1943, porque esse foi o dia em que começou como *Schreiber* [escriturário] do BIIa, o campo de quarentena que era a primeira parada dos recém-chegados.[5] Embora não estivesse mais na rampa, ainda estava em posição de avaliar o tráfego que se dirigia para as câmaras de gás. Era simples questão de localização. O BIIa era o setor mais próximo ao portão principal e, na fileira de estábulos humanos que formavam aquele setor, o seu estábulo, de número 15, era o segundo da fila, a apenas 45 metros dessa entrada[6] e com uma linha de visão bem clara. Se um comboio de caminhões estivesse carregando judeus para a morte nos Crematórios II e III, tinha que passar por esse portão. Era uma verdadeira procissão: uma escolta de motocicletas, completada com um soldado munido de metralhadora em cada *sidecar*, para o caso de alguém ter a ideia de pular do caminhão. Se, de outro lado, um comboio estivesse se dirigindo para os Crematórios IV e V, pegava a estrada que passava diretamente na frente do alojamento de Walter. De dia, ele simplesmente contava qualquer veículo que passasse e fazia uma estimativa baseada no número que vira na rampa: cem pessoas por caminhão. À noite, escutava a chegada de um novo carregamento de judeus, com todos os barracões estremecendo[7] quando cada veículo passava. Bastava que Walter contasse a quantidade de tremores para fazer o cálculo.

O serviço lhe permitia, dentro de certos limites, vagar pelo campo e examiná-lo. Fora-lhe dada uma oportunidade, totalmente desconhecida da população de internos, de observar rapidamente o esquema todo e guardar na memória o que tinha visto. Diversas vezes obrigou-se a ir até a área entre os Crematórios IV e V, fingindo que tinha alguma incumbência lá, para observar as pessoas[8] serem levadas para as câmaras de gás, e depois seguia andando. Ele arquivava o que descobria junto com os números que vinha acumulando na cabeça, somando números novos todo dia. E não precisava mais se apoiar num trabalho de adivinhação. O serviço requeria que ele compilasse um relatório diário do escritório de registros, o que significava um constante acesso a informações em primeira mão[9] sobre cada carregamento que chegasse a Auschwitz, inclusive os números registrados pelo escriturário-chefe.[10]

Pode ser que ele ainda não tivesse percebido, mas, graças a uma série de acontecimentos casuais e golpes de sorte, Walter Rosenberg havia adquirido um conhecimento abrangente do funcionamento de Auschwitz. Tinha morado e trabalhado no campo principal, em Birkenau e Buna: Auschwitz I, II e III. Tinha trabalhado nas minas de cascalho, na fábrica DAW e no Kanada. Tinha sido testemunha ocular de um processo de seleção que precedia o assassinato organizado de centenas de milhares de pessoas. Conhecia por dentro tanto a resistência quanto a classe dos *Kapos*, e a superposição de ambas. Conhecia o desenho preciso do campo, e acreditava ter uma boa ideia de quantos haviam entrado em Auschwitz por trem e quantos haviam saído pela chaminé. E guardara tudo isso na memória.

Todo o tempo ele permaneceu convencido de que o conhecimento daquele lugar diabólico e dos terrores ali dentro era a única arma capaz de impedir que aquilo continuasse a existir. Uma vez que as pessoas soubessem o destino que as aguardava, esse destino seria mudado.

Mas essa crença de Walter estava prestes a ser abalada.

Mesmo para um perito como Walter, Auschwitz-Birkenau continuava a ser um universo de mistérios. Continha buracos negros da mais profunda escuridão. Era um lugar em que, devido à escassez de latrinas e a um estrito toque de recolher noturno, prisioneiros regulares eram forçados a escolher entre se sujar em seus beliches,[11] com as fezes infectando as feridas na pele, ou defecar nas mesmas tigelas em que comiam.[12] Tratava-se de um lugar onde o infanticídio era comum. O nascimento de bebês era proibido em Auschwitz; contudo, havia mulheres nos estágios iniciais de gravidez que passavam pela seleção. Algumas induziam um aborto, mas outras levavam a gravidez até o fim. Isso significava morte para ambos, porque, segundo os princípios nazistas de seleção, mães de crianças pequenas eram uma categoria condenada. Tanto a mãe quanto o bebê eram mandados para a câmara de gás uma semana após o nascimento. Os prisioneiros paramédicos concluíam que só havia uma solução: para preservar a vida da mãe, tinham que dar fim à vida da criança. Em Auschwitz, um bebê recém-nascido conhecia poucos momentos de vida antes de ser envenenado. Nenhum registro seria feito, a existência da criança seria apagada para que a mãe enlutada pudesse aparecer novamente na chamada, aparentemente apta e pronta para o trabalho escravo.

No entanto, através dessa inexplicável escuridão, penetrava o estranho raio de luz, muitas vezes igualmente inexplicável. Um desses raios veio em setembro de 1943, com a chegada de um carregamento diferente de todos os outros. Os prisioneiros foram colocados no setor bem diante da porta de Walter, BIIb: 5 mil judeus tchecos, despachados para Auschwitz do campo de concentração-gueto de Theresienstadt. Contudo, não tinham passado por nenhuma seleção para eliminar os que eram jovens demais, velhos demais ou estavam doentes demais. As famílias haviam sido deixadas intactas: mães, pais, crianças, todos juntos. Além disso, vestiam as próprias roupas e conservavam os cabelos. Tiveram permissão de ficar com a bagagem.

A viagem fora tranquila e eles foram assistidos para ir aos novos alojamentos por oficiais da SS que não podiam ter sido mais solícitos, pois riam e conversavam, davam frutas aos adultos e balas para as crianças, despenteavam o cabelo dos que se agarravam às bonecas e aos ursinhos de pelúcia.

Walter e os demais ficaram espiando, boquiabertos de tanta perplexidade. Que inversão das leis da física de Auschwitz era aquela? Como tanta vida tinha se intrometido no reino da morte?

Quanto mais os prisioneiros de longa data descobriam, mais confusos ficavam. Coube aos escriturários cadastrar esses recém-chegados, e Walter notou algo estranho imediatamente. Àquela altura, ele e Fred Wetzler conheciam o sistema de numeração de Auschwitz quase como um reflexo, e eram capazes de indicar o país de origem e a data de entrada de um prisioneiro com uma olhada rápida nos números costurados na camisa ou tatuados no braço. Os números aumentavam numa sequência identificável, ordenada. Mas os residentes do *Familienlager*, o campo de famílias, estavam tatuados com um número sem qualquer relação com os outros. Anexas ao cadastro de cada residente havia as palavras: "Tratamento especial após seis meses de quarentena."

Quarentena era algo bastante familiar. Novos prisioneiros iam para a quarentena antes de ingressar na vida do campo. Contudo, "tratamento especial" significava só uma coisa: era o eufemismo da SS para morte por gás.

Nada disso fazia sentido. Por que manter as famílias vivas apenas para matá-las em seis meses? E por que suspender as regras habituais, por que tratar aquelas pessoas com tanta gentileza?

A confusão foi se tornando mais profunda à medida que Walter percebia que não se tratava de um truque de primeiro dia, semelhante à demonstração de cortesia com a qual a SS gostava de receber carregamentos a caminho das câmaras de gás quando o tempo permitia. Não, o serviço de cinco estrelas continuou, dia após dia, semana após semana.

É claro que era algo relativo. Comparadas com a vida normal no mundo exterior, as condições no campo de famílias eram suficientemente severas para fazer com que, em poucos meses após a chegada, mil internos estivessem mortos. Ainda assim, além do ancião do campo, que era um *Kapo* criminoso alemão de triângulo verde, todo outro posto administrativo — fosse líder de bloco, fosse chefe de uma unidade de trabalho — era ocupado por um judeu, geralmente um veterano do campo-gueto de

Theresienstadt. Em contraste com o restante de Auschwitz, os judeus do BIIb tinham permissão de governar a si mesmos.

E assim Walter e seus colegas internos olhavam espantados como o BIIb mantinha uma vibrante vida judaica, completada com execuções de música, produções teatrais e, acima de tudo, aulas para as crianças. De um lado da cerca estavam os internos do BIIa, carecas e magros em seus uniformes de listras, ao passo que, do outro lado, enérgicos líderes juvenis instruíam seus pupilos sobre as glórias da história e da cultura europeias, a batalha das Termópilas e os romances de Dostoiévski, recitando de cor trechos dos livros que eles não tinham. O *Familienlager* tinha até mesmo um regente de coral que ensinava as crianças a cantar "Ode à alegria",[13] um hino de louvor à irmandade entre os homens, que era entoado a poucas centenas de metros dos crematórios que ardiam dia e noite, com as chaminés transformando judeus em cinzas.

Para Walter, que completara 19 anos quatro dias depois da chegada dos misteriosos 5 mil internos, a admiração não se restringia à estranheza de tanta vitalidade em meio ao morticínio. A atenção dele era mais terrena. Ele e outros homens do BIIa não podiam deixar de se maravilhar com a visão de mulheres jovens cujos corpos não estavam emaciados como os deles, mas macios e roliços. E estavam tão perto, separadas por um simples arame.

Os flertes por cima da cerca começaram e encontros secretos, ainda que a distância, foram arranjados. A princípio, Walter só conseguia olhar. Por mais que tivesse bancado o homem cosmopolita para a jovem Gerta Sidonová no passado, em Trnava, experiente demais para ser visto com uma garota com chapeuzinho de pompom, a verdade é que tinha deixado a cidade ainda menino, e era essa característica que havia permanecido. Auschwitz o endurecera; educara-o nos enigmas da alma humana, mas também o deixara congelado na adolescência. Estivera consumido pela atividade de permanecer vivo e, quando não estava combatendo a doença ou a morte, pelo sonho de fugir. Não sabia nada de sexo ou romance.

Não obstante, e assim como muitos dos homens do BIIa, ele se apaixonou. O nome dela era Alicia Munk,[14] uma das líderes da juventude do outro lado da cerca. Três anos mais velha que Walter, era alta, de pele mais escura, dona de uma beleza inimaginável para ele.

Lentamente, os dois foram se conhecendo: Alicia contou sobre a vida que levava numa cidade ao norte de Praga, enquanto Walter, por sua vez, narrou a odisseia que o levara até ali. Não podiam se beijar, nem mesmo tocar as pontas dos dedos um do outro. Entretanto, naquelas conversas, que se tornaram diárias, Walter sentiu o coração se derreter.

O trabalho dele para a resistência aumentou, porque a presença de crianças em Auschwitz criava necessidades novas e não familiares, à medida que o movimento tentava desviar recursos preciosos para os mais jovens. A demanda cresceu em dezembro de 1943, quando chegaram outros 5 mil deportados de Theresienstadt: mais uma vez pais e mães, filhos e filhas.

Pairando sobre todos esses esforços, porém, havia o inabalável fato escrito em cada um daqueles registros, alguns dos quais o próprio Walter compilara: "Tratamento especial após seis meses de quarentena." Era um prazo final. As famílias que tinham chegado em 8 de setembro de 1943 morreriam em 8 de março de 1944. E nessas questões a SS tendia a manter a palavra.

Em março, com o prazo fatal se aproximando, houve uma súbita mudança. O BIIa foi imediatamente esvaziado de prisioneiros regulares, e restaram apenas os da categoria de Walter: o estafe permanente.[15] Para o lugar dos internos expulsos, vieram as famílias do campo ao lado. Independentemente de o que a ação prenunciasse, Walter não pôde deixar de se deliciar, pois entre os novos tchecos estava Alicia Munk.

Até aquele momento, o namoro deles se dera por cima de uma cerca fronteiriça, a que separava os dois campos, mas a partir de então, entretanto, até mesmo aquela pequena distância tinha sumido. Ele podia ficar tão perto de Alicia, a ponto de sentir o aroma dela. Naquela noite trocaram o primeiro beijo. Walter se sentiu constrangido pela própria inexperiência e falta de jeito, mas também preenchido por anseios em relação a Alicia e um futuro.

Mas 8 de março se aproximava. Solicitou-se a Walter que fizesse uma sondagem, para descobrir quantos do campo de famílias poderiam estar dispostos a se revoltar. Certamente haveria muitos voluntários, considerando que eles tinham aquilo de que qualquer outro carregamento para Auschwitz carecia: conhecimento de antemão do que acontecia com os judeus naquele lugar. Podiam ver as chaminés, podiam sentir o cheiro da fumaça. No entanto, poucos se apresentaram.

O problema era que muitos dos internos do *Familienlager* não conseguiam aceitar que a SS mataria as mesmas crianças com as quais os guardas tinham brincado, cujos nomes sabiam. Esse era um problema que Walter não tinha antecipado. Aqueles judeus detinham a informação — o problema era que não acreditavam nela.

Foi na véspera da temida data que, finalmente, Walter e Alicia passaram uma noite juntos. Estavam num pequeno dormitório, separado do restante dos estábulos-alojamentos, que ele, como escriturário, podia chamar de seu. Foi a primeira vez que ele fez sexo; estava hesitante, e precisou do incentivo de Alicia. Mas juntos, num local de morte implacável, agarraram-se um ao outro e insistiram na vida.

Conforme o dia 8 de março se aproximava, o esforço para organizar algum tipo de resistência foi desesperador. Houve uma tentativa de recrutar um líder para o campo de famílias, alguém que desse início a um levante que de fato estava condenado a fracassar, mas que poderia ajudar a emperrar a máquina da morte, talvez até mesmo permitir que algumas dúzias de pessoas escapassem para a floresta. O candidato escolhido, um adorado líder juvenil chamado Fredy Hirsch, foi abordado, mas não podia suportar que as vítimas certas de qualquer tentativa de insurreição seriam as crianças pequenas: elas não seriam capazes de lutar, não seriam capazes de fugir e de se defender. Seriam deixadas para trás, para serem mortas cruelmente. Hirsch sabia que aquelas crianças morreriam de qualquer modo nas câmaras de gás, mas não conseguiu aguentar. Ele se envenenou.

Assim, não houve rebelião. Os caminhões chegaram na hora marcada. *Kapos* recrutados em outra parte de Auschwitz entraram em ação com seus cassetetes e porretes e forçaram os judeus do campo de famílias a entrar nos veículos. Com as crianças gritando de pavor, houve tempo apenas para uma despedida rápida de Alicia. Ela sussurrou no ouvido de Walter que algum dia voltariam a se encontrar.

—Vai ser maravilhoso[16] — disse ela, e fez uma pausa. — Mas se não nos encontrarmos... — Ela hesitou novamente. — Foi maravilhoso.

No instante seguinte, foram forçados a se separar, e ela foi empurrada para o comboio que faria a viagem de poucas centenas de metros até os crematórios.

No fim, houve uma pequena tentativa de resistência física. Quando toda a dúvida, e portanto a esperança, tinha evaporado, quando os judeus tchecos de fato entraram na câmara de gás e outros ainda estavam em fila para entrar, só então alguns dos judeus do campo de famílias começaram a reagir e xingar seus captores, a correr em direção à porta.[17] Os que fizeram isso foram imediatamente fuzilados pelos homens da SS.

Eles entenderam tarde demais. Dos 5 mil judeus tchecos que chegaram no mês de setembro anterior, apenas 67[18] se livraram de entrar nas câmaras de gás, embora isso dificilmente tenha sido por um ato de misericórdia: entre eles havia onze pares de gêmeos[19] preservados para servirem de cobaias de experimentação científica.

Mais tarde, Walter descobriria a verdade sobre o *Familienlager*. Ele existira pela mesma razão que o próprio campo-gueto de Theresienstadt: uma peça de exibição, uma macabra aldeia de fachada a ser exibida para os inspetores da Cruz Vermelha Internacional, caso algum dia exigissem ver, como prova de que os boatos da matança nazista de judeus eram inverídicos. (Em face dessa visita hipotética, seria difícil esvaziar as subseções vizinhas para preservar a ilusão.) O campo de famílias, com as roupas comuns para adultos e balas para as crianças, era simplesmente uma extensão elaborada do mesmo padrão de engodo que caracterizava toda a empreitada nazista para livrar o mundo dos judeus.

Para Walter, o primeiro amor coincidira com perda e luto. Aquela primeira noite que tivera com Alicia fora também a última noite deles juntos — e a última da vida dela.

Mas o triste desfecho amoroso foi acompanhado de confusão. Walter acreditara firmemente que, uma vez que as pessoas soubessem que a morte as aguardava, não caminhariam pacificamente rumo a ela. Agora entendia que só informação não bastava. Os internos do campo de famílias tchecas tinham recebido a notícia. Podiam ver os crematórios com os próprios olhos, uma vez que as chaminés estavam a poucas centenas de metros de distância. Sabiam que os nazistas vinham matando os judeus que levavam para Auschwitz. O problema foi que nunca acreditaram que tal esquema se aplicasse a eles.

A razão para obter o status diferenciado fora um mistério para eles, como também o fora para outros prisioneiros de Auschwitz, mas eles acreditavam ser especiais. Tinham certeza de que estariam isentos da sentença de morte que a SS vinha aplicando aos patrícios judeus. Só quando era tarde demais viram que estavam totalmente errados.

A partir de então, com toda a certeza, os judeus restantes do *Familienlager*, os que tinham sido embarcados para Auschwitz em dezembro de 1943, se desfariam de quaisquer ilusões de que eram especiais. Tinham que saber que a morte era certa, programada para seis meses depois do dia da chegada. Haviam visto o que acontecera com os outros, como foram levados para as câmaras de gás, para nunca mais voltar. Sabiam que iam morrer.

E, mesmo assim, a vida no campo de famílias seguiu como antes. Os músicos apresentavam concertos, os atores amadores montavam peças. Facções políticas rivais continuavam debatendo o futuro ideal, mesmo a única certeza sendo a de que não tinham futuro. Walter concluiu que até mesmo o conhecimento incontroverso do próprio destino não bastava. Para as pessoas agirem, devia haver uma possibilidade, ainda que pequena, de escapar do destino. Caso contrário, era mais fácil negar o que estava bem à frente do que confrontar a realidade da própria destruição iminente. Os judeus tchecos sobreviventes do *Familienlager* sabiam que estavam condenados, mas já eram prisioneiros em Auschwitz: o que mais podiam fazer a não ser viver cada dia da melhor forma possível?

Ainda assim, para os judeus de fora, as pessoas do mundo, a coisa seria diferente. Ainda teriam opções de ação enquanto não embarcassem naqueles trens, o que não fariam se soubessem do destino que lhes era reservado. Simplesmente era preciso contar a eles. E Walter lhes contaria — e logo. Ele escaparia.

PARTE III
A fuga

13
Fugir era loucura

Fugir era loucura, fugir era sinônimo de morte. Tentar fugir era cometer suicídio. Todo mundo sabia disso, mesmo que ninguém dissesse em voz alta. A calamidade, com toda a certeza, desabaria sobre quem quer que fosse temerário o suficiente para proferir a palavra e desafortunado o bastante para ouvi-la.

A impossibilidade da fuga havia sido ensinada a Walter Rosenberg bem cedo, na primeira semana dele em Auschwitz, no começo de julho de 1942. Ele e milhares de outros prisioneiros haviam sido forçados a ficar de pé em silêncio e assistir a um enforcamento público, realizado com grande cerimônia. Os homens da SS enfileiraram-se com fuzis nos ombros e tambores pendurados no pescoço por faixas, e diante deles havia dois cadafalsos móveis, sobre rodas, colocados em posição para cada condenado.

As estrelas do espetáculo foram anunciadas como dois prisioneiros que tinham tentado fugir e fracassado. Walter e os outros tiveram que assistir quando os homens foram trazidos: um *Kapo* amarrou os tornozelos e as coxas deles com uma corda e depois deu um nó em volta do pescoço de cada um. Um dos homens se manteve em silêncio, impassível, ao passo que o outro tentou fazer um discurso inflamado, uma denúncia final dos captores nazistas. É claro que ninguém ouviu palavra alguma do que ele disse. Os tambores não estavam ali por acaso.

Após o *Kapo* girar uma manivela, um alçapão se abriu e o primeiro homem caiu apenas alguns centímetros, o que não bastou para provocar morte instantânea. O corpo se virou e se retorceu, primeiro para um lado, depois para o outro. O ato não foi rápido, e a multidão se viu obrigada a assistir a um lento e longo estrangulamento. Então, o carrasco passou para a segunda forca, na qual a mesma sequência foi posta em prática. Em seguida, os internos foram mantidos ali por uma hora, proibidos de desviar o olhar. Tiveram que ficar parados, em silêncio, observando os dois cadáveres balançando ao vento. Ambos exibiam um cartaz preso ao peito, cujas palavras pareciam escritas pelos próprios mortos: "Porque tentamos fugir..."

Walter entendeu que os nazistas queriam que ele e todos os outros prisioneiros concluíssem que de nada servia empreender uma fuga, que qualquer tentativa estava fadada ao fracasso. Walter, porém, tirou uma lição diferente, uma lição que para ele era óbvia. O perigo, concluiu, não jazia em tentar escapar, mas em tentar e *fracassar*. Desse dia em diante, estava determinado a tentar — e conseguir.

O primeiro passo, compreendeu ele, era o aprendizado. A educação escolar fora interrompida, mas ele se tornaria um estudante da fuga. Sua fonte primária seriam os fracassos dos outros.

Pequenas lições eram aprendidas todo dia. Ele viu um prisioneiro político ser enforcado pelo crime de vestir duas camisas sob a túnica,[1] o que a SS tomou como preparação para uma fuga. Certa vez Walter cometera um erro parecido, quando as meias o haviam denunciado. E fez uma anotação mental: nada de mudanças na aparência.

No entanto, o início de 1944 ensinaria uma lição bem mais profunda, aprendida depois que ele ficou sabendo do plano de fuga de um dos personagens mais notórios do campo: Fero Langer, o mesmo homem com quem Walter dividira brevemente uma cela em Nováky, dezoito meses antes. Walter se lembrava bem dele: Langer lhe dera um pedaço de salame para a viagem que o levaria a Majdanek. Em Birkenau era chamado de "Bullo", uma máquina de organização composta de um só homem que tinha adquirido uma fortuna em dinheiro vivo em menos de um ano no campo. Bullo armara um plano com a mesma ambição de Walter: sair e revelar ao mundo a verdade sobre Auschwitz. No entanto, violava uma das regras cardeais da vida no campo: falava sobre o plano. Certa tarde, enquanto comia uma tigela de batatas no bloco de Fred Wetzler, Walter ficou sentado, quieto, escutando Bullo revelar tudo.

Ele fugiria com colegas prisioneiros da Polônia, da Holanda, da Grécia e da França. Dessa maneira, calculava ele, o relato se espalharia pelo globo sem necessidade de tradução. Essencial para o esquema era a ajuda de um integrante da SS que Bullo conhecia desde os tempos de escola na Eslováquia, um alemão étnico chamado Dobrowolný. Fero disse que confiava nele como um irmão. Na verdade, a ideia tinha sido inicialmente desse Dobrowolný.[2]

Os colegas judeus de Bullo ficaram céticos, mas ele insistiu que não estava se baseando apenas em confiança ou na bondade humana: também prometera a Dobrowolný uma recompensa, na forma de alimentos e itens de valor do Kanada, além de diamantes, ouro e notas de dólares de que seu salvador precisaria para subornar diversos homens da SS. O plano era simples. Junto com um segundo membro da SS, Dobrowolný faria o quinteto poliglota de prisioneiros marchar até o perímetro, e lá mostraria ao guarda autorizações para que participassem de um trabalho essencial fora do campo. Dali, caminhariam os cinco ou seis quilômetros até onde Dobrowolný teria estacionado um caminhão, comprado especialmente com esse propósito. No veículo, viajariam até a fronteira eslovaca e a liberdade.

Inevitavelmente, certo dia de janeiro de 1944 a sirene de fuga tocou. A contagem de cabeças mostrou que estavam faltando alguns prisioneiros. Walter imaginou o velho colega de cela em fuga num recanto oculto da Eslováquia. Contudo, às seis horas daquela noite, Fero Langer tinha retornado a Auschwitz. Ou melhor, o corpo retornou. Ele havia sido baleado e a face fora dilacerada. Três dos fugitivos fracassados jaziam no chão, ao passo que os outros dois foram colocados em banquinhos de madeira, os corpos apoiados em pás enfiadas na terra batida. As roupas estavam encharcadas de sangue e ao lado deles havia um cartaz que dizia: "Três vivas, estamos de volta!"[3] Prisioneiros que regressavam do trabalho puderam ver a pequena placa e, no caso de não conseguirem entender a mensagem, podiam ouvir a voz do *Lageraltester*, o líder do campo, que advertia:

— É assim que todos vocês vão acabar se tentarem fugir.[4]

Aconteceu que Dobrowolný e seu camarada da SS tinham levado Langer e os demais prisioneiros em marcha até o portão, conforme o planejado, e depois os apressaram para que corressem até o veículo de fuga, mas então atiraram neles pelas costas. Os homens da SS informaram às autoridades do campo que haviam conseguido acertar e matar internos que tentavam uma fuga — mas não antes de vasculhar os bolsos das vítimas e pegar a recompensa que lhes fora prometida. Fero nunca chegou ao caminhão, muito menos à fronteira. Aquilo serviu como lembrete de uma lição que Walter já aprendera, uma lição sobre confiança.

Ainda assim, o episódio não impediu que os que dispusessem de meios para isso planejassem fugas. Walter fizera uma amizade improvável com um veterano no campo de quarentena, um judeu nascido na Polônia e criado na França que se tornara capitão no Exército francês e então, aos 33 anos,[5] era um homem ameaçador e de espantosa força física. Chamava-se Charles Unglick. Como Fero Langer, também construíra uma rede que incluía homens do *Sonderkommando*, que às vezes conseguiam surrupiar os itens de valor dos que eram levados para a câmara de gás. Isso, combinado com o poder de intimidação mafiosa de Unglick, fizera dele um milionário em Auschwitz, com oficiais da SS na folha de pagamento. De particular interesse para Walter, que sempre gostava de estar bem-vestido, era a posição de Unglick como um dos mais elegantes de Birkenau. Walter admirava especialmente o cinto de couro marrom do polonês,[6] estampado com um padrão de linhas que se cruzavam para formar uma espécie de dupla-hélice. Eles tinham uma piada interna: Unglick deixaria o cinto para Walter no testamento.

Unglick estava determinado a usar a posição que detinha para fugir e, assim como Bullo, acreditava ter encontrado um membro da SS que o ajudaria. E não se tratava de qualquer um: era um alemão étnico que havia sido adotado e criado por uma família judia na Romênia e estava servindo em Auschwitz como motorista. Para espanto de Walter, esse nazista falava com Unglick em iídiche.

O plano exigia que o homem da SS dirigisse um caminhão até o BIIa. Unglick entraria na enorme caixa de ferramentas do veículo e se esconderia ali. O nazista que falava iídiche trancaria a caixa de ferramentas e, caso fosse questionado, alegaria ter perdido a chave. Eles iriam embora no caminhão, e o alemão seria recompensado em diamantes e ouro.

Havia ainda mais uma coisa: Unglick gostava de Walter, e sugeriu que o rapaz se juntasse a ele naquela caixa de ferramentas. Escapariam juntos e dividiriam a imensa fortuna de Unglick entre os dois.

Walter estava cauteloso. Confiar num membro da SS era certamente um erro elementar; tinham visto o que acontecera com Bullo. Ainda assim, resistir à confiança de Unglick, à certeza dele, era difícil. Fugir não era o sonho de Walter desde o começo? Não seria essa, por fim, a chance esperada?

Ele disse que sim, e os dois fizeram um brinde à liberdade.

O caminhão entraria no campo e seria aberto às sete da noite do dia 25 de janeiro de 1944. Na hora e no lugar combinados — o alojamento de Unglick no Bloco 14 —, Walter chegou e se pôs a esperar. No entanto, não havia sinal nem de Unglick nem do caminhão. Os minutos foram passando. Walter ficou dando voltas, tentando parecer o mais natural possível. Um amigo se aproximou e convidou-o para dividir uma tigela de sopa com um membro da rede clandestina. Walter sentiu-se compelido a aceitar: pareceria estranho demais dizer não. Olhando por cima do ombro para o local do encontro, entrou no Bloco 7. O ânimo dele era desalentador: tinha jogado fora a chance de liberdade.

Por volta das oito, houve uma comoção junto ao portão. Walter logo pôde ver o que era: o cadáver ensanguentado de Charles Unglick. Não levou muito tempo para a SS sentar o corpo num banquinho, mais uma vez amparado por duas pás.[7] Mantiveram-no assim por dois dias inteiros, como mais um lembrete.

Os murmúrios nos corredores de Birkenau não tardaram a revelar o que tinha acontecido. Unglick se atrasara. Tinha procurado por Walter em toda parte, e só desistira após muito relutar. Depois disso, foi uma reprise da morte de Fero Langer. O membro da SS que falava iídiche estacionara o caminhão, conforme o combinado, e escondera Unglick, também conforme o combinado. Só que guiou o caminhão não até a fronteira, mas para uma garagem vazia. Ali, destrancou a caixa de ferramentas e matou seu cúmplice a tiros. Foi uma noite de trabalho lucrativa. Ganhara tanto os diamantes e o ouro de Unglick quanto a estima dos chefes da SS, que admiraram a coragem dele em frustrar uma nova tentativa de fuga.

Quanto a Walter, ficou entorpecido por uma hora, durante a qual sentiu a abjeta decepção de ter perdido a oportunidade de fugir, a tristeza pela perda de um amigo e uma estranha sensação de alívio. Não tivesse ele aceitado aquele convite espontâneo para dividir uma tigela de sopa, teria mantido o encontro com Unglick e tido o mesmo fim. Em vez disso, por pouco escapou da morte.

Depois, seguindo algo que se tornara um costume no campo, a elite de prisioneiros, inclusive alguns dos *Kapos* mais brutais de Birkenau, se juntaram para entregar as roupas do morto aos vivos. Normalmente, isso era feito respeitando a ordem de antiguidade,[8] mas dessa vez fizeram uma exceção: em homenagem à amizade que a dupla tivera, Walter poderia pegar o que bem quisesse. Ele pediu apenas o cinto. Na parte de dentro, escreveu a tinta[9] o número de prisioneiro de Unglick e a data e o local da morte dele: AU-BI, para Auschwitz-Birkenau, 25.1.1944. Isso faria com que se lembrasse da importância de confiar somente no que merecia confiança.

Os senhores de Auschwitz tiravam o maior proveito possível desses fracassos e faziam de tudo para que se tornassem conhecidos, a fim de solapar qualquer esperança dos cativos. Mas as tentativas de fuga continuaram. Desde a criação do campo, em 1940, até 1942, apenas cinquenta prisioneiros tinham conseguido escapar. Em 1943, o número de fugas bem-sucedidas subiu para 154. A maioria delas, porém, fora de prisioneiros poloneses não judeus, cujas condições no campo eram melhores e os quais ocupavam postos de trabalho — fosse nos hospitais, nos serviços especializados, fosse nos burocráticos — que tornavam a fuga mais viável,[10] o que era crucial. Os demais eram prisioneiros de guerra soviéticos. Pelo que Walter sabia, nenhum judeu tinha conseguido sair vivo dali.

No entanto, a situação dele era menos desesperadora do que a da maioria, por um motivo: seu trabalho permitia a circulação pelo campo de forma relativamente desimpedida. E também por estar em Birkenau, onde a proporção de homens da SS por prisioneiro era de 1 para 64 — ou seja, era relativamente desguarnecido em comparação com o campo principal, onde havia 1 nazista para cada 14 internos.[11]

Além do mais, e isso não era algo tão simples quanto pode parecer, ele sabia onde estava. Uma vez fizera parte de um grupo de vinte prisioneiros fortes que foram marchando até a cidade próxima de Oświęcim: uma manobra de publicidade,[12] desconfiara Walter, para mostrar à população local que os cativos estavam sendo bem tratados. Por causa dessa viagem, ficou sabendo que entre o campo e a cidadezinha corria um pequeno rio: o Soła. Pôde ver as montanhas no horizonte e as identificara como as Besquides.[13]

Aquela página rasgada do atlas infantil que havia encontrado no Kanada permitira que ele se orientasse melhor. Tinha concluído, em poucos minutos de ócio na latrina, que Oświęcim ficava cerca de oitenta quilômetros ao norte da fronteira setentrional da Eslováquia. Melhor ainda: observou que o Soła nascia naquela mesma fronteira e corria quase em linha reta, do sul para o norte. Isso significava que, para percorrer a distância de Auschwitz à Eslováquia, tudo que precisava fazer era seguir o rio contra a corrente, assim chegaria à fronteira pela rota mais curta possível. Guardou na memória a sequência de localidades[14] pelas quais teria que passar para chegar lá: Kęty, Saybusch (ou Żywiec), Milówka, Rajcza, Sól. Ele era jovem, apto e inteligente, e conhecia bem aquele buraco do inferno. Se alguém tinha alguma chance de realizar o feito, esse alguém certamente era ele. Além do mais, logo ganhou uma nova e urgente motivação.

14
Lições russas

Uma das vantagens de desempenhar a função de escriturário para o BIIa, o campo de quarentena de Birkenau, era que ele tinha uma boa visão de tudo e de todos que entravam e saíam. Então, às dez da manhã de 15 de janeiro de 1944,[1] um grupo de pessoas parado na estradinha que separava os campos dos homens e do das mulheres chamou a atenção de Walter. Eram prisioneiros, mas se destacavam de imediato. Em primeiro lugar, as roupas deles eram melhores do que as da maioria dos internos; além disso, carregavam equipamento de trabalho especializado: tripés e teodolitos, estacas graduadas, instrumentos de medida e objetos semelhantes. Pareciam topógrafos fazendo levantamento de uma nova área a ser construída.

Walter se aproximou da cerca eletrificada que ficava entre ele e os homens e viu que o encarregado lhe era familiar: um prisioneiro político alemão de triângulo vermelho, ex-sindicalista e antinazista chamado Yup, abreviação de Joseph. Walter lembrava-se dele de quando ambos estiveram presos no campo principal, em 1942. Na época haviam estabelecido uma ligação; talvez Yup houvesse ficado impressionado por Walter ter tido uma conexão com a resistência socialista durante aquela breve escapada para a Hungria.

— Que surpresa agradável[2] — disse Yup com um largo sorriso. — Quem teria imaginado? Você está vivo! E também com boa aparência!

Através do arame farpado, Yup perguntou se Walter era capaz de "organizar" um cigarro, o que Walter fez.

— Então — disse o rapaz, por fim. — O que vem a ser tudo isso? — perguntou Walter, e apontou para os homens de Yup. — O que vocês estão fazendo aqui?

Yup respondeu que o que estava prestes a lhe contar era estritamente confidencial. A voz dele baixou.

— Estamos construindo uma nova linha de trem. Direto para os crematórios.

Walter pareceu duvidar.

— Uma nova linha? Mas eles acabaram de consertar a velha rampa.

Ele conhecia muito bem o trabalho na *Judenrampe*, cujas tábuas de madeira tinham sido reforçadas com concreto.

Mas Yup foi enfático. Tinha ouvido da SS que Auschwitz estava se preparando para receber um enorme fluxo de judeus a serem mortos. Os judeus da Hungria chegariam em breve, disse ele, cerca de 1 milhão. A SS havia percebido que a rampa atual simplesmente não aguentaria um grupo daquele tamanho, que ali não poderia ser feita uma triagem com a rapidez necessária.

Em razão da própria experiência na rampa, Walter acreditou imediatamente no que Yup lhe disse. Ele sabia, melhor do que a maioria das pessoas, que se a SS quisesse matar nessa escala e com rapidez teria que modificar o arranjo corrente. O grande gargalo no sistema era o trajeto que as vítimas tinham que fazer entre a rampa e as câmaras de gás: uma viagem curta para cada grupo de cem judeus, mas que tomava tempo. Estender a linha ferroviária por um trecho de dois quilômetros tornaria o processo muito mais eficiente.

E, é óbvio, seriam os judeus da Hungria. Eram os últimos que restavam, uma importante comunidade judaica da Europa que ainda não tinha sido arrastada para o inferno. Walter vira os judeus da França, da Bélgica, da Holanda, da Polônia, da Tchecoslováquia, da Itália, da Alemanha e da Grécia em Auschwitz. A ausência dos judeus da Hungria tinha sido notada.

A confirmação veio por meio de cochichos entre os *Kapos* de triângulo verde e seus colegas das fileiras inferiores da SS. Unglick descobrira que a dupla encarregada do campo de quarentena poderia ser facilmente subornada com bebida alcoólica e que ambos se tornavam tagarelas e indiscretos quando bêbados. Foi assim que Walter ficou sabendo que, tendo saboreado azeitonas gregas, sardinhas francesas e queijo holandês, os oficiais da SS estavam lambendo os beiços pela chegada do "salame húngaro".[3]

De modo que, no começo da primavera de 1944, havia uma dupla urgência na determinação de Walter em fugir. Aqueles 5 mil e tantos tchecos que tinham entrado no campo de famílias na segunda onda, que chegaram em 20 de dezembro de 1943, seriam levados para a morte exatamente seis meses depois, em 20 de junho de 1944. Não havia dúvida quanto a isso: era o mais rígido dos prazos finais. No entanto, agora havia a perspectiva de um morticínio ainda mais iminente e muito maior: centenas de milhares de judeus húngaros embarcariam nos trens para Auschwitz em questão de semanas, trens esses que os levariam diretamente para as portas das câmaras de gás.

Walter tinha a motivação e conseguira um mentor. Depois dos poloneses, os fugitivos de maior êxito de Auschwitz eram os prisioneiros de guerra soviéticos. Muitos milhares tinham sido trazidos para o campo no início, e morreram em meio ao frio e à sujeira enquanto eram escravizados na construção de Birkenau. Entretanto, havia outro grupo — Walter estimava que deviam ser por volta de cem —, conhecido pelos veteranos de Auschwitz como "os prisioneiros de guerra de segunda mão". Capturados em batalha, foram mandados inicialmente para os campos regulares de prisioneiros de guerra e depois despachados para Auschwitz como punição por mau comportamento, incluído tentativa de fuga. Entre eles estava um certo Dmitri Volkov.

Não pela primeira vez, Walter tinha razões para ser grato por ter estudado russo por conta própria ainda em Trnava. Assim, ele podia conversar com os prisioneiros de guerra de segunda mão enquanto os cadastrava, até mesmo com aqueles cuja aparência era intimidadora. Para Walter, Volkov era feito um urso da terra dos cossacos, Zaporizhzhia, na Ucrânia. Enorme e com olhos escuros e profundos, ainda trajava a farda do Exército Vermelho e dava a impressão de ser alguém a ser abordado com cuidado.

Com o tempo, porém, Walter e Volkov foram se conhecendo, e acabaram fazendo um acordo tácito não muito diferente do acordo no colégio em que Walter trocara aulas de eslovaco por aulas de alto-alemão. Walter podia praticar o idioma russo com Volkov e, em troca, o jovem escriturário cedeu a própria quota de pão e de algo que se assemelhava a margarina, honrando uma promessa que se fizera muito antes: que não pegaria a ração oficial enquanto tivesse acesso a comida de outra origem. Walter notou que Volkov não comia nem mesmo aquela magra porção; em vez disso, fatiava-a em quatro, para dividi-la com os camaradas.

Os dois começaram a conversar. De início, não sobre o campo, mas sobre os grandes mestres literários russos Tolstói e Dostoiévski, passando em seguida para os escritores soviéticos Gorki, Ehrenburg e Blok. Por fim, Volkov começou a baixar a guarda.

Revelou que não era um mero recruta, mas um capitão do Exército Vermelho. Ao fazer essa admissão, Volkov estava assumindo um risco enorme: era prática nazista fuzilar todos os oficiais soviéticos. Mas ele resolvera confiar em Walter, e não só com essa informação: também lhe contou da própria experiência de fuga, pois certa vez escapara do campo de concentração nazista de Sachsenhausen. Enquanto o pupilo adolescente o escutava, ao longo de vários dias, Volkov se empenhou em dar a Walter um curso-relâmpago de escapologia.[4]

Algumas aulas eram intensamente práticas. Volkov lhe disse o que levar e o que não levar. Dinheiro fazia parte da segunda categoria. O Kanada podia ter um enorme montante, mas dinheiro era algo perigoso. Se você tivesse dinheiro, ficaria tentado a comprar comida numa mercearia ou num mercado, e assim teria contato com pessoas, o que deveria ser sempre evitado. Era melhor viver da terra, roubando de plantações e fazendas remotas. Outra coisa que não se devia levar, pelo menos na etapa inicial da fuga, era carne: os cães alsacianos da SS farejavam-na imediatamente.

Portanto, nada de dinheiro, nada de carne. Quanto às coisas de que iria precisar, essa categoria era bem maior, e começava com uma faca para caçar ou se defender e uma lâmina de barbear, para o caso de captura iminente. Era uma regra cardeal para Volkov: "Não deixe que peguem você com vida."[5] Além de fósforos, para cozinhar a comida roubada, e sal — um homem era capaz de viver de batatas e sal por meses. Um relógio era essencial porque, no mínimo, podia também ser usado como bússola.

As dicas não acabavam. Todo movimento deveria ser feito à noite — nada de ficar perambulando durante o dia. Era vital ser invisível. Se conseguiam ver você, podiam atirar em você. Não imagine que você consegue fugir: uma bala é sempre mais rápida.

Fique de olho no tempo — portanto, no relógio. Não deixe para procurar um lugar onde dormir quando raiar o dia — assegure-se de encontrar um esconderijo enquanto ainda estiver escuro.

Contudo, alguns dos conselhos pertenciam ao domínio da psicologia. Não confie em ninguém; não conte seus planos a ninguém, nem a mim, ensinava Volkov. Se os seus amigos não souberem de nada, não terão nada a revelar quando forem torturados depois que você partir. Esse conselho se encaixava com o que Walter já aprendera por conta própria: que havia outras pessoas ansiosas para revelar segredos. A *Politische Abteilung*, o Departamento Político da SS, tinha criado uma eficiente rede de informantes[6] entre os prisioneiros, que sempre buscava escutar algo sobre fuga e revolta. (Eram recrutados sob a ameaça da SS de que, caso se recusassem a trair os colegas prisioneiros, teriam os parentes assassinados em casa.)[7] Nunca se sabia com quem se estava falando. Era melhor falar pouco.

Volkov tinha mais informação a transmitir. Não tenha medo, nem mesmo dos alemães. Em Auschwitz, vestidos com uniformes e portando armas, eles parecem invencíveis, mas, individualmente, cada um deles é tão pequeno e frágil quanto qualquer outro ser humano.

— Sei que podem morrer com a mesma rapidez do que qualquer um porque matei um bom número deles[8] — disse Volkov.

E continuou: acima de tudo, quando você sair do campo, lembre-se de que a luta está só começando. Nada de euforia, nada de entusiasmo. Você não pode relaxar enquanto estiver em terra controlada pelos nazistas, nem por um segundo.

Walter fez o melhor que pôde para absorver tudo, lembrar-se de todas as orientações e armazená-las junto com a montanha de números e datas que formavam pilhas cada vez maiores na mente dele. Havia ainda um último conselho, para a fuga em si.

Os cães farejadores dos nazistas eram treinados para detectar até mesmo o mais leve odor de vida humana. Se houvesse uma única gota de suor na testa do fugitivo, eles o encontrariam. Só havia uma coisa capaz de derrotá-los: tabaco embebido em gasolina e depois posto para secar.[9] E não qualquer tabaco. Tinha de ser tabaco soviético. Volkov deve ter visto o brilho de ceticismo nos olhos de Walter, porque explicou:

— Não estou sendo patriótico. É que conheço *machorka*. É a única coisa que funciona.

Volkov contou a Walter que também tinha planos de fuga e não os compartilharia com Walter nem com ninguém. Estava contente por servir de professor daquele prisioneiro mais jovem, mas não seria seu parceiro.

Para esse papel, só podia haver uma única pessoa. Alguém em quem Walter confiasse totalmente e que confiasse nele também,[10] alguém que ele conhecesse da vida pregressa, antes de estar nesse universo sombrio, alguém que, por essa razão, tivesse uma presença na mente de Walter independentemente de Auschwitz: Fred Wetzler.

Mais de seiscentos homens judeus de Trnava tinham sido mandados para Auschwitz em 1942. Na primavera de 1944, somente dois permaneciam vivos:[11] Walter Rosenberg e Alfréd Wetzler. Todos os demais haviam sido logo assassinados, como os irmãos de Fred, ou sofrido uma morte lenta, a especialidade de Auschwitz-Birkenau, exauridos por doença, fome e violência arbitrária — nesse grupo estava, muito provavelmente, o pai de Fred. Esses mais de seiscentos homens haviam convivido com Fred e Walter desde a infância dos dois: eram professores e colegas de escola deles, amigos de família e conhecidos, inimigos nas brincadeiras e rivais românticos, e todos haviam perecido. Do mundo de que ambos vieram, só restavam Fred e Walter.

Apesar dos seis anos de diferença entre eles, esse fato selara um vínculo de confiança mútuo. Walter passou a considerar Fred seu amigo mais íntimo.[12] As experiências diárias dos dois eram similares. Fred saíra do necrotério e tornara-se também escriturário, um escrevente burocrático dos alojamentos, que fazia no BIId, setor de Birkenau II,[13] o mesmo trabalho que Walter fazia no BIIa. Ambos tinham testemunhado a matança e suas consequências. Para Fred, isso era literalmente verdade: sua sala tinha uma janela pela qual podia olhar para o pátio do Crematório II,[14] rodeado de cercas eletrificadas e torres de vigilância. Quando Walter o visitava e tomava um café à mesa ao lado da janela, ele mesmo podia ter essa clareza de visão. Reparava no esforço físico que um oficial específico da SS fazia para subir no telhado da câmara de gás e ali ficar em posição de sacudir as latas de grânulos de Zyklon B. Do ponto privilegiado de observação que eles tinham, Walter e Fred podiam contar os mortos.

E talvez o estado de espírito deles também fosse semelhante. Fred já vira o preço que o fedor permanente de morte estava cobrando do amigo, os sinais de ansiedade e depressão. O massacre dos milhares de pessoas do *Familienlager*, inclusive de Alicia, tinha abalado Walter terrivelmente, era notório. Fred sofrera muitos golpes, além da perda do pai e dos irmãos. No verão de 1943, num raro exemplo de um carregamento que *saía* de Auschwitz, a SS embarcara um grupo de prisioneiros de Birkenau para Varsóvia, cujo propósito era trabalhar em "fortificações". Esses carregamentos levaram embora a maioria dos amigos eslovacos remanescentes de Fred. Depois que eles se foram, o rapaz sentiu-se sozinho e solitário.[15] Sua mente se voltou com mais seriedade para uma fuga.

Então os dois homens, isolados e desolados, se juntaram. Na verdade, tinham insinuado a fuga um ao outro desde o momento em que ficaram frente a frente pela primeira vez naquele lugar.[16] Como Walter, Fred vinha sonhando com isso desde que chegara. Bolara um plano que consistia em se arrastar pela tubulação do esgoto,[17] mas, após testá-lo, o abortou. Outra ideia lhe ocorreu quando trabalhava no necrotério, na época em que os mortos ainda eram levados para serem queimados em Oświęcim. Na ocasião, Fred avaliou que poderia se esconder entre os cadáveres enquanto o caminhão era carregado e, depois, saltar do veículo durante o trajeto. Precisou abandonar o plano quando a SS começou a queimar os corpos dentro do próprio campo.

Walter, ainda cônscio da disciplina do movimento clandestino, buscou a aprovação de seu contato na liderança da resistência, David Szmulewski. Parecia óbvio que uma fuga não autorizada a fim de revelar os segredos de Auschwitz tinha menos chance de sucesso do que uma com o apoio da resistência. Em 31 de março de 1944, Szmulewski deu a resposta dos líderes. E ela veio como uma grave decepção.

Eles haviam concluído que "a inexperiência de Walter, somada a uma impulsividade e a uma instabilidade emocional",[18] bem como alguns "outros fatores" não especificados, tornavam-no "pouco confiável" para essa missão. E mais: achavam altamente improvável que o mundo exterior viesse a acreditar nele. Mesmo assim, Szmulewski ofereceu a garantia da liderança de que, embora não fossem ajudar com a fuga planejada, não a atrapalhariam. Szmulewski ressaltou, por conta própria, que lamentava a "decisão superior", a qual Walter presumiu ter sido tomada pelo grupo de comando em Auschwitz I, não em Birkenau.

O líder clandestino então acrescentou um pedido. Se Walter e Fred fracassassem, era desejo da resistência que eles "evitassem interrogatório". Se não o fizessem, isso seria um desastre para qualquer pessoa com quem algum dos dois tivesse falado antes da fuga. *Evitar interrogatório*. Nesse momento, Walter sem dúvida se lembrou de Volkov e da recomendação da lâmina de barbear.

Walter estava ficando impaciente. O ruído da construção, de misturadores de cimento e da montagem de cabanas pré-fabricadas era então constante. O trabalho na extensão de três linhas férreas e na nova plataforma que isso exigiria prosseguia agora sem interrupção. Do seu reduto no campo de quarentena, Walter podia ver a obra tomar forma, hora após hora.[19] Sabia que havia pouco tempo. Tinha visto o que acontecera com o primeiro transporte de judeus tchecos, como já era tarde demais quando se deram conta da verdade, na soleira das câmaras de gás ou, mais tarde ainda, quando já estavam lá dentro. Determinara-se a fazer com que os judeus da Hungria soubessem do destino que lhes aguardava enquanto ainda estivessem relativamente livres,[20] enquanto ainda pudessem agir.

O momento era aquele, ele tinha certeza disso. Só precisava de um plano infalível.

15
O esconderijo

A PREMISSA DO PLANO ERA ousadamente, até mesmo absurdamente, simples. Auschwitz II, ou Birkenau, consistia em um campo interno e um campo externo. O campo interno era onde os prisioneiros eram mantidos à noite, encurralados atrás não de uma cerca de arame farpado eletrificado que mataria qualquer um que a tocasse, mas de duas, cada uma de cinco metros de altura. Um pretenso fugitivo teria que superar essas barreiras de alta voltagem sob a plena luz dos holofotes que varriam a noite de um lado a outro e iluminavam a visão dos homens da SS nas torres de vigilância, atentos à cena, com o dedo sempre no gatilho de suas armas automáticas.

No período diurno, a configuração mudava. O anel interno de postos de sentinela ficava vazio, com os homens da SS ocupando o anel mais largo de altas torres de vigilância de madeira transportáveis que rodeavam o campo externo, monitorando o terreno onde os prisioneiros executavam trabalhos forçados do raiar do dia até a noite. As torres eram dispostas em intervalos de oitenta metros, ao longo de todo o perímetro externo de seis quilômetros. Uma área vazia, árida e coberta de arbustos ficava adjacente a essa cerca, de modo que qualquer prisioneiro que tentasse uma fuga seria imediatamente localizado e fuzilado. Na verdade, qualquer prisioneiro que chegasse a menos de dez metros do perímetro externo seria fuzilado sem aviso.[1]

O protocolo de segurança não variava nunca. O campo interno era guardado à noite e o campo externo, durante o dia. Nas horas de escuridão, não havia necessidade de vigiar o campo externo. Afinal, até o último prisioneiro já teria sido conduzido ao campo interno. Não havia ninguém no campo externo.

Apenas uma circunstância faria com que a SS se desviasse do sistema. Se faltasse um prisioneiro, presumindo-se que tentara uma fuga, a SS manteria o anel externo de postos de sentinela armados enquanto a área era vasculhada. E assim permaneceria por 72 horas. Só então a SS concluiria que o fugitivo conseguira escapar e passaria o bastão para os homens que já estavam varrendo o terreno fora de Auschwitz. Nesse momento, o perímetro externo seria desativado e o perímetro de segurança encolheria até o campo interno. O campo externo voltaria a ficar desguarnecido.

Aquela era a única brecha em um esquema que, com essa exceção, era inviolável. Caso um prisioneiro conseguisse, de algum modo, se esconder naquela área externa e esperasse durante três dias e três noites depois que soasse o alarme, safando-se inclusive dos membros da SS e dos cães treinados para matar que varreriam cada centímetro do terreno, ele emergiria, na quarta noite, em um campo externo deserto e desguarnecido. Ali estaria a oportunidade de ele se libertar.

Essa, então, era a premissa da tentativa de fuga que Walter arquitetaria. Ele e Fred chegariam ao campo externo por engambelação. Uma vez lá, se entocariam em um esconderijo predeterminado e esperariam por três dias e três noites. Só sairiam depois que tivessem certeza de que a SS cancelara as buscas e de que o silêncio voltara a reinar no campo externo.

O trabalho preliminar já havia sido feito por outros quatro, que tinham identificado o importantíssimo ponto fraco no esquema de segurança. Três deles trabalhavam como entregadores para o necrotério, cuja tarefa era percorrer os muitos subcampos de Auschwitz-Birkenau para coletar cadáveres e levá-los, em carrinhos de mão, para o necrotério no hospital masculino principal. Portanto, tinham a mesma liberdade relativa de circulação que Fred e Walter.

Foi nessas andanças que adentraram um território novo de Auschwitz, uma área que rapidamente estava se tornando conhecida como México. Ali o campo estava em construção: viria a ser Birkenau III, pronto para abrigar a esperada remessa de prisioneiros húngaros, e os internos aquartelados nesse local inacabado não tinham recebido nenhuma roupa. Tudo que podiam fazer era enrolarem-se em cobertores coloridos: para a população antiga de Auschwitz, pareciam indígenas, "índios" mexicanos. Daí o nome México.[2]

Os três carregadores de corpos estavam no México quando encontraram um quarto homem, Mordka Cytryn, duplamente condenado[3] como prisioneiro de guerra soviético e judeu. Ele falou da determinação que tinha em escapar — e da descoberta que fizera.

O lugar era em parte um canteiro de obras, em parte um depósito de madeira. Por todo lado havia tábuas empilhadas que seriam armadas para construir as cabanas de montagem rápida. Contudo, Cytryn tinha visto que em determinado ponto havia um buraco no solo, talvez a cratera de alguma bomba, que o grupo rapidamente resolveu sustentar e cobrir com uma combinação de tábuas de madeira e batentes de portas.[4] Não demorou muito para que tivessem construído um abrigo subterrâneo capaz de conter quatro pessoas, o qual era bem camuflado. Em seguida o equiparam, começando com alguns cobertores. Então, sem dúvida por insistência do russo entre eles, espalharam pelo terreno em volta o tabaco soviético embebido em gasolina.

O homem do Exército Vermelho serviu de cobaia. Em 29 de fevereiro de 1944, ele entrou no abrigo. Seus três camaradas, Alexander "Sándor" Eisenbach,[5] Getzel Abramowicz e Jacob Balaban, cobriram a abertura com tábuas extras e voltaram ao campo. O trio ficou à escuta, aguardando as sirenes da chamada noturna que indicavam a ausência de um prisioneiro. Como era esperado, o som veio: a ausência de Cytryn fora notada.

A equipe de busca saiu à procura: membros da SS armados, cães alsacianos, todos à caça do prisioneiro russo que havia desaparecido. Os animais, apesar do faro superaguçado para o menor sinal de odor de um humano, ficaram desorientados pelo aroma do tabaco embebido em gasolina. O cheiro os afastou. E assim Cytryn permaneceu no *bunker*, sem ser descoberto.

Após três dias transcorridos em segurança, os outros três homens decidiram se arriscar. Cansados de circular com carrinhos de carne e ossos dos mortos, aproveitariam a chance da vida deles. Eisenbach, Abramowicz e Balaban entraram no buraco.

Naquela noite, a chamada foi novamente interrompida pelo mesmo som penetrante, dessa vez mais urgente, pois anunciava o desaparecimento de mais três homens. Lá se foi novamente a equipe de busca da SS: oficiais, *Kapos*, cães, todos sob as luzes dos holofotes, vasculhando a área inteira até o anel de guaritas que marcava o perímetro externo. Chegaram assustadoramente perto. Mais uma vez, porém, não acharam nada.

Era o terceiro dia, 5 de março de 1944, e os homens ainda estavam escondidos naquele buraco apertado no chão. Numa entre várias ações que descumpriam o manual não escrito que o capitão Volkov ensinara a Walter, os fugitivos haviam revelado a parte central do plano a alguns aliados de confiança, entre eles Fred e Walter. Eisenbach, um conterrâneo eslovaco, pedira a Walter que ficasse de olho no esconderijo secreto e os avisasse em caso de perigo. Assim, em momentos seguros, Walter andaria por cima da pilha de madeira e, parecendo estudar sua papelada, sussurraria um cumprimento. Uma voz baixa responderia. Walter sentiu muito prazer em dizer que os membros da SS tinham passado pelas tábuas uma dúzia de vezes,[6] acompanhados dos cães, sem nunca chegar a dar uma boa olhada ali.

Os quatro homens permaneceram quietos até que a tarde virasse noite. Estavam esperando para ouvir as palavras mágicas, que finalmente ecoaram pelo campo deserto quando a noite caiu: "*Postenkette abziehen! Postenkette abziehen!*" [Esvaziem os postos de guarda!]

O quarteto esperou mais um pouco, e só depois de estarem absolutamente seguros de que não ouviam nenhum som, de que até o último homem da SS tinha ido embora, empurraram as tábuas que haviam sido modificadas com o propósito de servir de teto para o esconderijo. Saíram o mais silenciosamente que puderam, um por um. Com cuidado, recolocaram as tábuas no lugar, para que tivessem exatamente o mesmo aspecto de antes: apenas um amontoado de madeira. Então, em plena escuridão, escaparam noite adentro. Em pouco tempo estavam fora de Auschwitz.

O destino inicial foi a cidade de Kęty. Balaban, que falava polonês, provavelmente quebrou a regra de ouro do capitão — evitar a todo custo contato com outras pessoas — e obteve maus resultados, porque rapidamente chegou à conclusão de que não podiam contar com a ajuda da população local: estavam por conta própria. Dirigiram-se, então, para a fronteira com a Eslováquia.

No entanto, a sorte deles logo se esgotou. Perto da cidadezinha de Porąbka, deram de cara com um grupo de guardas-florestais, os quais, ao ver as cabeças raspadas e os braços tatuados dos quatro homens, chamaram a polícia. Tudo aconteceu depressa demais para os fugitivos poderem reagir ou fugir; tinham sido pegos inteiramente de surpresa. Antes que se dessem conta, os alemães já os haviam prendido e acorrentado, à espera da chegada das autoridades.

Os minutos seguintes foram cruciais. Os fugitivos conseguiram, de algum modo, achar um jeito de se livrar do dinheiro e dos itens de valor que tinham levado para a viagem (outro descumprimento do manual de fuga de Volkov). E também combinaram qual história iriam contar.

Foram devolvidos a Auschwitz uma semana depois de as sirenes terem tocado pela primeira vez para indicar o desaparecimento deles. Embora não tivessem voltado feito Bullo ou Unglick, como cadáveres, foram espancados e sofreram lesões corporais. Os homens da SS, sorridentes, fizeram o grupo marchar pelo campo: trabalhadores escravizados capturados que desfilavam como prova do poder de seus senhores.

Walter assistia a tudo com desespero crescente. Como erudito em escapologia de Auschwitz, tivera certeza de que daquela vez a fuga tinha sido bem-sucedida, que haviam finalmente encontrado um método infalível. Quisera acreditar que tinha descoberto o único ponto fraco no mata-leão permanente que os nazistas aplicavam neles. Mas se enganara. Não sabia como, onde ou quando, mas o quarteto havia fracassado. O resultado seria a morte dos quatro e um encarceramento sem fim para Walter e Fred: se a operação tivesse sido exitosa, ambos planejavam usar o mesmo *bunker* como porta de escape para a liberdade. Essa esperança, porém, fora arruinada.

Um dos homens, acorrentado, chamou a atenção de Walter. Era Eisenbach, e, incrivelmente, deu ao adolescente a mais sutil das piscadelas. Walter tomou isso como uma indicação de que o grupo ainda não tinha aberto o bico, ainda não havia revelado o segredo do *bunker*. Mesmo assim, os quatro estavam a caminho do quartel-general da Gestapo em Auschwitz, para serem meticulosamente revistados e interrogados.[7] Depois disso, enfrentariam o mal-afamado Bloco II. Quaisquer que fossem os segredos de um homem, ele não conseguia guardá-los por muito tempo quando enfrentava a tortura do bloco de punição.

Durante o interrogatório, foram escoltados de Auschwitz para Birkenau, e cada um recebeu ordens de revelar o esconderijo. E fizeram conforme haviam combinado naqueles poucos momentos críticos depois de terem sido capturados pelos guardas-florestais alemães: todos apontaram para o mesmo lugar.

Alguns dias depois, em 17 de março, uma cena familiar em Birkenau ocorreu novamente. Milhares de internos reunidos, os tambores da SS rufando. Os dois cadafalsos móveis foram transportados até a posição. O *Sturmbannführer* que presidia o ato fez o discurso esperado, e avisou aos prisioneiros que eles estavam prestes a testemunhar qual seria o fim de cada um se estivessem iludidos o suficiente a ponto de pensar que conseguiriam se libertar. Convidou-os a observar aqueles seis condenados, os pulsos amarrados atrás das costas: Cytryn, Eisenbach, Abramowicz e Balaban, junto com outros dois que não tinham conseguido chegar tão longe. Esses dois não tomaram a precaução de se livrar de seus itens valiosos. Em vez disso, foram encontrados carregados de riquezas: uma versão dizia que era ouro, outra, que eram diamantes escondidos num pedaço de pão.[8]

A multidão teve que assistir quando o primeiro desses dois, e depois o segundo, se curvou sobre a mesa de açoite e se sujeitou a cinquenta chicotadas.

Cada homem levou meia hora de surra, e o som do couro do açoite contra a carne ecoava em meio ao silêncio, golpe após golpe. Depois de terminados os açoites, os tambores rufaram novamente e os dois presos, arrasados, foram carregados cadafalso acima para a execução. Em seguida, se deu o procedimento que Walter presenciara naquele lugar quando era novato, quase dois anos antes: o carrasco se moveu rapidamente e apressou-se para terminar; o ruído do alçapão; a terrível exibição dos corpos que se contorciam.

Foi a vez de Eisenbach e dos outros. Primeiro, o açoite: 35 chicotadas para cada um dos quatro que haviam fugido pelo esconderijo construído no México. E então...

Walter se preparou para o pior, que não aconteceu. Os quatro foram conduzidos de volta para o Bloco II, para ali enfrentar Deus sabe lá que tormentos. O jovem presumiu que os camaradas não seriam poupados de crueldade. Tinha certeza de que seriam castigados com uma morte lenta, torturante.

Só que isso também se mostrou errado. Eles acabaram sendo liberados do lugar conhecido como um inferno dentro do Inferno e condenados ao trabalho mais árduo possível na unidade penal, isolados do restante do campo. Não deveriam ver ninguém ali, mas Walter percebeu que as regras de Auschwitz eram contornáveis. Usando sua licença extraoficial de escriturário para circular pelo campo, conseguiu chegar até lá, até Eisenbach. Os dois não estabeleceram contato visual quando ele fez ao homem mais velho a única pergunta que importava.

— Eles sabem?

Eisenbach, que estava cavando uma fossa com as próprias mãos, não alterou nem de leve os movimentos e grunhiu em resposta:

— Não.

Ele não se dobrara. Os outros tampouco. Em parte porque eram fortes, até mesmo frente a uma grande dor, em parte por também serem espertos. A tática que haviam combinado antes era *parecer* que se dobravam, *dar mostras* de que desabavam sob a pressão da Gestapo. Quando os interrogadores exigiram saber como tinham escapado e onde haviam se escondido, cada um deles acabou apontando para o mesmo lugar em Birkenau. Mas não mostraram o *bunker* secreto. Em vez disso, indicaram outro local de fuga no campo, combinado de antemão, mas totalmente falso.[9]

Isso significava que o verdadeiro esconderijo de fuga ainda estava seguro, intacto e não descoberto. À espera de Fred Wetzler e Walter Rosenberg.

16
Libertem meu povo

MARCARAM A DATA PARA SEGUNDA-FEIRA, 3 de abril de 1944. Tinham tudo alinhado. Haviam tido o conselho de peritos e o fracasso de outros para orientá-los. Não precisavam esconder uma muda de roupas: como burocratas dos alojamentos, já tinham permissão para vestir roupas parecidas com as que deveriam vestir do lado de fora. E tinham suplementado o que usavam com botas robustas, casacos grossos e calças e paletós de primeira da Holanda, tudo conseguido via Kanada. Tinham o esconderijo secreto, o abrigo ainda oculto e intocado no México. Tinham as informações de que precisavam, tudo armazenado na cabeça.[1] E tinham a desesperada urgência de homens convencidos de que precisavam soar o alarme não na próxima semana nem no próximo mês, mas de imediato. Podiam ver a ferrovia de três linhas de trilhos que estava praticamente pronta para receber os condenados da Hungria, a fim de enviá-los para as portas dos crematórios que os transformariam em fogo e cinzas.

Tudo estava arranjado, a hora do encontro fora marcada para as duas da tarde. Walter estava pronto. Aos próprios olhos, tinha o aspecto de um próspero cavalheiro holandês:[2] paletó de *tweed*, suéter branco e culotes de montaria de lã e botas de couro de cano alto.[3] Dirigiu-se para o campo externo, com a maior indiferença possível, encenando o papel de um funcionário de Auschwitz que fazia uma ronda.

E conseguiu, dizendo animadamente ao homem da SS diante do portão que precisava fazer uma visita ao crematório. Na verdade, a maior esperança de Walter era a de que aquela seria a última vez que veria o lugar, onde a queima de corpos humanos se tornara tão rotineira quanto a fundição do aço em metalurgia, uma parte normal do processo industrial. Um gesto permitiu que seguisse seu caminho.

Walter chegou ao campo externo e à pilha de madeira. Ali encontrou Bolek e Adamek,[4] dois judeus da Polônia que ele e Fred recrutaram para a tarefa que tinham pela frente. A dupla estava no comando de *Planierung*:

trabalhava em construção, encarregada de fazer o piso térreo. Era um bom álibi para justificar o fato de Walter e Fred estarem circulando no México perto do esconderijo. É verdade que envolver Bolek e Adamek significou quebrar uma das regras sagradas de Volkov e expandir o círculo de confiança, mas Walter não viu outro jeito.

Chegara a hora. Os três estavam preparados, mas nem sinal de Fred.

Seguiu-se a decisão óbvia. Não havia tempo para ficar por ali, uma vez que isso levantaria suspeitas. Os três se separaram e seguiram em direções diferentes, como se nunca tivesse havido um encontro combinado, muito menos um encontro que não deu certo. Quando voltaram ao campo interno no fim daquela tarde, Walter ficou sabendo a razão de Fred não ter aparecido: um guarda da SS o qual Fred sabia ser especialmente vigilante estava tomando conta daquela parte do campo — em razão disso, Fred calculara que era melhor não ir do que se arriscar. E os quatro — Walter, Fred e os dois poloneses — remarcaram o encontro. Tentariam novamente à mesma hora no dia seguinte.

Mais uma vez, Walter chegou facilmente. Assim como Fred. Contudo, um dos dois poloneses não apareceu: aparentemente, o *Kapo* que era seu feitor lhe dera uma incumbência adicional que o impedia de perambular por aquela parte do México.

Veio o terceiro dia e, com ele, a esperança de que a terceira vez traria sorte. Walter chegou, bem como seus dois cúmplices. Mas Fred foi retido na *Blockführerstube*, a sala da guarda da SS, sob a justificativa de que — logo isso — o cabelo dele estava comprido demais.[5] A missão precisou ser adiada novamente.

Na manhã da quinta-feira, 6 de abril, estavam prontos para fazer a quarta tentativa. Só que mais uma vez o plano precisou ser abortado. A explicação foi algo que nem Fred Wetzler nem Walter Rosenberg jamais teriam imaginado, uma história tão improvável que, se não a tivessem ouvido de primeira mão, a teriam descartado como pura fantasia. E tinha a ver com amor.

O *SS-Rottenführer* Viktor Pestek era um homem de impressionante beleza. Na casa dos 20 e poucos anos, tinha algo em comum com o membro da SS que ludibriara Bullo Langer: era um *Volksdeutsche*, um alemão étnico, mas, no caso de Pestek, de origem romena. Inesperadamente, porém, também tinha algo em comum com Walter: como *Blockführer*, líder do bloco no campo de famílias, ele se encantara por uma das jovens judias ali aprisionadas. O nome dela era Renée Neumann, e Pestek estava perdidamente apaixonado.

Ele resolvera salvá-la da câmara de gás, o que significava tirá-la de Auschwitz. Renée se mantivera inflexível, dissera que não iria sem a mãe. O homem da SS, portanto, teria que achar uma casa segura onde ele e as duas mulheres pudessem esperar até o fim da guerra. Aparentemente, isso exigiria a ajuda de antinazistas do lado de fora, pessoas que estivessem preparadas para ajudar duas judias escondidas. Era um esquema loucamente improvável, mas Pestek decidira arriscar.

Ele tampouco foi discreto com relação ao plano. Abordou diversos prisioneiros para lhes oferecer uma barganha bizarra: os tiraria do campo e, em troca, eles o poriam em contato com amigos na resistência.

Pestek tentou primeiro recrutar Fred e depois Walter, mas nenhum dos dois se interessou. A traição que Bullo sofrera por parte do velho colega de escola tinha mostrado a ambos que era tolice confiar num homem da SS. Mas Siegfried Lederer, um ancião de bloco no campo de famílias, de 40 anos, anteriormente ativo na resistência tcheca, não teve tanta cautela. Disse sim à oferta improvável de Pestek, mesmo depois de ouvir o que o plano envolvia.

E foi assim que em 5 de abril de 1944 Lederer estava num banheiro vestindo o uniforme de um sargento da SS, inclusive o cordão prateado que indicava Serviço Especial. Ele esperou pelo sinal, uma luz vermelha que piscaria três vezes na janela da guarita da SS vinda do portão do *Familienlager*. Quando viu o sinal, Lederer saiu e montou numa bicicleta[6] que, como o uniforme da SS, fora deixada para ele. Saindo pelo portão do campo, ergueu o braço direito na saudação de *Heil Hitler*. Ali, para lhe abrir o portão, estava seu subalterno, *SS-Rottenführer* Pestek.

E seguiram adiante dessa maneira. Lederer logo abandonou a bicicleta e, a pé, junto com Pestek, passaram tranquilamente pelos cordões de guardas, e a senha "tinteiro"[7] abriu toda e qualquer barreira. Às oito e meia da noite, a dupla estava num trem expresso a caminho de Praga.

Quando a ausência de Lederer foi notada, o que fez soar as sirenes em Auschwitz, a dupla já estava muito, muito longe. Nenhum integrante da SS parou para ponderar sobre o fato de Pestek estar ausente: ele tinha solicitado folga oficial naquele dia.

Os amigos de Lederer na resistência não o desapontaram. Receberam os dois homens na estação de Praga e levaram-nos para um esconderijo que haviam preparado na floresta. Lederer, entretanto, não se demorou por ali. Voltou até o mesmo gueto de Theresienstadt de onde fora deportado quatro meses antes: queria avisar os judeus de lá sobre a verdade em Auschwitz. Só que a estratégia nazista de engodo havia sido tão meticulosa que todos, exceto os amigos mais próximos, se recusaram a acreditar naquilo.

Restava a Lederer, então, cumprir a segunda parte do acordo com o apaixonado membro da SS, que era ainda mais absurda do que a primeira.

Mais uma vez, Siegfried Lederer vestiu o uniforme de oficial da SS. Nos poucos meses que se passaram, ele havia sido promovido. Dessa vez, deveria representar o papel de primeiro-tenente Welker. Ao lado dele estariam o segundo-tenente Hauser, papel assumido por Viktor Pestek. Eles portavam um mandado perfeitamente forjado, em papel timbrado do Gabinete Geral de Segurança do Reich e com o selo da Gestapo de Praga, que autorizava a dupla a remover duas mulheres do *Familienlager* Birkenau para interrogatório. E tomaram um trem expresso em Praga com destino a Auschwitz.

Os dois se separaram temporariamente, para que Pestek pudesse terminar uma incumbência, mas combinaram de se reencontrar na estação ferroviária de Oświęcim ao meio-dia do dia seguinte. A SS deve ter recebido alguma informação, porque minutos antes do horário combinado uma radiopatrulha composta de motocicletas chegou e imediatamente cercou o prédio da estação. Quando o trem com Pestek a bordo chegou, eles também o cercaram. O comandante da patrulha da SS identificou Pestek se debruçando para fora de uma janela do vagão e entrou. Segundos depois, do seu lugar mais alto na sala de espera, Lederer assistiu a Pestek revidando, disparando uma arma. Uma granada de mão explodiu e dispersou os homens da SS na plataforma.

Percebendo uma oportunidade, e ainda vestindo o uniforme da SS, Lederer saltou pela janela da sala de espera e subiu na primeira motocicleta que encontrou. Saiu em disparada rumo ao oeste. Dentro de poucas horas, havia abandonado a moto e estava num trem de volta para Praga e dali para Theresienstadt, onde se abrigaria e prepararia um pequeno grupo de camaradas para a resistência.[8] Pestek não teve tanta sorte. Foi preso, interrogado e fuzilado antes mesmo de poder se despedir de Renée Neumann.

O soar das sirenes em 6 de abril, que anunciava o desaparecimento de Lederer, fez com que Fred e Walter recalculassem a fuga. Não tinha sentido tentar escapar quando a SS já estava em estado de alerta. Era melhor esperar um pouco.

E, assim, esperaram até a hora do almoço do dia 7 de abril, sexta-feira. Mais uma vez, Walter se aproximou do portão, preparado para contar ao membro da SS de sentinela a mesma história sobre a necessidade de visitar o crematório. O guarda pareceu desconfiado, mas Walter conseguiu passar e se dirigir à pilha de madeira. E pôde vê-la. Seria aquele o dia?

De repente, sem nenhum aviso, Walter sentiu que mãos o agarravam. Eram as de dois *SS-Unterscharführers* que tinham surgido aparentemente do nada. A mente dele avaliou às pressas duas possibilidades. Como esses homens poderiam saber o que se passava? A menos que... Teriam Walter e Fred sido traídos e o plano, exposto antes mesmo de eles darem os primeiros passos para botá-lo em prática?

Walter, então, olhou duro para os dois oficiais que o tinham detido. O problema foi que ele não os reconheceu. Eram novos. Portanto, Walter não podia tomar a decisão rápida que ele, Fred e os outros internos haviam aprendido a tomar a cada momento do dia em Auschwitz, e da qual a sobrevivência dele dependia. Era a mesma decisão que Fred tomara três dias antes, no primeiro dia marcado para a fuga, ou seja, saber se este ou aquele guarda da SS não era apenas cruel ou perverso — isso era dado como certo —, mas se era particularmente observador, vigilante e zeloso ou preguiçoso e fácil de enganar. Ao fitar o rosto desconhecido e, logo, vazio dos dois homens que o agarraram, Walter não conseguiu nenhuma pista.

O primeiro sinal que um deles lhe deu para prosseguir foi um olhar de escárnio.

— Então, o que temos aqui?[9] — disse o homem, observando a elaborada vestimenta de Walter.

Seus trajes eram familiares entre os frequentadores do campo, inclusive para os homens da SS, os quais sabiam que as regras permitiam a um escriturário usar roupas próprias. Contudo, esses homens ainda não estavam acostumados às peculiaridades da população permanente de Birkenau.

É claro que meros escárnios e provocações por parte dos novos integrantes da SS não constituíam ameaça. Mas não era isso o que preocupava Walter. O medo era de que, já que ele chamara atenção, a dupla tomasse a atitude óbvia seguinte: revistá-lo. Isso, sim, seria um desastre.

Porque, embora Walter se vestisse dessa maneira — culotes de montaria, paletó bem cortado, botas de cano alto — todo dia, fizera uma modificação. Escondido dentro da camisa, pressionado contra a pele dele, havia um relógio.[10] O jovem havia se lembrado do conselho de Volkov: manter controle do tempo era essencial, sobretudo para a primeira etapa da fuga. Se aqueles dois *Unterscharführers* começassem a revistá-lo, se simplesmente o apalpassem, encontrariam o relógio na mesma hora. E isso o entregaria.

Walter imaginou a cena que se seguiria. A multidão olhando a forca, o nó corredio em volta do pescoço de Walter, enquanto o nazista-chefe rugia as palavras: "Por que um prisioneiro haveria de ter um relógio se não estivesse tentando fugir?"

Walter tinha razão de estar com medo. Os membros da SS começaram de fato a revistá-lo, primeiro pelo conteúdo dos bolsos do casaco. Enfiaram as mãos e tiraram dúzias de cigarros, uma centena ao todo, aos punhados. Ele fora, efetivamente, pego carregando dinheiro. Perceberiam os homens que aquilo era provisão para uma fuga?

Gotas de suor começaram a se formar nas costas de Walter. Ele fez o melhor que pôde para olhar para a frente e não deixar que o semblante revelasse algo. Pelo canto do olho, viu Bolek e Adamek passando, a caminho do encontro das duas horas, ao qual Walter agora achava que não compareceria. Em quase dois anos, nunca havia sido parado daquela maneira. Chegar tão perto assim e ser frustrado por causa de uns míseros cigarros... Walter amaldiçoou o destino, que claramente estava conspirando para mantê-lo em Auschwitz até o último suspiro.

Foi quando sentiu uma pancada no ombro, um golpe firme e contundente, seguido de outro. Um dos dois membros da SS o estava surrando com uma vara de bambu, xingando-o de "macaco bem-vestido" e "filho da mãe". Walter, porém, não sentiu dor, mas alívio. Pois, apesar de o homem estar lhe batendo, não estava lhe infligindo um castigo que teria sido muito maior: parou de revistá-lo.

— Vá andando — disse finalmente o nazista. — Suma da minha vista.

Walter ficou incrédulo. Não fazia sentido. Um momento antes, aquele homem ameaçara mandá-lo para o Bloco 11, e, se quisesse, podia tê-lo feito: a centena de cigarros já teria sido motivo suficiente para tal.

Talvez ele e o restante da SS estivessem impressionados com a notícia da fuga de Lederer e os rumores de que um oficial estivera envolvido. Ou talvez tenha sido pura preguiça. O *Unterscharführer* disse algo sobre "ter coisas melhores a fazer" do que arrastar à força um reles judeu, ainda que insolente, pelo campo. Era mais fácil administrar uma surra e deixar por isso mesmo. Talvez tenha sido algo tão simples e fortuito quanto isto: o homem fardado não quis se dar o trabalho de executar uma tarefa que tomasse talvez dez ou quinze minutos do dia dele, mas que teria custado a vida de Walter Rosenberg.

Dado tudo que já tinha visto, não foi surpresa ser salvo pelo capricho de um de seus captores. De certa forma, todo judeu que ainda respirava em Auschwitz-Birkenau fora salvo da mesma maneira. Desde aquele gesto inicial do dedo na rampa de seleção — indicando a esquerda ou a direita —, passando pelas centenas de momentos de puro capricho que se desenrolavam todo dia, do *Kapo* que resolvia que ganharia uma aposta ao matar uma pessoa e não outra, de surpresa, com um simples soco, até o médico da enfermaria que decidia quem era capaz de se manter de pé ou estava fraco demais para ter permissão de viver, a diferença entre vida e morte muitas vezes se dava numa fração de segundo, uma decisão que nem sequer era uma decisão, mas um simples impulso — um impulso que poderia facilmente resultar em morte.

Walter estava livre para ir embora, e então foi — com toda a naturalidade e sem pressa, com um toque de autoridade, como se fosse um capataz[11] — na direção do esconderijo encoberto por madeiras. Apenas alguns poucos metros o separavam do lugar onde tudo começaria.

— Seu porco velho, como vai você?[12]

Imediatamente, Walter tirou o boné e ficou em posição de sentido. Era outro *Unterscharführer*, embora dessa vez o rosto fosse familiar. Era Otto Graf, um dos dois da dupla de executores dos quais Walter se lembrava do Kanada. Graf estava, naquele momento, na outra ponta, supervisionando os *Sonderkommandos*, verificando a remoção e a incineração dos mortos das câmaras de gás.

— Fiquei trabalhando a maldita noite inteira — queixou-se Graf, ansioso para bater um papo.

Walter procurou não parecer impaciente. Ele não podia consultar o relógio, mas sabia que o prazo final das duas da tarde era iminente. Se não se livrasse de Graf, o momento passaria e, após quatro tentativas abortadas, quem sabe se haveria outra.

Graf lhe ofereceu um cigarro.

— Aqui, pegue um cigarro grego.[13]

É claro. A última remessa de judeus, cerca de mil, chegara de Atenas alguns dias antes.[14] Walter inventou uma desculpa — disse que cigarros gregos lhe faziam mal para a garganta — e Graf foi embora. Por fim, Walter pôde se aproximar do esconderijo.

Ao chegar, viu que os outros já estavam lá. Sem uma palavra, Bolek e Adamek deram o sinal, um pequeno meneio de cabeça que dizia: *É agora*. Retiraram sete ou oito camadas de madeira,[15] expuseram a abertura e Fred e Walter deslizaram para dentro. Uma vez no interior do buraco, ouviram o som, acima da cabeça, das tábuas sendo repostas no lugar e, então, o sussurro de um dos camaradas:

— *Bon voyage*.[16]

Depois disso, nada a não ser silêncio e escuridão.

Eram duas da tarde de 7 de abril de 1944.[17] Naquele dia, alguns membros da SS estavam em estado de ânimo espiritual; talvez tivessem ido à igreja pela manhã e fechado os olhos em prece pela solenidade da Sexta-feira Santa. No entanto, enquanto estavam deitados imóveis e em silêncio num buraco no chão, à medida que a luz do dia dava lugar à escuridão da noite, Walter e Fred não sabiam que aquela era também a noite do *Seder*,[18] o início da festa judaica do *Pessach*. Nessa noite, cuja data varia de ano para ano segundo o calendário lunar, os judeus eram chamados a celebrar a liberdade obtida, agradecer ao Deus sábio e todo-poderoso por não ter se esquecido do povo por Ele escolhido, ao salvá-lo de um governante perverso e libertá-lo da escravidão. Enquanto Fred e Walter estavam ali estirados no escuro, a instrução da antiga tradição era evidente: aquela era a noite em que os judeus tinham escapado da escravidão rumo à liberdade.

17
Subterrâneo

FORAM OS TRÊS DIAS E AS TRÊS NOITES mais longos da vida de Walter. Naquele minúsculo buraco, as horas duraram semanas. Contraído pelo espaço, o tempo pareceu se expandir.

Quando havia luz do lado de fora, ele imaginava os colegas internos pouco além da pilha de madeira, a não muitos metros de distância, sendo escravizados do raiar do dia até o crepúsculo. Tentava identificar a passagem do dia, o intervalo do meio-dia para o que se passava por almoço e, algumas horas depois, o ritmo de pés marchando: o som de prisioneiros terminando o turno e retornando aos alojamentos. Então, ele e Fred ouviam as ordens ladradas aos homens, principalmente pelos *Kapos*, e os acordes de música marcial,[1] com a orquestra do campo forçada a tocar uma melodia para anunciar o regresso das unidades de trabalho.

Naquela primeira noite, a sexta-feira, Walter imaginou a chamada: a descoberta inicial do primeiro nome que faltava e depois do outro, seguida de uma conversa de dúvida entre os *Kapos* e os líderes de blocos, um deles eventualmente tendo que contar aos homens fardados que os dois judeus não estavam presentes. Essa admissão quase com certeza lhes teria valido uma surra como punição.

Walter imaginou ainda a reação dos camaradas quando lentamente corresse o boato de que ele estava ausente. Sabia como teriam estremecido, pois, por dez longos minutos, as terríveis sirenes uivariam e preencheriam os ouvidos de ambos, com aquele som que sempre indicava uma chamada estendida e forçava os prisioneiros a ficar de pé em formação durante horas, enquanto eram contados e recontados. No entanto, sabia também como teriam ficado felicíssimos ante a possibilidade de que não apenas um, mas dois de seus colegas judeus tivessem, enfim, fugido.

Perguntas voavam pela mente de Walter à medida que os minutos passavam. E se o tabaco encharcado de gasolina eventualmente perdesse o cheiro? E se os que sabiam do esconderijo acabassem alcaguetando? E por que

Walter julgara ser boa ideia trazer um relógio com ponteiros luminosos, o que permitia que ele e Fred pudessem ver a maneira glacial com que os minutos passavam?

Naquela noite, espremidos no buraco no chão, Walter e Fred ouviram um som familiar: o pesado ruído de um comboio de caminhões que levava os condenados da *Judenrampe* para as câmaras de gás. O esconderijo da dupla estava a pouca distância a nordeste[2] dos Crematórios IV e V. Os judeus ainda estavam chegando, ainda se atropelando na saída dos trens que os levaram de todos os pontos da Europa, ainda de pé, para serem avaliados e selecionados, ainda subindo a bordo de veículos que os transportariam para a morte.

Walter contou os caminhões enquanto passavam. Então, uma ou duas horas depois, ouviu o estrondo de metal contra metal, à medida que macas de ferro sobre rodas que carregavam inúmeros cadáveres eram arrastadas ruidosamente em direção aos fornos[3] onde eles seriam transformados em fumaça e cinzas. Tudo que ambos podiam fazer era escutar, rígidos e em silêncio. (O que tinham ouvido foi a incineração de 274 pessoas: judeus da Bélgica,[4] sendo 36 crianças com menos de 12 anos.)

A matança continuava, assim como as buscas, que prosseguiram no sábado. O som de botas, cães e berros ecoava e ricocheteava por todo o México, às vezes reverberando contra os alojamentos de madeira incompletos e ainda desabitados, às vezes ressoando bem acima da cabeça dos dois.

Quando finalmente chegou a segunda-feira, às cinco da tarde, com o fim do dia de trabalho sinalizado pelo som da banda que tocava outra música animada,[5] cada nota significando uma provocação para os homens que tinham sido surrados e açoitados durante o dia de trabalho brutal, havia um novo problema. Walter sabia que aconteceria outra chamada. Se houvesse algum outro prisioneiro faltando, se algum outro tivesse tentado uma fuga, ele e Fred voltariam ao começo: o perímetro externo permaneceria guardado por mais três dias. Então esperaram, desesperados para que não soasse outra sirene. Os ponteiros do relógio se mexiam tão devagar que parecia que o tempo tinha parado. Mas nenhum alarme soou.

Ambos olharam para o teto. Era muito tentador, mas Walter foi firme: era arriscado demais. Decidiram que não era seguro se mover antes das nove da noite, quando teriam completado oitenta horas inteiras escondidos naquele pequeno buraco no chão.

Abrir o esconderijo foi mais difícil do que tinham imaginado, não só por causa do peso das tábuas empilhadas sobre eles. Aqueles três dias que passaram deitados quietos cobraram um preço. Os músculos tinham se atrofiado. As tábuas agora pareciam desmedidamente pesadas, e deslocá-las parecia impossível. Cada movimento provocava uma dor feroz, latejante.[6] As pernas tremiam; pareciam incapazes de sustentar o próprio peso. Hábito e cautela — porque ainda podia haver alguma patrulha regular passando por perto — fizeram com que eles preferissem executar o trabalho silenciosamente, o que tornava as coisas ainda mais difíceis.

Olharam para o pão e o café que tinham separado, e era mais seguro consumi-los naquele momento. Ambos estavam dolorosamente famintos e desesperados de sede. Mesmo assim, quando tentaram tomar um gole, ou até mesmo comer um pouco, descobriram outra dificuldade: não conseguiam engolir. Era como se o corpo deles tivesse se encolhido, como se as entranhas houvessem se enrolado e fechado.

No entanto, não podiam se permitir esperar muito mais. As horas noturnas eram tudo de que dispunham. Quando chegasse a aurora e, junto com ela, o início de mais um dia de trabalho, o perímetro externo estaria novamente tomado pelos guardas, pelas armas das torres de vigilância, carregadas e apontadas. Precisavam sair naquele momento.

Trabalhando juntos, empurrando num esforço mútuo, por fim conseguiram fazer com que uma das tábuas inferiores se movesse. Depois, as outras acabaram cedendo e, com enorme empenho, eles se içaram para cima e para fora. Exaustos pelo trabalho e pelos três dias de confinamento, os dois se permitiram um breve momento para se sentar sobre a pilha de madeira que os protegera e dar uma olhada. Fizeram uma pausa para absorver o céu noturno. A noite estava clara e a lua brilhava.[7]

Eles precisavam seguir em frente, mas primeiro colocaram as tábuas de volta na posição inicial. Em parte, estavam determinados a ser meticulosos e não deixar nenhuma pista para aqueles que estariam por ali na manhã seguinte; em parte, tinham esperança de que aquele pequeno buraco oculto pudesse servir como via de fuga para outra pessoa. Até aquele momento, não havia nenhum caso conhecido de um judeu que tivesse escapado de Auschwitz apenas com a ajuda de colegas prisioneiros, mantido-se a salvo da recaptura e alcançado a liberdade. Fred Wetzler e Walter Rosenberg estavam próximos de se tornar os primeiros. E não queriam ser os últimos.

Dirigiram-se para oeste, saindo do México rumo ao pequeno bosque de bétulas que dava o nome a Birkenau. Avançaram não de pé, mas rastejando como costumam fazer militares em terreno inimigo. Nada de riscos desnecessários naquele momento. Não se levantaram até terem chegado às árvores, a mesma pequena floresta na qual foram abertas as fossas onde eram queimados os corpos dia e noite. Passaram, então, a se mover agachados, com cuidado e rapidez, até chegarem a céu aberto, o que fez com que voltassem a rastejar. Podiam ver muito pouco.

Depararam com um obstáculo novo. Não tinham certeza se era uma estrada ou um rio congelado. Não havia neve no chão,[8] no entanto a superfície brilhava ao luar.[9] Com cerca de oito metros de largura, parecia se estender bastante, tanto para a esquerda quanto para a direita. Mas não produzia nenhuma ondulação, nem sequer um som. Junto ao solo, Walter esticou o braço, preparando-se para o frio.

Contudo, o toque o surpreendeu, pois não era um rio, mas uma faixa de areia. Seria um campo minado? Ou seria algo mais engenhoso do que letal, uma extensão de areia colocada ali para deixar marcada qualquer tentativa de fuga, ao preservar as pegadas dos fugitivos e revelar a direção que tinham tomado?

Não havia como contornar a área, era comprida demais para isso. Havia só uma opção. Walter foi primeiro, pisando com cuidado. Tentou andar com leveza, feito um ladrão que se esforça para não acordar as pessoas da casa. Finalmente, chegou ao outro lado. Olhou para trás, na direção de Fred, que então repetiu a manobra, com o cuidado de colocar cada pé sobre a pegada deixada antes por Walter.[10] Dessa maneira, esperavam evitar as possíveis minas e, quem sabe, confundir os membros da SS que inevitavelmente os seguiriam.

Logo estavam na vala interna que delimitava o perímetro do campo. Acompanharam-no, até que ele os conduziu finalmente a uma cerca.

Não era uma cerca como as que conheciam no campo interno. Não tinha luzes elétricas presas em cada poste e o arame não era eletrificado. Mesmo assim, a dupla não queria correr riscos. Tinham confeccionado com antecedência um artefato que podia funcionar como uma espécie de pregador de roupa,[11] para lhes proteger as mãos enquanto puxavam o arame, de baixo para cima, e o afastavam do chão. Isso criava uma abertura suficientemente grande para cada um deles se arrastar por baixo.

Agora estavam do outro lado da cerca. Ficariam perto dela e percorreriam um circuito quase completo em volta do campo. Não demorou muito, passaram perto do campo interno, das luzes quentes e brilhantes que demarcavam o perímetro. Se não soubessem do que se tratava, a visão podia parecer quase acolhedora, dada a árida desolação em volta. Só que eles sabiam muito bem o que era. Também era possível ver as chaminés dos crematórios,[12] que expeliam chamas verde-azuladas, como as de refinarias de petróleo,[13] e uma espessa fumaça de morte. A dupla deu uma última olhada, com a clara certeza de que nunca mais queriam ver aquele lugar.[14]

Seguiram em frente, e andaram da forma mais furtiva que podiam, com os membros ainda rijos enfrentando dificuldades pelo terreno pantanoso[15] Mais ou menos às duas da madrugada,[16] ao atravessarem uma charneca aberta, chegaram a um poste de sinalização com uma advertência para quem vinha no sentido oposto: ATENÇÃO! ESTE É O CAMPO DE CONCENTRAÇÃO DE AUSCHWITZ. QUALQUER UM ACHADO DENTRO DESTAS TERRAS SERÁ FUZILADO SEM AVISO!

Tinham levado tempo demais, mas finalmente alcançaram o fim da vasta "zona de interesse" que envolvia o campo. Pelo menos por um momento, puderam se parabenizar. Era o dia 10 de abril, e tinham escapado de Auschwitz.

18
Em plena fuga

DOMINGO, 9 DE ABRIL, NÃO foi dia de descanso para a SS. O *Sturmbannführer* Hartenstein, oficial encarregado das unidades responsáveis pela guarda do campo, precisou ser notificado por teletipo,[1] às oito e meia da noite de sexta-feira, de que havia dois prisioneiros faltando. Só no domingo, porém, ele telegrafou a informação da fuga de Fred e Walter aos superiores em Berlim. Dirigiu seu telegrama ao quartel-general da Gestapo, mas foram enviadas cópias para todas as unidades da Gestapo no Leste, para todas as unidades do SD, o Serviço de Segurança, e para a Kripo, ou Polícia Criminal, bem como para a Grepo, a polícia da fronteira, e para o escritório central administrativo da SS. Na linguagem direta, burocrática,[2] do Terceiro Reich, o telegrama nº 2.334/2.344 contava a história até aquele momento:

Ao RSHA, Berlim, WC2, ao Escritório Administrativo D da SS, Oranienburg, a todos os comandantes da polícia investigativa criminal e comandos de fronteira da Gestapo Oriental, com referência a: judeus em prisão preventiva. 1. Rosenberg, Walter Israel, nasc. 11 set. 1924, em Topol'čany, chegado 30 junho 1942, do RSHA. 2. Wetzler, Alfréd Israel, nasc. 10 maio 1918, em Trnava, chegado 13 abril 1942, do RSHA: Rosenberg e Wetzler fugiram em 7 abril 1944 do campo de concentração AU II, Seções IIA e IID. Busca imediata sem sucesso. Solicitação ao comando continuidade de busca e em caso de captura relatório completo para campo de concentração Auschwitz. Adicional para RSHA: solicitação de envio de documentos sobre Rosenberg e Wetzler do oficial-chefe da busca. Adicional para quartel-general da SS: informação encaminhada para o Reichsführer. Segue relatório complementar. Falha de qualquer guarda ainda não determinada. Campo de Concentração AU, Divisão II, 44.0709, 8/4/44 D4 (assinado) Hartenstein, major SS.

Enquanto essas palavras pulsavam pelos cabos que conectavam Auschwitz a Berlim e aos comandos orientais do império nazista, Fred e Walter permaneciam imóveis na pequena cavidade quase sem ar dentro de Birkenau. Não tinham a menor ideia de que o próprio *Reichsführer*, Heinrich Himmler, havia sido informado da fuga. Não sabiam que as autoridades do campo não tinham desistido de encontrá-los, ou que o major da SS encarregado de manter os prisioneiros de Auschwitz trancafiados admitira um novo lapso sob a guarda dele e não tinha, até aquele momento, achado alguém para culpar. *Falha de qualquer guarda ainda não determinada.* Não sabiam que seus nomes — com o acréscimo de "Israel", que os nazistas conferiam a todos os homens judeus cujos primeiros nomes não apareciam na lista de 185 nomes judeus identificáveis[3] — estariam em breve afixados no quadro de avisos de cada posto policial, por menor que fosse, até mesmo na mais remota cidadezinha de fronteira da Europa ocupada.

Embora a SS achasse que eles tinham escapado, muitas horas se passariam antes que os próprios Fred e Walter acreditassem nisso.

Eles não saíram do buraco no chão em que estiveram antes das nove da noite do dia seguinte. Mesmo depois de se arrastar sob a cerca no campo, mesmo após cruzar a linha demarcatória da "zona de interesse" — uma área de quase quarenta quilômetros quadrados que ocupava uma faixa de terra entre os rios Vístula e Soła e incluía dúzias de subcampos de Auschwitz —, eles mal conseguiram respirar com um pouco mais de alívio. O universo fora de Auschwitz continha quase tantos perigos quanto o interior do campo.

Isso se aplicava especialmente a dois fugitivos judeus. Desde o dia em que chegaram, nos idos de 1942, ambos, assim como todos os prisioneiros judeus do campo, haviam sido desconectados do mundo. Não tinham nenhuma rede de camaradas que pudessem contatar. Não havia organização de resistência esperando pela saída deles, munida de comida, roupas, documentos falsos ou até mesmo armas. Enquanto prisioneiros não judeus em Auschwitz tinham permissão de receber pacotes de comida e coisas parecidas, e dessa forma mantinham pelo menos uma conexão com o restante da raça humana, os judeus haviam sido deliberadamente isolados. Aos 19 e 25 anos, Walter e Fred estavam inteiramente por conta própria.

Na visão de Walter, eles tinham sido riscados do mundo no dia em que deixaram de ser Alfréd Wetzler e Walter Rosenberg e se tornaram os prisioneiros 29162 e 44070, se não já no dia em que haviam pisado dentro daqueles trens de deportação. É verdade que tinham se transformado em pessoas de certa posição dentro da hierarquia interna de Auschwitz, mas isso estava perdido naquele momento. No instante em que se esgueiraram para fora daquela cerca, haviam entrado num vácuo social.[4] Não conheciam ninguém, não tinham ninguém.

No entanto, isso também significava que ninguém os tinha. Se, por um lado, Bolek, Adamek e mais um ou dois outros sabiam que a dupla estava planejando escapar, por outro, ninguém sabia dos planos deles uma vez que estivessem fora do *bunker*, e ninguém sabia a rota que tomariam. O movimento clandestino se recusara a autorizar o envio de ajuda oficial, então não havia o risco de um camarada entregar alguma informação sob tortura nem o risco de algum agente infiltrado, algum informante do Departamento Político, fazer a mesma coisa de modo mais espontâneo. Fred e Walter tinham sido meticulosamente cuidadosos: não haviam falado sobre a rota de fuga nem mesmo entre eles próprios.[5]

O máximo que combinaram foi que se dirigiriam para o sul, para a Eslováquia. Era relativamente perto, cerca de oitenta quilômetros de distância, mas a principal vantagem do lugar era ser a terra natal deles, o único lugar onde o sotaque de ambos não soaria como o de estrangeiros, o que atrairia desconfiança imediata. Não tinham nenhum contato ali na Polônia. Na Eslováquia, não tinham ideia de quem, se é que ainda restava alguém, entre os amigos e membros da família ainda estava vivo. Na terra natal, porém, pelo menos saberiam por onde começar.

Rumariam para a Eslováquia, então. Sem documentos, sem mapas e sem bússola,[6] apenas com aquela lista de nomes na cabeça de Walter, tirados de uma página rasgada de um atlas infantil: Kęty, Saybusch (ou Żywiec), Milówka, Rajcza, Sól.

Walter estava começando a se preocupar com o nascer do sol. Não podiam se arriscar à luz do dia; no entanto, obviamente precisavam se distanciar mais do campo. Podiam ver o contorno de uma floresta: se conseguissem chegar lá antes do raiar do dia, achariam um lugar onde se esconder e descansar.

Entretanto, por mais que eles andassem, as árvores pareciam se recusar a se aproximar. Quando o dia nasceu, estavam ainda em terreno aberto: tão perto do campo que, para espanto dos dois, ouviram o alarme de Auschwitz[7] anunciando a chamada matinal. Estavam num milharal, expostos à visão de qualquer pessoa.

Deram uma olhada em volta e então, em uma fração de segundo, jogaram-se ao chão. Talvez a quinhentos metros dali, estavam os inconfundíveis uniformes cinza-esverdeados dos homens da SS. Havia vários deles escoltando um grupo de prisioneiras.

De cara no chão, a respiração de Fred e Walter estava acelerada. Teriam sido vistos? Iriam os membros da SS até lá para matá-los imediatamente? O conselho de Volkov fora claro: nada de correr. Teriam que aguentar firme ali.

Por fim, um dos dois ergueu a cabeça, feito um periscópio varrendo a superfície. Nem sinal das mulheres nem da SS. Tiveram sorte. Mas resolveram não se revelar novamente, não à luz do dia. Assim, completaram o resto da trilha até a floresta como guerreiros na selva, arrastando-se de bruços, ficando de pé apenas quando viam um buraco ou um fosso, alguns deles cobertos de neve, na esperança de que essa posição junto ao solo pudesse mantê-los ocultos.

Finalmente, estavam em meio a espessos abetos. Descansaram um pouco; é possível que tenham cochilado.

O silêncio foi quebrado pelo som de tambores e um canto. Eram vozes jovens, que formavam um coro em saudável e caloroso alemão. Fred e Walter se esconderam em meio aos arbustos, e então ouviram o mato sendo pisado pelos passos de homens da SS que transitavam perto dali.[8]

Acabaram dando uma espiada pelos galhos, e viram que tinham chegado perto de uma reunião da *Hitlerjugend*, a Juventude Hitlerista. Talvez aqueles jovens servidores do Reich estivessem acampando ou fazendo uma caminhada para se exercitar, de mochila nas costas, com o objetivo de conhecer o terreno da nova e expandida Mãe Pátria. Fazia sentido naquela parte da Silésia, que um dia fora polonesa, mas depois, após a anexação, fora altamente germanizada, com a população polonesa original expulsa de suas casas, substituída por colonos alemães étnicos.[9] Walter observou essas crianças, a menos de trinta metros de distância e sob o dossel formado pelas copas das árvores, comendo sanduíches. Refletiu que os pais delas eram ou os *Volksdeutsche* que haviam deslocado os moradores locais ou os homens da SS que tinham escravizado e assassinado o povo ao qual ele pertencia.

A dupla ficou paralisada, imobilizada entre os arbustos, sem ousar se mover. Então, como que em resposta a uma prece, começou a chover. Primeiro levemente, pouco mais do que alguns respingos, com certeza não o suficiente para deter os jovens adeptos da *Hitlerjugend*. Logo, porém, o céu fechou e uma chuva torrencial obrigou a próxima geração do nazismo a correr em busca de abrigo.

Era arriscado demais ficar ali parado. Quebrando uma das regras de Volkov contra viajar de dia, Fred e Walter seguiram marchando, gratos por terem casacos e bonés, que os protegiam do frio, e pelas botas, à medida que o chão foi virando lama e charco.

Após encontrarem uma touceira de mato bastante espessa, decidiram pôr o sono em dia, o sono que deveria ter começado logo ao nascer do sol. Era o dia 11 de abril.

Tentaram voltar a seguir o plano traçado, viajando depois de escurecer, parando para beber quando cruzavam um riacho,[10] procurando ater-se ao curso, se não às margens, do Soła. Na segunda noite, perderam o rio de vista, se desviaram demais para oeste e passaram perigosamente perto do pequeno vilarejo de Jawiszowice. Perigosamente porque Jawischowitz, como os nazistas o haviam rebatizado, era um dos 39 subcampos de Auschwitz: uma mina de carvão operada pela SS na qual, mais ou menos na época em que Fred e Walter dali se aproximaram, havia cerca de 2.500 escravizados trabalhando, a maioria judeus. Os fugitivos tinham se perdido e vagado por um familiar complexo de alojamentos, arame farpado, luzes elétricas e torres de vigilância.[11] Os postos de sentinela estavam vazios naquela hora porque era noite, mas poucos sabiam melhor do que Fred e Walter que o nascer do dia trazia o turno diurno de guardas da SS armados.

Eles lutaram para afugentar o pânico, porém cada rota que seguiam parecia levá-los de volta a outra cerca ou torre de guarda. A manhã estava chegando e eles tinham que se afastar. Mas era difícil enxergar. Encontravam-se num terreno e num país desconhecidos, sem guia e sem equipamento.

Viram um bosque que pelo menos parecia estar fora dos limites do campo. Adentraram-no e acharam um lugar, onde puderam comer pequenos pedaços do pão com margarina que traziam desde que entraram no abrigo, mas que precisou ser racionado cuidadosamente. Depois, quebraram alguns galhos, cobriram-se da melhor maneira possível e deitaram-se na esperança de dormir até a chegada da manhã. Para se manterem calmos, ou talvez para permitir que a mente se distraísse, naquelas horas sufocantes, recônditas, Fred falou de xadrez.[12] Ele era o professor e Walter, seu pupilo, e a voz do mais velho tranquilizou e acalmou os dois até que o primeiro deles e depois o outro caíssem no sono.

De todo modo, o plano era aquele. No entanto, à medida que o sol foi ficando mais forte, tornou-se nítido que aquele não era um arvoredo isolado. Ao contrário, mais cedo, cegos por causa da escuridão, tinham escolhido se esconder num parque público. Os frequentadores eram os novos senhores da região, homens da SS com esposas e filhos, que passeavam durante a semana do feriado da Páscoa. Fred e Walter tinham escapado de um campo de morte da SS para cair no meio de um parquinho da SS.

Rapidamente avaliaram o perigo. Dado o lugar onde estavam se escondendo, determinaram que as maiores ameaças eram os cachorros, que poderiam farejá-los, e as crianças: bastava uma bola mal lançada rolar na direção deles e estariam perdidos.

Como que para comprovar isso, um garotinho e uma menina foram se aproximando, brincando e dando risadas. Chegaram muito perto, depois se afastaram e voltaram a se aproximar. O coração de Walter batia forte.

De repente estavam ali, bem diante deles, as duas crianças de olhos azuis, boquiabertas, fitando Fred e Walter. No momento seguinte, saíram correndo para encontrar o pai, que, Walter pôde ver, vestia o uniforme de um *SS-Oberscharführer*, inclusive com uma pistola regulamentar.

— Papai, papai, venha cá[13] — disse a menina. — Tem homens no mato.

O oficial da SS se aproximou. Por puro reflexo, Fred e Walter puxaram as facas que carregavam.

Perto o suficiente, o pai das crianças olhou diretamente nos olhos dos dois, que devolveram o olhar. O silêncio pareceu durar longos minutos. Finalmente, um ar de compreensão, severo no julgamento, tomou conta da face do chefe de esquadrão da SS. Walter o observou enxotar os filhos e então consultar a esposa, loira, cujos lábios cerrados não deixavam dúvida em relação ao que o marido acabara de lhe dizer. A família, chocada, foi embora às pressas, escandalizada por dois homens se deitarem juntos tão descaradamente num parque público, inclusive com crianças por perto. Devem ter considerado isso uma agressão à habitual moral impecável da nova Alemanha.

Era arriscado demais tentar ir para outro lugar, pois assim que saíssem de entre os arbustos seriam notados. Fred e Walter ficaram onde estavam até o cair da noite, quando poderiam recomeçar a caminhar.

O problema era que seguir o curso do Soła era mais fácil na página do atlas do que na vida real. Eles continuaram se perdendo. Reconfortaram-se, por exemplo, quando viram as luzes de Bielsko, cerca de trinta quilômetros ao sul de Auschwitz, porque isso confirmou que estavam razoavelmente na direção certa. O plano era sempre evitar contato humano, portanto deveriam contornar os lugares em vez de marchar direto para eles. No entanto, quando a noite foi se aprofundando e as luzes de Bielsko se tornaram mais fracas, Fred e Walter ficaram desorientados. Logo, repentinamente, viram-se dentro da cidade. Estavam cercados de ruas e prédios e, por conseguinte, de centenas de pares de olhos que podiam vê-los — e entregá-los.

Tentaram voltar pelo caminho que haviam chegado, retroceder para a área rural anônima, mas, confusos como estavam e na escuridão, não conseguiram fazê-lo. Para qualquer lugar que se virassem havia um prédio, e depois outro. Seria apenas questão de tempo antes de tropeçarem em homens armados, fossem eles da SS, fossem os colaboradores poloneses — não fazia muita diferença.

Por enquanto, o oponente mais imediato era o amanhecer. Não podiam se arriscar a serem pegos naquele labirinto de ruas de Bielsko à luz do dia. Precisavam sair dali.

Conseguiram só em parte. Quando o sol raiou na quinta-feira, 13 de abril, tinham escapado da cidade, mas só até o vilarejo próximo, Pisarzowice. Era verdade que havia menos gente para vê-los ali, mas de manhã a dupla ficava mais visível. Teriam que se esconder e, para tal, quebrar uma das regras mais solenes de Volkov: fazer contato com um desconhecido.

A questão era saber com quem. Não havia como pesar as opções, teria que ser uma decisão tomada ao acaso. Teriam que escolher a porta da frente de uma casa e tentar. Se errassem, e um *Volksdeutsche* recém-instalado atendesse à porta, com certeza estariam perdidos. Mesmo se tivessem sorte, e a porta fosse aberta por um polonês local, também poderia significar encrenca. As regras da potência de ocupação eram claras: qualquer polonês encontrado abrigando, ou mesmo ajudando, um judeu seria executado. Por sua vez, um polonês que encontrasse um judeu escondido e o denunciasse seria recompensado: a recompensa era um quilo de açúcar[14] ou talvez uma garrafa de vodca. Então, qual casa escolher? Cometer um erro podia ser fatal.

Resolveram tentar um chalé em ruínas, onde havia galinhas no quintal e até mesmo um ganso andando de um lado para outro. Em vez de bater à porta, Fred e Walter deram a volta na casa até os fundos e abriram caminho entre os bichos. Viram uma mulher vestida de preto, com um lenço na cabeça, e uma filha adolescente que a seguia ansiosamente.

Não era apenas Walter que tinha facilidade para línguas. Fred também era suficientemente versado em polonês, de modo que ambos souberam de imediato como se apresentar.

— Louvado seja o Nosso Senhor Jesus Cristo[15] — disseram os dois judeus da Eslováquia.

— Para sempre seja louvado, amém — respondeu a mulher.

Ela os convidou a entrar, o que foi o primeiro bom sinal. O segundo veio quando ela disse:

— Receio que o meu russo não seja muito bom.

Provavelmente fora o sotaque de ambos que os denunciara: ela sabia que não se tratava de poloneses. Havia outros sinais, porém. Estavam vestindo roupas caras, embora sujas, e tinham parado numa casa aleatória no meio do nada. Que fossem fugitivos soviéticos de um campo de prisioneiros de guerra não era um palpite ruim, e conveniente para Fred e Walter. Era melhor que ela achasse aquilo do que adivinhasse a verdade.

Ela se virou para a filha, ainda em silêncio, e fez um sinal para que a moça trouxesse algo de comer para aqueles homens. Assim, apareceu um desjejum de pão, batatas e uma imitação de café, o que, após vários dias comendo o que encontravam pela mata, foi como um banquete.

Enquanto comiam, ela descreveu por alto a disposição corrente da terra. Confirmou que os vilarejos da área tinham de fato sido pesadamente germanizados. Se Walter e Fred vissem gente trabalhando nos campos, eram grandes as chances de serem civis alemães. E portavam armas, mesmo quando saíam para cultivar a terra, autorizados a atirar imediatamente contra "vagabundos não identificáveis"[16] que vissem. A área estava cheia de guerrilheiros, disse ela, então os alemães eram especialmente vigilantes.

Os poloneses restantes na região estavam então confinados a casas mais distantes das estradas e do rio — portanto, pensou Walter, longe da rota para a fronteira. Não que houvesse muita gente ansiosa para ajudar uma dupla de fugitivos. A ocupação nazista fizera do auxílio ao tipo errado de estranhos um crime capital não só para os que eram considerados diretamente culpados: muitas vezes, a família inteira do infrator pagava o mesmo preço. A mulher acrescentou que muitos poloneses já tinham sido mortos por cometer o erro de dar comida ou abrigo a homens que haviam se apresentado como fugitivos, falando polonês ou russo, mas que eram, na verdade, agentes provocadores alemães.[17]

Ficaram sabendo que a mulher tivera dois filhos: um estava morto e o outro era prisioneiro num campo de concentração. Talvez fosse por isso que tivesse assumido um risco que ela própria entendia claramente ser enorme, ao permitir que Fred e Walter ficassem na casa dela até as primeiras horas da manhã seguinte.

Os rapazes se mostraram úteis, cortaram lenha e fizeram uma pausa para almoçar uma tigela de sopa de batatas seguida de... batatas. Uma vez feito o trabalho, dormiram até o meio da noite, quando Walter acordou subitamente. Levantou-se de um pulo, assustado. Era a mulher, com um bule de café e um aviso de que, se quisessem cruzar o campo aberto e chegar até as montanhas sem serem vistos, deviam ir embora imediatamente. Ela quis que aceitassem algum dinheiro, "só para dar sorte". Isso significava quebrar outra regra de Volkov, mas Walter achou impossível dizer não.

O conselho dela se mostrou sensato. Viajaram sem restrições por três horas e alcançaram as montanhas, cujos picos estavam cobertos de neve ao amanhecer, mesmo sendo abril. Eles ainda estavam a uma distância segura do Soła, caminhando ao longo da margem ocidental do rio através de um vale com uma espessa floresta. Só ocasionalmente viam alguma casa, e, quando isso acontecia, os moradores em geral fechavam as portas e as janelas[18] se Fred ou Walter se aproximassem. Se, num momento de rara necessidade, os fugitivos tentassem travar alguma conversa, os habitantes locais tendiam a não responder. Seria uma recusa em ajudar dois judeus que se encontravam entre eles? Ou, talvez, simplesmente, a mulher em Pisarzowice tivesse razão: estaria a população local aterrorizada com uma ocupação que tornava a gentileza humana básica um risco fatal? De um jeito ou de outro, aquilo fez com que a dupla apreciasse ainda mais aqueles poloneses que os viam de relance na trilha e acidentalmente deixavam cair meio filão de pão[19] perto do caminho.

No domingo, 16 de abril, saíram da floresta, mas isso trouxe um medo novo. Tinham chegado às montanhas das quais se avistava Porąbka. Tanto Fred quanto Walter tinham sido avisados, separadamente, dos perigos daquele lugar: uma represa próxima fazia dela um alvo militar, de modo que balões de barragem[20] pairavam no céu acima, como sentinelas mudas, e o lugar pululava de soldados alemães. Na verdade, aquele era o lugar onde Eisenbach, Balaban e os outros tinham se deparado com os guardas-florestais alemães, acarretando o fracasso da tentativa de fuga deles, até então bem-sucedida. E nesse momento Fred e Walter estavam vendo os mesmos balões de barragem, cinzentos e sombrios,[21] como tinham sido levados a crer que fossem.

Ficariam grudados na encosta da montanha, com suas íngremes escarpas cobertas por uma densa floresta verde, e evitariam, dessa maneira, a represa e a cidade. Mas estava difícil continuar. O cansaço era crescente e as pernas começavam a inchar. Havia neve no chão, e no escuro tinham que se mover com cautela. Qualquer barulho de um galho quebrado ou de uma pedra deslocada provocava temor.[22] Caso algum dos dois pisasse num graveto, tinham medo de estar se denunciando; se o barulho viesse de outro lugar, isso significava que um desconhecido, ou um inimigo, estava por perto.

Após algumas horas de repouso à luz do dia, a noite se aproximou e eles se prepararam mais uma vez para partir. Só que então, pela primeira vez, iriam confrontar uma ameaça que não podia ser contornada nem ludibriada. Estavam prestes a enfrentar uma bala nazista.

Com o olhar fixo em frente, no futuro. O garoto na primeira fileira, segundo a partir da direita, é Walter Rosenberg, posando para a foto da turma de 1936-1937. Três anos depois, ele estaria fora da escola — expulso por ser judeu.

Uma prisão externa, onde nada crescia. Majdanek, o campo de concentração nos arredores de Lublin, Polônia, no qual Walter ficou aprisionado por doze dias em junho de 1942.

O Kanada era outro país e outro mundo. O primeiro serviço de Walter no Eldorado de Auschwitz era mover as sacolas da montanha de bagagem, todos os itens roubados dos recém-chegados.

A *Alte Judenrampe*, onde Walter trabalhou por dez meses. Ele foi um dos primeiros a ver as chegadas fatídicas dos caminhões de gado que os haviam levado para Auschwitz.

Auschwitz II ou Birkenau, onde Walter foi interno a partir de 15 de janeiro de 1943. Quatro dos cinco complexos de câmara de gás e crematório ficavam em Birkenau.

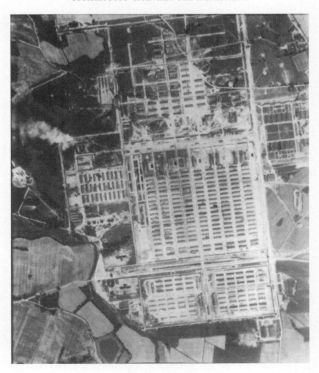

Geheime Staatspolizei
Staatspolizeistelle Hohensalza

Aufgenommen: 9. April 1944, 12³⁷

Eingang: 11. APR 1944
Tgb. Nr. 2334/44

Hohensalza, Nr. 2037

Telegramm – Funkspruch – Fernschreiben – Fernspruch

KL AUSCHWITZ NR. 3433 8/4.44 0833 = KA.=
AN DAS RSHA, IV C 2, BERLIN.- AN DAS SS- WVH., AMTSGRUPPE
D, ORANIENBURG.- AN ALLE OESTL. STAPO(LEIT)- KRIPO(LEIT)
STELLEN UND GREKO.----
BETRIFFT: SCHUTZHAFTJUDEN 1.) R O S E N B E R G, WALTER
ISRAEL, GEB. 11.9.24 ZU TOPOCANY, EINGELIEFERT AM 30.6.42
VOM RSHA.- 2.) W E T Z L E R ALFRED, ISRAEL, GEB. 10.5.18
ZU TRNAVA, EINGELIEFERT AM 13.4.42 VOM RSHA.--
- ROSENBERG UND WETZLER SIND AM 7.4.44 AUS DEM KL.-
AU. II, BAUABSCHNITT IIA UND IIB, ENTFLOHEN. DIE SOFORT
EINGELEITETE SUCHAKTION BLIEB BISHER OHNE ERFOLG. ES WIRD
GEBETEN, VON DORT AUS WEITERE FAHNDUNGSMASSNAHMEN
EINZULEITEN UND IM ERGREIFUNGSFALLE DAS KL.- AUSCHWITZ
UMGEHEND ZU BENACHRICHTIGEN.---- ZUSATZ FUER DAS RSHA.:
DIE AUSSCHREIBUNG DES ROSENBERG UND DES WETZLER IM
SONDERFAHNDUNGSBUCH BITTE ICH VON DORT AUS ZU VERANLASSEN.
- ZUSATZ FUER DAS SS- WVH.: MELDUNG AN DEN REICHSFUEHRER
IST ERFOLGT. WEITERER BERICHT FOLGT. DAS VERSCHULDEN EINES
POSTENS WURDE BISHER NICHT FESTGESTELLT.-

KL.- AU.- AZT. II/ 44070/8.4.44 DY.---
- GEZ. HARTJENSTEIN SS- STUBAF.+++

Fahndungszettel
Suchvermerk liegt nicht vor:
Keine Pers. Akte:
Hohensalza, den 11. Apr. 1944

"Busca imediata sem sucesso." Telegrama da SS recebido pela Gestapo em 9 de abril de 1944, notificando que Fred e Walter haviam fugido de Auschwitz. Na verdade, eles ainda estavam escondidos no campo.

"Consiga o que puder da Força Aérea." Bilhete de Winston Churchill ao secretário do Exterior, Anthony Eden, enviado logo depois de o primeiro-ministro ter lido uma versão sintetizada do Relatório Vrba-Wetzler.

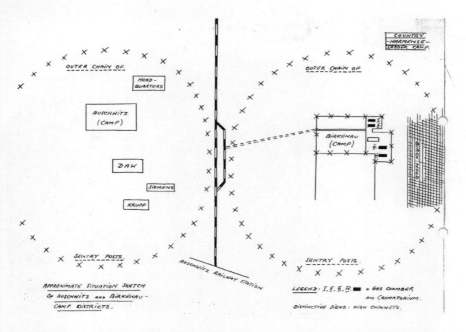

Esboço de Auschwitz-Birkenau desenhado por Rudi, conforme apareceu na tradução inglesa do Relatório Vrba-Wetzler. Quando desenhava mapas, Rudi tinha a tendência de colocar o norte embaixo, hábito adquirido quando estava na escola.

Rudi foi laureado com a Medalha de Bravura Tchecoslovaca, com a Ordem da Insurreição Nacional Eslovaca (Segunda Classe) e com a Medalha de Honra dos Guerrilheiros Tchecoslovacos.

Eles a chamaram de Helena: ambos achavam que ela era a criatura mais deslumbrante que já tinham visto. Rudi, Gerta e a bebê Helena, Tchecoslováquia, 1953.

Elas sempre o chamariam de Tata. Zuza, Helena e Rudi na Inglaterra.

O que Rezső Kasztner faria — e não faria — com o relatório foi um evento definidor da vida de Rudi. Kasztner testemunhou durante os procedimentos judiciais em Nuremberg em março de 1948.

Agora eram irmãos, ligados por uma experiência que só eles tinham compartilhado. O parceiro de Rudi na fuga, Alfréd Wetzler, depois da guerra.

Ele era o sonho de qualquer promotor. Não apenas fluente em vários idiomas, mas com uma quantidade excepcional de memórias à qual recorrer. Rudi num julgamento de crimes de guerra, Frankfurt, Alemanha Ocidental, 1964.

"Por que você sorri com tanta frequência quando fala sobre isto?", perguntou Lanzmann. "O que eu deveria fazer?", respondeu Rudi. "Eu deveria chorar?" Rudi sendo entrevistado para o épico documentário *Shoah*.

Um passeio de barco pelo rio Cam, com um de seus netos ingleses no colo, era capaz de despertar um largo sorriso. Rudi com o filho de Zuza, Jan, no fim dos anos 1980.

19
Cruzando a fronteira

WALTER ESTAVA DEITADO, DE OLHOS FECHADOS, quando ouviu o ruído. O estalo de um fuzil e o zunido de uma bala passando acima dele. O instinto fez com que ele e Fred se pusessem de pé num pulo, mas nenhum dos dois sabia se essa fora uma atitude sensata.

Então a viram: uma patrulha de cerca de uma dúzia de soldados alemães[1] estava na colina ao lado, a aproximadamente setenta metros. Estavam acompanhados de cães presos a guias e portavam armas, que estavam apontadas para os dois. Talvez aqueles homens da *Wehrmacht* tivessem visto o telegrama enviado pelo major da SS uma semana antes, que alertava todos os postos do Reich para o desaparecimento de dois prisioneiros de Auschwitz, os quais eram procurados. Talvez tivessem uma descrição que coincidia com as de Fred e Walter. De qualquer maneira, tinham visto o suficiente para abrir fogo.

O velho capitão do Exército Vermelho fora inflexível. Nunca se pode correr mais depressa do que uma bala. Então, nunca se deixe ficar nessa posição, nunca deixe que sua única esperança seja exigir de suas pernas algo que as leis da física sempre recusam. No entanto, quando Walter começou a subir a encosta, aos trancos e barrancos, com os pés afundando na neve, na esperança de chegar ao cume e então desaparecer de vista na encosta do outro lado, de nada serviam as regras de ouro de Volkov, as quais ele tinha quebrado quase todas. Alemães fardados[2] haviam aberto fogo contra eles, e com grande precisão. Tudo que podiam fazer era correr.

Fred foi mais rápido, e localizou um rochedo suficientemente grande atrás de onde poderia se esconder. Encolheu-se no lugar, enquanto Walter estava desesperado para alcançá-lo e fazer a mesma coisa, mas tropeçou e caiu de cara no chão. Não havia como se levantar — ele se moveria devagar demais, o que o tornaria um alvo muito fácil. O ar estava tomado pelo som de tiros, e as balas batiam nas rochas por todos os lados. Mover-se, mesmo que fosse um músculo apenas, significava levar um tiro e ser morto. Não havia nada que ele pudesse fazer. Walter ficou paralisado de medo.

Segundos depois, ouviu ordenarem o cessar-fogo.

— Nós o pegamos![3] — disse o comandante a seus homens.

Os soldados começaram a descer a montanha, sem dúvida para identificar os dois mortos. Walter deu um pulo e completou o caminho que tentara fazer antes, jogando-se atrás do rochedo.

Então, foi Fred quem deu uma ordem, e instou Walter a seguir em frente. Conseguiram chegar até o alto da montanha e descer pelo outro lado. Contudo, os alemães não tinham desistido, e os cães estavam se aproximando.

Os fugitivos continuaram correndo, fixando o olhar num pequeno bosque na metade da subida seguinte. Se conseguissem chegar até lá, poderiam desaparecer. Só que o único meio de chegar à montanha seguinte era atravessar um largo rio no fundo do vale. Os cães estavam chegando mais perto. Não havia escolha. Simplesmente pularam dentro do rio.

A água estava gelada e corria rápido. A margem oposta estava muito perto, mas a correnteza puxava as roupas deles para baixo. Walter não encontrava apoio para os pés e afundou na água não uma, mas duas vezes. Imerso naquele líquido glacial de corpo todo, sentia o frio penetrar-lhe os ossos.

De algum modo, conseguiram chegar ao outro lado, mas isso trouxe pouco alívio. A camada de neve que cobria o chão era tão profunda que as pernas dos dois afundaram totalmente. Enchacardos de água do rio, tinham neve até a cintura. Mesmo assim seguiram em frente, determinados a alcançar as árvores. Olharam por cima dos ombros e viram que os soldados ainda os perseguiam, e escorregavam montanha abaixo na direção da água.

Walter e Fred encontravam-se no meio da mata, correndo em zigue-zague na esperança de confundir os perseguidores, até que um deles notasse aquilo que já não podiam mais ouvir: nada mais de latidos, nada mais do arfar dos cachorros. Esgotados e ensopados, caíram num fosso. Ali ficaram deitados sem se mexer o máximo que puderam, tremendo de frio, atentos a algum som de pessoas caminhando. Depois de um tempo perceberam que, em meio ao desespero com que fugiam dos perseguidores, haviam perdido as magras provisões e os sobretudos.[4]

Continuaram andando durante a noite e descansando de dia, lutavam contra a fome e o frio e caminhavam trajando roupas finas por florestas ainda parcialmente cobertas de neve. Daí em diante permaneceriam bem distantes de qualquer povoado. Em Porąbka, tinham escapado por pouco: portanto, não mais se atreveriam a abusar da sorte. Evitariam qualquer trilha que parecesse muito batida, mesmo que isso diminuísse muito as chances de conseguir encontrar comida. Tudo que queriam era sair daquele país, onde morte e perigo pareciam estar à espera deles a cada curva. Uma vez cruzada a fronteira, eles tinham certeza, as coisas ficariam mais fáceis.

Na quarta-feira, 19 de abril, quando completaram dez dias de caminhada, estavam nas montanhas que ladeavam a cidade polonesa de Milówka: Walter lembrava-se do nome por conta da página do atlas. Por esse critério, estavam a apenas duas cidades da fronteira. Aqui e ali podiam ver as cinzas e a terra queimada deixada por fogueiras[5] já apagadas: talvez, pensaram eles, houvesse guerrilheiros por perto. Estavam num campo perto de uma floresta, evitando pessoas, como sempre, quando avistaram um pequeno rebanho de cabras. Fred e Walter sem dúvida estavam avaliando o potencial dos animais como comida quando, um segundo depois, viram a mulher de meia-idade que cuidava delas.

Houve um impasse silencioso, com cada uma das partes observando a outra, avaliando a ameaça mútua que representavam. Ela sabia que aqueles homens cadavéricos, de olhar insano, eram fugitivos — era óbvio —, e sabia também, portanto, que, se lhes oferecesse algum auxílio, os alemães a matariam. No entanto, em seus olhos via-se claramente que ela tinha noção de que, se não os ajudasse, eles mesmos podiam matá-la.

Alguns segundos se passaram antes de Walter romper o impasse. Considerando quanto tinham sido cuidadosos, considerando tudo que Volkov lhe ensinara sobre risco desnecessário e tudo que ambos haviam aprendido sobre o assunto, as palavras que lhe saíram da boca não faziam sentido:

— Estamos indo para a fronteira eslovaca — disse ele. — A senhora pode nos mostrar o caminho? Fugimos de um campo de concentração. De Auschwitz.[6]

Por que ele sentiu necessidade de dizer isso? Por que se identificar dessa maneira? Mesmo que a dupla não soubesse que havia um mandado internacional de prisão contra eles, Walter teria sabido que, uma vez que prisioneiros tinham escapado de Auschwitz, toda a região estaria sendo vasculhada. Então, por que correr o risco de dizer isso em voz alta?

Talvez, pensou ele, tenha sido porque não havia sentido em tentar enganar aquela senhora. Ela não seria ludibriada por alguma história absurda, pois qualquer um podia ver o que eles eram. Talvez porque as roupas esfarrapadas e as mãos calejadas[7] dela não se parecessem com as de um agente de polícia. Talvez fosse uma aposta na bondade humana, uma aposta de que ela ainda existia apesar de tudo que tinham visto. Talvez tenham sido todas essas coisas juntas. No entanto, também passou pela cabeça de Walter que a missão dele, o motivo de ele e Fred terem fugido, era contar ao mundo fora de Auschwitz como era o campo e o que acontecia dentro dele, ou, se isso não desse certo, pelo menos falar da existência de Auschwitz, e até agora não tinham contado nada a ninguém. Naquele momento, uma espécie de peso, pequeno e absurdo, foi retirado dos ombros de Walter. Ele contara a uma pessoa. Pronunciara a palavra em voz alta e além do perímetro. Ele dissera: Auschwitz.

A mulher fez um gesto na direção da pequena palhoça destinada às cabras[8] e sinalizou para que entrassem. Ainda estava desconfiada, não parava de olhar para o rosto deles. Walter e Fred também estavam cautelosos, desconfiavam de uma armadilha, mas mesmo assim entraram. Ela lhes deu um pedaço de pão e um cobertor que tinha na mão[9] e lhes disse que esperassem. Ela mandaria comida imediatamente, e depois alguma ajuda.

Eles a observaram descer o morro e, por fim, atravessar uma ponte a pouco mais de meio quilômetro. Observaram a ponte cuidadosamente. Se ela estivesse planejando traí-los — fosse para os nazistas da ocupação, para uma unidade da polícia local ou para as milícias —, esses homens teriam que primeiro cruzar a ponte antes de chegar a Fred e Walter, o que daria à dupla de fugitivos uma vantagem inicial. Poderiam ver o inimigo se aproximando e rapidamente desaparecer na floresta atrás deles. Não que conseguissem ser tão rápidos assim: os pés de Walter estavam tão inchados que ele mal podia andar, muito menos correr. Devido a toda aquela caminhada, e à dieta apenas de migalhas, ele agora mancava feito um homem com quatro vezes a idade que tinha.

Os minutos se passaram, tempo demais. A velha mulher dissera que mandaria comida "imediatamente". Ali estavam eles, porém, passadas quase duas horas, sozinhos numa palhoça de cabras, presas fáceis. Teria sido um truque? Teria ela mudado de ideia? Ou, de algum modo, esbarrara com as autoridades, o que tornava impossível ajudar os dois homens em fuga naquele momento?

Houve um movimento lá embaixo, perto da ponte. Esforçaram-se para ver quem vinha se aproximando. A figura foi chegando mais perto.

Enquanto se acercava, viram que quem estava subindo o morro em direção a eles era um menino. Não podia ter mais de 12 anos. Estava carregando um pacote, que entregou aos dois. Parecia aterrorizado, como se estivesse prestes a explodir em lágrimas:[10] não era de admirar, dada a condição em que Fred e Walter estavam, as faces com a barba por fazer, os pés metidos em bandagens e sangrando. Um garotinho assustado, mas que só era alguns anos mais novo que Walter.

Dentro do pacote havia uma generosa porção de batatas cozidas e um pouco de carne. Fred e Walter devoraram a comida, e só ao comer perceberam quão famintos estavam. Vinham se alimentando de quase nada desde Porąbka, enchendo a barriga vazia com água dos riachos. O garoto os observou. Então, disse que a avó voltaria ao anoitecer.

Fred e Walter se perguntaram se deveriam ir embora enquanto estavam em vantagem. A ponte não funcionaria mais como um sistema visual de alerta antecipado quando escurecesse. Se a mulher fosse denunciá-los, à noite, uma vez que estivessem apaziguados pela dádiva da carne, seria a hora de fazê-lo.

Consideraram a possibilidade. O ceticismo era forte, mas a necessidade de auxílio e a fome eram ainda maiores. Além disso, se a mulher de fato voltasse com homens armados, os passos ao cruzarem a ponte pelo menos seriam audíveis: Fred e Walter teriam tempo de desaparecer de volta em meio às árvores. Decidiram esperar.

A noite acabou chegando e, do meio do crepúsculo, surgiu a mulher. Um homem subia o morro ao lado dela. Entretanto, ele não vestia farda, apenas as roupas gastas de um trabalhador do campo. Estavam perto, perto demais, quando Fred e Walter viram que o homem carregava uma arma.[11]

Cálculos de vida e morte, de captura e assassinato estavam se tornando rápidos e instintivos para Walter Rosenberg e Fred Wetzler. Sem precisar discutir a situação, ambos consideraram que a probabilidade de que aquele homem estivesse ali para matá-los era baixa. Se fosse hostil, era mais provável que planejasse fazer com que marchassem sob a mira da arma até as mãos da Gestapo. Aquele, concluíram eles sem trocar uma palavra, era um risco administrável: o homem era velho e eles eram dois e tinham facas.

A mulher lhes entregou outro pacote, enquanto o homem assistia sem dizer nada. Era uma segunda refeição, que eles devoraram com a mesma rapidez que a primeira. Em menos de um minuto tinham comido tudo. O homem observou, e então começou a rir.

— Vocês são de um campo de concentração, sem dúvida[12] — disse ele, colocando a pistola de lado.

Aparentemente, a intensidade da fome deles o convencera. Até então, tinha imaginado se esses dois fugitivos que a amiga por acaso encontrara seriam na verdade agentes da Gestapo disfarçados, enviados para enganar e expor os moradores locais que ajudavam na resistência clandestina. Devidamente tranquilizado de que Fred e Walter de fato eram o que afirmavam ser, disse-lhes que arrumassem as coisas e passassem a noite com ele. Na noite seguinte, os guiaria através da fronteira. Com lágrimas nos olhos,[13] a mulher se despediu e lhes desejou boa sorte.

O homem os levou até o chalé dele, que ficava no vale, onde dormiram em camas de verdade, e Walter pôde, enfim, tirar as botas, que, devido ao estado dos pés, tinham se tornado insuportáveis. Cada pé estava tão inchado que ele precisou usar a lâmina de barbear para cortar o couro do sapato. O anfitrião polonês deu a ambos botas novas,[14] mas o inchaço impediu Walter de calçá-las, de modo que ele foi obrigado a pendurá-las nos ombros. Em vez delas, o jovem se arranjou com um par de chinelos.

No dia seguinte, permaneceram no interior da casa. O homem os alimentou e, depois de escurecer, partiram, tendo Walter e Fred prometido fazer exatamente o que o guia lhes dizia. Voltaram para as montanhas cruzando primeiro os trilhos da ferrovia[15] perto de Milówka. Sem sapatos adequados, Walter lutava para acompanhar o ritmo.

Em certo ponto, o guia fez um sinal para que se detivessem. Uma patrulha alemã passava por aquela área a cada dez minutos, avisou. Eles se esconderiam, observariam a patrulha passar, e então teriam um intervalo de nove minutos para se safar. Aquele, explicou o homem, era o grande defeito dos nazistas: eles se atinham à rotina com tanta fidelidade que tornavam os próprios movimentos previsíveis. Walter e Fred concordavam: todo o plano de fuga da dupla se baseara nessa previsibilidade.

Os três se esconderam entre alguns arbustos e ficaram atentos, aguardando as observações do polonês se confirmarem. Como se tivesse sido dado um sinal, soldados alemães passaram marchando. Se Walter e Fred ainda duvidassem de que podiam confiar naquele homem, essa dúvida se dissipou.

Ocasionalmente faziam uma pausa, e o homem se embrenhava no mato e voltava com comida: uma confirmação aparente de que havia guerrilheiros por perto. Enquanto comiam, o homem apresentou, em tom de voz uniforme, a teoria de que eles dois provavelmente eram os fugitivos que haviam escapado do campo em Oświęcim no dia 7 de abril. Fez um gesto em direção às mangas das camisas, sob as quais estavam os números de ambos tatuados, como se para mostrar que ele sabia muito bem sobre Auschwitz, e talvez tivesse sido ele próprio prisioneiro ali. Perguntaram-lhe o nome, para um dia poderem agradecer. Ele disse apenas que era chamado de Tadeusz.[16] Era óbvio. Esta era a regra não escrita: nada de nomes, nada de endereços, de nenhum dos lados. Dessa maneira, se Walter e Fred, ou o homem, fossem capturados e torturados pelos nazistas, não teriam nada a revelar.

O trio acelerou o ritmo e cobriu cerca de doze quilômetros no escuro, até o amanhecer da sexta-feira, 21 de abril. Tinham estado juntos por dois dias, e então chegaram a uma clareira. O velho apontou para uma floresta, a não mais de cinquenta metros de distância, e disse as palavras que eles ansiavam ouvir:

— Ali é a Eslováquia.[17]

Não havia nada para impedi-los. Nenhuma cerca, nenhum posto de fronteira. Podiam correr para lá naquele exato momento, e estariam fora da Polônia ocupada de uma vez por todas. Mas o guia tinha mais duas orientações. Primeiro, disse ele, as patrulhas alemãs eram tão regulares ali quanto em qualquer outro lugar, mas os intervalos eram mais longos. A cada três horas passava uma patrulha. A única garantia de segurança era esperar, esconder-se em meio às árvores, observar a patrulha chegar e ir embora, e então passar correndo.

Tendo passado a fronteira, deveriam se dirigir para o vilarejo de Skalité. Ali deveriam procurar a casa de número 264,[18] onde encontrariam um homem em quem podiam confiar, que lhes daria comida e roupas. Deveriam dizer que "O montanhês vivo de Milówka"[19] os tinha mandado. Ao dizer isso, com a voz levemente embargada, "Tadeusz" se despediu.

Fred e Walter fizeram o que ele mandou. Observaram a patrulha passar, esperaram alguns instantes e então se dirigiram para a encosta às escuras do lado oposto. Não tinham andado muito tempo, talvez dez minutos, quando viram, fincados no chão, os marcos de pedra baixos e atarracados — com o "P" de um lado e o "E" do outro — que demarcavam a fronteira entre a Polônia e a terra onde tinham nascido. Atravessaram em plena luz do dia, às nove da manhã.

Sentiram-se eufóricos? Sentiram-se aliviados. Não estavam mais no país onde ficava Auschwitz. Mas não conseguiram ficar muito alegres. Embora não estivesse ocupada pelos nazistas, a Eslováquia ainda era governada por aliados dos nazistas, os mesmos fascistas domésticos liderados pelo monsenhor Jozef Tiso, que ansiara e organizara a expulsão de Fred e Walter, bem como das respectivas famílias e amigos de ambos. Ainda era o país que permitira que aquilo acontecesse.

Cada movimento que fizessem era muito arriscado. Os guardas Hlinka não tinham ido embora. Além disso, não podiam se manter sob a cobertura da noite ali, mesmo com o amigo de confiança que Tadeusz mencionara. Precisavam fazer contato com os judeus remanescentes da Eslováquia, os que de algum modo tinham evitado a deportação e ficado, e essa necessidade os forçaria a se revelar.

Assim, continuaram andando, através da floresta ao longo da borda da encosta, até que começaram a descer para o vilarejo fronteiriço de Skalité, com as poucas casas espalhadas, um riacho calmo e uma igreja com uma cúpula em forma de cebola. O estado das roupas de ambos, rasgadas e esfarrapadas, e Walter calçando chinelos em frangalhos e com um par de botas pendurado no ombro, os anunciava como forasteiros. A proximidade da fronteira polonesa preenchia as outras lacunas.

Encontraram a casa, pronunciaram a senha — "O montanhês vivo de Milówka" — e foram recebidos pelo agricultor Ondrej Čanecký. Ele disse aos novos hóspedes que se lavassem e deu uma muda de roupa a cada um: trajes camponeses que lhes permitiriam passar por gente local. Durante a refeição, Fred e Walter explicaram que precisavam encontrar algo que se assemelhasse a uma comunidade judaica: precisavam avisá-los, urgentemente. Čanecký respondeu que o médico em Čadca era um judeu de nome Pollack.

Esse nome imediatamente pareceu familiar a Walter. Em Nováky, houvera um dr. Pollack na lista de embarque do mesmo transporte que o levou para Majdanek. No entanto, o nome fora retirado de última hora da lista. Descobriu-se que as autoridades tinham feito uma súbita exceção para médicos judeus, cedendo à pressão da opinião pública eslovaca, especialmente em áreas rurais, que da noite para o dia descobriram que estavam sem cuidados médicos. Tiso não havia considerado o fato de que, embora os judeus representassem apenas uma pequena parcela da população da Eslováquia, formavam boa parte dos médicos do país. O presidente concedeu indulto aos médicos judeus que ainda não tinham sido deportados e despachou-os para pequenas cidades e vilarejos. Considerando tudo isso, era perfeitamente plausível que o mesmo dr. Pollack estivesse em Čadca. E, se fosse ele, então era um lugar óbvio para começar.

Precisavam chegar a Čadca imediatamente. Fred e Walter se entreolharam: deviam partir.

Esperem aí, disse Čanecký. Se eles fossem viajar os vinte e tantos quilômetros para Čadca do mesmo jeito que tinham vindo para Skalité, numa caminhada noturna através de florestas e matas, podiam levar três dias inteiros. O agricultor tinha uma sugestão. Segunda-feira era dia de feira na cidade, e ele estava planejando ir até lá de trem para vender porcos. E se Fred e Walter se escondessem no chalé durante o fim de semana e então ressurgissem na segunda-feira com os novos trajes camponeses, fazendo-se passar por lavradores? Se ficassem perto de Čanecký e dos suínos do camponês, ajudando-o e conversando em eslovaco nativo, a polícia e seus informantes mal os notariam, ainda mais porque o trem para Čadca era controlado por gendarmes eslovacos, não por alemães.

E assim, em 24 de abril, Walter Rosenberg, o menino que um dia usara o cabelo em *peiots*, os cachos laterais, e fazia pequenos serviços para o rabino local, viu-se numa feira livre eslovaca, ajudando a conduzir uma vara de dez porcos e escutando os comerciantes em volta gracejando com os fregueses, animadamente rejeitando uma oferta em dinheiro que considerassem baixa demais, perguntando se o interessado na compra era um judeu ou um ser humano.[20]

No entanto, a estratégia deu certo. Čanecký vendeu seus porcos e ninguém prestou atenção nos dois jovens auxiliares. Ele até mesmo quis repartir um pouco da receita, mas Walter e Fred recusaram. Ele tinha arriscado a própria vida pela liberdade deles, já fizera o suficiente.

A última boa ação do agricultor foi indicar aos fugitivos onde encontrar o médico. O local de trabalho do homem não era o que estavam esperando: a clínica do dr. Pollack ficava dentro de um alojamento do Exército local. Guardando a porta havia dois soldados do Exército eslovaco pró-nazista. Como Walter era quem conhecia Pollack, cabia a ele passar pelos homens fingindo ser um paciente. Ele se preparou e entrou.

Encontrou a sala de Pollack e, logo que entrou, viu que sim, que o médico era o mesmo homem que conhecera em Nováky. Só que ele não estava sozinho. Havia uma enfermeira a seu lado. Pensando rápido, Walter disse que viera por causa de uma "doença de homem", por isso preferia que a mulher saísse.

Walter pôde ver que Pollack não o reconheceu. Não era de admirar: estava vestido como camponês e, apenas duas semanas depois de sair de Birkenau, em vez de cabelo, havia um restolho na cabeça dele.

Então, explicou quem era e onde ele e o médico tinham se encontrado pela primeira vez. E depois falou sobre Auschwitz. Falou da forma mais breve que conseguiu; ainda assim, Pollack ficou pálido[21] e começou a tremer.[22] Walter entendeu por quê. Ele, Walter, era um emissário vindo do túmulo. Era o primeiro dos 60 mil judeus que haviam sido deportados da Eslováquia entre março e outubro de 1942 — metade deles para Auschwitz — a retornar ao país. Estava trazendo a pavorosa notícia de que, de todos aqueles milhares, apenas 67 homens judeus eslovacos ainda estavam vivos em Auschwitz, junto com 440 mulheres judias eslovacas.

— Onde está o restante? — perguntou Pollack.

— O restante está morto[23] — respondeu Walter.

E explicou que não haviam sido "reassentados", como disseram àqueles que tinham ficado e desesperadamente queriam acreditar. Haviam sido assassinados.

O próprio Pollack havia sido poupado na primavera de 1942, junto com a mulher e os filhos. Os pais, irmãos e irmãs com as respectivas famílias, porém, tinham sido todos deportados. O médico não tivera notícia dos parentes desde 1942. Eles e o restante dos deportados haviam desaparecido, deixando apenas silêncio. As palavras de Walter fizeram o médico tremer. Porque agora ele sabia.

Recompondo-se, Pollack indagou o que podia fazer. Agora era a vez de Walter fazer as perguntas. Restava alguma coisa da comunidade judaica organizada na Eslováquia? Ainda existia algum grupo, algo que se assemelhasse a uma liderança?

O médico respondeu que a ÚŽ, a *Ústredňa Židov*, o Conselho ou Centro Judaico, em Bratislava, ainda funcionava. Era a única organização judaica que o regime permitia, agora encarregada de representar os 25 mil judeus, como Pollack, que tinham evitado a deportação e prosseguido com a vida. Mas a ÚŽ precisava trabalhar discretamente. O médico podia arranjar um contato de imediato. Entregou a Walter o endereço de onde ele e o amigo poderiam passar a noite em Čadca: estariam sob o teto de uma senhora chamada Beck, aparentemente uma parente de Leo Beck,[24] o eminente rabino.

Havia uma última tarefa a completar. Tinham conversado por quinze minutos; a enfermeira poderia desconfiar. Seria melhor Walter sair com bandagens nos pés,[25] para explicar o que lhes tinha tomado tanto tempo (apesar de que a mulher poderia ficar intrigada quanto a que tipo exatamente de "doença de homem" afetara aquela parte da anatomia).

★ ★ ★

Na manhã seguinte, ainda disfarçados de camponeses, a dupla caminhou a uma distância cuidadosa atrás do dr. Pollack quando ele os conduziu para a estação de trem[26] em Čadca. Ele se foi, e ambos pegaram o trem.

Estavam se dirigindo para a cidade de Žilina, muito maior. A única instrução era estar no parque diante da estação às dez horas. Como disfarce, Fred e Walter sentaram-se num banco com uma garrafa de *slivovitz*, uma aguardente de ameixa. Vestidos com roupas camponesas e com a cabeça raspada, bebendo logo cedo e em público, podiam passar por novos recrutas do Exército eslovaco. Ninguém os incomodou, até que Erwin Steiner, representante da ÚŽ, se aproximou. Fez um meneio de cabeça para indicar que deveriam segui-lo, e eles andaram sete ou oito minutos até o edifício surpreendentemente moderno na rua Hollého, que ali estava como um monumento à confiança da comunidade que o erguera menos de uma década antes. Era o lar judaico dos velhos de Žilina, embora desde 1940 tivesse encontrado um novo propósito como a sede local do Centro Judaico. Steiner os conduziu diretamente pelas escadas até o porão.

Passaram pela sala das caldeiras e pela lavanderia e foram até a última porta do corredor. Pouca gente os encontraria ali, no canto inferior do edifício. Havia janelas que davam para a rua, mas o vidro era opaco e no nível dos pés dos pedestres. Com sorte, ninguém saberia que estavam ali.

Havia um pouco de comida — salame, ovos, salada[27] — e água para beber. Logo a esposa de Steiner, Ibolyam, juntou-se a eles: posteriormente, ela atuaria como datilógrafa.[28]

E assim, ali, naquele prédio, Walter Rosenberg, com Fred Wetzler ao lado e as bandagens ainda nos pés, começou a realizar o sonho que o alentara durante a agonia dos anos anteriores. Começou a revelar a verdade sobre Auschwitz.

PARTE IV
O relato

20
Tudo preto no branco

A CONVERSA — PARTE RELATÓRIO, parte interrogatório — demoraria vários dias. Logo que ouviu os homens descreverem em linhas gerais a história de ambos, Steiner percebeu que estava além da alçada dele: a liderança da ÚŽ precisava ouvir aquilo. Telefonou para Bratislava com a finalidade de falar com Oskar Krasňanský, um engenheiro químico que era uma das figuras mais antigas do conselho. Steiner instou-o a ir imediatamente. Judeus não tinham permissão para viajar de trem, mas Krasňanský deu um jeito de conseguir uma autorização[1] e no mesmo dia, mais tarde, chegava a Žilina. O chefe do Conselho Judaico, o advogado e escritor Oskar Neumann, de 50 anos, juntou-se a eles 24 horas depois.[2]

Para os encarregados do conselho, a primeira tarefa era estabelecer que aqueles homens eram de fato quem diziam ser. Isso foi bastante simples: Krasňanský levara com ele os registros mantidos pelo conselho de cada transporte de judeus que deixara a Eslováquia com destino desconhecido na época. Havia um cartão para cada deportado, incluindo nome e fotografia.[3] Então, quando Fred e Walter deram a data e o ponto de origem dos carregamentos que os tinham levado, os registros comprovaram que eles diziam a verdade.

Além disso, Fred e Walter também foram capazes de dar os nomes de muitos outros que haviam sido espremidos nos vagões de gado com eles, além de indivíduos específicos que tinham chegado a Auschwitz em transportes subsequentes. Todas as vezes os nomes e as datas coincidiam. E todas as vezes os fugitivos foram capazes de confirmar a sina das pessoas que estavam nas listas: praticamente sem exceção, os nomes eram de mortos.

Krasňanský julgou de imediato os dois rapazes dignos de crédito. Eles, evidentemente, estavam num estado terrível, com os pés deformados e completamente exaustos;[4] podia-se ver que estavam subnutridos, que quase não tinham comido nada por semanas. Krasňanský chamou um médico e decidiram, entre si, que os dois deveriam permanecer ali, no porão, a fim de recuperar as forças. Para isso, foram acomodadas duas camas.

O engenheiro químico ficou impressionado com a profundidade e a precisão da memória de cada um, considerando a fragilidade física que demonstravam. Era algo admirável.[5] Ele estava determinado a ter os depoimentos de ambos registrados e garantir que fossem inquestionáveis.

Com isso em mente, decidiu entrevistar os dois em separado, e ouviu cada história em detalhes desde o começo, de modo que não se poderia dizer que as evidências de um haviam contaminado ou influenciado as do outro. Em sessões que duraram horas, Krasňanský fez perguntas, escutou as respostas e escreveu minuciosas anotações taquigráficas. Ele mal demonstrava qualquer reação emocional ao que ouvia — que, afinal de contas, era a confirmação de que sua comunidade havia sido metodicamente assassinada. Continuava fazendo perguntas e anotando as respostas.

Walter alternava entre falar muito rápido, despejando uma torrente de palavras, e bem lentamente, de forma calculada, em busca da palavra exata. Antes das entrevistas formais, separadas, Fred viu como Walter se esforçava para se ater aos fatos, feito uma testemunha num tribunal, mas a carga emocional dos acontecimentos que descrevia repetidamente se revelou demasiada. O rapaz mais jovem não conseguia se conter: parecia estar revivendo os acontecimentos ao contá-los, como se cada fibra de tecido do corpo e cada poro da pele[6] dele estivessem de volta a Auschwitz. Uma hora depois, Walter sentia-se totalmente esgotado. No entanto, ainda estava no começo.

Para a entrevista individual, Krasňanský levou-o até uma sala trancada.[7] Era menos uma proteção contra interrupções e mais uma medida de segurança, considerando que agora o lar judaico para idosos de Žilina estava abrigando dois fugitivos da SS, com um mandado de prisão emitido pela Gestapo. (Esta foi outra razão para mantê-los no prédio, dia e noite, por até duas semanas:[8] se fossem vistos na rua com aquela aparência, seriam notados. As pessoas poderiam começar a falar.)

Walter iniciou a conversa pedindo uma caneta e uma folha de papel. Começou a desenhar um mapa, com as distâncias na escala mais precisa possível. Primeiro, fez um esboço da disposição interna do campo principal, Auschwitz I. Então, e isso foi mais complicado, desenhou Birkenau, ou Auschwitz II, com suas duas seções e múltiplas subseções, A, B, C, e assim por diante. Entre os dois campos, desenhou a *Judenrampe* e explicou o que tinha visto e feito ali. Mostrou onde as gigantes da indústria alemã — IG Farben, Siemens, Krupp e outras — tinham suas fábricas, cuja força motriz era o trabalho escravo. Mostrou onde, na extremidade mais longínqua de Birkenau, ficava o maquinário do assassinato em massa: os quatro crematórios, cada um com uma combinação de câmara de gás e um conjunto de fornos.

Durante 48 horas, separados ou em dupla, Walter e Fred descreveram tudo: os carregamentos, a rampa, a seleção durante a qual os escolhidos para trabalhar eram levados para longe, ao passo que os apontados para morrer eram transportados até as câmaras de gás. As tatuagens para os vivos, os fornos para os mortos. Os dois rapazes recitaram as datas e estimaram números de cada remessa de judeus que chegara desde o fim da primavera de 1942 até a semana que tinham empreendido a fuga. Contaram detalhadamente sobre o destino dos conterrâneos judeus eslovacos e o campo de famílias tchecas. Walter admitiu que o infortúnio destas últimas lhe tocara especialmente o coração,[9] dados os laços de idioma e origem: talvez tivesse esperança de que seus interrogadores sentissem a mesma coisa.

Krasňanský, muitas vezes acompanhado de Neumann, escutava tudo e absorvia cada palavra. Neumann era advogado e, muitas vezes, a entrevista parecia uma acareação,[10] à medida que ele pressionava Walter e Fred com relação a todos os aspectos das evidências de ambos. Neumann podia dar o nome de um velho colega de escola que ele sabia ter estado num carregamento específico, digamos, em setembro de 1943, e perguntar se a dupla sabia o destino daquele grupo. Eles respondiam, sabendo que a resposta seria confrontada com o que já tinham dito sobre o mesmo carregamento nove ou dez horas antes. Os funcionários do Conselho Judaico buscavam inconsistências[11] nos depoimentos de Fred e Walter ou entre os depoimentos dos dois. Não encontraram uma sequer.

O tom do interrogatório irritava Walter. Ele podia ver que aqueles homens estavam interessados no que ouviam, que estavam profundamente envolvidos, mas não transbordavam de empatia humana. Eram funcionários, burocratas,[12] cujo ofício envolvia buscar precisão em vez de demonstrar compaixão. É claro que Walter fingia não se incomodar — afinal, quem precisava da compaixão de um punhado de gordos advogados e administradores judeus?,[13] dizia-se ele —, mas sentia-se irritado.

O ressentimento de Walter era anterior ao encontro em Žilina. Ele já alimentava uma birra contra o Conselho Judaico desde aquele dia em fevereiro de 1942, quando recebeu a convocação de deportação, que continha o selo da ÚŽ. Não era de admirar que tivessem o nome e a fotografia dele no arquivo esse tempo todo, junto com os registros das deportações e as listas de nomes — tinham sido *eles* quem os haviam elaborado.

Se Walter houvesse pedido aos homens do outro lado da mesa que se explicassem e se defendessem, sem dúvida eles teriam insistido que haviam sido obrigados a estar em uma posição muito difícil. Um édito nazista em 1940 tinha banido todas as organizações judaicas na Eslováquia e as substituíra por aquele único Conselho Judaico, a ÚŽ. Os líderes judeus do país tinham discutido fervorosamente[14] os acertos e erros morais de participar daquela entidade. Alguns adotaram o ponto de vista de Walter: servir na ÚŽ era fazer o trabalho do diabo e abençoá-lo com a credibilidade dos próprios líderes da comunidade judaica. Outros recearam que uma recusa judaica significaria apenas que o demônio fascista faria sozinho o trabalho, e com muito mais brutalidade. Se os judeus estivessem envolvidos, poderia haver ao menos uma chance de amortecer ou retardar o golpe que em breve se abateria sobre as cabeças judias. Na acalorada discussão, foi o segundo grupo que prevaleceu.

Para Walter, aquilo não bastava: na cabeça dele, qualquer associado da ÚŽ era um desprezível facilitador do regime nazista. Mas havia algo que Walter não sabia: existia uma célula de resistência dentro da ÚŽ, um conselho secreto dentro do conselho conhecido como Grupo de Trabalho, que estava disposto a fazer de tudo para resgatar o máximo possível de judeus. Entre os principais membros, estavam as mesmas pessoas com quem Walter e Fred estavam conversando em Žilina, sendo Neumann o chefe de tudo.

Walter não sabia disso, assim como não pensava em que outras opções os líderes judeus poderiam ter tido quando confrontados com um governo fascista eslovaco — apoiado pela superpotência nazista — pronto para deportar sua minoria judaica. Contudo, não estava com ânimo para dar a seus inquisidores o benefício da dúvida. Chegou a ficar aborrecido por esses funcionários dependerem da palavra de dois rapazes que haviam corrido o risco de serem baleados ou morrerem de fome para percorrer a trilha através da fronteira. Por que, perguntava-se ele, não tinham enviado um dos seus para Auschwitz a fim de ver em primeira mão o destino encarado pelos colegas judeus eslovacos despachados para fora do país?[15] Aquela viagem de quase 120 quilômetros fora difícil e perigosa, com toda a certeza — ninguém sabia disso melhor do que ele e Fred Wetzler. Mas tinham acabado de provar que não era impossível, e eram dois jovens sem mapa, sem dinheiro, e cujos nomes constavam em um mandado internacional de prisão. Certamente, pensava Walter, Neumann e os outros poderiam ter enviado um funcionário disfarçado, com os documentos certos e os recursos exigidos.

O Conselho Judaico ouvira rumores[16] sobre o que realmente significava o "reassentamento": por que não fizeram mais para descobrir a verdade?

No entanto, Walter e Fred continuaram falando, e responderam a cada pergunta que lhes era feita. Por fim, Oskar Krasňanský pegou as anotações que havia reunido, as palavras saídas diretamente da boca dos dois rapazes,[17] e, sem perder tempo, com a sra. Steiner servindo de datilógrafa, fundiu os relatos de ambos, destilando-os em um só texto. Escrito em eslovaco, ocupava 32 páginas com espaçamento simples. Incluía uma série de desenhos profissionais, que mostravam as plantas baixas de Auschwitz I e II e a disposição básica dos prédios dos crematórios, feitos por um arquiteto[18] com base nos esboços grosseiros de Walter e no depoimento que ele e Fred deram. A primeira página era uma introdução escrita por Krasňanský, embora o nome do engenheiro químico não aparecesse. Explicava que o relatório fora escrito por dois jovens judeus eslovacos "cujos nomes não serão revelados [...] para garantir-lhes a própria segurança". Abordava brevemente as histórias separadas da deportação de ambos, antes de declarar que o documento não contaria a experiência inteira dos homens, mas incluiria "apenas o que um ou ambos passaram, ouviram ou vivenciaram em primeira mão. Não estão registradas impressões ou julgamentos individuais e nada passado adiante por meio de rumores".

Então, vinha o trecho crucial, a confirmação de que Fred e Walter haviam passado com louvor no rigoroso exame oral de 48 horas a que foram submetidos: "A declaração confere com todos os relatos confiáveis, ainda que fragmentários, até agora recebidos, e as datas fornecidas em relação aos carregamentos para os diversos campos coincidem com os registros oficiais. Portanto, estes depoimentos podem ser considerados inteiramente fidedignos."

O relatório foi escrito numa inconstante primeira pessoa do plural: os primeiros parágrafos se referiam à "nossa" deportação de Sered' para Auschwitz; depois, o texto falava do "nosso" comboio de Nováky para Majdanek, sem especificar que a primeira experiência pertencia a um fugitivo e a segunda, ao outro. Em seguida, descrevia a vida de um prisioneiro em Auschwitz e a topografia dos campos: a viagem inicial em vagão de gado, as cabeças e os corpos raspados, as tatuagens de números, os triângulos com código de cores que marcavam as diferentes categorias de prisioneiros, os alojamentos, a cadeia interna e externa de torres de vigilância, a chamada, a placa em que se lia *Arbeit Macht Frei*, as fábricas com trabalhadores escravizados, o enforcamento dos que eram pegos fugindo, a fome, as surras casuais, as seleções na enfermaria duas vezes por semana, tudo aquilo.

Talvez pelo fato de o trabalho de texto ter sido feito por um engenheiro químico supervisionado por um advogado, e não por um jornalista, o documento resultou seco e econômico, sem chama retórica. Abria espaço para fatos, não para paixão. Não declarava as notícias mais chocantes nos títulos. Ao contrário, a palavra "gás" só aparecia na página 7, e a revelação central — a de que todos, com exceção de um pequeno número de deportados judeus para Auschwitz, eram assassinados na chegada — só aparecia na página seguinte. Mesmo assim, esse fato horrível era informado sem nenhuma oratória ou ênfase — tudo era mencionado como um mero aparte. Vinha depois de uma lista de carregamentos que chegaram na primavera de 1942, sendo o último composto por quatrocentas famílias judias da França:

Esse comboio inteiro consistia em cerca de 1.600 indivíduos, dos quais aproximadamente duzentas moças e quatrocentos homens foram admitidos no campo, ao passo que as mil pessoas restantes (mulheres, idosos, crianças, além de homens) foram enviadas, sem mais procedimentos, da plataforma ferroviária diretamente para a floresta de bétulas, e ali, mortas por gás e incineradas. A partir desse momento todos os comboios judaicos eram tratados da mesma maneira. Aproximadamente 10% dos homens e 5% das mulheres eram alocados nos campos, e os membros restantes eram imediatamente mandados para a câmara de gás.

A partir desse trecho, o relatório seguia com uma lista dos transportes, cada um deles especificado e guardado na memória, com os números que eram atribuídos ao punhado selecionado a cada um para o trabalho:

38.400 a 39.200: 800 judeus franceses naturalizados; o restante do comboio foi — como anteriormente descrito — mandado para a câmara de gás.

47.000 a 47.500: 500 judeus da Holanda, a maioria emigrantes alemães. O restante do comboio, cerca de 2.500 pessoas, foi para a câmara de gás.

48.300 a 48.620: 320 judeus da Eslováquia. Cerca de setenta moças foram transferidas para o campo das mulheres, e o restante, cerca de 650 pessoas, foi para a câmara de gás.

E prosseguia nesse tom, listando cada transporte ou grupo de transportes, até o número de prisioneiros selecionados para trabalho chegar a 174 mil. Às vezes a informação era concisa e factual, e continha não mais do que o lugar de origem e uma estimativa do número de mortos. Outras vezes, contudo, o relato fornecia informação adicional, até mesmo nomes de indivíduos, geralmente patrícios judeus eslovacos, que haviam sido selecionados para o trabalho vindos de um transporte particular. Houve referências a Esther Kahan, de Bratislava, Miklós Engel, de Žilina, e Chaim Katz, de Snina, "agora empregados no 'mortuário' (a esposa e seis filhos foram para a câmara de gás)". Um registro de um transporte de 2 mil prisioneiros políticos franceses, comunistas e outros informava que entre eles estava o irmão mais novo do ex-primeiro-ministro francês Léon Blum: ele foi "atrozmente torturado e, depois, mandado para a câmara de gás e incinerado".

Apenas na página 12 que o relatório descreve a mecânica do assassinato. Junto com um desenho apresentado como uma "planta baixa aproximada", havia a descrição dos quatro crematórios então em funcionamento em Birkenau, que utilizava frases secas, estritamente factuais:

> Uma enorme chaminé se ergue da sala de fornos, em volta da qual estão agrupados nove fornos, cada um com quatro aberturas. Cada abertura pode receber três cadáveres medianos de uma só vez, e após uma hora e meia os corpos estão completamente queimados. Isto corresponde a uma capacidade diária de aproximadamente 2 mil corpos.

Referindo-se ao diagrama, o relatório teve o cuidado de não deixar de fora o que, para Walter, era o cerne do assunto: a centralidade do engodo no método nazista:

> As desafortunadas vítimas são levadas para um saguão (b) onde recebem a ordem de se despir. Para completar a ficção de que estão indo se banhar, cada uma recebe uma toalha e um pequeno pedaço de sabão entregues por dois homens que trajam casacos brancos.

Todos os detalhes primordiais estavam ali: do Zyklon B e como era despejado pelas aberturas no teto até o trabalho dos *Sonderkommandos* na remoção dos corpos. Detalhava a onda de tifo de agosto de 1942 e o destino do campo de famílias tchecas em março de 1944. Explicava que a "administração interna" de Birkenau era realizada por um grupo de "prisioneiros especialmente selecionados", com uma hierarquia própria de anciãos e escriturários de blocos, e identificava as seções constituintes que compunham Birkenau II, do campo de quarentena BIIa para o campo de ciganos BIIe. E apontava como comandante Rudolf Höss. Conciso como era, procurava ser abrangente.

E concluía com uma lista, intitulada "Estimativa cuidadosa do número de judeus mortos nas câmaras de gás em Birkenau entre abril de 1942 e abril de 1944 (segundo países de origem)":

Polônia (despachados por caminhões)	aproximadamente	300.000
Polônia (despachados por trens)	aproximadamente	600.000
Holanda	aproximadamente	100.000
Grécia	aproximadamente	45.000
França	aproximadamente	150.000
Bélgica	aproximadamente	60.000
Alemanha	aproximadamente	60.000
Iugoslávia, Itália, Noruega	aproximadamente	50.000
Lituânia	aproximadamente	50.000
Boêmia, Morávia, Áustria	aproximadamente	30.000
Eslováquia	aproximadamente	30.000
Vários campos de judeus estrangeiros na Polônia	aproximadamente	300.000
TOTAL	aproximadamente	1.765.000[19]

Krasňanský mostrou o texto para os dois rapazes cujas palavras ele tinha anotado na íntegra e cujos depoimentos havia amalgamado. Queria a aprovação deles para liberá-lo imediatamente. Walter o leu rápido e pôde ver falhas. A mudança na perspectiva da primeira pessoa, de Fred para ele, poderia gerar confusão. E, dado que o documento não tinha intenção de ser apenas para leitura eslovaca, havia talvez uma quantidade desproporcional de detalhes sobre o destino dos judeus da Eslováquia, que chegava até a inclusão daqueles nomes individuais.

Certamente, porém, o maior problema estava nas palavras que não constavam ali. O texto final não fazia menção à iminente catástrofe da qual Fred e Walter tinham estado tão desesperados para avisar. Não falava da urgente ameaça aos judeus da Hungria.

Com certeza haviam discutido o assunto. Na presença de Neumann,[20] presidente do Conselho Judaico, a dupla descrevera o trabalho de construção que tinha visto no campo e comentara a conversa empolgada dos membros da SS sobre o "salame húngaro". Ainda assim, naquele documento não havia uma palavra sequer sobre isso. E mais: quando o texto final mencionava a planejada expansão do campo, a área conhecida como México, onde Walter e Fred tinham se escondido por três dias e três noites, não havia nenhuma referência a essa seção, BIII em linguagem oficial nazista, nem ao fato de que aparentemente pretendia comportar um novo influxo de prisioneiros húngaros. Ao contrário, o relatório insistia que "o propósito desse planejamento extensivo não é do nosso conhecimento".

Por que um documento escrito por dois judeus que escaparam com o propósito de alertar os judeus da Hungria nem sequer mencionaria a ameaça específica para aquela comunidade? Walter confrontou Krasňanský: deveria haver um aviso explícito no texto. Mas Krasňanský foi igualmente inflexível: a credibilidade do relatório dependia de ele ser um registro dos assassinatos que já tinham ocorrido. Nada de profecias, nada de previsões,[21] apenas fatos. Krasňanský estava se apegando à promessa que explicitara na introdução: o documento só seria fidedigno caso se restringisse ao que *havia acontecido*, deixando de fora qualquer sugestão ao que estava por vir. A conversa sobre o "salame húngaro", e as palavras ditas pelo *Kapo* Yup a Walter tinham aparentemente deixado a desejar para o padrão, classificadas como especulação e boatos, e, portanto, foram consideradas inadequadas para inclusão.[22] Ainda assim, Krasňanský deu-se o trabalho de garantir aos fugitivos que aquilo que tinham revelado sobre os preparativos para o assassinato em massa dos judeus húngaros seria passado adiante para as autoridades relevantes.

Walter tinha uma decisão a tomar. É claro que queria que o aviso aos judeus da Hungria fosse dado em alto e bom som. É claro que teria preferido que o relatório fosse explícito nesse quesito e em muitos outros. Mas isso teria significado um atraso. Simplesmente não havia tempo para reescrever, para corrigir erros ou redatilografar páginas, não quando cada dia, cada hora, contava. Melhor ter um relatório com falhas hoje do que um relatório perfeito amanhã. Walter e Fred assinaram as respectivas aprovações.

No entanto, se Walter esperava que Krasňanský e Neumann saíssem correndo porta afora naquele instante, enfiando o relatório na mochila de um mensageiro que correria para Budapeste com a rapidez de uma locomotiva, ficaria desapontado. No dia seguinte, sexta-feira, 28 de abril, o lar de idosos tornou-se local de um encontro secreto[23] da liderança dos judeus eslovacos, com Neumann na presidência. Estavam agindo como combatentes da resistência, então eram aplicadas as regras de trabalho ilegal: não deveriam usar nomes.

Os dois fugitivos foram submetidos a uma rodada final de interrogatório por parte desse grupo, chamados para sustentar o relato como estudantes de doutorado convocados para defender uma tese. Um dos homens, advogado, parecia incrédulo de que a "civilizada Alemanha"[24] estivesse, efetivamente, executando pessoas sem o devido processo legal. Ele voltou a esse ponto diversas vezes, até que a paciência de Walter chegou ao limite. O jovem saltou da cadeira e começou a berrar:[25]

— Lá longe estão jogando pessoas no fogo neste momento — disse ele. —Vocês precisam fazer algo. Imediatamente!

Fred tentou contê-lo, mas de nada adiantou. Walter começou a apontar para os indivíduos em volta da mesa, inclusive o advogado, acusando-os de ficarem simplesmente ali parados, como estátuas de sal.

— Você, você, você… Todos vocês vão terminar na câmara de gás a não ser que algo seja feito.

Fred tentou outra vez acalmar seu jovem amigo, e por fim Walter deixou cair os ombros e se afundou de volta na cadeira.

Depois disso, Krasňanský preparou o documento com fins de divulgação. Começou a trabalhar numa tradução do texto para uma língua que fosse compreensível para o maior número de pessoas: escrito em eslovaco, o texto não teria grande alcance. Krasňanský decidiu que a língua mais eficaz para isso seria o alemão.

Nesse ínterim, havia uma questão igualmente prática a considerar. Abril estava terminando e o feriado do Dia do Trabalhador estava chegando. Aquela data tendia a deixar as autoridades eslovacas ansiosas, pois elas viam o 1º de Maio como um foco potencial para atividades antifascistas; então, o hábito tornara-se vasculhar os poucos prédios judaicos remanescentes à procura de agitadores "judeus bolcheviques".[26] Fred e Walter não poderiam mais se esconder no lar de idosos em Žilina. O Grupo de Trabalho arranjara para eles uma casa segura nas montanhas, cerca de 85 quilômetros a leste de Žilina, na cidade de Liptovský Svätý Mikuláš. Walter e Fred receberam dinheiro para viver e algo muito mais precioso naquele momento:

documentos falsos os quais atestavam que eles eram arianos puros havia pelo menos três gerações. Tal status lhes daria completa liberdade de movimentação pela Eslováquia. Se estivessem num trem ou num restaurante que sofresse uma batida policial, não haveria nada a temer: aqueles documentos falsos eram infalíveis.

Naturalmente, os papéis não estavam em nome de Alfréd Wetzler e Walter Rosenberg. Esses homens eram judeus e objetos de um mandado internacional de prisão. Em vez disso, os papéis atestavam a identidade de dois homens novos. Fred seria "Jozef Lánik", ao passo que Walter Rosenberg renasceria como "Rudolf Vrba". Para Fred, o gesto se revelaria temporário: ele voltaria a usar seu nome original assim que pudesse. Mas para o amigo a mudança seria para sempre.

Rudolf Vrba não era uma criação inteiramente nova. Um influente padre católico tcheco[27] com esse nome morrera cinco anos antes, e tinha criado uma reputação de enérgico antissemita: propusera um conjunto de medidas para garantir a exclusão dos judeus da vida na Boêmia. Entretanto, o novo Rudi, como viria a ser conhecido, não se incomodou com essa associação, se é que tinha algum conhecimento dela. (Tampouco, aparentemente, estava aborrecido por compartilhar seu novo primeiro nome com o comandante de Auschwitz.) Tudo que importava era estar livre do que, para ele, era a mancha alemã[28] de "Rosenberg". Ele queria romper qualquer ligação com aquela nação supostamente "civilizada". Walter Rosenberg não existia mais. Dali em diante, e pelo resto dos dias, ele seria Rudolf Vrba, com um nome impecavelmente tcheco, sem nenhum indício de alemão, ou, o que importava, de judeu.

Os dois rapazes, renascidos como Jozef e Rudi, dirigiram-se para as montanhas. Entrementes, o trabalho da vida dos dois, o Relatório de Auschwitz, estava prestes a embarcar em sua viagem.

21
Homens de Deus

PRODUZIR O RELATÓRIO HAVIA SIDO um empreendimento gigantesco, que envolveu risco mortal. Distribuí-lo, garantir que chegasse às pessoas certas, provaria ser um prospecto quase temerário. Krasňanský e o Grupo de Trabalho haviam decidido que despachariam os documentos para contatos que tinham em Genebra, Istambul e Londres, principalmente judeus, nos quais se podia confiar que peticionassem a governos ou informassem a funcionários públicos. Contudo, a prioridade desde o início era fazer a informação chegar à Hungria.

Não podia haver nenhuma dúvida em relação à urgência. Exatamente quando Fred e Rudi estavam se preparando para deixar Žilina, a mulher idosa que lhes trazia comida relatou com grande aflição que vira trens passando pela cidade, cheios de judeus húngaros.

— Milhares deles — disse ela, aos soluços. — Estão passando por Žilina em vagões de gado.[1]

Embora Krasňanský tenha excluído do relatório qualquer menção ao iminente perigo aos judeus da Hungria — nada de profecias, nada de previsões, como dissera —, ele agiu com a compreensão de que o tempo estava se esgotando. Conseguiu um encontro em Bratislava algumas horas depois que o texto finalmente havia sido assinado: em 28 de abril, entregaria pessoalmente o documento a Rezső Kasztner, um jornalista na casa dos 40 anos que emergira como verdadeiro líder dos judeus húngaros. O que Kasztner faria — ou não faria — com o relatório seria um dos acontecimentos que moldariam a vida do recém-batizado Rudolf Vrba.

A Hungria não precisara da chegada de um exército de ocupação alemão em março de 1944 para agir contra a população judaica. O regente do reino, Miklós Horthy, fizera do antissemitismo uma parte central de seu programa quando chegou ao poder imediatamente após a Primeira Guerra Mundial e, vinte anos depois, conseguira passar uma série de leis que restringiam a vida dos judeus sem requerer uma diretiva de Berlim. Tudo isso significava que, quando uma cópia do Relatório de Auschwitz alcançou Budapeste no fim de abril ou no começo de maio de 1944 e chegou às mãos do movimento de resistência antinazista na Hungria, o cálculo imediato foi óbvio: se os judeus húngaros enfrentavam a ameaça de assassinato em massa, não tinha sentido procurar o governo antissemita da Hungria para protegê-los. Dado que o governo colaborava com os nazistas, um grupo diferente de líderes estava em melhor posição de montar qualquer esforço de resgate: os homens de Deus.

Era verdade que uma grande quantidade de homens da Igreja endossara com satisfação as medidas de 1938-1939 contra os judeus. Ainda assim, a oposição precisava trabalhar com o que tinha. E o que tinham era um punhado de clérigos com consciência.

O primeiro a receber uma cópia do relatório foi o dr. Géza Soós, um ativista calvinista que era de particular valor para a resistência porque tinha um trabalho e um cargo no Ministério do Exterior da Hungria. Ele entrou em contato com um amigo, o jovem pastor József Éliás, e disse-lhe que tinha "algo importante" a discutir.[2] Encontraram-se no café do Museu Nacional em Budapeste, com Soós vibrando de entusiasmo ao explicar que naquela mesma manhã recebera um documento o qual havia sido contrabandeado através da fronteira eslovaca. Segundo Soós, era quase um milagre: uma obra de dois homens que tinham escapado de Auschwitz.

Fez um sinal para a cadeira vazia que o separava do pastor e gesticulou para que pusessem ali as respectivas pastas, lado a lado. Da forma mais discreta possível, Soós passou o relatório da própria pasta para a de Éliás. Então, explicou do que precisava. O mais urgente era uma tradução precisa e inequívoca do documento, do alemão para o húngaro. Uma vez que a tivessem, precisariam de seis cópias datilografadas. Por segurança, essas cópias poderiam ser feitas nas máquinas de escrever do escritório em que Éliás trabalhava, o qual ficava na igreja calvinista Missão do Bom Pastor, dedicada ao bem-estar espiritual e à proteção dos 100 mil cristãos húngaros de origem judaica:[3] judeus que tinham se convertido ao cristianismo. As cópias deveriam ser impossíveis de rastrear. Por fim, e o mais importante, Éliás deveria fazer o relatório chegar às mãos de cinco indivíduos específicos, as cinco figuras mais importantes na cristandade húngara. (A sexta cópia seria para o próprio Soós.) Contudo, havia uma condição crucial: os outros cinco não poderiam saber de onde ou por intermédio de quem haviam recebido o documento. "Funcionários do governo não devem ficar sabendo que o relatório está em nossas mãos", explicou Soós. A meta da resistência era fazer com que os líderes da Igreja fossem totalmente informados para poderem, então, "exercer pressão sobre o governo a fim de impedir a tragédia que aguardava os judeus".

Éliás voltou ao escritório. Não havia questão quanto a tornar o relatório público: clérigos mais experientes haviam decidido anteriormente que a informação recebida sobre assassinatos em massa de judeus não devia ser compartilhada, ante o risco de causar pânico em círculos judaicos[4] e tornar qualquer esforço de resgate impossível. Então, Éliás chamou uma jovem colega até uma pequena sala em que não pudessem ser ouvidos. Tratava-se de Mária Székely, uma voluntária na Missão fluente em diversas línguas, e pediu-lhe que lesse o texto tirado da pasta e depois lhe dissesse se seria capaz de traduzi-lo. Algumas horas depois, e ainda parecendo em choque, ela disse que o faria. Sentia que era um dever.[5]

Székely achou angustiante aquela primeira leitura do relatório.[6] Sabia que a tradução iria requerer concentração absoluta, então levou o texto para a sala do sótão que alugava de uma família na rua Érmelléki, onde poderia trabalhar dia e noite por uma semana. Tinha ouvido o estranho boato, mas agora a total e terrível realidade[7] estava diante dela, narrada num texto seco, aparentemente drenado de sentimento, como se, assim lhe pareceu, os autores estivessem apresentando uma receita para assar pão. A linguagem não era florida nem colorida. Ela resolveu repetir o tom econômico na tradução.

Os desenhos eram um desafio. Székely não tinha talento para aquilo, e depois de trabalhar por dias sem fim os olhos dela estavam muito cansados, mas, com o auxílio de papel vegetal, encontrou um modo de imprimir as ilustrações nas folhas roxas de carbono que passara pela máquina de escrever. Lentamente, naquele sótão, a edição húngara do Relatório de Auschwitz começou a tomar forma.

Era um trabalho laborioso, e o sótão era abafado. Székely precisou sair. Desceu para o pequeno pátio no térreo, levando bem rente ao corpo os papéis e um dicionário. Havia uma brisa, e de repente o vento fez voar uma página do texto original em alemão, com um revelador desenho de Auschwitz. O papel voou contra a cerca de arame do jardim e lá ficou preso. Naquele momento, um soldado alemão armado estava andando do outro lado da cerca, montando guarda. Székely tinha esquecido que os alemães haviam ocupado todas as casas na rua Érmelléki.

Ela correu para a cerca, mas foi tarde demais. O guarda nazista chegara antes. Estendeu o braço por cima da cerca e puxou a folha de papel. Bastava que ele desse uma olhada para saber que o documento continha o segredo de Auschwitz, que aquela mulher e seus associados o tinham descoberto. Obviamente ela seria detida, junto com Éliás e quem mais estivesse envolvido. E o pior: o Relatório de Auschwitz seria refreado.

Aterrorizada, Székely se preparou para o que estava por vir. Mas o soldado mal olhou a folha de papel. Entregou-a de volta para a moça com um polido sorriso. Ela a pegou, entrou na casa e, com a adrenalina do medo correndo pelas veias, preparou-se para voltar ao serviço.

Com o texto em húngaro completo, ela entregou as cinco cópias a Éliás, conforme ele pedira, e foi ao encontro de Géza Soós para lhe dar a sexta, junto com o original em alemão. O gabinete dele, porém, ficava perto da Residência Real, e a segurança era rígida. Um guarda conferiu seus documentos. Se ele pedisse para examinar o conteúdo de sua bolsa, ela — e o relatório — estaria perdida. Mas, de algum modo, ela passou.

Havia chegado o momento de pôr o documento nas mãos daqueles clérigos mais experientes. Para começar, a operação fez grande progresso. O principal bispo protestante respondeu imediatamente, e escreveu para o primeiro-ministro em 17 de maio, instando o governo a parar com as deportações, que eram, ele descobrira graças ao Relatório de Auschwitz, o primeiro passo para a chacina. No entanto, na mesma carta jogou fora o que poderia ter sido a arma mais poderosa da Igreja: prometeu não tornar pública a difícil situação dos judeus.[8]

Ainda assim, o grande trunfo foi a chegada do relatório à mesa do cardeal católico, o arcebispo Jusztinián Serédi, o que a rede secreta de ativistas conseguiu em meados de maio de 1944. Três cristãos envolvidos, sendo dois padres e um jornalista, pediram uma audiência. Eles insistiram que Serédi agisse com base no que então todos sabiam.

O trio foi ao castelo em Buda que servia como residência oficial do cardeal, onde foram recebidos com toda a cerimônia. Serédi entrou e ergueu um dedo. Os homens se ajoelharam e beijaram-lhe o anel. O cardeal se sentou e fez um sinal para que começassem.

Os homens explicaram que a liderança protestante estava considerando um édito para negar a comunhão[9] a qualquer funcionário público ou trabalhador que ajudasse os alemães a prender os judeus ou deter membros da resistência. Quem sabe o cardeal não devesse editar uma regra similar em nome da Igreja Católica?

Serédi ficou em silêncio por um longo tempo. O ar pareceu ficar pesado enquanto a delegação aguardava a resposta do cardeal. Finalmente, Sua Eminência tirou o barrete da cabeça e jogou-o ao chão.

— Se o próprio papa não se propõe a fazer nada contra Hitler, o que eu posso fazer? — disse ele e praguejou: — Inferno![10]

O cardeal pegou o barrete do chão e se desculpou pela perda de controle. Queria ajudar, mas não podia. Estava com as mãos atadas.

Posteriormente, no começo de junho, o trio encontrou-se de novo com Serédi, mais uma vez no castelo. Àquela altura, o perigo para os judeus não era apenas iminente — era claro e presente. Os trens de deportação vinham rugindo intensamente pela Hungria desde 15 de maio, mais de um mês depois que Fred e Rudi tinham empreendido a fuga. O relatório deixava explícito qual era o destino que esperava os que estavam a bordo. Os primeiros carregamentos tinham deportado os judeus das províncias, e agora chegava a informação de que os judeus de Budapeste seriam os próximos: a cidade estava se enchendo de policiais armados recém-chegados do interior.

— Pelo menos salve as crianças — implorou o trio. — Tome-as sob proteção da Igreja, de modo que possam ser enviadas para algum país neutro, talvez a Suíça ou a Suécia.

— Se eu pudesse fazer alguma coisa, eu faria — disse o cardeal. — Mas os alemães frustrariam qualquer plano que pudéssemos imaginar.

Nesse momento, as sirenes soaram. A cidade estava sob ataque. O grupo correu para o porão, onde o arcebispo caiu de joelhos e começou a rezar. Ficou assim, rezando, até o ataque aéreo terminar, duas horas depois. Ele poderia ter usado aquele tempo para conceber alguma estratégia com os outros três ou, caso isso fracassasse, escrever um inflamado comunicado público a sua congregação, um comunicado que explicitasse o que os nazistas estavam em vias de fazer com os compatriotas húngaros judeus e exigisse que se insurgissem para impedir aquilo. O cardeal, porém, permaneceu de joelhos.

Aparentemente, a Igreja Católica não se mexeria a menos que o próprio papa se comovesse. Se apenas ele ou um de seus auxiliares pudesse ouvir o relato diretamente de Vrba e Fred, com certeza Roma agiria. Em meados de junho, quase dois meses após a fuga de Auschwitz, Rudi teria precisamente essa oportunidade.

Ela chegaria quando da mudança de forma do relatório. Pois aquele documento estava prestes a se tornar mais forte, alimentado pela única fonte que importava. Logo conteria não só uma predição ou advertência para a sina dos judeus húngaros, mas também uma prova nova, inquestionável... que viria de dentro de Auschwitz.

22
O que eu posso fazer?

Q UANDO AS SIRENES SOARAM EM Birkenau em 7 de abril de 1944, para indicar que um ou mais prisioneiros estavam faltando na chamada e houvera outra tentativa de fuga, os cochichos começaram imediatamente. *Quem poderia ser?*

Não levou muito tempo para a notícia se espalhar. Os fugitivos eram Walter Rosenberg e Alfréd Wetzler. Este último nome deixou um prisioneiro em particular estupefato.[1] Czesław Mordowicz era um judeu polonês e amigo íntimo de Wetzler. Ambos eram escriturários de bloco — Fred, do Bloco 9, e Czesław, do Bloco 18 — e costumavam se encontrar e conversar todo dia. Czesław nunca percebera que Fred tinha uma ideia de fuga, muito menos um plano. No entanto, aí estava ele, aparentemente sumido. Mordowicz pensou em quantas coisas o colega que guardava registros sabia sobre Auschwitz, e se emocionou com a perspectiva de que ele conseguisse se safar. *Finalmente,* disse Czesław a si mesmo, *o grande segredo deste maldito lugar será revelado ao mundo.*

Em todo o campo, o som das sirenes e os nomes Wetzler e Rosenberg provocaram um silencioso júbilo[2] — mesmo que todos soubessem que a fuga de um judeu era quase impossível, que nunca sequer uma delas tivera êxito. E mesmo que soubessem que os que tinham ficado pagariam um preço por aquilo.

Na chamada noturna, o *Kommandant-Lagerführer SS-Untersturmführer* Johann Schwarzhuber, tenente que comandava um subcampo, emitiu uma nova ordem: todos os escriturários judeus estavam suspensos dos deveres e, a partir do dia seguinte, fariam trabalho forçado. Schwarzhuber então convocou todos os judeus com funções administrativas para que se adiantassem e cada um recebeu 25 chicotadas. Os golpes foram administrados com um instrumento especial, que diziam ter sido confeccionado com rabos de touro, mais duros e elásticos. Tal instrumento cortava a pele com maior facilidade.

A SS ficou furiosa com a fuga de 7 de abril. Era uma humilhação. E descontou a frustração nos cativos judeus, ao infligir castigo e dor sob o menor pretexto. Qualquer associação com os fugitivos trazia atenção e sofrimento adicionais. Arnošt Rosin, por exemplo, tinha sido o ancião num bloco anterior de Wetzler e era um conterrâneo judeu eslovaco: foi interrogado e torturado pelos homens da SS, que presumiram que ele devia saber do plano de fuga de Fred e Walter. Rosin insistiu que não tinha a menor ideia do plano: na verdade, disse ele, ficou furioso[3] pelo fato de a dupla não o ter levado junto. Era algo temerariamente corajoso de se dizer, no mínimo porque era só meia verdade: Rosin era uma das poucas pessoas que sabiam da fuga planejada. Chegara a ajudar os dois a se preparar para ela. Mas Walter e Fred não tinham lhe contado nenhum detalhe, para que não tivesse nada a revelar sob tortura.[4] De algum modo, o ardil de Rosin funcionou. Os nazistas não o mataram. Em vez disso, o surraram e condenaram a trabalho forçado no fosso de cascalhos.

Mordowicz recebera castigo idêntico e fora encarregado do mesmo trabalho. Durante o turno, os dois fizeram uma descoberta. Numa encosta íngreme do fosso,[5] havia uma passagem pequena, estreita, que tinha sido claramente escavada como esconderijo por outros possíveis fugitivos. Havia sido preenchida com pedras quebradas, presumivelmente por prisioneiros, talvez para impedir que desabasse. Se as pedras fossem removidas, não havia o que impedisse o uso dela de novo. Nas duas semanas seguintes, quando a área estava livre, os dois se revezaram, um atuando como vigia no nível do chão, o outro pegando a pá e cavando o espaço. Quando terminaram, parecia um túmulo duplo, com espaço suficiente para duas pessoas deitadas lado a lado. Mordowicz deixou ali uma lata de água, junto com um pouco de pão e dois macacões,[6] e esperou o momento certo.

E o momento certo veio em 27 de maio de 1944, quando Mordowicz e Rosin repetiram o truque realizado por Rosenberg e Wetzler. Esconderam-se no estreito espaço planejando esperar ali três dias e três noites, mas usariam aguarrás[7] em vez de gasolina embebida em tabaco para espantar os cães, cuja quantidade tinha aumentado[8] depois da fuga de 7 de abril. O esconderijo, porém, não era tão bem-feito quanto o que abrigara Fred e Walter. O cascalho despencou e o tubo de ventilação disfarçado não funcionou. Eles tinham certeza de que se sufocariam, se não fossem enterrados vivos. Não conseguiram aguentar as 72 horas. Em vez disso, mais ou menos na metade do tempo assumiram o risco e saíram do buraco. Fosse por falta de oxigênio, fosse por falta de movimento, fosse pelo esforço exigido para escalar a saída, ambos imediatamente desmaiaram.

Quando recobraram a consciência, depararam-se com um campo que não estava concentrado em achar dois prisioneiros judeus que faltavam, mas inteiramente preocupado com a tarefa do assassinato em massa. Haviam chegado dois transportes carregados de judeus húngaros, e a SS dedicava todos os recursos, inclusive os cães, a essa tarefa. Enquanto os integrantes da SS encurralavam suas vítimas a apenas algumas centenas de metros de distância, Mordowicz e Rosin puderam escapar para dentro da escuridão. Rastejaram entre as torres de vigilância e embarcaram numa viagem em que teriam que nadar para atravessar o Soła, subir num trem de passageiros lotado, saltar no momento em que ele reduzisse a velocidade numa curva, vadear pelo rio Černý Dunajec e então caminhar penosamente por uma floresta até achar uma caixa de fósforos[9] cujo rótulo em eslovaco lhes confirmasse que tinham acabado de cruzar a fronteira. Era 6 de junho de 1944, o Dia D do desembarque na Europa.

Eles tiveram notícia desse acontecimento por intermédio de um camponês, e a informação, associada com a euforia de estar de volta à terra natal de Rosin, fez com que baixassem a guarda. Foram brindar num bar local ao que presumiam ser a iminente liberdade e, antes de se darem conta, estavam presos: alguém denunciara os homens de aparência suspeita.

Enquanto estavam detidos numa cela, um par de ativistas da comunidade judaica local teve a perspicácia de visitá-los e deixar escorregar alguns dólares para dentro dos bolsos deles. Então, em vez de serem expostos como fugitivos de Auschwitz, a dupla seria acusada de crime de contrabando, o que implicava transferência para outra corte. A dupla foi enviada de trem para Liptovský Svätý Mikuláš, que por acaso era a mesma cidadezinha nas montanhas em que Vrba e Wetzler estavam se escondendo. Quando Mordowicz e Rosin desceram na estação, ficaram atônitos ao ver Rudolf Vrba — ainda Walter Rosenberg aos olhos deles — na plataforma. Os homens se abraçaram. Rosin teve a sensação de que aquele havia sido o abraço mais sincero de toda a sua vida.[10]

Depois de cumprirem oito dias de cadeia, com Rudi no improvável papel de visitante na prisão,[11] foi a vez de Mordowicz e Rosin se sentarem com Oskar Krasňanský e contarem a ele o que sabiam. O depoimento ocorreu em duas partes. De início, descreveram a configuração de Auschwitz-Birkenau, e corroboraram plenamente o que Krasňanský já tinha ouvido dos dois primeiros fugitivos. Então a dupla contou o que havia testemunhado no campo depois de os colegas terem fugido, e descreveu a fábrica de morte, que aumentara drasticamente a produção.

Relataram o carregamento que chegara da Hungria em 10 de maio e os que se seguiram a partir do dia 15 do mesmo mês, os quais sucediam-se com tanta frequência que, segundo estimaram, cerca de 14 a 15 mil judeus estavam chegando a Auschwitz diariamente. Desses, eles avaliaram que somente 10% eram cadastrados como prisioneiros no campo e o restante, disseram, era mandado imediatamente para as câmaras de gás e incinerado. Descreveram a eficiência da linha de produção da operação, auxiliada pela nova rampa e pelo ramal ferroviário cujo início da construção Vrba vira alguns meses antes. A ferrovia passara, então, a cortar Birkenau ao meio, e levava deportados até a soleira das câmaras de gás.

Mais uma vez, Krasňanský anotou tudo, confrontou as informações e resumiu os depoimentos para produzir um adendo de sete páginas ao texto de Vrba-Wetzler, centrado principalmente nas sete semanas que separavam a primeira fuga da segunda. Naquele momento, Krasňanský e o Grupo de Trabalho podiam falar dos Relatórios ou Protocolos de Auschwitz no plural, um conjunto de textos que documentava um assassinato intenso no tempo presente. O banho de sangue estava ocorrendo naquela mesma hora. Krasňanský deu a Mordowicz e Rosin dinheiro, documentos falsos e novos nomes, e mandou o relatório novo, atualizado, para seus contatos — espalhando-o, assim esperava ele, pelo mundo.

Rudolf Vrba não conseguia encontrar sossego. Sim, estava bem alimentado. Sim, os pés dele haviam sarado. É claro que era bom estar com camaradas que tinham vindo do mesmo planeta distante que ele. E era uma alegria ter novamente o gosto da normalidade: cortar o cabelo, tomar uma cerveja, conhecer mulheres.[12] Mas as notícias que Mordowicz e Rosin trouxeram sugeriam que a fuga tinha sido em vão. Ele e Fred haviam feito a denúncia, mas de nada adiantara: vinte dias[13] se passaram entre a finalização do relatório e a chegada do carregamento de 15 de maio, e nesse meio-tempo as futuras vítimas claramente haviam permanecido em absoluta ignorância quanto ao iminente destino que lhes esperava. Estavam embarcando nos trens que as levariam até as portas dos crematórios, exatamente como Rudi temia que acontecesse.

Durante aqueles três dias e três noites escondido na pilha de madeira, ele imaginara que o impacto da revelação que faria seria imediato; que, no momento em que contasse, junto com Fred, sobre o inferno que tinham suportado, a notícia se espalharia e o massacre iminente de judeus húngaros seria evitado. Ainda assim, apesar da fuga, apesar de fazer soar o alarme, os judeus da Hungria estavam sendo assassinados, naquele exato momento, enquanto ele tomava cerveja numa taverna eslovaca.

Finalmente, em meados de junho, veio a notícia pela qual ele estava esperando: a convocação para contar a uma pessoa influente a verdade sobre Auschwitz.

Anteriormente, o Grupo de Trabalho passara uma cópia do relatório para Giuseppe Burzio, o núncio apostólico em Bratislava. Ele a repassara ao Vaticano no fim de maio, e em meados de junho pôde apontar um resultado. Monsenhor Mario Martilotti, emissário papal na Suíça, estava em missão em Bratislava e pediu para conhecer os autores do documento. Insistiu que o local precisava ser discreto: escolheu o mosteiro piarista de Svätý Jur, cerca de trinta quilômetros de Bratislava.

A distância era curta, mas a viagem para Svätý Jur era perigosa, uma vez que ao longo do trajeto ficava o quartel-general da Gestapo na Eslováquia, bem como o comando superior do Exército do país. Oskar Krasňanský concluiu que era arriscado demais os quatro fugitivos viajarem juntos: isso poderia chamar a atenção de informantes da polícia.[14] Apenas Vrba e Mordowicz iriam. Mal tendo saído de Auschwitz, teriam que passar sob o nariz dos nazistas e seus colaboradores eslovacos. Mas eles não hesitaram em aceitar. O encontro foi marcado para 20 de junho.

Com Krasňanský acompanhando-a, a dupla chegou ao bem-cuidado jardim do mosteiro. Após a desolação de Birkenau, ali estavam eles, uma questão de semanas depois, diante da beleza de um jardim enclausurado. Aproximaram-se de um portão, que foi aberto por um monge ou padre — não puderam ter certeza —, que se desculpou e explicou que o representante papal se atrasaria, pois fora chamado para um encontro durante o almoço[15] com ninguém menos do que o presidente da Eslováquia, o padre católico transformado em político, dr. Jozef Tiso. O representante levaria, no mínimo, duas horas para chegar a Svätý Jur: quem sabe os cavalheiros não gostariam de se reunir com outro representante da Igreja?

Vrba e Mordowicz declinaram a oferta. Ao contrário, o atraso só confirmava o desejo que ambos tinham de se reunir com aquele homem em vez de com algum outro suplente: se ele era considerado digno de uma audiência com o chefe de Estado eslovaco, certamente estaria em posição de fazer uso da informação que estavam prestes a lhe dar. Ele era a pessoa de que necessitavam para contar a história. Esperariam.

Quase duas horas e meia tinham se passado quando ouviram o som de uma longa e cara limusine parar diante do mosteiro. Era um Skoda com CD na placa: *Corps Diplomatique*. Do carro saiu um homem de 30 e poucos anos, que pareceu jovial e bem-apessoado aos olhos dos jovens fugitivos. Talvez estivessem esperando um padre corcunda, de cabelos brancos.

O homem foi conduzido para dentro do prédio e estendeu a mão para os dois judeus logo que os viu. Foram levados a uma sala e começaram a falar. Continuaram falando por seis horas seguidas, com as palavras se atropelando com a rapidez que Vrba e Mordowicz conseguiam formá-las. Na maior parte do tempo falaram em alemão, com Mordowicz recorrendo ao francês quando via alguma incompreensão estampada na face de Martilotti. O clérigo tinha na mão uma cópia do Relatório de Auschwitz, mas mesmo assim os fugitivos lhe deram o quadro geral, do começo ao fim, de como os nazistas tinham concebido um método para eliminar os judeus da Europa, como o estavam executando num campo da Polônia onde, segundo avaliação de Rudi, quase 2 milhões de judeus já haviam sido assassinados.

Martilotti os pressionou por detalhes, repassando metodicamente o relatório, linha por linha, mais um burocrata cético que acareava suas testemunhas. Voltou a alguns pontos diversas vezes, sondando uma aparente contradição aqui, uma lacuna ali, o que só contribuiu para passar a impressão de que não estava convencido. Mordowicz começou a suar.[16]

Com 24 anos, portanto o mais velho da dupla de fugitivos, tentou apresentar uma fachada mais sóbria e digna de crédito possível, em parte para compensar o que ele receava ser uma conduta insuficientemente séria de Vrba, que só tinha 19 anos. O diplomata do Vaticano oferecera aos dois vinho e cigarros Camel,[17] que eles nunca tinham visto antes, e à certa altura acendeu um charuto e convidou-os a acompanhá-lo. Mordowicz declinou a oferta, ansioso em não deixar que nada desacelerasse o impulso. Na verdade, havia mais do que isso. Queria mostrar àquele representante do papa que a questão em pauta era tão séria, a situação a que tinham sobrevivido era tão desesperadora, que não havia lugar para distrações ou prazeres de qualquer tipo. É claro que não ficariam ali fumando charutos, não quando seus patrícios judeus estavam num inferno a não mais de trezentos quilômetros dali, sendo chacinados aos milhares naquele mesmo instante.

Mas Rudi aceitou um charuto. Além disso, observou Martilotti e o copiou: pegou o canivete do clérigo para cortar a ponta do charuto, acendeu-o da mesma forma que Martilotti acendera e depois riu do ritual, da performance. Riu, ainda por cima. Sorriu e riu, enquanto Auschwitz ainda existia. Mordowicz achou que Vrba estava sendo imperdoavelmente imaturo, o que era desconcertante dada a importância do momento.

Não passou pela cabeça de Mordowicz que talvez aquela fosse a maneira de o jovem Vrba enfrentar o horror cara a cara, ou que poderia ser o sorriso amargo, cínico, de alguém de quem foram roubadas todas as ilusões sobre a humanidade. Por muitos anos, Rudolf Vrba adotaria a mesma aparente indiferença ao descrever a matança à qual sobrevivera e que testemunhara, sorrindo enquanto narrava atos de indescritível selvageria, enervando outros do mesmo jeito que enervou Mordowicz naquele dia nos claustros de Svätý Jur.

Mordowicz receava que Martilotti não estivesse convencido ou, no mínimo, comovido pelo testemunho que ouvia em primeira mão. Parecia estranhamente indiferente, sem nunca opinar sobre os crimes que os dois estavam descrevendo, apenas fazendo uma breve anotação[18] ou uma pausa para fotografar os números tatuados no braço de Mordowicz e no de Vrba. Talvez a chacina em massa de judeus não tocasse o coração de um servo da Igreja Católica.

— Monsenhor, escute[19] — começou Mordowicz. — Não são apenas judeus que estão sendo assassinados lá. Católicos também estão sendo mortos.

E explicou que padres católicos, homens exatamente iguais ao próprio Martilotti, estavam chegando a Auschwitz. A diferença era que não estavam sendo mortos como os judeus, levados como rebanhos para as câmaras de gás. Primeiro, tendiam a chegar de noite. Segundo, quando chegavam a Auschwitz, já estavam mortos.

— Dezenas, talvez centenas de caminhões vindo de diferentes áreas de Cracóvia, Katowice, Sosnowiec — contou Mordowicz a Martilotti. Caminhões que estavam cheios de caixas. — E naquelas caixas estavam os cadáveres dos padres.

Tinham sido fuzilados. Os corpos eram levados para os crematórios de Birkenau para serem incinerados.

Quando o monsenhor ouviu aquilo, levou as mãos à cabeça. Aquele homem que até então havia sido muito metódico, contido e delicado gritou em alemão:

— *Mein Gott! Mein Gott!*

Vrba e Mordowicz viram Martilotti desmaiar e cair no chão, frio e inconsciente.

Quando voltou a si, perguntou em meio às lágrimas:

— O que eu posso fazer?

Enfim Mordowicz e Vrba souberam que estavam sendo levados a sério. Rudi lhe implorou:

— Faça soar o alarme de toda e qualquer maneira.[20]

Mordowicz ressaltou que Martilotti precisava se apressar, durante aquelas exatas horas em que estavam sentados naquela sala, conversando, mais alguns milhares estavam sendo mortos nas câmaras de gás, os corpos jogados nos fornos crematórios.

— O senhor precisa fazer uma coisa[21] — disse Mordowicz, munido do relatório. — Deixar a Eslováquia imediatamente, talvez rumo à Suíça. De lá o enviará a todos os estadistas: para os Estados Unidos, para a Inglaterra, para a Suécia, para a Cruz Vermelha Internacional. E, é claro, para o papa.

O padre olhou para os dois.

— Eu lhes prometo — disse. — Farei isso.

Contudo, se tinham esperança de uma declaração pública e imediata do pontífice, uma declaração que fizesse o nome "Auschwitz" ressoar pelo mundo, ficariam decepcionados. Não houve nada no dia seguinte nem no outro. Em 27 de junho, uma semana depois de o padre ter desabado de pesar — chegando àquele estado, na verdade, por aflição pela morte dos colegas padres católicos, não pelas mortes de centenas de milhares de judeus —, quatro carregamentos distintos chegaram a Auschwitz, todos da Hungria. De Debrecen, 3.842 judeus. De Kecskemét, 2.642. De Nagyvárad, 2.819. De Békéscsaba, 3.118. Totalizavam cerca de 12.500 pessoas, num único dia.[22] Quase todos foram mandados para as câmaras de gás na chegada.

23
Londres foi informada

Naturalmente, o Grupo de Trabalho sempre esperou que o depoimento dos fugitivos chegasse às nações aliadas que combatiam o Terceiro Reich. Não tinham uma ideia clara de como exatamente a notícia chegaria até elas; em vez disso, lançaram o documento às águas na esperança de que alcançasse a margem certa. O Relatório de Auschwitz seria como uma mensagem numa garrafa.

Uma das primeiras cópias caiu exatamente nas mãos erradas. Oskar Krasňanský a enviou a funcionários judeus sediados em Istambul por meio de um portador que lhe garantiram ser "confiável". No entanto, a cópia nunca chegou. Krasňanský mais tarde concluiu que o mensageiro era um espião pago que levou o relatório para a Hungria, com o propósito de entregá-lo à Gestapo[1] em Budapeste.

Outra cópia, também destinada originalmente a Istambul, seguiu um trajeto bastante tortuoso. Um empregado judeu da missão diplomática turca em Budapeste repassou-a ao chefe do escritório da Palestina na cidade — que representava os que estavam determinados a transformar aquele país num refúgio para judeus —, que, ansioso para fazer a informação chegar à neutra Suíça, repassou o relatório para um contato na legação romena em Berna, que, por sua vez, o entregou a um empresário da Transilvânia que um dia havia sido conhecido como György Mandel, mas que naquele momento, por mais improvável que parecesse, tinha se tornado primeiro-secretário não remunerado[2] do consulado de El Salvador em Genebra, sob o nome de George Mantello.

Foi um trajeto estranho, mas pelo menos o relatório encontrou a pessoa certa. Mantello era um homem disposto a desrespeitar convenções e a lei, se isso fosse necessário para salvar judeus dos nazistas. Para ele, o Relatório de Auschwitz tinha um significado consternadoramente pessoal. Ao lê-lo, soube que parentes distantes seus na Hungria já haviam sido deportados. As palavras de Vrba e Wetzler, reforçadas por Mordowicz e Rosin, confirmavam que todos aqueles parentes, cerca de duzentas pessoas, quase com certeza estavam mortos. E resolveu fazer imediatamente o que podia para espalhar a notícia.

A cópia de Mantello era um resumo de cinco páginas em húngaro, produzido numa etapa inicial daquela tortuosa viagem por um rabino ortodoxo na Eslováquia, de modo que pudesse recrutar a ajuda de alunos e expatriados escolhidos para fazer traduções imediatas da versão resumida para o espanhol, o francês, o alemão e o inglês.[3] Em 22 de junho de 1944, ele entregou o documento a um jornalista britânico, Walter Garrett, que estava em Zurique para a agência de notícias Exchange Telegraph. Garrett imediatamente percebeu o potencial daquilo como notícia jornalística, mas também reconheceu que, mesmo na forma reduzida, o Relatório de Auschwitz era longo demais para consumo fácil num jornal. Assim, fez com que sua secretária britano-húngara, chamada Blanche Lucas, escrevesse uma nova tradução e então sintetizou os pontos essenciais em quatro dramáticos *press releases*.[4]

Garrett se permitiu uma quebra do código de ética informal dos repórteres, que proibia um jornalista de receber auxílio financeiro de uma fonte: sem dúvida, em nome da rapidez, permitiu que Mantello pagasse por aqueles quatro textos a serem mandados para Londres por telegrama, por mais dispendioso que fosse. Ainda assim, apesar de se afastar da prática tradicional de Fleet Street — a rua em Londres onde se concentrava a imprensa britânica — e num bem-vindo contraste com Krasňanský, Garrett entendia a gramática das notícias. Seu telegrama,[5] enviado na noite de 23 de junho de 1944, trazia aquela que era a sua revelação mais assombrosa:

> segue dramatico relato um dos capitulos mais sombrios historia moderna revela como um milhao 715 mil judeus levados a aniquilacao morte campo auschwitz birkenau... relatorio dado dois judeus foragidos campo birkenau veracidade ja confirmada... desde começo junho 1943 noventa por cento judeus chegados mortos por gas pt... tres camaras gas quatro crematorios birkenau-auschwitz pt cada crematorio... dois mil cadaveres diarios pt garrett afirma exatidao absoluta relato acima inquestionavel... fim

Logo que essas palavras estavam zunindo pelos cabos telegráficos para Londres, Garrett entrou em ação para garantir que sua história — certamente um dos maiores furos do século — obtivesse a divulgação mais ampla possível. A tecnologia de 1944 permitia alguns atalhos. Assim, nas primeiras horas de 24 de junho, ele pegou sua bicicleta, pedalou pelas ruas de Zurique e enfiou cópias da matéria que fizera nas caixas de correio dos jornais da cidade.[6] Anexa, havia uma carta de endosso fornecida por Mantello, escrita por um quarteto de respeitados teólogos e clérigos suíços, e todos aparentemente reconheciam a gravidade das revelações. (Na verdade, nenhum dos quatro tinha visto o relatório: num típico floreio de Mantello, ele pusera os quatro nomes na carta,[7] mas dispensara a formalidade de pedir permissão antes.) Então, a primeira reportagem de jornal baseada no que viria a se tornar conhecido como Relatório Vrba-Wetzler apareceu no *Neue Zürcher Zeitung*, da Suíça, mais tarde naquele mesmo dia.[8]

Os esforços de Mantello tinham dado certo. Graças àqueles "dois judeus que escaparam de Birkenau, cuja precisão do relato fora confirmada", a notícia estava na rua. Rompendo a barragem da censura, nos dezoito dias seguintes houve a publicação na imprensa suíça de não menos do que 383 artigos[9] que revelavam a verdade nua e crua do campo de morte de Auschwitz, mesmo que, ao omitir acidentalmente os estimados 50 mil mortos lituanos, Garrett tivesse corrigido para baixo o número de mortes de Vrba-Wetzler.[10] Em outras palavras, entre 24 de junho e 11 de julho, apareceram na imprensa suíça mais artigos sobre Auschwitz do que haviam sido publicados[11] sobre a Solução Final mais ampla ao longo de todo o curso da guerra no *The Times*, no *Daily Telegraph*, no *Manchester Guardian* e na totalidade da imprensa popular britânica.

Igrejas organizaram serviços fúnebres especiais[12] na Basileia e em Zurique; houve protestos nas ruas da Basileia e de Schaffhausen.[13] Em 3 de julho, o *The New York Times* publicou uma matéria do correspondente em Genebra[14] com a manchete "Investigação confirma campos de morte nazistas", que noticiava a existência de dois "campos de extermínio", em Auschwitz e Birkenau, com base na evidência trazida por Fred e Rudi. Usando o número equivocado de Garrett, estimava que "mais de 1.715.000 de refugiados judeus foram mandados para a morte" em "salões de execução" por meio de gás cianeto entre 15 de abril de 1942 e 15 de abril de 1944.

O que Vrba e Wetzler tinham sonhado estava se tornando realidade. A verdade sobre Auschwitz estava finalmente emergindo para a luz do dia.

Entretanto, tinha chegado tarde demais para a maioria dos judeus da Hungria. As deportações haviam começado de fato em meados de maio, e tornaram-se diárias. Quando a matéria de Garrett foi publicada, mais de dois meses e meio depois que Fred e Walter tinham saído daquele buraco no chão, centenas de milhares de judeus húngaros já estavam mortos.

Garrett e Mantello não se valeram somente do poder da imprensa. Na verdade, o primeiro impulso do repórter ao ver o documento que Mantello pôs na frente dele fora insistir para que o diplomata o mostrasse aos governos aliados naquele mesmo dia, antes inclusive de Garrett ter a chance de publicar uma palavra. Com o Relatório Vrba-Wetzler na mão, Mantello foi prontamente ver o adido militar britânico, cujo pessoal então entrou em contato com Garrett para confirmar que aquele improvável representante de El Salvador estava dizendo a verdade. Disseram ao jornalista que acharam o relatório "chocante".[15]

No dia seguinte, 23 de junho de 1944, o próprio Garrett entrou em contato com Allen Dulles, o mais importante funcionário da inteligência dos Estados Unidos na neutra, e portanto crucial, Suíça. Dulles correu ao escritório suíço da Agência de Serviços Estratégicos, na época a principal agência de inteligência norte-americana, que depois viria a se tornar a CIA. Garrett encontrou Dulles estarrecido e abalado pelo relatório. A resposta norte-americana foi inequívoca: "Precisamos intervir imediatamente", disse ele, e prometeu enviar o relatório a Washington por cabo na mesma hora.

Garrett não quis depender daquela promessa. Naquela noite, ao telegrafar sua matéria a Londres, e pouco antes de montar na bicicleta, telegrafou versões não só para a imprensa mundial, como também para os gabinetes de Franklin Roosevelt, Winston Churchill, Anthony Eden e da rainha da Holanda, bem como para o arcebispo da Cantuária e o cardeal arcebispo de Nova York.

Ainda assim, Garrett não foi o primeiro a sentir a urgência de compartilhar com as pessoas mais poderosas do mundo aquele novo, abrangente e detalhado relato de Auschwitz e a fazê-lo de imediato. Outros também tinham tomado essa iniciativa, inclusive por intermédio das mesmas pessoas. Apesar de todo o seu aparente choque, Dulles, quase com certeza, já tinha visto o Relatório de Auschwitz.

Na verdade, o testemunho de Vrba e Wetzler tinha percorrido múltiplos trajetos, passado de mão em mão e atravessado fronteiras. Uma cópia chegou a Jaromír Kopecký, que, em Genebra, se agarrava ao posto de último diplomata de um país que já não existia: a Tchecoslováquia. Armado com um radiotransmissor e assistido por uma mensageira capaz de levar e trazer mensagens secretas da resistência — cujo codinome era "Agenor" —, Kopecký foi um ponto de contato crítico com o governo tchecoslovaco no exílio, na época radicado em Londres.

Em 10 de junho, "Agenor" levou a Kopecký o Relatório de Auschwitz. Em meio ao horror, o que lhe saltou aos olhos no relato de Vrba e Wetzler foi a narrativa do campo de famílias tchecas, especialmente o segundo carregamento que chegara a Auschwitz em 20 de dezembro de 1943. O documento dizia que aqueles internos deveriam receber "tratamento especial" — morte por gás — exatamente seis meses depois. Bastou Kopecký olhar o calendário para perceber que era uma questão de dias.

O diplomata conversou com o homem do Congresso Mundial Judaico em Genebra, Gerhart Riegner, que ficou tão estarrecido quanto ele. Juntos, entraram em contato com uma diplomata britânica em Berna, Elizabeth Wiskemann, que era especialista em Tchecoslováquia, e, portanto, esperavam eles, particularmente simpática ao país. O telegrama para ela começava assim: "Segundo relato feito por dois judeus eslovacos que escaparam de Birkenau [...]." Explicitaram a iminente ameaça às crianças e aos adultos do campo de famílias tchecas, ressaltaram que "Bratislava" não devia ser mencionada como fonte, presumivelmente para limitar o risco de expor Vrba e Wetzler, e fizeram um pedido bem específico: que a revelação feita por aqueles dois fugitivos eslovacos "fosse transmitida imediatamente pela BBC e pela rádio norte-americana no intuito de impedir no último momento esse novo massacre".[16]

Wiskemann fez o que lhe foi solicitado rapidamente, e transmitiu a mensagem a Londres em 14 de junho. No dia seguinte, os serviços da BBC em tcheco e eslovaco[17] transmitiram uma breve nota sobre a ameaça que pairava sobre 4 mil deportados tchecos aprisionados em Birkenau. O braço de monitoramento de rádio do Escritório Central de Segurança do Reich em Berlim notou a transmissão. "Londres foi informada",[18] reportou ele. A mesma agência anotou a transmissão da BBC no dia seguinte, a qual advertia que todos os envolvidos no assassinato das famílias tchecas seriam responsabilizados, embora sem detalhar exatamente como isso seria feito ou por quem. Os responsáveis pela escuta do Terceiro Reich não foram os únicos alemães a ouvir a nota da BBC. Ouvintes do programa *News for Women*,[19] do serviço da BBC em alemão, também teriam ouvido ao meio-dia de 16 de junho. Mesmo dentro do campo de Auschwitz, via Kanada, existia um velho aparelho de rádio proibido. E assim os internos de Auschwitz ouviram a BBC[20] transmitir a advertência dos Aliados à SS para que não seguissem adiante com o plano de assassinar crianças, mulheres e homens do campo de famílias.

Contudo, mesmo antes de a mensagem por cabo alcançar Londres, Wiskemann entrou em contato com Allen Dulles, o chefe de espionagem norte-americana na Suíça. Os dois tinham contato frequente, a mulher era uma de suas fontes de informações úteis, que ele costumava extrair com flores, bilhetes com flertes[21] e jantares requintados preparados por um *chef* pessoal. "Acabei de telegrafar isso", escreveu ela, anexando ao telegrama o resumo do Relatório Vrba-Wetzler que fizera. "Você pode fazer a mesma coisa?"[22] Em outras palavras, uma semana inteira antes de Garrett registrar o aparente choque de Dulles ante a leitura do Relatório de Auschwitz, pelo que parecia ser a primeira vez, o norte-americano na verdade já recebera uma cópia.

Ele não fez o que Wiskemann tinha sugerido, ou seja, não telegrafou a notícia para os chefes em Washington, tampouco marcou o documento como de extrema urgência. Em vez disso, passou a informação para Roswell McClelland, o representante na Suíça de um novo corpo norte-americano, o Corpo de Refugiados de Guerra, com um bilhete na capa que trazia uma expressão já gasta do jargão burocrático que significava lavar as mãos: "Parece ser mais da sua alçada."[23]

Quer tivesse ficado comovido pela leitura, quer simplesmente tivesse se sentido forçado a agir pelo burburinho que Mantello e Garrett tinham começado a gerar, McClelland escreveu um memorando de três páginas, em que resumia o relatório, para John Pehle, o chefe do Corpo de Refugiados de Guerra, em 24 de junho. Aceitou que havia "pouca dúvida" de que a palavra de Vrba e Wetzler inspirava confiança, mesmo que tenha reduzido ligeiramente a estimativa de mortos para "pelo menos 1.500.000".[24] Mas, apesar disso, McClelland foi quase tão letárgico quanto Dulles havia sido. Só mandou o texto integral do Relatório de Auschwitz para Washington em 12 de outubro, quase quatro meses depois de tê-lo recebido, e, mesmo quando o fez, perguntava-se se havia algum sentido naquilo. "Pessoalmente, sinto que lidar com tal material como os relatórios anexos não pode ser considerado contribuição positiva para atividades de socorro ou resgate reais",[25] escreveu ele, em palavras que teriam deixado Rudolf Vrba furioso. Rudi fugira porque acreditava que o segredo era a arma mais letal dos nazistas. Ainda assim, diante de uma escrivaninha em Genebra, um funcionário de primeiro escalão do governo dos Estados Unidos ponderava se a quebra desse segredo teria algum valor.

Em 1º de novembro, o chefe de McClelland, John Pehle, decidiu que o Relatório Vrba-Wetzler deveria finalmente ser tornado público, com o texto inteiro dado à imprensa. Mas até mesmo isso encontrou resistência. O chefe do Gabinete de Informação de Guerra recusou-se a autorizar a publicação. Argumentou que ninguém acreditaria naquele relatório, e que, portanto, destruiria a credibilidade de qualquer informação futura emitida pelo governo dos Estados Unidos acerca da guerra. Pehle precisou esperar até o fim do mês para superar a oposição. Entrementes, *Yank*, um jornal do Exército norte-americano que pedira ao Corpo de Refugiados de Guerra material sobre os crimes de guerra nazistas para uma matéria a ser publicada recusou-se a usar a cópia do Relatório de Auschwitz que recebera. O *Yank* a achou "semita demais", e solicitou um "relato menos judaico".[26]

Na verdade, as palavras do texto integral de Rudolf Vrba e Fred Wetzler não seriam publicadas oficialmente e em inglês até uma conferência de imprensa em Washington em 25 de novembro de 1944, exatamente sete meses depois que a dupla completara o depoimento para Krasňanský naquela sala apertada em Žilina. Chegara tão tarde que, naquele mesmo dia, os nazistas tinham trabalhado duro para demolir o Crematório II juntamente com a câmara de gás, depois de matar as últimas treze pessoas[27] a serem assassinadas no local em 25 de novembro.

Ainda assim, o Relatório de Auschwitz nunca foi um objetivo em si — a meta não era a mera publicação. Aqueles que o escreveram e distribuíram tinham esperança de que ele despertasse a consciência do mundo e forçasse os Aliados a usar o poderio militar para impedir a matança. Oskar Krasňanský redigira um apêndice ao relatório, em que conclamava os Aliados a destruir os crematórios de Auschwitz[28] e as estradas que lhe davam acesso. Nesse meio-tempo, um dos colegas de Krasňanský no Grupo de Trabalho, o rabino ortodoxo Michael Dov Weissmandl — aliás, o homem que produziu o resumo de cinco páginas que chegara a Zurique —, aumentou a pressão para a ação militar. Coube a esse rabino traduzir o relatório para o iídiche, mas ele também escreveu um par de telegramas codificados, enviados em 16 e 24 de maio, que, transbordando de desespero, deixavam claro o que era necessário fazer.

Weissmandl pretendia que os telegramas, formalmente endereçados a um colega na Suíça, fossem transmitidos para os Estados Unidos, e isso de fato ocorreu. Chegaram a outro colega líder ortodoxo, Jacob Rosenheim,[29] de Nova York, que por sua vez os repassou para o Corpo de Refugiados de Guerra. A mensagem central era um pedido para que os Aliados usassem o poder aéreo a fim de garantir a "pronta perturbação de todos os transportes, militares e de deportação", e, especificamente, começassem a "bombardear" as linhas ferroviárias entre Košice e Prešov, pois esta era a rota pela qual os judeus da Hungria oriental estavam sendo despachados para a morte em Auschwitz. A ideia era simples a ponto de ser ingênua: para acabar com a máquina de matança nazista, era preciso destruir a esteira transportadora.

Rosenheim tinha lido o Relatório Vrba-Wetzler, e compreendeu a urgência. "O bombardeio precisa ser realizado imediatamente", escreveu ele. "Cada dia de atraso significa uma responsabilidade muito pesada pelas vidas humanas em jogo."[30]

O chefe do Corpo de Refugiados de Guerra, John Pehle, levou a proposta de Rosenheim para o Departamento de Guerra, e sentou-se com o secretário de guerra assistente, John McCloy. Mas não bateu o punho na mesa exigindo ação imediata. Ao contrário, Pehle confessou ter "várias dúvidas", inclusive se um bombardeio aéreo das ferrovias teria tanto impacto assim sobre o funcionamento de Auschwitz. Mais tarde naquele mesmo dia, escreveu um memorando no qual registrava que "deixara muito claro ao sr. McCloy que eu não estava, pelo menos nesse momento, requisitando que o Departamento de Guerra tomasse qualquer ação quanto a essa proposta além de explorá-la apropriadamente".[31]

Contudo, essa exploração foi inútil. O Departamento de Guerra não empreendeu um estudo da viabilidade militar do bombardeio das linhas ferroviárias e ninguém procurou meios alternativos para impedir, ou mesmo diminuir, os carregamentos. Em vez disso, a divisão de operações do Estado-maior do departamento retornou a Pehle dois dias depois para dizer que a proposta de bombardeio era "impraticável", e acrescentou a resposta-chavão: que a melhor esperança para as vítimas do nazismo era ver o nazismo derrotado. O Exército dos Estados Unidos não examinaria qualquer proposta de operação que pudesse exigir uma "digressão" desse esforço.[32] Em 3 de julho, McCloy instruiu seu auxiliar a "matar" a ideia.[33]

No entanto, bombardear Auschwitz ou as linhas de trem que abasteciam o campo mal teriam exigido uma digressão. Os aviões bombardeiros norte-

-americanos estavam nos céus sobre Auschwitz algumas semanas depois. Em 20 de agosto, o 15º Esquadrão da Força Aérea dos Estados Unidos despejou mais de 1.300 bombas de 250 quilos sobre Monowitz,[34] o lugar que Rudi conhecera como Buna quando trabalhou ali como escravizado durante as primeiras semanas em Auschwitz: os bombardeiros norte-americanos chegaram até esse ponto. Atingir as câmaras de gás e os crematórios teria implicado desviar os aviões um total de oito quilômetros.

Além disso, os pilotos teriam sabido exatamente para onde dirigir a artilharia. Os aviões de reconhecimento norte-americanos voaram muitas vezes sobre Auschwitz tirando fotos aéreas na primavera e no verão de 1944, inclusive em 4 de abril, dia em que Walter e Fred fizeram uma segunda tentativa de fuga. As imagens eram detalhadas e reveladoras. Mostravam tudo que o Relatório Vrba-Wetzler descrevera — os alojamentos, as câmaras de gás, os crematórios, até mesmo uma fila de pessoas sendo levada da ferrovia para o campo —, bastava alguém ter dedicado tempo para olhar. Mas ninguém o fez. Ninguém havia examinado aquelas imagens.[35]

O Relatório Vrba-Wetzler nunca deixou de abalar os que de fato o leram. Quando Pehle viu a versão completa, insistiu para que McCloy a lesse: "Nenhum relatório das atrocidades nazistas recebido pelo Corpo captou tanto a cruel brutalidade[36] do que está ocorrendo nesses campos quanto esse relato sóbrio e factual", escreveu ele. O equívoco inicial de Pehle desapareceu: ele então instou um bombardeio total do campo de morte. Mesmo assim, McCloy não cedeu.

Nesse aspecto, ele talvez tenha seguido os passos do próprio presidente. Parece que Roosevelt discutira com McCloy os prós e contras de bombardear Auschwitz, e manifestara preocupação de que aquilo simplesmente serviria para ver judeus mortos por bombas norte-americanas, o que faria com que os Estados Unidos fossem "acusados de participar desse negócio horrível".[37] Nenhum dos dois pareceu considerar que aquela lógica não se aplicava a destruir as vias férreas para Auschwitz, mas o campo em si, ou então que muitos entre os que pediam uma intervenção militar acreditavam que tais mortes eram um preço que valia a pena ser pago para impedir a chacina futura de um número muito maior de judeus. Tais ideias aparentemente não foram registradas. A inação veio do alto.

Quando planejou sua primeira fuga, era com Londres que o jovem de 17 anos Walter Rosenberg sonhava. Quando o rabino Weissmandl escreveu as mensagens em código implorando por ação, elas foram dirigidas para os Estados Unidos, mas era o braço estendido da Real Força Aérea que ele tinha esperança de recrutar. Se os norte-americanos se recusassem a agir para resgatar os judeus dos nazistas, talvez os britânicos o fizessem.

O Relatório Vrba-Wetzler com toda a certeza chegou a Londres. Alcançou Whitehall via caminhos múltiplos: Elizabeth Wiskemann mandara uma mensagem urgente por cabo em 14 de junho, Walter Garrett telegrafara a versão dele dez dias depois, e em 27 de junho o relatório chegou novamente, dessa vez destilado na forma de um memorando redigido por um funcionário da Agência Judaica para a liderança sionista em Jerusalém. "Agora sabemos exatamente o que aconteceu, e onde aconteceu",[38] escreveu o funcionário, ressaltando a importância do relatório. Os endereçados pretendidos eram Chaim Weizmann e Moshe Shertok, respectivamente os futuros presidente e primeiro-ministro do Estado de Israel, mas a nota, de algum modo, chegou ao Ministério dos Negócios Estrangeiros britânico,[39] e de lá ao primeiro-ministro britânico. O depoimento do garoto de 19 anos de Trnava estava então nas mãos de Winston Churchill.

O primeiro-ministro leu o documento, com os detalhes do mecanismo do assassinato em massa — as câmaras de gás disfarçadas de salas de banho, as seleções, a cremação dos cadáveres — e o apelo para que bombas destruíssem as linhas ferroviárias e o próprio campo. Churchill rabiscou um bilhete para seu secretário do Exterior, Anthony Eden. Para um homem que então comandava a maior potência imperial envolvida numa guerra mundial, o tom era estranhamente queixoso, até mesmo desesperado: "O que pode ser feito? O que pode ser dito?"

Enquanto o Relatório de Auschwitz percorria lentamente os meandros da burocracia norte-americana, na Grã-Bretanha chegara rápido ao topo, e, aparentemente, com grande efeito. Mobilizados em parte por sua própria cópia do relatório, Weizmann e Shertok dirigiram-se para Londres, onde, em 6 de julho, reuniram-se com Eden e pressionaram pela exigência de que, entre outras ações dos Aliados, "a linha ferroviária que vai de Budapeste a Birkenau[40] e o campo de morte em Birkenau e outros lugares deviam ser bombardeados". Eden passou o pedido para Churchill, que respondeu na manhã de 7 de julho com uma clareza e uma objetividade que nunca antes demonstrara.[41] "Existe algum motivo para levantar esta questão no Gabinete? Você e eu estamos inteiramente de acordo. Consiga o que puder da Força Aérea e me chame se necessário."[42] Três meses depois que Walter e Fred entraram no *bunker*, parecia que tinham conseguido. Naquele momento, o sinal de aflição internacional que tinham enviado daquele porão em Žilina parecia estar prestes a ser respondido.

No entanto, por mais que Churchill fosse o senhor do destino da Grã-Bretanha, aparentemente foi incapaz de assegurar que aquilo fosse feito. De imediato, Eden contatou Archibald Sinclair, o ministro de governo encarregado da Real Força Aérea, e, ressaltando que estava respaldado pela "autoridade do primeiro-ministro", perguntou sobre a viabilidade de ataques aéreos sobre Auschwitz. Sinclair rejeitou a ideia. Retrucou que "interromper o funcionamento das ferrovias" está "fora do nosso poder"[43] e bombardear as câmaras de gás só poderia ser feito de dia: a Real Força Aérea não podia "fazer nada desse tipo". (Os Aliados se atinham a uma clara divisão de responsabilidade: os norte-americanos bombardeavam de dia e os britânicos, à noite.) Só a Força Aérea dos Estados Unidos seria capaz de efetuar tais ataques, e mesmo assim a missão seria "custosa e arriscada".[44] Eden não deu continuidade ao assunto.

Talvez Churchill e Eden tivessem sido frustrados pelos respectivos subordinados ou pelos aliados norte-americanos, ou talvez a determinação de agir fosse menos sincera do que parecia,[45] a determinação a que ficasse registrado que eles exigiam ação fosse mais forte do que a necessidade de agir de fato. De um jeito ou de outro, os Aliados nunca bombardearam Auschwitz (exceto uma vez, por acidente).[46] O Relatório Vrba-Wetzler alcançara o centro do poder aliado e, ainda assim, os internos de Auschwitz teriam que ficar olhando o céu,[47] rezando por uma salvação que nunca viria.

24
Salame húngaro

Rudi teria ficado decepcionado pela inação dos Aliados como qualquer prisioneiro ainda em Auschwitz. Mesmo assim, a convocação dos bombardeios britânicos e norte-americanos nunca foi o principal motivo para a fuga. É claro que ele se deliciara com o fato de suas palavras terem chegado a um primeiro-ministro britânico e a um presidente dos Estados Unidos, mas nem Churchill nem Roosevelt eram o público-alvo principal. As pessoas que ele queria avisar eram os compatriotas judeus.

Quando o relatório foi conferido e completado, Rudi havia pressionado Krasňanský quanto a isso, ao exigir saber se o documento chegaria imediatamente à Hungria, de modo que os judeus húngaros pudessem ter um precioso artigo que seus semelhantes na Eslováquia, na França, na Holanda, na Bélgica, na Grécia e na Polônia não tiveram: conhecimento de antemão. Se soubessem o que ele, Fred e todas aquelas centenas de milhares de outros não tinham sabido, certamente não permitiriam serem levados como gado em trens de carga, ou, no mínimo, não iriam de boa vontade. Poderiam usar a força que conseguissem reunir, até os punhos, se necessário. Poderiam debandar ou entrar em pânico, e transformar cada ponto de trânsito numa cena de caos ingovernável. Alguns poderiam tentar escapar em meio a esse caos. Qualquer que fosse a forma de reação tentada, os que sabiam estar sendo despachados para a morte não teriam facilitado as coisas para os assassinos. Seriam animais de caça, não cordeiros num rebanho.

Em um ou dois dias, Krasňanský garantiu a Rudi que havia cumprido sua missão, que o relatório estava agora nas mãos da liderança judaica na Hungria, especialmente nas de Rezső Kasztner, descrito por Krasňanský como "o mais importante"[1] de todos eles. Kasztner tinha surgido como figura-chave na Va'ada, o comitê de maioria sionista que, a partir do começo de 1943, comandara o esforço para apoiar[2] e resgatar refugiados que tinham saído da Polônia e da Eslováquia para buscar abrigo na Hungria. Em 28 de abril de 1944, Krasňanský entregara pessoalmente a Kasztner uma cópia do documento, em alemão,³ com o atraso apenas das poucas horas necessárias para fazer a viagem de Žilina a Bratislava.

Kasztner regressou a Budapeste, onde leu e releu o depoimento de Rudi e Fred. Não conseguiu dormir naquela noite.⁴ No dia seguinte, 29 de abril, apresentou o relatório aos membros do Conselho Judaico quando este se reuniu na sede na rua Sip,⁵ e não deixou de contar nada. Mesmo assim, os homens daquela reunião não saíram correndo para as ruas nem começaram a esmurrar portas, instando os judeus a se salvar. Na verdade, não disseram nem fizeram nada. Em parte, por incredulidade. Samu Stern, o presidente do conselho, duvidava da fidedignidade do relatório: não seria mais provavelmente produto da imaginação de dois rapazes precipitados?⁶ Caso ele tivesse razão, então seria uma temeridade disseminar a notícia: os próprios membros do conselho seriam detidos pelos novos senhores do país, os nazistas, cuja ocupação da Hungria tinha apenas seis semanas. Seriam acusados de espalhar informação falsa. Os líderes resolveram não fazer nada que pudesse causar alarme.⁷

Menos de uma semana depois, houve outra reunião. Kasztner foi se encontrar com Carl Lutz, o vice-cônsul suíço em Budapeste, e levou uma cópia do Relatório de Auschwitz. Encontraram-se na residência oficial de Lutz, uma magnífica mansão na parte antiga de Buda, em uma das luxuosas salas de recepção. Cercado de candelabros de ouro, espelhos de molduras douradas e pinturas épicas, Lutz leu o depoimento que Rudi e Fred tinham contrabandeado para fora das trevas de Auschwitz. Quando terminou a leitura, estava tremendo de raiva.⁸ Imediatamente, ambos entraram no carro de Lutz e se dirigiram para uma reunião improvisada com dois outros funcionários públicos judeus em Budapeste. Ali, Ottó Komoly, chefe titular da Organização Sionista Húngara, insistiu com os colegas para fazer precisamente o que Rudi e Fred queriam: informar a comunidade judaica do que sabiam e começar a organizar um esforço de autodefesa. Mas Kasztner disse não.⁹

Por que Kasztner, que apenas um ano antes ganhara admiração como devotado salvador de refugiados que escapavam da perseguição, manteve em segredo o destino de judeus como ele? A explicação reside, parcialmente, em outro segredo: na primeira quinzena da ocupação alemã, Kasztner se envolvera em negociações com os nazistas, especificamente com o oficial encarregado de solucionar "a questão judaica" na Hungria: Adolf Eichmann.

As conversas foram diversas, mas o tema definidor era uma proposta de permuta: dinheiro ou bens em troca de vidas judias. Na primeira rodada, os nazistas exigiram a colossal quantia de 2 milhões de dólares estadunidenses; mais tarde, o preço seria de 10 mil caminhões a serem usados na frente oriental. Em troca, a SS pouparia os judeus da Hungria. Sim, essas negociações significariam negociar com o diabo, mas havia pelo menos uma razão plausível para acreditar que aquilo podia render algum fruto, uma vez que parecia haver um precedente.

Na comunidade de Fred e Rudi na Eslováquia, a liderança judaica abrira um canal próprio de comunicação com um subordinado de Eichmann, Dieter Wisliceny, dois anos antes. Corretamente concluíram que ele aceitaria ser subornado, e lhe pagaram pelo menos 45 mil dólares[10] em duas vezes, em agosto e setembro de 1942. Aparentemente obtiveram resultados: as deportações da Eslováquia pararam, de modo que os judeus que não tinham sido despachados puderam continuar a viver no próprio país, ainda que sob restrições punitivas. A liderança do Grupo de Trabalho acreditava ter sido o suborno o que havia feito a diferença.

Foi um erro fatal. Na verdade, a SS tinha brecado a saída forçada da pequena comunidade judaica do país por motivos próprios,[11] no mínimo por causa do alarme causado por um pedido do governo eslovaco para visitar os novos "reassentamentos judeus" na Polônia, uma visita que teria exposto a realidade de Auschwitz. Não foi o dinheiro que os judeus entregaram a Dieter Wisliceny o que conteve os embarques nos trens de deportação, mas os líderes judeus não sabiam disso, assim como não sabiam ainda que as deportações da Eslováquia tinham apenas sido interrompidas e recomeçariam no outono de 1944. Em total ignorância, e convencidos do sucesso da iniciativa, tinham a esperança de aumentar a escala dos esforços, de modo que conceberam um "plano Europa",[12] pelo qual subornos muito maiores para os nazistas salvariam a vida não só dos judeus da Eslováquia, mas também a dos judeus de todo o continente.

Com isso em mente, escreveram aos líderes judeus na Hungria e garantiram a eles que Wisliceny, então alocado em Budapeste, era um homem "confiável",[13] com quem poderiam, e deveriam, fazer negócios. E, obviamente, Wisliceny emergiu como o principal negociador do lado nazista na comunicação com a liderança judaica em Budapeste, que começou em 5 de abril de 1944,[14] no mesmo dia em que se tornou obrigatório para os judeus húngaros o uso da estrela amarela.[15] Do outro lado da mesa estava Rezső Kasztner.

Quase imediatamente, Kasztner sentiu a mudança no próprio status. Na condição de representante designado de sua comunidade, mas ao contrário do restante de seus concidadãos judeus, ele poderia solicitar autorizações para viajar para fora de Budapeste, ainda que tivesse que pedir antes. E, ao contrário dos outros judeus, não teria que usar a estrela amarela.[16] Nesse ínterim, em Auschwitz, Fred e Walter estavam escondidos debaixo de uma pilha de tábuas.

Desde o início, havia razões para suspeitar de que a SS não estava negociando de boa-fé, que essas conversas eram um estratagema, e os acontecimentos de abril só reforçaram essas suspeitas. Os nazistas estavam agrupando judeus metodicamente nas províncias húngaras, confinando-os em guetos que estavam situados, de forma conveniente, perto de junções ferroviárias.[17] Chegou a eles a notícia de um acordo fechado entre as redes ferroviárias da Hungria e da Eslováquia, que permitia o transporte de 150 carregamentos de judeus da Hungria para Auschwitz via Eslováquia. Pareciam ações de um regime determinado a implementar um plano de deportação, não de abandoná-lo.

Então, no fim do mês, ocorreu o depoimento de Vrba e Wetzler, que confirmou sem subterfúgios exatamente o que significavam as deportações para Auschwitz.

Kasztner captou de imediato as implicações do relatório. Pediu uma reunião com seu contato na SS, o vice de Eichmann, Hermann Krumey. Kasztner talvez tenha até mostrado o documento para o próprio Eichmann e dito ao arquiteto da Solução Final que descobrira o segredo:[18] diz-se que a resposta de Eichmann foi uma exigência de que o relatório fosse suprimido e os autores, capturados vivos ou mortos. Se o relatório Vrba-Wetzler se tornasse público, a comunicação seria interrompida.

Quando Kasztner finalmente conseguiu a reunião com Krumey em 2 de maio, confrontou-o acerca de um trem que partira alguns dias antes de Kistarcsa, levando 1.800 judeus, o primeiro carregamento daquele tipo para fora da Hungria. Seria Auschwitz o destino, o lugar que Vrba e Wetzler tinham descrito?

Não, insistiu Krumey. Aqueles judeus estavam sendo levados para um campo em Waldsee, na Alemanha, onde seriam usados como mão de obra agrícola.

Kasztner sabia que o nazista estava mentindo. Não havia campo nenhum em Waldsee. Era uma ficção nazista. Kasztner lhe disse que parasse de fazer jogos.[19] Era a indicação para que a conversa ficasse séria. Passaram a falar de negócios, fecharam um acordo cujos termos Krumey classificaria como "segredo do Reich".

Mesmo assim, a natureza da barganha logo ficaria suficientemente clara. A oferta de poupar todos os judeus da Hungria recuou e então o homem da SS ofereceu uma troca muito menor: permissão de saída para seiscentos judeus. O número subiu para mil quando Eichmann autorizou que fossem poupadas diversas centenas de judeus,[20] sendo estes, notavelmente, da cidade natal de Kasztner, Kolozsvár. A quantidade aumentaria de novo com o acréscimo de quase duzentos judeus "proeminentes"[21] dos vários guetos espalhados pelo país, até que por fim o número de escolhidos para resgate ficaria em pouco menos de 1.700. Eles embarcariam num trem — o trem de Kasztner, como viria a ficar conhecido — que, em última análise, os transportaria para a Suíça e a segurança.

O que a SS queria em troca era dinheiro — o Comitê Judaico de Salvação entregou mil dólares por cabeça para cada passageiro no trem de Kasztner, um total de 1.684.000 de dólares[22] em dinheiro vivo e itens valiosos — e, mais precioso ainda, uma comunidade judaica que seria suficientemente cordata e passiva para permitir a continuidade incólume das deportações. Eichmann deixou claro que não queria "uma segunda Varsóvia",[23] e com isso dizia que não queria que se repetisse na Hungria a resistência que os nazistas tinham enfrentado no gueto polonês um ano antes. Os nazistas desejavam o silêncio de Kasztner.

E o tiveram. Rezső Kasztner guardou o Relatório Vrba-Wetzler para si e o pequeno círculo de liderança ao seu redor. Não emitiria avisos urgentes para os concidadãos judeus, advertindo-os para ficar longe dos trens e resistir à deportação. Não diria que à espera deles na outra ponta da linha estavam os fornos de Birkenau, que deviam correr para salvar as próprias vidas ou pegar em quaisquer armas que pudessem encontrar, por mais frágeis e escassas que fossem. Em vez disso, daria a Eichmann e à SS a única coisa que eles consideravam indispensável para a continuidade do trabalho, a única coisa cuja importância o adolescente Walter Rosenberg tinha entendido enquanto estava na *Judenrampe* durante aqueles longos dias e noites: ordem e silêncio. Os judeus da Hungria embarcariam nesses trens calmamente, até mesmo obedientes porque nunca tinham ouvido a notícia que Fred e Rudi tanto lutaram para lhes transmitir. Permaneceram no escuro. Foram levados para a sepultura vendados.

Pior do que isso, foram ativamente conduzidos na direção errada por aqueles em quem confiavam. Kasztner manteve o Relatório de Auschwitz escondido, mas ele de fato ordenou a distribuição dos notórios cartões-

-postais por meio dos quais os que supostamente haviam sido "reassentados" em novos lares mandavam lembranças. Na verdade, aquelas mensagens eram escritas sob coação pelos recém-chegados a Auschwitz poucas horas antes de serem levados para a morte. Mesmo quando os colegas de Kasztner desconfiaram de que os cartões-postais eram um truque para enganar o público judeu e o instaram a não os passar adiante, ele ordenou que um punhado de cerca de quinhentos deles,[24] levados para o Conselho Judaico pelos nazistas, fossem distribuídos.

No fim de junho, quando o Relatório Vrba-Wetzler estava finalmente se tornando público graças à circulação na Suíça, Kasztner fez algo curioso. Escreveu para os contatos dele naquele país e avisou-os de que haviam chegado milhares de cartões-postais com selo de "Waldsee", nos quais os deportados judeus contavam que estavam vivos e bem. Isso ocorreu quase dois meses depois de Kasztner receber a confirmação da SS de que Waldsee era uma ficção e do Relatório Vrba-Wetzler testemunhar que Auschwitz era uma fábrica de morte. O próprio Eichmann[25] dissera a Kasztner que os judeus estavam sendo mortos por gás em Auschwitz. Ainda assim, em 24 de junho, no mesmo dia em que a imprensa suíça começou a publicar informações do Relatório de Auschwitz, Kasztner estava espalhando uma narrativa oposta, que contradizia a palavra de Fred e Rudi com uma evidência falsa[26] de que os judeus deportados da Hungria estavam a salvo. Se a SS tivesse ordenado uma campanha de desinformação para amortecer o impacto do Relatório Vrba-Wetzler, dificilmente teria sido algo muito diferente.

Quer Kasztner realmente acreditasse que suas negociações com a SS poderiam eventualmente salvar os judeus da Hungria, quer ele tenha acedido aos nazistas somente para preservar os amigos, parentes e "proeminentes" que escolhera a dedo para serem salvos — abandonando muitos para salvar uns poucos —, o resultado foi o mesmo. Enquanto as conversas com Eichmann prosseguiram, com o silêncio sendo aparentemente o preço, os nazistas conduziram a maior e mais ágil operação de deportação. A partir de 15 de maio de 1944 e no decorrer de 56 dias,[27] 437.402 judeus foram transportados do interior da Hungria, espremidos em 147 trens. Quase todos foram mortos nas câmaras de gás em Auschwitz.

Os próximos na mira dos nazistas eram os 200 mil judeus de Budapeste.

Por fim, a frustração acabou por ser demais para Rudi e seus colegas fugitivos. Sabiam muito pouco a respeito da jornada que o relatório tinha feito, os becos sem saída que encontrara em Budapeste, Londres e Washington, fosse devido a cardeais húngaros, presidentes norte-americanos, primeiros-ministros britânicos ou líderes judeus. Tudo que sabiam era que estavam em junho de 1944 e, mesmo que Fred e Rudi tivessem dado o depoimento em abril, Mordowicz e Rosin tinham visto com os próprios olhos que judeus estavam sendo despachados da Hungria para a Polônia através da Eslováquia, a caminho da morte. As parcas notícias[28] que conseguiam encontrar nos jornais pró-nazistas sugeriam que as deportações continuavam até mesmo naquele momento, semanas depois da fuga da segunda dupla.

Será que o Conselho Judaico eslovaco e o Grupo de Trabalho dele não tinham captado a urgência da situação?[29] Será que não entendiam o que estava acontecendo? Os quatro ex-internos resolveram que, se esses supostos líderes não conseguiam cumprir a tarefa de espalhar a notícia, eles próprios o fariam.

Rudi já havia decidido que sua melhor esperança era produzir cópias do relatório em eslovaco e húngaro, escondido da ÚŽ, e então, de algum modo, contrabandeá-las para a Hungria através da fronteira. Naquele momento, os quatro fugitivos podiam fazer isso juntos. Contudo, estavam vivendo ilegalmente, com um modesto auxílio de 200 coroas eslovacas[30] por semana: organizar uma operação clandestina de publicação não seria fácil. E aquilo certamente não podia ser feito no esconderijo nas montanhas de Liptovský Svätý Mikuláš.

O jeito foi ir a Bratislava, onde morava um velho amigo de Trnava que conseguira escapar da deportação dois anos antes. Ele se chamava Josef Weiss e trabalhava no Escritório de Prevenção de Doenças Venéreas,[31] que, graças à natureza sensível da informação pessoal que detinha, era muito bem protegido, até mesmo da polícia. Era a editora clandestina ideal, o lugar perfeito para produzir as cópias de que necessitavam.

Foi em Bratislava que Josef fez uma apresentação que mudaria a vida de Rudi, ou melhor, uma reapresentação. Ele mencionou que uma amiga em comum de Trnava também estava em Bratislava, tendo passado grande parte dos dois anos anteriores escondida na Hungria. Como Rudi, ela vivia com documentos arianos e sob um nome falso — era agora Gerti Jurkovič[32] —, mas Rudi se lembraria dela como Gerta Sidonová. Era a menina de chapéu de pompom, aquela jovem que Walter havia afastado por parecer infantil demais.

Naquele verão, "Gerti" tinha apenas 17 anos e trabalhava como secretária assistente para uma empresa de mudanças, emprego que Josef havia lhe arranjado como parte das atividades numa célula sionista clandestina que estava envolvida, entre outras coisas, em forjar documentos de identidade para judeus. O grupo gostava de colocar as pessoas em serviços de escritório: dessa maneira, tinham acesso a máquinas de escrever e outros equipamentos que podiam ser úteis.

Josef mencionara de forma bastante casual a presença de Rudi em Bratislava, mas para Gerta foi uma notícia carregada de emoção. Muito tempo se passara, muita coisa tinha ocorrido, mas ela ainda nutria uma paixãozinha por aquele rapaz sério, brilhante e imaginativo[33] que conhecera em Trnava. Planejaram encontrar-se naquela semana na pequena praia de seixos, às margens do Danúbio.

Josef fez uma advertência:

— Walter passou por experiências muito ruins[34] — disse ele. — Ele esteve num campo. Ele mudou. Esteja preparada para encontrar outro homem, não aquele que você conheceu.

Se o alerta serviu de alguma coisa, foi só para Gerta ficar ainda mais empolgada com a perspectiva de vê-lo novamente.

Ela esperou no local combinado. Pareciam os velhos tempos, quando costumavam se encontrar em Trnava: ele também estava sempre atrasado. Mas ela não se importou. O sol brilhava e ela estava sob a sombra de um salgueiro-chorão, e o único barulho que se ouvia era a música do rio que corria. Estava tudo muito tranquilo e perfeito. Então, ele apareceu.

Vinha descendo pelo caminho até a praia e acenou para Gerta, mas, apesar de a boca estampar um sorriso, os olhos contavam outra história: estavam repletos de tristeza, até mesmo desespero. Josef tinha razão. O Walter que ela conhecia tinha sumido. Aquele homem não era muito mais alto do que o garoto de Trnava, tinha pouco mais de 1,60 metro, mas era mais forte e mais quadrado. Ainda assim, foram os olhos que mais a impressionaram. Ela sempre gostara do toque de malícia nos olhos de Walter, mas os olhos de Rudi estavam cheios de tristeza e de algo que ela não esperava: desconfiança.

Mesmo assim, a inteligência dele não esmaecera, e enquanto conversavam o velho sorriso aparecia ocasionalmente. Quando isso aconteceu, no momento em que ele segurou sua mão, ela achou que realmente o amava, talvez para sempre.[35]

Gerta se levantou e o abraçou, mas o corpo dele se enrijeceu.[36] Ela sugeriu que nadassem. Tinha esperança de que aquilo talvez pudesse reduzir de alguma forma a distância entre os dois.

Entretanto, quando ele tirou a camisa, ela viu os cinco números azuis marcados no antebraço dele: 44070. Gerta balbuciou as palavras:

— O que você andou fazendo que se tatuou?[37]

Um sorriso estranho se formou nos lábios de Rudi, e impressionou Gerta não só por ser sarcástico, mas cruel. Contudo, os olhos dele não se alteraram.

— Onde você acha que eu estive, num sanatório?[38]

Gerta sentiu que aquele homem, aquele "Rudi", tinha regressado de onde quer que tenha estado cheio de ódio e, naquele momento, o ódio parecia estar sendo dirigido a ela.

Houve um silêncio e então ele passou o braço em volta dos ombros de Gerta e puxou-a para perto. Disse que lamentava muito, mas que ela entenderia quando soubesse pelo que ele passara naqueles últimos dois anos.

E assim ficaram ali, sentados, debaixo de uma árvore junto ao rio, enquanto Rudi lhe contava, com grande precisão e pouca emoção, a respeito do campo da morte em que estivera desde o último dia de junho de 1942 até poucas semanas antes. Contou sobre os carregamentos e os vagões de gado, o Kanada e as câmaras de gás e os crematórios, e falou da determinação que ele tinha de contar ao mundo a verdade sobre Auschwitz. Viu a incredulidade na face dela.

— Não se preocupe — disse ele. — A maioria das pessoas reagiu da mesma forma, incapazes de acreditar no que estavam ouvindo.

Ele então pegou a sacola que levara e tirou algumas folhas de papel: o Relatório de Auschwitz. Explicou que queria cópias adicionais, para que ele, Fred e os demais pudessem distribuí-las. Era crucial fazer com que a notícia chegasse à Hungria. Gerta pegou as páginas e depois, no escritório em que trabalhava, fez o que lhe fora pedido. Ela não sabia exatamente o que Rudi faria com as cópias que datilografou: ele manteve segredo, não contou nem mesmo para ela.

Por fim, deixaram o lugar sob a sombra na praia e caminharam de mãos dadas, em silêncio. No entanto, aquela tensão que ela sentira no começo, aquela distância entre eles, nunca desapareceu totalmente. Ela acabaria por concluir que, em algum lugar em Auschwitz, o Walter que conhecera perdera a capacidade de confiar em alguém.[39]

★ ★ ★

Todos os caminhos que o relatório havia percorrido pareciam terminar num muro de sólidos tijolos, com o depoimento de Rudi e Fred sendo ou suprimido, ou não dando em nada de concreto. Os fugitivos estavam fazendo o que podiam, entregando cópias do relatório de mão em mão, mas os trens ainda partiam do interior da Hungria, rugindo em direção a Auschwitz.

Entretanto, sem que eles soubessem, havia outro trajeto que o relatório estava percorrendo. Lentamente, com curvas e desvios, estava abrindo caminho para chegar à única pessoa que poderia deter a deportação dos 200 mil judeus de Budapeste: Miklós Horthy, o regente da Hungria.

O trajeto começou com Sándor Török, um jornalista que havia sido internado pelos alemães em maio, mas conseguiu fugir. Foi Török quem levou uma das seis cópias do Relatório de Auschwitz para o cardeal Serédi, que, jogando o barrete no chão, suspirou e disse que não podia fazer nada, a menos que o papa agisse primeiro. Török havia então obtido o nome de outro destinatário para o documento. A oposição húngara retivera uma das cópias de Mária Székely expressamente com esse propósito. Encarregaram Török[40] de fazer com que as evidências fornecidas por Fred e Rudi adentrassem a residência real. O intermediário seria alguém simpático aos seus objetivos, que provavelmente se comoveria com a dura situação dos judeus e a quem o homem encarregado dava ouvidos: a nora do regente, viúva de seu filho István, que servira como vice de Horthy. Ela se chamava condessa Ilona Edelsheim Gyulai.

Um pequeno grupo de conspiradores se reunia frequentemente nas salas privadas da condessa, e juntava as notícias que ela conseguia no círculo do regente com fragmentos de informação que pudessem obter do mundo exterior. Török conseguiu ser apresentado à condessa e se tornou parte do círculo secreto que ela mantinha. Mas o acesso não era fácil. Os nazistas tinham localizado o quartel-general do grupo perto da residência. Um tanque alemão e uma fileira de guardas alemães se postava diretamente na frente dos guardas da corte húngara, encarando-os e observando todos que entravam ou saíam.[41] E, por mais elevada que fosse a posição da condessa, ela não podia falar livremente. Török deveria telefonar todo dia, fingindo ser um encadernador de nome Bardócz. Devia perguntar à condessa se havia algum serviço para ele. Se ela dissesse que sim, que havia um serviço de encadernação a ser feito, aquele era o sinal para que ele fosse ao palácio.[42] Esses encontros se mostraram cruciais. Na segunda metade de maio de 1944, o relatório passara para dentro dos muros reais.

As páginas do relatório encheram a jovem viúva de compaixão e vergonha,[43] mas havia outra consideração que a pressionava e ao grupo. Se os Aliados ganhassem a guerra, o que fariam com aqueles eminentes húngaros que haviam permitido a matança nazista, ao entregar várias centenas de judeus para serem assassinados? A condessa concordou em apresentar o relatório ao sogro.

Pareceu dar certo. A condessa disse a Török que o regente tinha lido o documento e aceitado tudo como verdade.[44] Não havia dúvida na cabeça do chefe de Estado húngaro sobre o destino dos judeus do país que ele governava. Ele chegou a discutir o relatório com um de seus mais antigos comandantes da polícia.

— Aqueles bandidos![45] — disse Horthy referindo-se à SS. — Eu li tudo e vi nitidamente: puseram crianças nas câmaras de gás!

Ainda assim, as deportações continuaram, com os trens soltando vapor rumo a Auschwitz durante o mês de maio e boa parte de junho.

Então algumas outras sementes plantadas por Rudi e seus colegas fugitivos começaram a brotar. Talvez tenha sido a reunião com monsenhor Martilotti no mosteiro em 20 de junho o que incentivara o jovem enviado papal a reportar-se de volta a Roma.[46] Talvez tenham sido as primeiras reportagens na imprensa suíça em 24 de junho, geradas em parte pelas pedaladas de bicicleta de Walter Garrett por Zurique nas primeiras horas da manhã, o que propiciara o último e crucial empurrão. De um jeito ou de outro, em 25 de junho o papa Pio XII enviou um telegrama ao almirante Horthy[47] em Budapeste. Na mensagem, lia-se:

> Em vários locais estão nos implorando para fazer tudo que esteja a nosso alcance para que, nessa sua nobre e cavalheiresca nação, o sofrimento, já tão pesado, suportado por um grande número de desafortunadas pessoas, por causa da nacionalidade ou da raça, não seja estendido ou agravado. Como o coração de nosso Pai não pode permanecer insensível a essas prementes súplicas, em virtude de nosso ministério de caridade que abraça todos os homens, dirigimo-nos pessoalmente a Vossa Alteza, apelando para vossos nobres sentimentos com plena confiança de que fará tudo que esteja ao alcance para que tanta gente desafortunada seja poupada de outras aflições e tristezas.

O papa não fora capaz de proferir a palavra "judeus" nem de tornar público seu pedido,[48] mas o significado estava bastante claro. Entrementes, o presidente norte-americano não teve tantos melindres. No dia seguinte, 26 de junho, justamente quando a verdade de Auschwitz estava se tornando cada vez mais pública graças à cobertura de imprensa vinda da Suíça, Roosevelt incumbiu seu secretário de Estado de mandar a seguinte mensagem a Horthy:[49]

> Os Estados Unidos exigem saber se as autoridades húngaras pretendem [...] deportar judeus para a Polônia ou qualquer outro lugar, ou empregar quaisquer medidas que ponham um fim à sua execução em massa. Além disso, os Estados Unidos desejam lembrar às autoridades húngaras que todos aqueles responsáveis por perpetrar esse tipo de injustiça serão responsabilizados [...]

A pressão liberada pela publicação do Relatório Vrba-Wetzler foi incessante. Em 30 de junho, o rei da Suécia, Gustavo V, escreveu para Horthy com uma advertência de que, se as deportações não parassem, a Hungria se tornaria um "pária entre outras nações". No entanto, foi o aviso norte-americano de que os criminosos de guerra seriam responsabilizados que pareceu ocupar mais a mente do regente.

— Não vou mais tolerar isto! — disse Horthy ao Conselho de Ministros no dia em que a mensagem de Roosevelt chegou. — A deportação dos judeus de Budapeste precisa cessar![50]

Notavelmente, essa exortação não se aplicava à deportação de judeus fora de Budapeste. Essas continuaram. No dia seguinte, 27 de junho, 12.421 judeus[51] embarcaram para Auschwitz em quatro carregamentos separados. As deportações continuariam no dia posterior e nos outros.

Apesar do título régio, Horthy não era senhor de seu reinado: o fato de ele emitir uma ordem não assegurava com que ela fosse cumprida. Então, seguiu-se uma luta de poder no governo húngaro, pois os que estavam inclinados a continuar a fazer o que os nazistas queriam, e contribuir para o esforço de livrar o país dos judeus que lá viviam, tentaram resistir ao decreto do regente. As próprias forças de segurança estavam fragmentadas: havia uma divisão de tanques leal ao regente e batalhões de gendarmes das províncias[52] leais à Solução Final.

Se Horthy quisesse prevalecer, teria que agir rápido. Adolf Eichmann e seus aliados fascistas locais elaboraram um plano para capturar a última comunidade judaica importante ainda intocada pela mão da SS: os 200 mil judeus de Budapeste, que eram os últimos judeus da Hungria — e, com efeito, os últimos judeus da Europa.

Funcionaria da seguinte maneira: em 2 de julho, milhares de policiais húngaros armados se reuniriam na Praça dos Heróis, em Budapeste, com o designado pretexto de despertar o mínimo de suspeita — uma cerimônia da bandeira para homenagear os camaradas. Uma vez encerradas as formalidades, os policiais passariam os três dias de suposta folga familiarizando-se com a localização dos pequenos guetos de um só prédio, conhecidos como "casas de estrela amarela", em particular descobrindo como bloquear potenciais rotas de fuga para judeus que quisessem escapar. Os trens de transporte dos judeus de Budapeste para as câmaras de gás estavam programados para partir em 10 de julho.[53]

Só que as coisas não correram conforme o plano. Em 2 de julho, o 15º Esquadrão da Força Aérea dos Estados Unidos descarregou 1.200 toneladas de bombas[54] em Budapeste ou nos arredores, que mataram 136 pessoas e destruíram 370 edifícios. Os alvos das bombas eram, na verdade, fábricas ao sul da capital, mas não foi isso o que pareceu do ponto de vista dos círculos governantes da Hungria. Para eles, pareceu que Roosevelt estava cumprindo a ameaça que fizera de considerar a liderança política húngara responsável pela matança dos judeus do país. Os que estavam no topo do governo tremeram ante essa perspectiva.

Em 5 de julho, Horthy tinha instalado um militar leal como comandante-chefe na capital e instruíra-o tomar "todas as medidas necessárias para impedir a deportação dos judeus de Budapeste".[55] Naquela mesma noite, ele enviou os tanques. Enquanto o Exército entrava, a polícia da província,[56] que estava ali para cercar os judeus, foi empurrada para fora.

No choque de vontades, o regente vencera. Para ser claro, o principal motivo alegado por ele foi a autopreservação[57] e a afirmação da própria autoridade, não a salvação dos judeus. A deportação dos judeus da Hungria não o havia incomodado especialmente até aquele momento. Na verdade, continuaria pelos três dias seguintes, no mesmo ritmo intenso de maio e junho: houve cinco carregamentos das províncias apenas em 9 de julho. E mais um em 20 de julho.

Mas o restante parou. Um trem com destino a Auschwitz chegou a dar meia-volta e retornar, por ordem de Horthy. Eichmann ficou lívido:

— Em toda a minha longa experiência, uma coisa como esta nunca me aconteceu antes — disparou ele furioso. — Isso não pode ser tolerado![58]

Sob ordens de Horthy não haveria deportações de Budapeste.

Os judeus da capital estavam salvos, por enquanto. Houve muitas explicações — a começar pelo cálculo volúvel dos políticos húngaros, quando começou a parecer que a Alemanha seria o lado perdedor da guerra —, mas um papel crucial foi desempenhado pelo documento de 32 páginas escrito por dois homens, um deles um adolescente, que fizeram o que nenhum judeu fizera antes: conseguiram fugir de Auschwitz. Haviam atravessado montanhas e rios, se escondido e passado fome, desafiado a morte e o inimigo mais cruel que o mundo já vira. As palavras de ambos tinham sido postas em dúvida, ignoradas e até suprimidas. Até que, por fim, conseguiram realizar o ato pelo qual tanto tinham ansiado. Rudolf Vrba e Fred Wetzler salvaram 200 mil vidas.

PARTE V
A sombra

25
Um casamento com armas

POUCOS DAQUELES QUE FORAM SALVOS souberam algum dia a quem deviam agradecer, mas houve uma exceção. Estava muito claro na mente dela que havia sido a informação transmitida por Rudolf Vrba que lhe salvara a vida. Era a moça que alimentara uma paixão de infância por ele em Trnava: Gerta Sidonová.

Quando Gerta e Rudi se encontraram naquelas semanas do verão de junho de 1944, nas quais deram passeios durante a tarde e nadaram no Danúbio, a Eslováquia parecia um refúgio em comparação com a vizinha Hungria, onde, segundo Rudi lhe dissera, naquele momento os judeus estavam sendo despachados para as câmaras de gás de Auschwitz num ritmo de 12 mil por dia. Na Eslováquia, as deportações tinham parado no outono de 1942.

Gerta se mudara para a Hungria e de volta para a Eslováquia ao longo daqueles anos, sempre optando pelo país que na época não estivesse assassinando judeus. Assim, ela e os pais tinham fugido para a Hungria em 1942, para ela e a mãe voltarem à Eslováquia logo depois que os nazistas entraram marchando em Budapeste. O pai não fizera a viagem de volta com elas. Confiando nas autoridades, entregara-se à polícia húngara, e nunca mais foi visto.

Fazia poucas semanas desde que Gerta voltara a Bratislava quando se encontrou com Rudi, ocasião em que ele lhe deu uma versão particular do Relatório de Auschwitz: descreveu o que tinha presenciado e até mesmo lhe entregou as páginas do texto para serem redatilografadas. Essa informação se revelou crítica.

No fim de agosto de 1944, os nazistas invadiram a Eslováquia e logo assumiram o controle direto do que ainda chamavam de "questão judaica" Não demorou muito para que as prisões e deportações que haviam parado dois anos antes fossem retomadas e os trens rumassem mais uma vez para Auschwitz. Não havia refúgio a ser encontrado cruzando a fronteira de volta para a Hungria. No outono, Horthy fora derrubado; o poder foi para as mãos do Partido Nazista húngaro, a Cruz Flechada, que mais uma vez pôs em andamento o rápido e brutal assassinato em massa de judeus, ao implantar esquadrões da morte e trabalhar com Adolf Eichmann com o propósito de reiniciar as deportações para destacamentos de trabalho escravo ou para os campos da morte, o que matou dezenas de milhares. De um modo ou de outro, a rede nazista ainda arrastava judeus pelo continente, e agora estava de volta ao lugar onde tudo começara: a Eslováquia.

Gerta e a mãe haviam forjado impecavelmente documentos arianos, e aguentaram por algum tempo. Mas, certa noite de novembro de 1944, ouviram uma batida na porta:

— Abram, é a Gestapo.[1]

Elas foram detidas e interrogadas por uma semana no quartel-general da Gestapo em Bratislava. Gerta não tinha dúvida de que deveriam tentar fugir: a alternativa era Auschwitz, e ela estava convencida, graças a Rudi, de que aquilo significava morte quase certa. A mãe, porém, não conseguia aceitar o que estava ouvindo. Disse a Gerta:

— Fuja sozinha.[2]

Assim, quando surgiu uma oportunidade, Gerta o fez. Pulou por uma janela do prédio da Gestapo e saiu correndo. Correu sem parar.

Aquela decisão a atormentou. Mesmo tendo recebido a bênção da mãe para ir embora, Gerta a abandonara. E só o fizera porque tinha certeza do que aconteceria caso permanecesse nas mãos da Gestapo, informação que lhe fora dada por Rudi.

Ela não podia lhe contar o que aconteceu, pois ele havia muito deixara Bratislava. Após a invasão nazista, a resistência eslovaca engajara-se num levante nacional, e Rudi estava decidido a participar. Foi para a região oeste do país, onde certo sargento, Milan Uher, estava chefiando um grupo de guerrilheiros, e ali Rudi fez um juramento de fidelidade ao governo tchecoslovaco no exílio em Londres e prometeu lutar até vencer os alemães ou morrer.[3]

O treinamento foi breve e rudimentar. Em 24 horas, Rudi tinha uma arma na mão e uma missão. Cerca de setecentos homens da SS haviam tomado o prédio de uma escola em Stará Turá, encarregados de eliminar a resistência na área. O pessoal de Uher desfechariam um ataque preventivo.

E assim Rudolf Vrba, mal saído da adolescência, tendo completado 20 anos naquele mês de setembro, viu-se na calada da noite rastejando rumo à sede de uma escola na zona rural eslovaca, até Uher finalmente dar a ordem de tomar o prédio. Granadas foram lançadas contra as janelas, e os homens derrubaram a porta para invadir e crivar o edifício de balas.

Rudi viu pelo menos dois de seus camaradas tombarem a seu lado, mas isso não diluiu a euforia que o tomava. Descobriu-se rindo de prazer com aquilo; chorava de felicidade.[4] Escutava os gritos dos homens da SS dentro do prédio, ouvia-os morrer, e isso o deliciava. Volkov, o prisioneiro de guerra soviético, estava certo: os alemães não eram sobre-humanos, não eram invencíveis: eles morriam como todo mundo.

Rudi lutou em pelo menos mais nove batalhas contra unidades da SS e participou de diversos ataques a posições de artilharia alemãs, de destruição de pontes ferroviárias e de sabotagem de linhas de abastecimento nazistas.[5] A certa altura, ele e seus camaradas, sob ordens de permanecer atrás das linhas inimigas para atrapalhar as comunicações dos alemães e fustigá-los por todos os meios disponíveis, viram-se isolados. O quartel-general dos guerrilheiros na União Soviética precisou mandar de paraquedas um novo comandante do Exército Vermelho, que logo foi morto em combate. Uher retornou, então promovido a capitão, mas também foi morto em ação. Quando os soviéticos entraram na Eslováquia, em abril de 1945, a unidade de Rudi estava seriamente reduzida e esgotada. Mas ele ainda estava de pé.

Os que permaneceram participaram de uma última operação e foram então enviados a um hospital militar para recuperação. Rudi presumiu que voltaria para a frente de combate, mas enquanto recobrava as forças chegou a notícia de que a guerra havia acabado: Hitler estava morto, os nazistas tinham se rendido. Ele era agora um veterano da 2ª Brigada dos Partidários de Stálin e, como tal, foi condecorado com a Medalha de Bravura Tchecoslovaca, a Ordem da Insurreição Nacional Eslovaca (Segunda Classe) e a Medalha de Honra dos Guerrilheiros Tchecoslovacos, além de ter se tornado membro do Partido Comunista.[6]

Haviam se passado apenas três anos desde que Rudi entrara naquele táxi e sonhara com a primeira fuga. Entretanto, ele não parou para fazer um levantamento do que vira e do que suportara. Estava com pressa. Conseguiu ser liberado e, sem pausa, logo estava de volta a Bratislava, sedento do elixir que lhe fora tirado dos lábios quando mal tinha 15 anos: conhecimento.

Em maio estava matriculado numa escola especial para veteranos militares, o que lhes permitia pôr em dia os estudos que haviam perdido em virtude da guerra. Em cinco meses ele concluiu pelo menos três anos de estudos, passou na prova que lhe garantia uma vaga na Universidade Técnica Tcheca em Praga, no Departamento de Tecnologia Química. Poucos anos antes, ele fora proibido de ler um livro de química, e compartilhara um exemplar escondido com o amigo Erwin. Nesse momento, porém, Erwin estava morto, e ele, prestes a estudar para se formar nessa área.

Rudi não hesitara na escolha. Ele de fato testemunhara as consequências do progresso tecnológico — sabia do que eram capazes a ciência e os cientistas. Da química do Zyklon B até a engenharia de precisão dos crematórios, Auschwitz e a industrialização do assassinato em massa haviam sido um modelo do potencial da tecnologia avançada: ela operava com velocidade e numa escala possibilitada apenas pela eficácia da ciência. Ainda assim, Rudolf Vrba, que perdera a fé em Deus quando criança e em quem a expressão "fé nos seus semelhantes humanos" provocava um sorriso irônico, nunca perdeu a crença na pureza do ideal científico. Encarava a fraternidade dos eruditos como sua única e inabalável afiliação.[7]

O local onde estudaria tinha que ser Praga, em vez de Bratislava.[8] Ali, os acontecimentos tomaram outro rumo. Havia sido necessária a ocupação alemã para os tchecos deportarem seus judeus; os eslovacos tinham organizado os carregamentos, e de boa vontade pagando pelo privilégio, sem necessidade de um incentivo externo nazista. Praga dava a sensação de ser o lugar certo para um recomeço.

Deve ter parecido que a escuridão finalmente se dissipava, que o pior havia passado, e por muitos anos isso seria verdade. Mas o que Rudi não sabia na brilhante aurora de 1945 era que o acontecimento que ele descreveria como a maior catástrofe de sua vida não tinha ficado para trás, mas estava à frente, no futuro.

A decisão de se mudar para Praga não foi só de Rudi. Ele tinha um quarto no alojamento estudantil, estava mergulhado nos estudos e se alternava entre a biblioteca e o laboratório,[9] mas havia mais alguém na vida dele. Duas pessoas, mais precisamente.

Enquanto muitos dos colegas de Rudi tinham visto as famílias inteiras eliminadas, ele retornara a Trnava no verão de 1944 e fizera uma descoberta inesperada: a mãe ainda estava viva, e bem. Estava casada com um homem — um dos três maridos que teria na vida — que dois anos antes fora considerado essencial para a economia eslovaca, o que lhe permitira escapar da primeira leva de deportações.

Rudi não podia simplesmente bater à porta da casa dela. Ainda havia um mandado internacional pela captura dele; era arriscado demais. Em vez disso, combinou um encontro na casa de um amigo em Trnava. Ele se sentou e observou a mãe entrar. Ela perscrutou a sala e não o reconheceu. Rudi havia mudado muito. Foi o amigo que finalmente apontou em sua direção.

— Aí está ele.[10]

Ilona Rosenberg abraçou o filho, enxugou uma lágrima do rosto, depois deu-lhe uma bronca por ter desaparecido por dois anos sem ao menos enviar uma carta para casa. Rudi explicou onde estivera, mas omitiu os detalhes mais sangrentos, e ela escutou sem fazer muitas perguntas. Ele achou que ela havia sentido nele uma relutância em contar mais, e, se isso de fato ocorreu, ela havia acertado.[11]

O marido, porém, teve uma reação diferente. Em 1942, ele e Ilona ainda não eram casados. A isenção permitiu a ele indicar apenas um parente a ser poupado da deportação: podia escolher entre a irmã e Ilona, se ela se tornasse sua esposa. Ele escolheu Ilona, e então os dois se casaram. A irmã foi deportada.

E então, por intermédio de Rudi, ele soube o que significara aquela decisão de dois anos antes. Ficou tão arrasado, que, quando as deportações foram retomadas alguns meses depois do regresso de Rudi, em setembro de 1944, ele discretamente entrou na fila para embarcar em um dos trens. Quis compartilhar o destino da irmã, e se entregou. Rudi descreveu o fato como suicídio por deportação.[12] Em dado momento a própria Ilona acabaria sendo deportada. Não foi mandada para Auschwitz, mas para Theresienstadt, no país que ela ainda considerava sua terra natal — e, como o filho, ela sobreviveu.

A outra pessoa era a mulher cuja vida Rudi salvara. Gerta Sidonová e Rudi estavam então namorando — ela estudava medicina em Praga, ambos correndo numa versão acelerada da educação que lhes fora negada. Encontravam-se no quarto de Rudi e lá faziam um amor hesitante, desajeitado. Eram livres, poderiam ficar juntos a noite toda se quisessem. Mas não queriam. Pelo menos para Gerta faltava algo.[13] A moça imaginou se seria culpa dela. Rudi dizia que lhe faltava tanto paixão quanto experiência, mas ela se perguntou se simplesmente não o amava o suficiente.[14] Qualquer que fosse a razão, a relação sexual deles carecia da meiguice e da delicadeza de que ela precisava[15] — em vez disso, carregava certa violência, na percepção de Gerta. Se fossem casados, talvez o problema desaparecesse.

No verão, ambos tiravam férias, mas nem sempre juntos. Naquelas primeiras férias, no verão de 1946, Rudi retornou a Bratislava para se encontrar com Wetzler,[16] Mordowicz e Rosin: tornaram-se uma irmandade, unida por uma experiência que praticamente só eles compartilhavam. Estavam entre os muito poucos judeus que haviam escapado de Auschwitz.

Muitos sobreviventes daquele campo, e do que gradualmente viria a ser conhecido como Holocausto, juraram que nunca mais voltariam a pôr os pés na Polônia. Para eles, aquele país estaria para sempre associado ao assassinato em massa de concidadãos judeus; não suportavam pisar num chão que imaginavam estar encharcado de sangue. Outros conseguiram fazê-lo, mas só depois de muitas décadas. Contudo, Rudi voltou para lá animado, e apenas poucos anos depois da fuga. E mais: foi de trem. No verão de 1948, ele e Gerta viajaram de férias para a Polônia.

Eram parte de um grupo de estudantes. Reuniram-se voluntariamente na estação de Praga e rumaram para o leste, em direção ao país onde Rudi fora escravizado e onde os concidadãos judeus de Rudi e Gerta haviam sido mortos aos milhões. Chegaram a Cracóvia e depois a Varsóvia, e caminharam por uma cidade repleta de entulho e ruínas. Um guia estudantil apontou para o que viam e disse em certo momento:

— Aqui era o gueto onde os judeus de Varsóvia foram mortos pelos alemães durante o levante. Foi a única coisa boa que Hitler fez.[17]

O grupo permaneceu em silêncio. Gerta teve medo de que Rudi atacasse o guia. Mas Rudi ficou calado e o grupo foi embora. Ambos queriam desesperadamente voltar para Praga.

Os anos se passaram, com Rudi e Gerta passeando pela margem do rio, parando no local favorito de ambos, uma ilhota embaixo da ponte Carlos chamada Kampa,[18] sentando-se num banco que consideravam deles. Num fim de tarde de domingo, enquanto tomavam chá e comiam bolo, Rudi pediu Gerta em casamento. Era o que a mãe dele, conhecida pela futura nora como Ilonka, vinha insistindo havia séculos que Rudi fizesse — achava Gerta inteligente e bonita e, além disso, era órfã. Rudi devia casar-se com ela.[19] Os amigos ficaram igualmente entusiasmados. Todos os consideravam um casal perfeito: inteligentes, atraentes e fortes. Se o par nutria algum desentendimento, mantinha-o oculto, na esperança de que se desfizesse nas bolhas de champanhe do casamento.

Casaram-se em 16 de abril de 1949, não numa sinagoga, mas na Prefeitura de Bratislava, os votos em eslovaco em vez de hebraico. A noiva vestiu azul-marinho no lugar de branco.[20] Esvaíra-se qualquer resquício de apego às tradições.

Na noite antes do matrimônio, Gerta dormira mal, preocupada com a possibilidade de estar cometendo um erro. A cerimônia e a festa que se seguiu no apartamento de Ilona não ajudaram muito. O álcool era abundante, Rudi ficou bêbado e tentou beijar a melhor amiga da noiva, Inge. A irmandade de Auschwitz compareceu — Fred Wetzler foi testemunha do casamento e Arnošt Rosin foi padrinho —, mas isso só piorou as coisas. Czesław tinha aparecido com um par de armas, que os homens ficaram desmontando e remontando. Gerta achou tudo aquilo aflitivo.[21]

Ainda assim, o que importava era o casamento, não a cerimônia de matrimônio. Logo teriam uma casa própria. Na Tchecoslováquia, cujo regime passara a ser comunista, não era fácil conseguir um apartamento, mas o status de Rudi como ex-combatente da resistência o colocava nos primeiros lugares da fila. Foi-lhe alocado um apartamento de um dormitório no bairro de Dejvice, em Praga, perto do castelo e do centro da cidade. Talvez então pudessem dar início a uma nova vida.

Ambos mergulharam no trabalho, e Rudi completou a graduação em química orgânica e se matriculou para fazer um doutorado no qual se especializaria no emergente campo da bioquímica do cérebro. Gerta, entrementes, formou-se em medicina e passou a estudar a fisiologia do sistema nervoso. Os laboratórios ficavam perto um do outro e do apartamento. Eles tinham muitos motivos para estar felizes.

Entretanto, a distância entre Rudi e a esposa se manteve. O rapaz que crescera em Trnava tornara-se um homem muito diferente. Às vezes, Gerta voltava para casa e o encontrava bebendo vodca sozinho,[22] ou então ficava possessivo e tinha um ataque raivoso de ciúme. Uma vez estavam num bonde voltando para casa, depois de assistirem a uma montagem de *O jardim das cerejeiras*, e Gerta sorriu para o motorneiro ao lhe entregar a passagem, o que levou Rudi a começar a berrar:

—Você está flertando com o motorneiro, sua vadia.

Os demais passageiros puderam ouvir, mas ela não disse nada.[23] Quando certa vez ela machucou o braço e precisou de fisioterapia, Rudi acusou a esposa de ter um caso com a fisioterapeuta.

A paranoia não era só dirigida a ela. Ele se queixava de que os colegas no laboratório tentavam prejudicá-lo. Certa vez, disse que haviam escondido todas as tesouras,[24] então "não pude cortar o papel-filtro do tamanho certo e fazer o meu experimento". Havia uma explicação, óbvia e imediata: Auschwitz o deixara daquele jeito, despido de toda a confiança. Contudo, Gerta se perguntava se não poderia ser o contrário: Rudi não se tornara paranoico por ter sobrevivido a Auschwitz; tinha sobrevivido a Auschwitz em parte porque naquela época já era paranoico,[25] não confiava em quase ninguém. Talvez o comportamento ao qual ela assistia não fosse efeito da sobrevivência de Rudi, mas a causa dela.

Qualquer que fosse a explicação, e embora para Gerta ele continuasse a ser o homem engenhoso, bonito e heroico que lhe salvara a vida, era difícil conviver com Rudi. O casamento não tornara as coisas mais fáceis, nem o fato de compartilharem um lar. Talvez filhos fizessem a diferença. Assim, em 26 de maio de 1952 chegou uma bebezinha. Eles a chamaram de Helena, em parte como deferência à mãe de Rudi, em parte porque ambos acharam que era a mais bela criatura que já tinham visto, com o cabelo escuro espesso e a beleza igualados apenas por Helena de Troia.[26] Quando Rudi tomou a bebê nos braços pela primeira vez, disse à esposa que toda a dor que suportara em Auschwitz tinha valido a pena, se fosse apenas para conhecer a alegria daquele momento. Ele jamais imaginara que pudesse ficar tão feliz. Dois anos depois, em 3 de maio de 1954, veio outra filha. Tinha pele branca delicada e cabelo louro macio.[27] Deram-lhe o nome de Zuzana, mas ela foi sempre chamada de Zuzka ou Zuza.

Agora eram uma família, com carreiras estimulantes e uma posição relativamente privilegiada na sociedade que ia tomando forma em torno deles. No entanto, ainda parecia haver algo de errado. Rudi e Gerta brigavam até mesmo por coisas aparentemente triviais. Em 1954, quase uma década depois do fim da guerra, o racionamento de comida ainda era intenso na Tchecoslováquia. Crianças tinham direito a uma porção adicional de dois ovos por semana, junto com um tanto de açúcar e manteiga. Gerta guardava essas rações adicionais de modo a poder fazer uma surpresa ocasional para as meninas ao preparar panquecas no café da manhã. Quando certa vez a manhã escolhida chegou, Gerta procurou os ingredientes, mas os ovos tinham sumido.[28] Rudi os pegara, assim como costumava fazer com os do galinheiro da família quando criança. Gerta ficou furiosa com ele. Só muitos anos depois lhe ocorreu que Auschwitz ensinara aos prisioneiros que, se havia comida disponível, era melhor pegá-la.

Os dois passavam a maior parte do tempo separados e discutiam quando estavam juntos. À noite, Rudi saía para beber com os amigos, e, quando chegava em casa, a esposa e as filhas já estavam dormindo. Ao adentrar a casa, de madrugada, não andava na ponta dos pés, mas escancarava a porta, acordava as crianças e esperava que começassem a brincar com ele. Quando se cansava, pouco mais de uma hora depois, deixava para Gerta a tarefa de acalmar as meninas, recolocá-las na cama e lidar com o cansaço de ambas na manhã seguinte.

Também tinha vários casos extraconjugais.[29] Alguns eram apenas sexo. Mas, mesmo quando se apaixonava por outra mulher, era categórico em dizer que não deixaria a esposa — por causa de Helena e Zuza.

Essa situação acabou sendo demais para Gerta. Ela disse que queria se divorciar: o lar era tenso e infeliz, além de não ser um bom ambiente para as meninas. Rudi não quis nem saber disso. Ele amava as filhas e elas lhe retribuíam o amor. Gerta acreditava nisso. Tentariam uma separação, mas, devido à grande escassez de moradia, teriam que se separar e seguir vivendo juntos no minúsculo apartamento. Ela e as meninas morariam no quarto e Rudi ficaria na sala.

Isso também não deu certo. Certa noite, Gerta ouviu a porta do apartamento se abrir e, em seguida, duas vozes embriagadas. Rudi levara uma mulher para casa. O casal ficou na sala, onde fizeram sexo no sofá, alto o bastante para acordar as crianças. Nessa noite, Gerta resolveu que a separação não bastava. Ela queria o divórcio. Com o passar do tempo, Rudi concordou — com a condição de que Gerta pagasse os custos legais, ele ficasse no apartamento e ela e as meninas se mudassem dali.

Isso pouco contribuiu para arrefecer a amargura. Em março de 1956, Gerta estava a bordo de um avião rumo a Paris para uma conferência, uma rara chance de vislumbrar a vida do outro lado da Cortina de Ferro. Momentos antes da decolagem, um agente da SNB, o serviço secreto de inteligência tcheco, surgiu na porta do avião e escoltou-a para fora. Explicou que a agência recebera uma informação a qual sugeria que ela estava prestes a desertar para o Ocidente junto com as filhas. Foi só quando o agente ficou convencido de que ela não tinha tal intenção que revelou quem a denunciara: Rudolf Vrba.[30]

Seria paranoia da parte do ex-marido? Mais tarde, Gerta concluiria que era mais provável que fosse um desejo de vingança.[31] Rudi ainda estava zangado pelo fato de a esposa tê-lo deixado.

Um fazia acusações contra o outro, que posteriormente eram todas negadas. Segundo as recordações de Rudi, Gerta ameaçara contar às autoridades acerca de amigos dele que tinham criticado o regime comunista e, pior, argumentara na corte que o divórcio era necessário porque Rudi era "incapaz de garantir uma educação socialista"[32] para as filhas. Gerta mais tarde insistiria que não fizera nada daquilo.[33] E também perdoaria tanto Rudi quanto a si mesma. Eles eram jovens demais. E, depois, ela viria a entender que tinham sofrido muitos traumas.[34] Tanto o pai quanto a mãe dela tinham sido assassinados pelos nazistas, e Rudi passara dois anos dentro da máquina de matar.

Na Tchecoslováquia do pós-guerra, a política se acotovelava nos recantos mais íntimos da vida. Mas, no campo profissional, os cotovelos eram especialmente pontiagudos. O fascínio por ter sido combatente da resistência tornou Rudi a princípio simpático ao projeto comunista. Lembrava-se de que, quando outros estavam se acomodando ao fascismo, foram os socialistas que se determinaram a resistir e o ajudaram na primeira e desafortunada tentativa de fuga que empreendera. Nos reflexos imediatos após a vitória contra o nazismo, ele conseguiu até mesmo sucumbir ao idealismo em relação a um novo futuro de igualdade e fraternidade. Mas isso não durou muito.

Em 1947, ele notou que estava sendo seguido. Quando voltou ao seu apartamento, viu que seus pertences tinham sido remexidos. Conversou com amigos e descobriu que alguns homens o estavam investigando, fazendo perguntas a respeito dele. Rudi estava decidido a rastrear o homem responsável por essa investigação inesperada, e acabou por encontrá-lo. No entanto, tudo que o funcionário dizia era que "queria ajudar".[35]

Só em fevereiro de 1948, quando os comunistas assumiram o controle total do governo da Tchecoslováquia, é que Rudi entenderia tudo aquilo. Um cartaz havia sido afixado na universidade, no qual constava seu nome. Ele fora denominado membro "não político" do comitê de ação que naquele momento comandava a instituição. Foi a primeira vez que ouviu falar daquilo, o que explicava por que os homens vinham seguindo seu rastro naquele ano: os comunistas estavam analisando Rudi para determinar se ele era aceitável. Ele claramente passara naquela prova. Logo lhe pediram que ocupasse uma cadeira no comitê de ação e deixaram evidente que seria perigoso declinar.[36]

Algumas semanas depois, foi-lhe dito que havia muitos estudantes "indignos" na universidade. Ele deveria examinar a lista de alunos, remover os elementos "burgueses" e anticomunistas ativos e reter os membros do partido e os que vinham da classe trabalhadora. Rudi se recusou. Seria discriminação, disse ele, incoerente com todo o *éthos* de uma instituição de ensino. O comitê lhe disse que, se fizesse o que lhe era pedido, não estaria cometendo nenhuma "ofensa moral". Poderia simplesmente dizer que estava obedecendo a "ordens superiores". Rudi retrucou que essa era a desculpa usada pelos nazistas. Ele não faria aquilo.

O comitê pediu a ele que renunciasse e também uma confissão pública dos "fracassos". Rudi lhes deu o que queriam, se recolheu aos estudos, e obteve o doutorado em 1951. Contudo, quando a bolsa de estudos expirou, no ano seguinte, ele descobriu o preço da desgraça política. Não conseguiu emprego como pesquisador em lugar algum. Acabou como químico no turno da noite em uma fábrica de penicilina. Ele se tornou o dr. Vrba, mas com um salário de técnico.

Quando encontrou uma alternativa — o laboratório de um amigo lhe ofereceu uma posição para estudar a bioquímica do cérebro —, ela veio com uma estrita condição: ele teria que trabalhar no porão e permanecer o mais inconspícuo possível.

Era um sábio conselho, até mesmo para a vida fora do laboratório. O clima tinha se tornado muito mais duro em Praga, com as autoridades reprimindo os que não se encaixavam no novo paraíso socialista. Amigos de Rudi tinham desaparecido da noite para o dia e nunca mais foram vistos. Uma incômoda sensação de *déjà-vu* se instalou em 1952, quando Rudolf Slánský e treze outros importantes funcionários do Partido Comunista Tchecoslovaco foram detidos e acusados de desvio ideológico. Foram acusados de se dispersar em "titoísmo e sionismo". Dez deles, inclusive Slánský, eram judeus. Onze, inclusive Slánský, foram enforcados.

Rudi ficou desiludido, mas não chocado, com o rumo que as coisas tinham tomado. Durante todo o tempo que vivera em Praga depois da guerra, nunca alguém lhe perguntara algo sobre Auschwitz. Não conseguiu concluir se era porque o assunto fosse tabu ou se era simplesmente porque não interessava a ninguém à sua volta, mas o resultado era o mesmo. Rudi participou da noite comemorativa anual de Auschwitz, organizada pela União dos Combatentes Antifascistas em Praga, mas nem mesmo ali alguém mencionou a sina dos judeus.[37] Ouviu uma profusão de menções ao heroísmo dos comunistas tchecos e ao sofrimento de outros tchecos que resistiram aos nazistas, mas não escutou uma palavra sequer sobre os judeus. Tampouco sobre as crianças tchecas do campo de famílias, mortas nas câmaras de gás junto com os pais. Alguns tinham morrido cantando o hino nacional tcheco,[38] mas o país não se importava.

Durante quatro anos, Rudi trabalhou naquele porão e, com o tempo, obteve um êxito profissional. Um artigo que ele escrevera chamou a atenção de um cientista conhecido na Universidade de Moscou, e logo aquele selo de implícita aprovação soviética fez com que Rudi fosse tirado do porão e instalado num conceituado laboratório, com o status de não pessoa revogado. Entretanto, vivia sob um regime cujo antissemitismo estava então escancarado e era inegável. O casamento tinha acabado. Ele estava sozinho. Não podia se voltar para o parceiro de fuga porque ele e Fred Wetzler tinham perdido contato, pois a amizade azedara quando Fred se casou. Etela Wetzlerová havia sido prisioneira em Auschwitz. Mas, em vez de essa experiência comum cimentar uma ligação entre a noiva de Fred e o parceiro dele de fuga, deixou Rudi desconfiado:[39] que diabos, ele não podia deixar de imaginar, Etela fizera naquele campo para comprar a sobrevivência? Tinha sido uma *Kapo*?

Rudolf Vrba, cuja maior ânsia havia sido por liberdade, não se sentia um homem livre na Praga dos anos 1950. E assim, mais uma vez, a mente dele voltou-se para uma fuga.

26
Uma nova nação, uma nova Inglaterra

Rudi aprendera em Auschwitz que a fuga é uma ciência cujas lições não podem ser apressadas. Exigiam tempo e estudo paciente. Se era para escapar da Tchecoslováquia comunista, ele teria que acertar de primeira. Se tentasse e fracassasse, a situação se tornaria ainda pior.

Mais uma vez, foi seu trabalho que fez a diferença. O interesse que o artigo despertara em Moscou levou-o a ser publicado numa proeminente revista científica da União Soviética naquela área: *Progresso da Moderna Biologia Soviética*. Vrba foi o primeiro biólogo tchecoslovaco a obter tal reconhecimento. A recompensa veio na forma de um passaporte e do direito de comparecer a conferências ou dar palestras no exterior. Nos anos seguintes, viajou para a Dinamarca, a Ucrânia e a União Soviética — e retornou todas as vezes. Um desses encontros científicos, em 1954, foi na Polônia. Os anfitriões organizaram um *tour* de ônibus a Auschwitz. Dez anos depois da fuga, Rudi entrou no ônibus e foi dar uma olhada. Enquanto os colegas passeavam pelo local, cheios de perguntas, Rudi não deixou transparecer que estivera lá antes. De que teria adiantado? A seu ver, ninguém que não tivesse vivenciado aquilo seria capaz de entender.[1]

Em 1958, chegou um convite para participar de duas conferências seguidas em Estrasburgo e Viena. Mais uma vez, solicitou permissão. Ele seguiria o processo habitual. Se recebesse consentimento oficial, iria até o aeroporto onde seu passaporte, que era guardado pelo Ministério da Ciência, lhe seria entregue, o que lhe permitia fazer uma saída autorizada. Como já viajara para o Ocidente antes, sem percalços, a permissão foi dada. Tudo corria conforme o plano.

Só que Rudi Vrba não era mais o adolescente Walter Rosenberg. Em Auschwitz, não tinha mais ninguém de quem cuidar a não ser ele mesmo, não tinha nada a perder, a não ser a própria vida. Agora, tinha duas filhas, que ele amava. Não moravam mais sob o mesmo teto, mas elas frequentemente ficavam no apartamento de Rudi. As meninas guardavam alguns brinquedos ali, e ele não suportava imaginar as filhas separadas para sempre dos brinquedos.

Assim, cerca de uma semana antes de partir para Estrasburgo, visitou a ex-esposa. Disse que iria lecionar na União Soviética por um ano e queria deixar com ela os brinquedos das meninas. Gerta os pegou, mas ficou desconfiada. Fez algumas perguntas a conhecidos e descobriu que, embora não tivesse mencionado a amigos ou colegas um ano sabático em Moscou, Rudi havia sido convidado para o 4º Congresso Internacional de Bioquímica em Viena. O encontro deveria durar apenas alguns dias, o que significava que ele não tinha motivo para ter devolvido as coisas das meninas. A não ser que estivesse planejando não voltar.

Rudi não sabia disso, mas Gerta também vinha sonhando com uma fuga. Tinha conhecido um cientista britânico por quem se apaixonara: Sidney Hilton, que visitava Praga com regularidade. Mas Gerta, na condição de ex-esposa de um desertor, ficaria sob intenso estado de vigilância e nunca conseguiria escapar. Ela e as filhas ficariam presas numa armadilha. Todavia, tinha aprendido algo com o mestre, o ex-marido: naquele momento, ela mesma planejava uma fuga.

Ela também participaria de uma conferência científica, só que na Polônia. Com um visto que incluía permissão de regressar à Tchecoslováquia via qualquer país da Europa, concebeu um elaborado e audacioso plano. Iria ao evento na Polônia, voltaria sorrateiramente para a Tchecoslováquia, sem ser detectada, a pé, através das montanhas dos Gigantes, a cordilheira Krkonoše, pegaria Helena e Zuzka, então com 6 e 4 anos, respectivamente, antes de percorrer a mesma trilha de volta para a Polônia, com as crianças e a pé, ainda sem ser detectada. Dali, e forjando de próprio punho a documentação necessária para as meninas, as três voariam para Copenhague — e rumo à liberdade.

E foi assim que aconteceu de Rudi e Gerta, os namoradinhos de infância em Trnava, romperem a Cortina de Ferro para começar uma vida nova no mesmíssimo dia. Não tinham combinado nada. Ao contrário, cada um diria mais tarde que havia sido instigado a agir por medo de que o outro fugisse primeiro. Mas, por obra do destino, enquanto as filhas pequenas e a ex-esposa escalavam o monte Sněžka em meio à neblina e à chuva, antes de fazerem uma descida escorregadia, de seis horas, para chegar à Polônia, Rudi entrava no aeroporto de Viena.[2] Naquele dia, os Vrba se tornaram uma trupe familiar mestre na arte da fuga, uma vez que, quando Rudi comprou a passagem, não era para um breve voo de volta a Praga. Em vez disso, estava indo para um país quase tão jovem quanto as filhas. O destino dele era Israel.

Não se tratava de um retorno sionista ao lar. Para Rudi, era algo mais pragmático: escolhera Israel principalmente como porta de entrada para o Ocidente, um país fora do bloco comunista no qual tinha ingresso garantido. Na condição de judeu, sob a lei do retorno, a cidadania israelense seria automática.

Seis semanas após a chegada a Israel, foi oferecido a Rudi um cargo nos Estados Unidos. Ele ficou empolgado e imediatamente pediu um visto de entrada, mas não o obteve. As autoridades norte-americanas de 1958 não viam com bons olhos ex-membros do Partido Comunista Tchecoslovaco, qualquer que fosse a explicação oferecida. Em vez disso, Rudi conseguiu um posto no Departamento de Bioquímica do Instituto de Pesquisa Veterinária, um braço do Ministério da Agricultura de Israel, em Beit Dagan, uma cidadezinha pouco glamorosa ao sul de Tel-Aviv.

Rudi não se deu bem em Israel. Em parte achava o país muito provinciano e fechado. A retórica nacional falava de unidade judaica, mas a realidade que presenciou era a de pessoas separadas em grupos:[3] judeus alemães aqui, judeus húngaros ali... Ele já não ansiava por ser definido pela categoria de judeu eslovaco. Tampouco ficava muito comovido pelo ar romântico de uma nação perenemente perseguida enfim capaz de se defender. No que lhe dizia respeito, ele já tinha defendido a si mesmo.[4]

No entanto, havia algo ainda mais doloroso. Olhava em volta nesse novo Estado e, frequentemente em altas posições, via os mesmos indivíduos que acreditava terem sido reprovados no teste histórico que confrontara todos eles menos de quinze anos antes. Entre eles estavam os líderes judeus eslovacos — a turma de Krasňanský e Neumann —, que ele acreditava terem sido reprovados duas vezes: primeiro, ao tornar as deportações nazistas possíveis, sendo responsáveis por fazer as listas que haviam mandado Rudi para Auschwitz; e depois, quando Fred e Rudi fugiram, ao deixar de espalhar a notícia do relato quando isso poderia ter salvado mais vidas. Eles estavam vivos, mas muitos outros tinham morrido.

O comportamento desses líderes judeus durante a guerra era uma questão radioativa na Israel em que Rudolf Vrba acabara de pousar. Em agosto de 1952,[5] Malkiel Gruenwald, um defensor da causa do sionismo "revisionista" de direita, havia publicado uma denúncia do homem que passara a se apresentar como Israel Rudolf Kasztner. Gruenwald era um judeu húngaro idoso que perdera 52 familiares para os nazistas e apontou o dedo para Kasztner, então funcionário do Estado, porta-voz do Ministério do Comércio e da Indústria e possível membro do Parlamento israelense pelo partido governante, o Mapai. A denúncia de Gruenwald acusava Kasztner de colaborar com os nazistas para salvar a própria pele, junto com um seleto grupo de quase 1.700 outras pessoas, à custa de centenas de milhares de vidas judias.

Como Kasztner era funcionário do governo, aquele não era um assunto privado. O procurador-geral do jovem Estado processou Gruenwald por difamação criminosa. O julgamento durou um ano e atraiu muito interesse, tanto da imprensa quanto do público, nacional e internacional, quando ficou claro que, na verdade, era Kasztner, não Gruenwald, quem estava na berlinda. Seria ele um obstinado salvador que usara cada um dos recursos que tinha para salvar 1.684 judeus das câmaras de gás? Ou teria ajudado a aplainar o caminho dos nazistas para o assassinato dos judeus da Hungria, sendo recompensado com o direito de contrabandear para fora do país os próprios amigos e a família junto com algumas pessoas notáveis escolhidas a dedo? Acreditava que negociando com os nazistas estava ganhando tempo para os judeus húngaros? Ou tinha entendido que, ao contrário, estava ganhando tempo para a SS matá-los? Um julgamento de difamação em Jerusalém se tornara o fórum para o infante Estado brigar com aquilo que a teórica política judia alemã Hannah Arendt mais tarde chamaria de "o capítulo mais sombrio em toda a sombria história":[6] o papel que líderes judeus, tais como Kasztner, foram acusados de desempenhar na destruição de seu povo.

Ao longo de todo o processo jaziam variações da mesma pergunta fundamental: o que Kasztner sabia e quando, exatamente, ficou sabendo? E, nessa discussão, o relatório escrito por Fred Wetzler e Rudolf Vrba foi crucial. O advogado de Gruenwald acusou Kasztner de manter o Relatório Vrba-Wetzler escondido dos que precisavam vê-lo. Disse que o "trem VIP" para parentes e amigos de Kasztner foi a recompensa dos nazistas pelo silêncio dele.[7]

Um momento decisivo aconteceu em 25 de fevereiro de 1954, com a revelação na corte de que Kasztner havia sido um contato útil para a SS não só quando os nazistas estavam com a faca na garganta dos judeus — quando a angústia na época poderia ter de fato exigido medidas desesperadas —, como também depois da guerra. Quando não podia mais alegar que estava tentando salvar judeus negociando com a SS, Kasztner atuara como testemunha abonatória para alguns dos mais cruéis capangas de Eichmann. Ele viajara para Nuremberg em 1947[8] e ofereceu um testemunho por escrito em favor do *SS-Strandartenführer* Kurt Becher, o homem encarregado de saquear os bens dos judeus na Hungria, salvando-o de ser processado como criminoso de guerra. Tempos depois seria revelado que Kasztner produzira testemunhos similares para diversos oficiais importantes da SS, entre eles, o oficial comandante de Becher, *Obergruppenführer* Hans Jüttner, bem como os dois homens com quem fechou o eventual negócio: *Obersturmbannführer* Hermann Krumey e *Hauptsstrumführer* Dieter Wisliceny. Kasztner chegara a manter contato com as famílias dos membros da SS. Escrevera para a esposa de Krumey oferecendo-se para mandar "pacotes de comida".[9] Talvez a motivação de Kasztner tenha sido menos a compaixão pelos nazistas do que o medo da exposição[10] de um homem chantageado.

O julgamento não foi apenas uma disputa entre dois judeus húngaros, Kasztner e Gruenwald. Foi também uma batalha entre o partido governante em Israel e a oposição revisionista, de direita. Foi também um choque entre uma nova Israel que se imaginava forte e destemida em face de todos os inimigos e aquilo que via como o passado judaico, uma diáspora de fracotes que se deixara levar para as câmaras de gás como um rebanho ao matadouro, e cujos líderes tentaram fazer um acordo em vez de revidar. Para seus defensores, Kasztner era um conveniente bode expiatório no qual o novo Estado podia depositar toda a raiva e a vergonha. "Eles precisavam de alguém para culpar",[11] disse a amante de Kasztner, Hansi Brand, durante o julgamento.

Em 23 de junho de 1955, o juiz proferiu a sentença, que foi condenatória. Ele concluiu que o ex-líder do judaísmo húngaro era culpado de "colaboração no mais pleno sentido da palavra",[12] que "vendera a alma ao diabo" ao fazer um acordo diabólico no qual a vida da maioria dos judeus húngaros fora trocada pela de alguns poucos privilegiados. Um aspecto central do crime que ele cometera foi o fato de não ter compartilhado a informação que detinha. Graças às palavras de Vrba e Wetzler, Kasztner soubera o destino daqueles trens, sabia o que significava Auschwitz. Contudo, guardara a informação para si. Não instara seus concidadãos judeus a resistir ou escapar. Ao contrário, negara-lhes o impulso essencial para tal ação: os fatos que apontavam o destino que eles teriam.

O julgamento chocou a sociedade israelense e, ao mesmo tempo, deflagrou uma crise política que acabaria por derrubar o governo. O procurador-geral apelou contra a decisão do juiz, de modo que um caso que tocava o ponto mais nevrálgico na psique de um antigo povo e um novo Estado — no qual se sondava como os líderes tinham lidado com a ameaça de erradicação assassina — passaria para a mais alta corte.

Kasztner trabalhou na apelação, e ganhava a vida no lotado escritório do *Új Kelet*, o mesmo jornalzinho em húngaro que operava em Kolozsvár antes da guerra e renascera em Tel-Aviv.[13] Foi depois de um turno da noite em março de 1957 que ele, ao estacionar o carro, notou a aproximação de dois rapazes, com um terceiro vindo lentamente atrás. Um deles perguntou se ele era o "dr. Kasztner". Quando Kasztner disse que sim, o homem tirou um revólver e apertou o gatilho, mas a arma falhou. Kasztner pulou para fora do carro e chutou o atirador para o lado, porém o agressor atirou de novo, duas vezes. Kasztner tombou na rua, e o sangue se esvaía dele.[14] Foi levado às pressas para um hospital, no qual morreu quase quinze dias depois em razão dos ferimentos.

No mês de janeiro seguinte, a bancada de cinco juízes da Suprema Corte emitiu uma decisão póstuma. Por 4 votos a 1, decidiram em favor de Kasztner. Sustentaram que era injusto julgar um homem com informações disponíveis apenas em retrospecto. Aceitaram que Kasztner acreditara de boa-fé que estava engajado num esforço de salvar muitos, e não apenas uns poucos, mesmo que essa crença tenha se mostrado fatalmente enganosa. O juiz-presidente da corte disse: "Não julga teu próximo até estares no lugar dele."[15]

Aquele, então, era o país onde Rudolf Vrba entrara como novo cidadão, um país dilacerado no qual as ações do próprio Rudi tinham desempenhado um papel crítico. A Suprema Corte estava ansiosa para suavizar essa divisão, amainar a dor. A nova Israel queria que a dizimação dos judeus pelos nazistas ficasse no passado, que fosse assunto dos historiadores. Para Rudolf Vrba, porém, ainda com 30 e poucos anos, o passado não estava morto. Nem sequer era passado.

Rudi permaneceu em Israel por pouco mais de dezoito meses. Uma vez que ficou sabendo que as filhas e a ex-esposa estavam na Inglaterra, solicitou um visto e permissão de trabalho, com a intenção de ir para lá. Assim, nos anos 1960, enfim alcançou a meta a que o adolescente Walter Rosenberg aspirara quase duas décadas antes mas da qual se distanciara: chegou a Londres.

★ ★ ★

Ele estava quase sem dinheiro, mas logo teve um golpe de sorte. Voltou a encontrar a mulher que um dia o recompensara com um pedaço de bolo por ele fingir ser seu filho com um amante que a iludira. Vivendo então em Londres, ela emprestou dinheiro suficiente para que ele pudesse mobiliar o apartamento. Mesmo depois de todos aqueles anos, na Inglaterra em vez de na Eslováquia, ela ainda era o que a mãe de Rudi teria chamado de "mulher manteúda".

O emprego de Rudi era na unidade de pesquisa neuropsiquiátrica do Conselho de Pesquisa Médica, sediado em Carshalton, no Surrey. Ele tinha a oportunidade de elaborar o trabalho que fazia em Praga e pelo qual chamara a atenção em Moscou. Durante vários anos, estivera focado em compreender os detalhes contidos no mistério de como as células se mantêm, como interagem com outras células, como respondem às demandas das células vizinhas, como encontram, absorvem e consomem energia, como se regeneram, como se dividem e como morrem. Esta última questão tinha especial importância. No trabalho de Rudi, a morte era inescapável porque era parte indispensável de toda a vida biológica. Até mesmo a vida saudável de um animal complexo dependia de um processo de morte por seleção. Este era o termo que estava na moda: *seleção*. Biólogos posteriores viriam a se referir ao fenômeno como apoptose ou morte celular programada.

Teria Rudi detectado um lembrete da própria vida passada ao espiar uma lâmina pelo microscópio ou verificar as placas de Petri de cultura de células nos arredores do sul de Londres? A pesquisa que começara em Praga e então continuava em Carshalton dizia respeito principalmente ao que acontecia com o tecido celular quando a criatura hospedeira era submetida a tensão: o que o esforço excessivo provocava, por exemplo, no cérebro ou no coração, e como a célula metabolizava glicose e oxigênio para poder fazer tudo que dela se exigia. Em seus artigos, que passaram a ser publicados com certa regularidade na revista científica *Nature*, Rudi descrevia os experimentos que tinha feito, adotando as práticas laboratoriais que eram padrão na época, com ratos em cativeiro e ele próprio como captor. Para um estudo, dividira os animais em dois grupos de seis e os forçara a nadar por quatro horas e meia. Então, após "parar de nadar, os ratos foram jogados em ar líquido e congelados *in vivo*. Os cérebros congelados eram removidos e homogeneizados a baixa temperatura por maceração até se tornarem um pó fino [...]".[16] Para outro estudo, "os animais foram mortos por decapitação,[17] e o sangue (1 mililitro), imediatamente coletado [...]. Cérebro (inteiro, exceto o cerebelo), coração, fígado e uma amostra do músculo gastrocnêmio foram rapidamente removidos e congelados em nitrogênio líquido [...]".[18] Em 1964, estava trabalhando com camundongos, injetando-os antes de matá-los com intervalos de quinze minutos e novamente jogando-os em nitrogênio líquido. A cada vez, ele fazia a mesma pergunta, a pergunta com a qual se deparara muito antes de sequer pisar num laboratório: o que acontece com uma criatura viva quando confrontada com uma tensão mortal, extrema?

Desde o início, Rudi estava ciente de que ele era apenas uma parte de um esforço internacional que havia precedido — e se manteria após — sua própria carreira. Estava em andamento uma campanha global para compreender a célula e seu funcionamento, uma campanha que envolvia biólogos evolucionários, embriologistas, bioquímicos, geneticistas, farmacêuticos, químicos, engenheiros e físicos, e que abrangeria tanto o mundo quanto o século. Assim como ocorrera quando lutara sob o comando do capitão Uher, Rudolf Vrba não passava de um soldado de infantaria.

Ainda assim, a Inglaterra não era apenas o local do laboratório em que Rudi trabalhava. Era também o lar das filhas dele. Gerta e as meninas viviam então num subúrbio de Londres, em Kenton, com Sidney Hilton como marido e padrasto. Mesmo não morando sob o mesmo teto, porém, Rudi e Gerta ainda davam um jeito de se provocar mutuamente — e complicar as coisas.

Por sua vez, Rudi começou a se encontrar com a ex-esposa de Sidney, Beth. Às vezes ele visitava a casa dela em Highgate, às vezes ficavam juntos na dele, em Sutton, e as meninas passavam alguns fins de semana com eles. Nos tempos de Praga, Rudi deixava Gerta furiosa por brincar com as filhas no meio da noite. Em Londres, tinha o hábito de ficar com as meninas no fim de semana e não as levar de volta para casa no domingo à noite. Elas acordavam na segunda-feira de manhã em Sutton, quando deveriam estar de volta para ir à escola em Kenton.

Rudi não achou Gerta menos irritante. Imediatamente após ter chegado à Inglaterra, foi ver as filhas, um reencontro depois de dezoito meses. Ele conta que apareceu na casa sem ter avisado e encontrou as meninas brincando no jardim. Foi até a cerca, e a mais nova olhou para ele com nervosismo. Helena, com 8 anos, falou primeiro:

— Zuza, esse é o Tata.

Ela usara a palavra tcheca para "papai", à qual Rudi e as meninas tinham grande apego. A menininha olhou para o pai e disse:

— Me disseram que você estava morto.[19]

Rudi não pôde perdoar isso facilmente.

Cada um do antigo casal tirava o outro do sério. Rudi acusava Gerta e Sidney de tentar fazer com que ele fosse deportado[20] da Grã-Bretanha e de uma vez esconder Helena dele, recusando-se a dizer onde ela estava. Gerta insistia que o ex-marido estava consumido pela paranoia.

Por fim, Gerta resolveu que precisava recorrer à lei mais uma vez. Procurou uma firma de advogados de família, Theodore Goddard, e se sentou diante de uma mulher que tinha a fama de ser uma das mais conceituadas advogadas matrimoniais de Londres.[21] Ela se chamava Blanche Lucas. Gerta deu algumas informações da própria vida e mencionou o extraordinário passado do ex-marido. Enquanto falava, Lucas parecia estar se lembrando de algo. Finalmente, ligou os pontos. Vinte anos antes, quando trabalhava em Zurique como secretária para um jornalista britânico, Walter Garrett, fizera a tradução para o inglês do Relatório Vrba-Wetzler, uma versão enxuta que havia sido telegrafada mundo afora. E, daquele momento em diante, passaria a atuar contra um dos dois autores do relatório e, como se veria, com sucesso: Gerta obteve a guarda unilateral das filhas,[22] com Rudi tendo apenas direitos de visita limitados.[23]

De um jeito ou de outro, Auschwitz nunca estava distante. Fazia pouco que Rudi estava na Inglaterra quando, talvez pela primeira vez, o campo da morte se tornou assunto da opinião pública. Adolf Eichmann tinha sido sequestrado em plena rua na Argentina em maio de 1960 e onze meses depois estava sendo julgado em Jerusalém. Depois de quinze anos de silêncio indiferente, o mundo de repente estava interessado no assassinato dos judeus cometido pelos nazistas. Um amigo sugeriu a Rudi que ele deveria procurar um jornal britânico e contar sua história.

O resultado foi uma série em cinco partes publicada de segunda a sexta-feira no *Daily Herald* às vésperas do julgamento, com a primeira manchete não totalmente precisa: "Eu evitei que Eichmann matasse mais de 600 mil judeus." Seguiram-se aparecimentos na TV e no rádio, uma vez que os artigos, cada um com mil palavras e escritos pelo repórter Alan Bestic, provocaram um aumento nas vendas diárias do *Daily Herald*. Como gesto de gratidão, o jornal deu a Rudi um cheque — equivalente ao salário anual dele como cientista.

E isso logo levou a um livro. O gatilho foi uma conversa entre Rudi e seu leiteiro em Sutton. O homem tinha lido a série do *Daily Herald* e confessou que não havia gostado. Acreditava que o dr. Vrba estava espalhando mentiras sobre os alemães, e aquilo não era correto. É claro que sabia que Hitler era uma ameaça: ele próprio perdera uma perna lutando na guerra. Mas as histórias que Rudi contara ao jornal não podiam ser verdade. Os judeus eram pessoas inteligentes,[24] disse o leiteiro: era preciso muita credulidade para imaginar que eles pegariam seus filhos pela mão e embarcariam em trens que os levariam às câmaras de gás. Tal coisa era inconcebível. Rudi compreendeu então que teria que fazer muito mais para explicar como os nazistas tinham conseguido perpetrar talvez o maior crime da história da humanidade.

Durante dezoito dias em agosto de 1963, ele se sentou novamente com Bestic, dessa vez contando-lhe toda a história, com a rapidez que a taquigrafia do repórter permitia registrar. O resultado foi *I Cannot Forgive* [Não posso perdoar], publicado no mesmo ano. A premissa — dos editores, e talvez dos leitores — era a de que o objeto da frase do título eram Adolf Hitler e os nazistas: era a eles que Rudolf Vrba não podia perdoar. Mas Gerta nutria uma ideia diferente. Ela tinha visto que, quanto mais tempo se passava e mais Rudi ficava sabendo dos acontecimentos da guerra, mais irado ficava, a fúria dirigida especialmente aos que fracassaram em passar adiante a notícia de que ele e Fred Wetzler tinham escapado de Auschwitz. Gerta deu uma olhada no livro escrito pelo ex-marido e concluiu que bem no topo da lista dos que ele jamais perdoaria estava Rezső Kasztner.[25]

O julgamento de Eichmann foi atingido por essa ira. No tribunal em Jerusalém, sobreviventes húngaros da deportação interromperam o depoimento de um ex-membro do Conselho Judaico de Budapeste, gritando-lhe em húngaro e iídiche de uma galeria reservada ao público.[26] E isso chegou também à Grã-Bretanha. Rudi quis testemunhar no julgamento de Eichmann. Um dos juízes votou a favor, o mesmo juiz que em 1955 condenara Kasztner por "vender a alma ao diabo". Os outros dois, porém, disseram não. Rudi teve que se contentar em dar um depoimento juramentado na embaixada de Israel em Londres.[27] Ainda assim, quando Hannah Arendt, que cobrira o julgamento para a *New Yorker*, publicou algumas conclusões no jornal *Observer*, de Londres, Rudi conseguiu ter alguma influência. Na seção de cartas dos leitores, ele defendeu Arendt de um acadêmico israelense que ficara estarrecido por a escritora ter se centrado no papel dos Conselhos Judaicos, ou *Judenräte*. Rudi descreveu como ele e Fred tinham escapado, compilado um detalhado relato e o deixado nas mãos certas, motivados pelo desejo de avisar os judeus da Hungria de que seriam eles os próximos. "O *Judenrat* na Hungria disse aos moradores judeus o que os aguardava? Não, permaneceram em silêncio e, em troca desse silêncio, alguns de seus líderes — como o dr. R. Kasztner — permutaram a própria vida e a vida de 1.684 outros judeus 'proeminentes' diretamente com Eichmann."[28]

Os contornos de uma possível vida na Inglaterra estavam tomando forma. Rudi estava começando a desenvolver uma notoriedade, assim como o trabalho que ele fazia era gratificante e, mesmo não tendo mais uma esposa, estava pelo menos vivendo no mesmo país que as filhas. No entanto, pedacinho por pedacinho, as coisas começaram a desmoronar.

Qualquer que fosse a situação legal, o conflito com Gerta em relação às crianças não tinha melhorado. Em 1964, o contato com Helena e Zuza tornou-se mais difícil,[29] quando a ex-esposa e o marido foram realocados para a Universidade de Birmingham. As coisas se deterioraram também profissionalmente. O gerente de Rudi no instituto em Carshalton sempre lhe dera apoio, mas, numa reprise do episódio em Praga, ele se convenceu de que o chefe estava roubando-lhe as ideias. Em vez de esclarecer tudo diretamente com o homem, Rudi se queixou ao corpo supervisor, o Conselho de Pesquisa Médica. A coisa só poderia terminar de um jeito: Rudi foi avisado de que não teria o contrato renovado. Gerta sempre acreditou que fora a paranoia que o mantivera vivo em Auschwitz. Naquele momento, isso o estava arruinando.

Apesar de tudo, Rudolf Vrba não tinha perdido o talento para encontrar uma escapatória. Se chegasse a um beco sem saída, simplesmente pegaria outro caminho.

27
Canadá

No fim do verão de 1967, Rudi voltou a mudar de país, e pela última vez. Ainda não conseguira um visto para morar nos Estados Unidos, devido à afiliação ao Partido Comunista tcheco, mas essa afiliação, havia muito prescrita, provou-se útil. Um acadêmico em visita a Carshalton conhecia um departamento de farmacologia em Vancouver dirigido por um casal de comunistas estadunidenses que tinha fugido para o Norte a fim de escapar do macarthismo. O colega de Rudi fez contato com o casal e os informou acerca de um camarada tcheco, igualmente barrado de entrar nos Estados Unidos por causa da carteirinha do partido, a quem eles talvez pudessem abrigar. Movidos pelo espírito da solidariedade internacional marxista, o casal abriu-lhe as portas — sem saber que Rudolf Vrba passara a ser um estridente anticomunista. Ele foi nomeado professor associado na Faculdade de Medicina da University of British Columbia, em Vancouver, na costa oeste do Canadá. E chegou à terra da fartura inacreditável que ele e os colegas prisioneiros do *Kommando* de remoção tinham um dia imaginado. Estava com 43 anos e tão longe de Auschwitz quanto era possível estar.

Rudi se estabeleceu no departamento que lhe fora oferecido com um posto adicional como associado do Conselho de Pesquisa Médica do Canadá. Continuou a publicar artigos — "Pesos moleculares e metabolismo das proteínas cerebrais dos ratos" saiu em 1970 —, e logo teria certa estabilidade na vida pessoal.

Essa estabilidade veio graças à realização de uma ambição que fora frustrada mais de uma década antes. Em 1973, apenas um ano depois de obter a cidadania canadense — aquele era o quinto Estado do qual se tornava cidadão —, foi indicado para ser professor visitante por dois anos na Escola Médica de Harvard, cargo acompanhado de uma bolsa de pesquisa para trabalhar em marcadores de câncer no Departamento de Gastrenterologia do Hospital Geral de Massachusetts, em Boston. Talvez tivesse sido o patrocínio de uma instituição de elite como Harvard o diferencial, mas as autoridades estadunidenses estavam então dispostas a fazer vista grossa ao breve histórico de comunista de Rudi. Era verdade que, com o dinheiro que mandava para a mãe em Bratislava e as filhas na Inglaterra, mal tinha 1 centavo para gastar. No entanto, finalmente estaria nos Estados Unidos.

Não fazia muito tempo que estava em Boston quando a viu. Foi numa festa: todos falavam sobre Nixon e o Watergate, ele estava prestes a completar 50 anos, e ela estava com 24. Chamava-se Robin Lipson e, no instante em que ela o viu, o achou adorável.[1] Era uma moça muito atraente. A pessoa mais jovem na sala, ela trabalhava como motorista de caminhão para a fábrica de meias-calças L'eggs. A primeira jogada da empresa era que as meias vinham embrulhadas num pequeno ovo de plástico,* já a segunda consistia na distribuição, feita por uma frota de motoristas mulheres que vestiam trajes sumários. Robin era uma delas. Era apenas dois anos mais velha que a primogênita de Rudi, Helena. Ele era mais velho do que a mãe de Robin, e só um ano mais novo do que o pai. Mesmo assim, simpatizaram um com o outro imediatamente.

O primeiro encontro foi uma noite na ópera. Foram assistir a *Guerra e paz*. Logo depois, fizeram uma viagem a Walden Pond, o local adorado por Thoreau e Emerson. O par se sentou numa pedra, sem falar muito, enquanto Rudi ruminava um problema científico que lhe escapara no laboratório. De repente, olhou para Robin e disse:

— Isso mesmo. Descobri.

Ela ficou encantada.

Casaram-se em 13 de setembro de 1975 — depois que conseguiram persuadir o juiz de paz em Boston de que os papéis de divórcio emitidos pela República Socialista Tchecoslovaca eram válidos. Aos poucos, a agitação e a inquietação começaram a diminuir, e Rudi pareceu se abrandar. Em Praga, tinha policiado o comportamento de Gerta, queria saber aonde ela ia e com quem se encontrava, além de insistir para que ela cumprisse o que ele enxergava como obrigações de esposa em casa. Já em Vancouver, Rudi aceitou a independência da jovem esposa. Estava contente por ela trabalhar — Robin acabou virando uma corretora de imóveis de enorme sucesso e o principal arrimo de família, de modo que, pela primeira vez na vida adulta, ele não precisava se preocupar com o pagamento mensal do aluguel[2] —, permitindo-se cuidar da casa, até mesmo cozinhar,[3] algo que em outros

---

* O nome da empresa é um trocadilho entre *legs* [pernas] e *eggs* [ovos]. [N. do T.]

tempos ele via como função exclusivamente feminina. E se especializou em pratos da velha nação: *goulash*, frango *paprikash*, *schnitzel*.

Quando a primeira esposa ficou sabendo da notícia da nova vida do ex--marido, ficou maravilhada com a mudança dele. E atribuiu a transformação a Robin. Estava claro para Gerta que era aquilo de que Rudi precisava: uma mulher de outra geração e de outro continente, inteiramente fora da órbita do planeta Auschwitz.

Rudi disse a Robin que considerava o assunto de Auschwitz "chato", assim como dizia aos colegas que não tinha passado mais do que 0,5% da vida no Holocausto: preferia evitar o tema.[4] Para ficar sabendo da história do marido, Robin precisou ler as memórias dele na Biblioteca Pública de Boston. (Procurou em "Rudolf Vrba", e havia dois livros com esse nome. O primeiro era de um fervoroso nacionalista tcheco, e havia sido publicado em 1898.) Depois, ela encontrou *I Cannot Forgive*, e o devorou em duas sessões de leitura.

Robin, obviamente, tinha visto a tatuagem no braço dele logo no começo do relacionamento, então já sabia que ele era sobrevivente de Auschwitz. Contudo, não quis sondar mais, pois, de acordo com sua criação, acreditava ser falta de educação e insensibilidade perguntar a alguém vindo do Holocausto sobre a experiência que tivera. O próprio Rudi nunca mencionou que escrevera uma autobiografia — foi uma conhecida em comum quem disse a ela que deveria lê-la. No pátio da biblioteca, Robin fumava um cigarro atrás do outro durante aquelas duas sessões de leitura e, quando acabou, sentiu-se culpada, como se tivesse invadido a privacidade daquele homem impressionante.[5]

Ainda assim, até mesmo em Vancouver, onde termina o Canadá e começa o oceano Pacífico, um lugar frequentemente considerado a cidade mais habitável do mundo, Auschwitz vez por outra surgia. Durante algum passeio na rua, se Robin tivesse dificuldade de acompanhar o passo de Rudi, ele podia censurá-la com fingida irritação:

— Por acaso você é um *Muselmann*?[6]

Era brincadeira, mas Robin captava a mensagem mesmo assim: não seja fraca, pois os fracos não sobrevivem.

Ou talvez, ao encontrar pessoas numa festa ou num evento da faculdade, Rudi podia fazer uma avaliação instantânea de qual seria o destino deste ou daquele no campo:

— Ah, esses morreriam imediatamente. Não iam aguentar. Ah, e aquele ali seria um *Kapo*...[7]

E havia o guarda-roupa, a preferência pelo estilo safári, calças e camisas cáqui — um lembrete dos tempos de soldado —, e os ajustes de alfaiataria que fazia em quase todas as roupas. Mandava acrescentar múltiplos bolsos, sempre com zíper, assim não precisava carregar uma bolsa. Era outra lição de Auschwitz: qualquer coisa de valor devia ser guardada junto ao corpo.

Aquele lugar nunca estava longe. Num sufocante dia de julho em Nova York, em 1978, Rudi estava num restaurante quando reparou que o garçom que o servia, o qual estava de mangas curtas, tinha um número tatuado no braço. Imediatamente, Rudi disse ao homem que ele devia ser um judeu de Będzin, Polônia, que tinha chegado a Auschwitz no verão de 1943. O garçom, atônito, confirmou que ele estava certo em cada detalhe.[8] Rudi memorizara os detalhes de cada carregamento, e esse conhecimento, marcado a ferro e fogo na memória para que ele pudesse divulgá-lo fora de Auschwitz, nunca o abandonara.

Com a jovem esposa, Rudi era paternalmente meigo e gentil, e a chamava de sua "Robchek". O andar dele era suave, e ele sorria com facilidade. Mas tinha um temperamento feroz. Uma vez provocado, especialmente se sentisse que Robin tinha se comportado de forma grosseira ou injusta, podia ser duro e mordaz. Ele enchia os ouvidos dela de argumentos, até que, no fim, ela ficava confusa e via-se pedindo desculpa, mesmo que fosse ele quem estivesse errado. Era um debatedor habilidoso, e ela, segundo uma avaliação própria, era jovem e simples.[9] Ele discutia mesmo que ela se rendesse, até com relação à mais delicada das questões.

Nunca tiveram filhos, principalmente porque ele a dissuadiu, a ponto de intimidá-la. Nas conversas que tinham sobre o assunto, as objeções passavam como um rolo compressor sobre os desejos dela. Rudi era inflexível ao dizer que não queria mais filhos. Dizia a Robin que sobrevivera à guerra em parte por não ser pai. Via agora que a presença de Helena e Zuza na vida dele o tinha tornado vulnerável, fraco, o preenchido de sentimentos demais.[10] Não podia correr o risco de ficar ainda mais fraco.

E, apesar de todas as queixas de que o assunto lhe entediava, assim como dos 8 mil quilômetros que separavam Vancouver de Auschwitz, ele jamais conseguiu se afastar de lá. Era um padrão que fora estabelecido alguns anos antes, quando, instigado pela série do *Daily Herald*, o gabinete do procurador público em Frankfurt tinha entrado em contato e pedira a Rudi que ajudasse nos preparativos para o julgamento iminente de mais ou menos uma dúzia de homens da SS que haviam servido em Auschwitz. Rudi viajou para a Alemanha em 1962, bem antes de muitos, talvez a maioria, dos sobreviventes do Holocausto se sentirem capazes de pôr os pés naquele país. Assim começou um relacionamento com as autoridades de acusação alemãs que se estenderia por muitas décadas,[11] com Rudi sendo repetidamente chamado como testemunha nos julgamentos dos criminosos de guerra nazistas. Ele não só era fluente em várias línguas, como também tinha uma excepcional gama de memórias às quais recorrer, com uma perspectiva inusitadamente panorâmica do campo. Os nazistas se esforçaram muito para garantir que praticamente ninguém vislumbrasse o processo inteiro do assassinato em massa, do começo ao fim. Reconhecidamente, Rudi nunca estivera no *Sonderkommando*, nunca trabalhara dentro dos crematórios, mas vira com os próprios olhos quase todo o outro estágio da sequência que conduzia ao momento final.

Então, depôs nos julgamentos de, entre outros, Hermann Krumey e Otto Hunsche, capangas de Adolf Eichmann em Budapeste. No decorrer desses julgamentos, as relações de Rudi com o juiz que os presidia tornou-se hostil. Várias vezes o juiz interrompia o depoimento para corrigir-lhe a gramática. Até que, por fim, a paciência de Rudi se esgotou. Declarou que, se o alemão dele não era inteligível por conta do uso incorreto que fazia da "versão alemã do *conjunctivum cum accusativo*", a corte podia chamar um tradutor eslovaco-alemão e eles recomeçariam. Depois disso, Rudi achou que o juiz se acalmou um pouco.[12] Nesse caso, em agosto de 1969, uma vez finalmente encerrados os julgamentos e recursos subsequentes, Hunsche foi condenado a doze anos de prisão e Krumey, à prisão perpétua.

Por vezes, Rudi não foi apenas testemunha, mas também iniciador dos procedimentos legais. Esse padrão também foi estabelecido alguns anos antes. Depois da guerra, Rudi recebera uma extraordinária oferta de emprego. O subcampo de Auschwitz conhecido como Buna tinha se tornado um importante centro industrial, exatamente como Himmler sonhara, mas nesse momento sob a administração do Estado polonês, não da SS. Rudi foi convidado a assumir um posto ali como químico industrial. Embora tivesse viajado tanto para a Polônia quanto para a Alemanha, onde muitos de seus pares receavam pisar, aquilo era demais até mesmo para ele. Não conseguia esquecer o sangue que havia sido derramado para construir o lugar. De fato, longe de esquecer, Rudi entrou num grupo de colegas sobreviventes que, em 1961, processou o conglomerado alemão IG Farben, que na época ainda operava apesar da documentada exploração de trabalho escravo. Rudi e os outros exigiram pagamento retroativo pelo trabalho feito na construção do local. Um tribunal da Alemanha Ocidental concedeu a cada um deles 2.500 *Reichsmarks*, equivalente a 625 dólares da época, mas não fez nenhuma exigência para que a empresa compensasse as famílias dos escravizados que tinham perdido a vida. Para a IG Farben, o julgamento foi um grande negócio. Nas palavras de Rudi, a corporação conseguira 90% do trabalho usado em troca de apenas "os centavos que pagaram"[13] ao comandante do campo de Auschwitz, Rudolf Höss.

Em 1963, Rudi entrou com um processo de um tipo diferente, dessa vez contra o último homem da SS com quem tinha falado em Auschwitz, participante do trio brutal que supervisionava o Kanada. Rudi ouvira dizer que o *SS-Unterscharführer* Otto Graf estava vivo e bem, e, exatamente como o jovem Adolf Hitler, trabalhava como pintor de casas em Viena. Tinha tão pouco medo da justiça que não vira necessidade nem de mudar o nome. No pós-guerra, o desejo austríaco de fazer os nazistas prestarem contas não era urgente, e demorou até 1971, época em que Rudi já estava em Vancouver, para que Graf fosse finalmente preso e julgado por vinte acusações de crimes. Mais uma vez, Rudolf Vrba testemunhou pela acusação, como vítima do acusado e também como perito. Graf foi considerado culpado, mas numa acusação que prescrevera.[14]

O processo do camarada de Graf, o homem que Rudi e os outros tinham conhecido como "König", o Rei do Kanada, tampouco parecia ter avançado muito. Surgiu a partir dos julgamentos de Auschwitz que se deram em Frankfurt em meados da década de 1960, mas só chegaram aos tribunais em 1987. A acusação central contra Ernst-August König era a de que em 1943 e 1944 ele se envolvera na aplicação de gás a mais de 21 mil internos do chamado campo de ciganos, o BIIe, que ficava a apenas uma breve caminhada do setor de Rudi em Birkenau, o BIIa. As acusações contra König tinham sido feitas por um grupo que representava os povos Sinti e Roma na Alemanha, e convocaram três sobreviventes de Auschwitz do Canadá para respaldar o caso. Um deles foi Rudolf Vrba.

Mas, quando chegou ao tribunal em Siegen, Rudi viu imediatamente que o homem no banco dos réus não era o cruel supervisor que ele conhecera no depósito de bens roubados dos mortos. Nas palavras dele, o acusado tinha "matado quantidades incontáveis de ciganos, mas não era o König do Kanada da SS".[15] O homem no banco dos réus, um guarda-florestal aposentado que se referia a si mesmo como um "anjo de Auschwitz", jurando que nunca tinha ferido uma alma, foi condenado em 1991 à prisão perpétua por matar três prisioneiros Sinti com as próprias mãos e por auxiliar em duas execuções em massa por gás que mataram 3.258 outros.

Contudo, o König do Kanada que havia brutalizado a vida de Rudi e a de outros escravizados do *Kommando* de remoção não escaparia inteiramente do braço da justiça. O julgamento do aparente homônimo acabaria por apanhá-lo também, e de forma notável.

Um dia, a promotoria chamou no tribunal um homem que se tornara um admirado cantor de ópera em Essen, cidade natal de Ernst-August König, para testemunhar contra este. O homem se chamava Heinrich-Johannes Kühnemann. Bastou que Rudi o visse prestar juramento para saber que aquele Kühnemann — e apontou o dedo com gosto para o acusado — era de fato o König do Kanada. Estava tão confiante de que a justiça nunca o encontraria que se preparou para entrar num julgamento de crimes de guerra e depor pela acusação. Disse à corte que havia sido guarda em Auschwitz, mas que não tivera nada a ver com os assassinatos. Ao contrário, disse que era popular entre os internos. O juiz o avisou de que não era obrigado a depor, mas Kühnemann foi irredutível: não tinha nada a esconder.[16] Só não contava com a presença de Rudolf Vrba, o homem que guardara na extraordinária memória cada prédio, cada carregamento e cada rosto que vira em Auschwitz.

Kühnemann foi julgado na corte regional de Duisberg de 1991 a 1993, com Rudi mais uma vez convocado para ocupar o banco das testemunhas. O homem da SS, porém, não cumpriria pena na cadeia nem receberia uma sentença. O julgamento foi interrompido em 1993 sob pretextos médicos: o atormentador do Kanada estava doente demais.[17]

Rudi estava do outro lado do mundo. Tinha uma esposa jovem para quem dissera e insistira que o assunto de Auschwitz era uma chatice. No entanto, Auschwitz não o largava. À medida que as décadas passaram, o trabalho científico se tornou mais lento. Naqueles anos em Praga e Carshalton, a produção havia sido prolífica e ele publicara 23 artigos em revistas acadêmicas em pouco mais de quinze anos. Em Vancouver, escreveria somente mais oito em três décadas. Indicado como professor associado em 1967, nunca foi promovido. Manteve-se no mesmo cargo até a aposentadoria.

A guerra contra o velho inimigo, porém, nunca arrefeceu, mesmo que naquele momento fosse travada de seu escritório na British Columbia. Estava em contato com o caçador de nazistas vienense Simon Wiesenthal, tratando especialmente sobre os criminosos de guerra que tinham conseguido fugir para o Canadá, entre eles Josef Nemsila, ex-oficial da Guarda Hlinka fascista da Eslováquia, que morreu antes de poder ser julgado por comandar uma unidade que deportara judeus para Auschwitz e matara civis eslovacos.[18] Rudi e Wiesenthal também estiveram em contato para tratar de Mikulás Polhora-Pomfy, que Wiesenthal acreditava ter sido o comandante no primeiro local de detenção de Rudi, o campo de trânsito de Nováky.

Um alvo que Rudi perseguiu com particular intensidade foi Joseph Kirschbaum, que entrara no Canadá nos anos 1960, apesar do serviço no passado como secretário-geral do Partido Popular Hlinka. Vivendo feliz em Toronto, onde trabalhava como historiador e era um dos eruditos da Liga Eslovaca Canadense, Kirschbaum havia sido um dos funcionários que se encontraram com Adolf Eichmann em Bratislava em novembro de 1938 para discutir a solução do "problema judaico" da Eslováquia.[19] Rudi rastreou tanto o registro de guerra na Europa quanto a nova vida de Kirschbaum na América do Norte, e reuniu material suficiente para preencher pastas de arquivo robustas.

Em Auschwitz, Rudi entendera, talvez com mais rapidez do que os demais, que uma parte essencial do método nazista, que tornava possível o processo de assassinato em massa, era a negação de que estivessem envolvidos em tal atividade. O engodo era parte integral da operação: a mentira de que judeus não estavam sendo mortos, mas, sim, meramente reassentados, ajudava na continuidade da matança. Na essência do crime, desde o início, jazia o subterfúgio da confiança.

Nas décadas que se seguiram à guerra, Rudi percebeu que a negação não cessara, estava só se apresentando de maneira diferente. Vira isso de forma branda na Tchecoslováquia comunista, onde era tabu mencionar que os nazistas tinham escolhido judeus para eliminação ou até mesmo que crianças judias tchecas haviam sido mortas em câmaras de gás. Naquele momento, em Vancouver, ele viu a negação viçosa e descarada.

Já desde a década de 1970, Rudi entrara em contato com todos que pôde, de Alexander Soljenítsin ao Escritório de Investigações Especiais do Departamento de Justiça dos Estados Unidos, para discutir o crescente fenômeno da negação do Holocausto. Acompanhava a atividade de Robert Faurisson, na França, Wilhelm Stäglich, na Alemanha, e Arthur Butz, nos Estados Unidos, mas o encontro mais direto foi com Ernst Zündel, que nascera na Alemanha e estabelecera morada em Toronto. Em 1985, Zündel foi julgado sob o código penal por espalhar notícias falsas ao publicar um ensaio chamado *Did Six Million Really Die?* [Será que realmente morreram 6 milhões?]. Embora Zündel estivesse no banco dos réus, o que estava de fato em julgamento era a veracidade do Holocausto. Rudolf Vrba seria uma das testemunhas centrais.

Vrba foi interrogado durante horas a fio. Com exceção do que tinha guardado na memória, aqueles vários dias num tribunal em Toronto representaram a oportunidade mais perfeita que Rudi jamais teria de dar o testemunho do que vira e fizera. Foi-lhe dado espaço para descrever em detalhes sua sina em Buna, o surto de tifo, seu trabalho no Kanada e na *Judenrampe*, as seleções, os alojamentos e as chamadas duas vezes ao dia, bem como sua fuga e o relatório que escreveu em conjunto.

— Escapei e avisei ao mundo[20] — disse ele à corte.

Mais uma vez, a atmosfera era hostil. Dessa vez, o antagonista de Rudi não foi o juiz, mas o advogado do réu, Doug Christie. A abordagem dele foi sondar e detalhar o relato de Rudi, a começar pela autobiografia que ele escrevera: se Christie pudesse provar que o texto, de autoria de um ruidoso sobrevivente de Auschwitz, não era confiável, seguramente o próprio Holocausto não poderia mais ser encarado como verdade. Ele, então, pressionou com afinco em quesitos que julgava serem inconsistências na narrativa. Estava cético em relação à fuga. Uma vez fora da pilha de tábuas, seria verdade que Fred e Rudi tinham conseguido sair do campo, simples assim?

— É isso mesmo — disse Rudi.
— Sem uma bússola.
— Isso mesmo.
— No escuro.
— Isso mesmo.
— Num território em que nunca tinham estado.
— Isso mesmo.

Quando sob fogo cerrado, naquela corte ou em qualquer outro lugar, Rudi frequentemente recorria ao sarcasmo. Christie questionou Vrba sobre a convicção de que, uma vez que vira milhares entrando nas câmaras de gás, todos haviam sido mortos. Como ele podia ter tanta certeza?

— Duzentas e cinquenta mil pessoas entraram, e eu nunca vi um único civil sair — retrucou Rudi. — Então, é possível que ainda estejam lá, ou que haja um túnel e eles agora estejam na China; senão, foram mortos por gás.[21]

Se Christie cometesse algum erro em relação à geografia ou à linha do tempo de Auschwitz, Rudi avançava e desdenhava.

— O senhor me ajudaria se fizesse sua lição de casa — disse ele ao advogado, como um professor de escola ao admoestar um aluno chato.[22]

Houve contratempos. Rudi teve que admitir que suas memórias de 1963 continham certa dose de licença "poética",[23] que se pareciam mais com a obra de um desenhista de tribunal do que com uma fotografia, mais um conjunto de recordações do que um trabalho erudito de história com notas de rodapé. Talvez fosse orgulhoso demais para sugerir o que certamente era óbvio para qualquer leitor do livro: ao passo que a história era fielmente de Rudi, a prosa era obra de Alan Bestic, um jornalista veterano da Fleet Street extremamente talentoso.

De modo geral, porém, Rudi manteve o controle de forma notável. Era uma presença imponente no tribunal, e repetidamente se levantava do banco das testemunhas para se postar junto a um projetor, com um laser na mão, enquanto guiava o júri pelos diagramas e esboços que fizera do campo da morte. A memória dele era excepcional e consistente. Quando instado pelo juiz a retornar ao tópico em questão, Rudi era infalivelmente polido e, com a mesma frequência, muito agradável, uma vez que estava fazendo o que resolvera fazer quando adolescente. Estava se levantando e contando ao mundo a verdade sobre Auschwitz.

No fim do julgamento, Zündel foi declarado culpado.[24]

28
Eu conheço uma saída

Alguns dos mais importantes cronistas do Holocausto procuraram Rudi, pois entendiam que ele talvez estivesse em uma posição singular para depor sobre o *modus operandi* de Auschwitz-Birkenau. Ele se tornou uma estimada fonte de Martin Gilbert, o biógrafo oficial de Winston Churchill, cujo livro de 1981 *Auschwitz and the Allies* [Auschwitz e os Aliados] dizia que o Relatório Vrba-Wetzler finalmente revelara a Washington e Londres a verdadeira função da fábrica de mortes, o que deflagrara em ambas as capitais o fatídico debate dos prós e contras de se bombardear as ferrovias que levavam ao campo. Na década anterior, Rudi foi entrevistado para dois documentários aclamados, embora muito diferentes entre si. Primeiro veio a série de TV produzida na Grã-Bretanha *The World at War* [O mundo em guerra], que dedicou um episódio à tentativa de aniquilação nazista dos judeus, no qual Rudi aparece com um carisma soturno, de astro de cinema. Depois veio *Shoah*, o épico de nove horas e meia de Claude Lanzmann. O diretor francês entrevistou Rudi por quase quatro horas em novembro de 1978 — contudo, o filme só seria lançado sete anos depois —, sendo que grande parte foi ao ar livre, nas ruas de Nova York, com Rudi vestindo um sobretudo de couro caramelo. Na tela, Vrba é mais uma vez uma presença impressionante. Com seu espesso cabelo escuro e sobrancelhas grossas, poderia se passar por Al Pacino em *Scarface*. Numa sequência, Lanzmann pergunta a Vrba acerca da mecânica de Auschwitz, como os judeus eram descarregados dos trens e embarcados nos caminhões que os levariam para as câmaras de gás. Com sotaque da Europa Central, inalterado após uma década na América do Norte, Rudi dá detalhadas e evocativas respostas, bem como aborda o argumento que para ele sempre foi central: "Toda a máquina de morte só podia funcionar com um princípio: que as pessoas vinham para Auschwitz e não sabiam aonde estavam indo e com que propósito. Os recém-chegados deviam se manter ordeiros e, sem pânico, marchar para as câmaras de gás."[1]

Alguns anos após o lançamento de *Shoah*, a Canadian Broadcasting Corporation pediu a Rudi que voltasse a Auschwitz com o propósito de participar de uma filmagem para um novo documentário. Era 1990, o Muro de Berlim caíra, a Polônia estava se abrindo, mas Auschwitz ainda não era o museu bem-cuidado e o memorial que viria a se tornar. Birkenau, em especial, sofria com a falta de cuidados — parecia um terreno baldio abandonado.

Rudi, Robin, o diretor e uma equipe polonesa tinham completado um dia de filmagem, incluída uma tomada não autorizada em Birkenau, quando perceberam que alguém fechara os portões. Estavam trancados lá. Todos os envolvidos ficaram aterrorizados pela simples ideia, mas um homem manteve a calma. Sem ironia, Rudi disse:

— Não se preocupem. Eu conheço outra saída.[2]

Ao longo de todos aqueles anos, fosse se correspondendo com historiadores, fosse falando com documentaristas, Vrba sempre fazia questão de mencionar o colega fugitivo, Alfréd Wetzler. Contudo, a distância entre eles tinha crescido desde o esfriamento inicial da amizade por Fred ter se casado com uma sobrevivente de Auschwitz.

A política também contribuía para essa distância. Rudi achava estarrecedor que o velho amigo ainda conseguisse viver num sistema totalitário. Considerava a permanência de Fred na Tchecoslováquia uma forma de aprovação implícita do comunismo opressivo. Queria ajudá-lo, e para isso até mandava dinheiro quando podia.[3] Mas, do ponto de vista de Rudi, se Fred Wetzler realmente odiasse viver ali, tinha uma opção: podia fugir. Já o fizera antes.

A Cortina de Ferro que os separava parecia ter também outro efeito. As recordações do extraordinário feito que tinham realizado juntos começaram a divergir. Fred não relatara sua história diretamente, mas na forma de um romance publicado sob pseudônimo, o mesmo nome falso que recebera quando Walter se tornou Rudolf Vrba: Józéf Lánik. O livro recebeu o título de *Čo Dante Nevidel* [O que Dante não viu], e nele Rudi é retratado como o personagem Val, um rapaz cheio de coragem, mas também de cabeça quente, até mesmo imprudente em relação às consequências de seus atos. Fred também deu algumas entrevistas, para acadêmicos em vez de cineastas, e foi por meio delas que a diferença nos relatos dos dois fugitivos se tornou mais visível.

Os antigos companheiros discordavam em relação a detalhes grandes e pequenos,[4] mas a discussão mais significativa estava centrada, talvez previsivelmente, em quem merecia o crédito por conceber o esquema.[5] Fred Wetzler achava que não recebera o devido reconhecimento, um sentimento ecoado até o presente pela remanescente comunidade judaica da Eslováquia, aqueles que, como ele, lá permaneceram. (Alguns gostam de se referir ao documento sobre a fuga deles do campo como "Relatório Wetzler--Vrba", para dar a Fred o que acreditavam ser a devida importância.) "Fico triste com o fato de a maior parte das pessoas procurar Vrba para obter detalhes essenciais, bem como menos importantes, da nossa fuga",[6] escreveu ele a um historiador em 1984. "Nunca tentei tirar vantagem da fuga ou de minha participação na resistência. Eles moram no Ocidente", acrescentou, referindo-se a Rudi e a outros ex-detentos de Auschwitz. "Eles têm lucrado e ainda lucram com o passado, e colocam no papel tudo que podem. O livro de Vrba despertou muito ultraje entre certos prisioneiros, porque ele posou como iniciador e líder da fuga. Bem, no Ocidente pode ser que acreditem." O também fugitivo de Auschwitz Arnošt Rosin compartilhava um pouco a raiva de Fred em relação a Rudi. "Vrba escreve no livro dele como se tivesse levado Wetzler junto, como uma mala, não como parceiro",[7] disse ele a um colega sobrevivente.

Ainda assim, na verdade, Fred e Rudi eram dois homens que brigavam por migalhas. Nenhum dos dois era famoso. Rudi tinha aparecido num punhado de documentários, mas, considerando o feito que haviam realizado juntos, eles mal eram conhecidos. Até mesmo em Israel, o país que para uma vez por ano para lembrar a Shoá em silêncio, Vrba e Wetzler mal eram lembrados. A história de ambos não era contada nas escolas, e as memórias de Rudi não foram traduzidas para o hebraico até 1998 — ainda assim, a tradução só ocorreu graças a uma incansável campanha movida pela acadêmica de Haifa Ruth Linn. Até mesmo no Yad Vashem, o arquivo, museu e memorial oficial do Holocausto no país, em Jerusalém, o Relatório de Auschwitz foi arquivado sem mencionar os nomes dos autores. Quando historiadores se referiam ao relatório, tendiam a falar de "dois jovens fugitivos" ou "dois fugitivos eslovacos",[8] como se a identidade dos homens que tinham realizado tal feito fosse irrelevante.

O que poderia explicar essa relativa falta de reconhecimento? Com certeza não ajudava o fato de Wetzler estar fora do radar dos escritores e historiadores ocidentais e, portanto, quase esquecido. Quanto a Rudi, ainda que fosse acessível e um entrevistado exemplar, não era muito bem-visto em Israel ou na corrente principal da diáspora judaica. Esses públicos teriam ficado emocionados em ouvir a história da fuga e a missão de contar ao mundo sobre Auschwitz, mas ele nunca deixou que a história parasse por aí. Ele nunca apresentava uma narrativa moralmente cômoda na qual os únicos vilões eram os nazistas. Em vez disso, sempre insistia em atacar Kasztner e a liderança judaica húngara, bem como o Conselho Judaico na Eslováquia. Ele os responsabilizava por não terem passado adiante o relatório e, no caso eslovaco, antes de tudo, por compilar as listas que o tinham colocado no trem de deportação.

O que tornava Rudi uma testemunha ainda mais incômoda era a tendência a se referir aos judeus que ele culpava como "sionistas". Acontece que Rudolf Vrba era um apoiador de Israel e torcia pelo país[9] — acreditava que a existência do Estado de Israel era algo bom para os judeus e para o mundo. Mas não conseguia conter a raiva contra os sionistas que ele considerava terem traído o povo judeu, a começar por Kasztner e, a seu ver, os primeiros líderes israelenses, que ficaram ao lado de Kasztner.

Era bem verdade que Kasztner era sionista, assim como alguns do Grupo de Trabalho que anotou o relato de Fred e Rudi em Žilina, e a quem Rudi criticou por não terem informado imediatamente os judeus restantes da Eslováquia. No entanto, também eram sionistas vários dos heróis na história contida no relato. George Mantello, o improvável enviado em El Salvador que ajudou a fazer o relatório chegar à imprensa mundial, era sionista.[10] Do mesmo modo que Moshe Krausz, chefe do escritório da Palestina na capital da Hungria, o qual passou a cópia que acabou chegando às mãos de Mantello e mais tarde desempenhou papel central junto com Raoul Wallenberg no esquema de "passaporte de proteção" que salvou dezenas de milhares de judeus de Budapeste. Arnošt Rosin, colega fugitivo de Rudi, era sionista, bem como Josef Weiss, o amigo que ajudou a fazer cópias clandestinas do relatório em Bratislava.[11] E vários dos que foram enganados, desinformados ou traídos por Kasztner eram camaradas sionistas do líder húngaro.[12] Da mesma forma que alguns dos judeus que, na avaliação de Rudi, fizeram escolhas egoístas ou imorais eram não sionistas ou antissionistas. Rudi, por exemplo, era um grande crítico de Fülöp Freudiger, um líder judeu que, como Kasztner, negociou a própria saída da Hungria. Era um judeu ortodoxo sem vínculos com o sionismo. Em outras palavras, o movimento sionista, como todos os outros, produzia tanto santos quanto pecadores sob o tacão nazista. As reações humanas ao horror do Terceiro Reich foram variadas e raramente seguiam linhas ideológicas.

Não obstante, Rudi tendia a usar a palavra "sionismo" de forma abrangente, como um termo para aqueles judeus em posição de autoridade que acreditava terem feito mal a ele e a outros judeus como ele. Nunca apresentou um argumento substancial para explicar por que a ideologia sionista poderia ter levado homens do tipo de Kasztner a agir como agiram, exceto uma implícita sugestão de que o sionismo estava preparado para sacrificar a massa dos judeus da Europa de modo a salvar remanescentes que então estabeleceriam um Estado judeu na Palestina.[13] Teria sido difícil fazer vigorar tal argumento, considerando a profusão de sionistas que empregaram todas as forças para frustrar os nazistas e salvar vidas judias, mais notavelmente os sionistas jovens que lideraram a resistência armada nos guetos de Varsóvia e Vilna e em outros lugares. Mas, levando em conta quão tóxico se tornara o caso Kasztner, do qual se apropriaram os mais irascíveis antissionistas[14] da Europa e dos Estados Unidos como evidência dos males supostamente inerentes ao nacionalismo judaico, dar um palanque para Rudolf Vrba pode ter parecido um grande risco.

E Rudi tampouco estava muito propenso a suavizar sua mensagem para torná-la mais palatável. Muito pelo contrário: ele frequentemente usava uma linguagem ácida. Numa correspondência privada, alegou que uma líder altamente admirada do Grupo de Trabalho eslovaco, uma mulher que acabou sendo morta em Auschwitz, "participou de traição e conspiração contra as desafortunadas vítimas judias. Ela o fez a serviço dos nazistas, possivelmente em cooperação com a claque sionista e rabínica dominada pelos nazistas".[15] Especulou que Kasztner, como Hitler, acreditava numa "raça superior". Um estudante que o entrevistou para o *Harvard Crimson* em 1974, em geral simpático a ele, concluiu que Rudi não só abrigava uma "profunda amargura", como também era "antissionista, anticomunista e até mesmo um pouco antissemita, particularmente em relação aos judeus norte-americanos".[16]

O problema era mais agudo em Israel. Quando Ruth Linn tentou casar a atrasada publicação das memórias de Rudi em hebraico com o prêmio de um doutorado honorário na Universidade de Haifa, encontrou ferrenha oposição. Na conferência que antecedeu a cerimônia do prêmio, com Rudi presente à espera de ser homenageado, um acadêmico leu uma carta de protesto. Diversos historiadores escreveram para a imprensa israelense,[17] elogiando o heroísmo da fuga de 1944 mas manifestando restrições em relação a Vrba (bem como sugerindo que se as honrarias estavam sendo distribuídas, então a contribuição de Fred Wetzler também deveria ser reconhecida). Alguns dos antagonistas de Vrba eram motivados pela crença de que ainda havia argumentos em favor de Kasztner. Outros, especialmente historiadores israelenses de origem judaica eslovaca, discordavam dos ataques de Rudi à liderança judaica em Bratislava, que, acreditavam eles, tinha feito tudo que podia em face de um dilema moralmente hediondo.

O mais conhecido crítico de Rudi era o decano dos historiadores israelenses do Holocausto, Yehuda Bauer. Embora posteriormente viesse a descrever Vrba como "um legítimo herói do Holocausto",[18] Bauer também o julgava "arrogante",[19] e acreditava que "o profundo ódio de Rudi à liderança judaica, ao sionismo etc."[20] turvava-lhe o julgamento. Objetava intensamente contra a insistência de Rudi, sustentada durante décadas, de que a liderança em Budapeste poderia ter feito toda a diferença se ao menos tivesse passado adiante o que sabia para os judeus nas províncias húngaras, que, desinformados, subiam a bordo dos trens que os conduziam para a morte. A opinião de Bauer era a de que esses judeus no interior da Hungria não estavam desinformados — mesmo sem terem sabido do Relatório Vrba-Wetzler, havia suficientes fragmentos de informação no ar, inclusive por meio de soldados que voltavam da frente de batalha, para concluir que a deportação significava morte. O problema, argumentava ele, não era tanto a publicação inadequada de informação, mas sim a absorção inadequada dessa informação. Os judeus da Hungria não haviam internalizado a informação de tal maneira que ela se convertesse em *conhecimento*. Não a tinham transformado numa convicção que pudesse provocar ação.

Rudi não rejeitava esse argumento quase filosófico sobre a natureza do conhecimento em fundamentos teóricos. Simplesmente acreditava que nesse caso particular ele se baseava numa premissa factual equivocada: a seu ver, os judeus da Hungria apenas não tinham informação suficiente para agir. Os fatos lhes haviam sido negados.

Rudi obteve o doutorado honorário e a tradução tardia de suas memórias. Contudo, aqueles muitos anos em que os proeminentes eruditos israelenses mantiveram distância cobraram um preço. Contribuíram para impedir que ele entrasse no panteão dos reverenciados sobreviventes do Holocausto. Ele se correspondia com o ganhador do prêmio Nobel Elie Wiesel, e no documentário de TV *The World at War*[21] sua contribuição apareceu logo depois de um trecho de Primo Levi. Mas ele não tinha a fama dos outros dois. Isso se devia, em parte, ao fato de eles serem escritores e Rudi, não. Em parte, era por causa de algo mais sutil: Rudolf Vrba se recusava a se conformar com as expectativas do mundo relativas a um sobrevivente do Holocausto.

Pode-se ver isso no filme de Lanzmann, *Shoah*. Os outros entrevistados têm aspecto de homens velhos, curvados e alquebrados pela experiência. Falam em voz baixa, como que intimidados pelo que testemunharam. Já Rudi está em forma, bronzeado e vigoroso. A voz soa forte e confiante. Ele parece uma geração mais novo do que todos os outros; era difícil acreditar que aquele homem tinha vivido os mesmos acontecimentos 35 anos antes. Ele demonstra um humor sardônico, sarcástico. E sorri, como se estivesse achando graça do caráter lunático, absurdo, do que está descrevendo, mesmo quando fala sobre o indizível. Lanzmann, como entrevistador, comenta: "Por que você sorri com tanta frequência quando fala sobre isso?", ao que Rudi responde: "Eu deveria chorar?"[22]

Rudi sabia que estava se recusando a se encaixar no que ele mesmo chamava de "os clichês do sobrevivente fabricados para o gosto de certo tipo de público"[23] — ele não soltava aforismos animadores que reasseguravam à audiência que, em última instância, os seres humanos eram bons. Ele era implacável e ainda sentia raiva. O resultado foi que Rudolf Vrba, durante boa parte de três décadas, tornou-se uma figura periférica até mesmo no pequeno mundo das recordações do Holocausto em Vancouver.

Sua mensagem era incômoda, e ele era um mensageiro desconcertante. Durante anos, Rudi nada teve a ver com a vida judaica coletiva na cidade que se tornara um lar para ele, não só porque rompera todos os laços com a prática religiosa e quase nunca punha os pés numa sinagoga. Ele também sentia uma desconfiança automática em relação às lideranças da comunidade. Numa cerimônia para comemorar o levante do gueto de Varsóvia, Rudi criticou a comunidade judaica de Vancouver com tanta veemência que os presentes se perguntaram se estava falando sobre eles ou sobre os líderes da época da guerra em Budapeste que o homem considerava o terem traído.[24]

Quando os organizadores de um simpósio anual sobre o Holocausto para alunos do ensino médio, realizado na própria universidade de Rudi, reuniram um painel de sobreviventes, não o convidaram. Não confiavam que fosse capaz de falar para quinhentos jovens de 15 e 16 anos sem expressar a familiar combinação de "acusações e raiva".[25] Na concepção dos organizadores, era possível confiar que os outros sobreviventes contassem suas histórias sem qualquer comentário político e não usassem as próprias falas como meio de extravasar a ira. Os encarregados da organização não podiam dizer o mesmo de Rudolf Vrba.

No entanto, mesmo assim Rudi aparecia no simpósio. Ficava fora do auditório — muito elegante, com um casaco de couro e um chapéu de feltro, uma pena na faixa do chapéu[26] — espiando, observando os procedimentos a distância. Ficava por ali algum tempo e, depois, ia embora discretamente. E fez isso ano após ano.

Isso significava que muitos dos que trabalhavam lado a lado com Rudolf Vrba desconheciam o fato central da vida do colega. Um deles ficou muito aborrecido depois de assistir a Rudi em *Shoah* quando o filme foi transmitido na televisão canadense. Perguntou se todas aquelas coisas terríveis que Vrba descrevera no filme eram verdade. "Não sei", disse Rudi, e acrescentou acidamente: "Eu era apenas um ator dizendo minhas falas."[27]

Ele era reservado em relação a discussões sobre seu passado, e altamente seletivo em relação às pessoas com quem abordava isso. Uma vez iniciada a conversa sobre o assunto, não havia garantia de que seria fácil. Quando discutia o Holocausto, Rudi com frequência soltava uma torrente de palavras, um monólogo que não admitia interrupção, e voltava repetidamente ao mesmo tema:[28] a traição cometida por Kasztner e aqueles que tinham deixado de difundir a notícia. Colegas descobriam que Rudi podia ser abrasivo, agressivo e arrogante, e, quando em território próprio, insistente em estar com a razão. Quando falava, podia pegar no braço da pessoa, de modo a intensificar o argumento que estava defendendo. Alguns especularam que Rudolf Vrba nunca foi promovido para uma posição acima de professor associado não porque o campo de pesquisa em que ele atuava não fosse mais considerado de ponta, mas porque o comportamento dele podia ser insuportavelmente difícil. Outros se perguntavam se Rudi seria tímido ou até mesmo ansioso. Notavam que ele evitava grandes reuniões, que não parecia socializar muito, que mesmo tendo colegas parecia ter poucos amigos.

Todavia, outros enxergavam um homem muito diferente. Apesar de tudo que havia testemunhado e tudo que tinha suportado, Rudolf Vrba não perdera o prazer de viver, o prazer da aventura, que o marcara quando jovem. Mesmo que não tivesse quase nenhum dinheiro no bolso, achava que a vida merecia ser vivida. Ao deixar Londres para se mudar para Vancouver, em 1967, não foi de avião: atravessou o Atlântico de navio até Montreal e, depois, viajou de trem de uma ponta do Canadá à outra, só pelo prazer da viagem.[29]

Ele adorava viajar e ir a restaurantes, cafeterias e hotéis, explorar uma cidade nova e desfrutar um almoço ocasional de três horas no clube dos professores da faculdade,[30] além de sentir um prazer quase infantil com coisas que para os outros seriam naturais: telefonemas internacionais, rádio e televisão, antibióticos e analgésicos, vinho francês e uísque escocês.[31] Uma excursão de barco pelo rio Cam, com um dos netos ingleses no colo e um cigarro na mão, fazia surgir no rosto dele um largo sorriso. Durante uma tempestade, Rudi era capaz de olhar pela janela e exultar com sua boa sorte. "Ah, isso não é lindo?", diria ele. "E nós estamos protegidos sob um teto": a voz de um homem que tinha conhecido a nudez no mais rigoroso inverno da Polônia.

Podia ser vaidoso em relação à aparência. Sempre gostou de se apresentar bem, e era capaz de trocar de roupa várias vezes no decorrer de um só dia, mesmo quando não havia ninguém por perto para impressionar além da própria família.

Quanto ao senso de humor, podia ser bobo. Gostava de encenar piadas. Graças ao sotaque e ao aspecto, era capaz de ludibriar estranhos, levando-os a acreditar que era qualquer coisa que quisesse que acreditassem. Certa vez, num cruzeiro, contou a um grupo de mulheres atraentes em volta dele que era do Irã, primo de um príncipe persa: elas ficaram intrigadas. Em Viena, um alemão, ao ouvir que Rudi era do Canadá, presumiu que ele devia ser indígena, um "índio". Rudi levou o engano adiante e, indagado sobre como tinha conseguido falar tão bem alemão, explicou que pela tradição de seu povo o filho primogênito de um chefe,[32] como ele, sempre aprendia a língua de Goethe. O alemão achou que era um costume extremamente admirável.

Aqueles a quem ele permitia viam que Rudi não havia sido derrotado pela vida. Ao contrário, ele a desfrutava. E ainda assim essa resiliência logo seria testada mais uma vez, pelo acontecimento que Rudi considerou a pior experiência que precisou suportar. E que não ocorreu em Auschwitz nem nos anos 1940. Ocorreu do outro lado do mundo.

29
Flores do vazio

Durante a maior parte da vida, Rudolf Vrba foi um pai a longa distância das filhas, Helena e Zuza. Ele as via em viagens para a Inglaterra ou em visitas delas a Vancouver, mas a maior parte do relacionamento era travada via cartões-postais de férias, cartas e uma ocasional chamada telefônica. Elas lhe escreviam — *Querido Tata, ÓÓÓÓTIMO saber que você está vindo para cá* — e ele respondia, incentivando-as nos estudos ou dando algum conselho paternal. Quando Helena chegou aos 20 e poucos anos, a relação com Rudi tornou-se difícil. As cartas ficaram menos frequentes, até que, por um período de três anos, cessaram totalmente. Rudi tinha uma lista de queixas: Helena não lhe agradecera por um presente de aniversário, e simplesmente depositara o cheque que ele tinha enviado "como se eu fosse um tio norte-americano rico e bobo"[1] —; ela ficou em contato mais estreito com Gillian,[2] uma ex-namorada de Rudi, do que com ele; e ele fora o último a saber que Helena tinha se formado médica, aparentemente porque não era "considerado digno"[3] de ser informado. A moça se tornara uma aguerrida feminista e encarava o pai como um descarado machista.[4] Rudi desconfiava de que a filha mais velha havia absorvido muito da hostilidade que a mãe ainda nutria em relação a ele.

As coisas azedaram especialmente em 1979, quando Helena, cuja semelhança física com Rudi era impressionante, anunciou que tinha intenção de se dedicar à pesquisa de saúde tropical e de se mudar para Papua Nova Guiné com o objetivo de estudar a malária.[5] Rudi se opôs inflexivelmente a essa mudança. O "sexto sentido" dele lhe dizia que haveria problemas,[6] e transmitiu essa preocupação por escrito diretamente à filha. Estava um pouco bêbado quando escreveu para lhe dizer: "Essa não é uma boa ideia, você não é uma pessoa forte o bastante. Vai voltar num caixão."[7]

Helena ignorou o conselho e se dirigiu ao Pacífico. Trabalhava em uma clínica num minúsculo povoado de Yagaum, e logo se apaixonou por um colega, Jim. O problema era que Jim tinha uma esposa na Austrália. Nos primeiros dias de maio de 1982, Helena escreveu para a irmã, Zuza, contando-lhe que Jim estava prestes a retornar para casa: "Neste exato momento estou oscilando entre me sentir muito triste e eufórica (por quê?); no domingo à tarde, devo chegar definitivamente ao fundo do poço."[8] De fato, às duas da tarde do domingo, 9 de maio de 1982, faltando menos de uma quinzena para seu trigésimo aniversário, Helena Vrbová estava morta.

A certidão de óbito registrava a causa como "suspeita de autointoxicação com drogas". Ela tomara uma grande dose de cloroquina, uma medicação antimalária. Perto do corpo acharam uma garrafa de vinho, com um terço do conteúdo consumido, e um bilhete.[9] Em tinta azul-clara, numa folha de papel pautado A4 e com espaçamento como o de um poema, era endereçado a Jim: "Até mesmo coisas fortes se quebram",[10] escrevera Helena. "Venho lutando com isso há algum tempo — ouvindo meu medo e meus gritos de desespero... Agora não estou com medo, só o de fracassar." Havia um livro ao lado dela, cujo título era *Flowers of Emptiness* [Flores do vazio].

Rudi tinha muito claro na mente que "a morte de Helena foi a pior experiência de minha vida".[11] Sim, ele explicou numa carta para a filha sobrevivente, a quem se dirigia como Zuzinka, que enfrentara a morte, a fome e a tortura em Auschwitz e, sim, testemunhara o assassinato de mais de 1 milhão de pessoas. O suicídio da primogênita, contudo, o atingira com muito mais força. Porque isso era "enfrentar uma catástrofe horrível sem qualquer possibilidade de revide". Nem mesmo contra os nazistas ele se sentiu tão impotente quanto se sentia naquele momento.

Rudi foi tomado por um terrível desespero. Tinha o que ele chamava de "ataques de choro" todo dia.[12] Achava difícil trabalhar e dormia muito. Mandava para Zuza longas e, às vezes, desconexas cartas — uma delas chegou a 42 páginas — em que repetia para si mesmo as mesmas perguntas de sempre. Por que Helena tinha feito aquilo? Ele tinha alguma culpa? E por que Helena rompera totalmente os laços com ele nos três anos anteriores? "O que foi que eu fiz de errado?",[13] escrevia ele. "Deveria eu ter dado a Helena mais de minha força, resiliência e do meu amor pela vida? Essa pergunta fica me incomodando."

Ele se perguntava se nunca deveria ter confessado seus temores em relação à decisão dela de ir para o Pacífico três anos antes. Mas não conseguira se conter. "Quando eu estava em Auschwitz, tive a premonição 'ilógica' mas claramente percebida de que sairia de lá vivo e teria o privilégio de prejudicar o pior inimigo da humanidade, os nazistas",[14] escreveu ele para

Zuza. "Tive uma premonição de que o destino de Helena era morrer na Papua Nova Guiné, e na época gritei isso com força."

Ele descarregava a raiva em todas as direções. Às vezes nas autoridades de Papua Nova Guiné, às vezes na ex-esposa — a quem acusava de roubar as cartas e os artigos de Helena e tecer "uma teia de merda" — e às vezes em Zuza, que ele acreditava exibir um "sentimentalismo patológico",[15] pois se apegava às coisas de Helena. E às vezes criticava a própria Helena, por ser quase tão "inescrupulosa" quanto a mãe, segundo ele, e por tê-lo descartado "como um trapo velho".

Rudi tentou recuperar o controle das emoções usando as mesmas ferramentas que haviam lhe sido tão úteis no passado: razão e uma mente científica. Exatamente como um dia fizera de si mesmo um estudioso da fuga, faria de si um perito no campo do suicídio. Bombardeava Zuza com artigos de pesquisa de revistas eruditas, ao mesmo tempo examinava o caso de Helena à luz da literatura acadêmica. Tudo parecia se encaminhar sempre para a mesma pergunta-chave: era o livre-arbítrio que fazia uma pessoa tirar a própria vida ou a bioquímica do cérebro? Fez uma análise textual minuciosa, e que ocupava várias páginas, do bilhete de suicídio. Deparou-se com uma pesquisa que mostrava taxas de suicídio mais altas entre as pessoas com ascendência no antigo Império Austro-Húngaro e entre pessoas formadas em medicina. Como Helena, nascida em Praga, pertencia a ambas as categorias, imaginou se a filha tinha sido duplamente condenada.

Às vezes chegava a duvidar que tivesse sido suicídio. O laudo do legista fora inconclusivo, e Rudi — assim como Gerta — achava que havia algumas pontas soltas. Rudi queria que o bilhete encontrado junto ao corpo de Helena fosse submetido a uma análise grafológica, para ter certeza de que as palavras eram dela. E ficou frustrado pelo fato de as amostras *post mortem* terem sido perdidas, o que significava que não havia possibilidade de um patologista de Londres estabelecer a causa da morte. Pediu a Zuza para olhar as cartas de Helena e buscar por "pistas ocultas". Também identificou o que via como "irregularidades" nos extratos bancários de Helena. "Ela fizera algum inimigo em especial na Papua Nova Guiné?",[16] perguntou ele a ex-colegas dela naquele país.

Talvez outros tivessem questionado menos aquele laudo, especialmente à luz de um fato que até aquele momento havia sido escondido de Rudi: Helena fizera uma tentativa de suicídio, ou algo semelhante, mais de uma década antes. Aos 16 anos, cortara os pulsos. Havia um homem mais velho envolvido, e tudo acontecera, de todos os lugares possíveis, na Alemanha. Mas ninguém contou para Rudi, o que só contribuiu mais para a fúria dele.

Ainda assim, Rudolf Vrba lutou para aceitar como verdade o que os outros encaravam como óbvio. Dois elementos de seu passado criavam um pavor adicional quanto ao que significaria concluir que a filha havia tirado a própria vida. O mais óbvio era Auschwitz.

"Agora o que vai acontecer", disse ele à esposa, "é que vão dizer: 'É porque o pai dela era um sobrevivente do Holocausto, foi por isso que ela cometeu suicídio'".[17] Não queria que Helena fosse vista como uma vítima tardia dos nazistas, com Hitler atingindo a segunda geração. Ele achava isso um absurdo.

Era possível, porém, que houvesse outro medo atuando, um medo até mesmo mais antigo. Pelo menos dois parentes de Vrba contaram a Robin que o pai de Rudi não morrera de infecção viral, como ele sempre fora levado a crer. Elias Rosenberg, segundo eles, tinha se matado, levado ao desespero por uma recessão econômica que o fez perder a serraria que possuía.[18] Então, faria sentido um comentário cruel que um grupo de aldeões locais tinha gritado para Walter quando criança enquanto ele ia para casa naquele fatídico dia, um comentário que ele nunca esqueceu:

— Ei, judeu! Seu pai se levantou dos mortos — tinham dito.

Será que isso queria dizer que, quando os vizinhos perturbaram o menino, Elias havia aparentemente sobrevivido a uma tentativa fracassada de suicídio e morrera algumas horas depois? Rudi se recusava a acreditar.

Talvez evitasse essas duas explicações porque, de alguma forma, o tornariam responsável pelo destino da própria filha — se não pela experiência dele, então pelos genes. Ele não queria ter nada a ver com o niilismo que o suicídio representava, e que contrastava com a determinação dele próprio de viver a vida plenamente. Descrevia o suicídio como uma "bala que ricocheteou":[19] não tirava apenas uma vida, mas atingia qualquer um que estivesse por perto.

Mês após mês, ano após ano, ele virava e revirava as coisas. Estava obcecado. Dizia a si mesmo que disfarçava bem. Tinha certeza de que os colegas não faziam ideia do que ele estava passando. No entanto, não era preciso muito para adivinhar. Quando recebeu a tarefa de entrevistar possíveis alunos de medicina para admissão na University of British Columbia, o tema que escolheu para examiná-los foi o do suicídio. Um candidato foi levado às lágrimas.

A morte da filha mais velha atingiu convicções que faziam parte da essência de Rudi. Ele rompera com a religião quando criança, mas agora invocava "meu Criador", cuja "incrível misericórdia [...] me retirou do inferno onde muitos melhores do que eu pereceram de morte horrível", e escrevia que tinha recebido uma "mensagem" de que Helena fora convocada por um "chamado mais elevado". Dizia a Zuza que estava rezando, e que ambos precisavam retornar à normalidade porque a dor e o pesar estavam perturbando a "alma" de Helena.[20]

O cientista geralmente indiferente, o homem que catalogara um assassinato em massa na fria e alienada linguagem da estatística, não conseguia mais sequer se obrigar a usar o vocabulário da morte. Em vez disso, falava na "partida" de Helena. Ao entrar na casa dos 60 anos, tudo que um dia parecera sólido começou a se desfazer.

Contudo, não estava derrotado. Em 1990, oito anos após a morte de Helena e logo após o declínio do comunismo, Rudi finalmente regressou à terra onde nascera. Não tinha certeza de quão segura era — cobriu a tatuagem de Auschwitz com um esparadrapo, só por precaução —, mas pôde andar pelas ruas e por bairros que um dia foram seu lar. Durante essas caminhadas, pareceu ter um momento de clareza. Robin e Rudi estavam prestes a discutir novamente o perene tópico, a mesma conversa circular — teria ela cometido ou não suicídio? —, quando subitamente ele deu um passo para fora do círculo. Interrompeu a discussão, sem mais nem menos. Não queria mais fazer aquilo. Finalmente, pensou Robin, a cura tinha começado.

Não pela primeira vez na vida, Rudolf Vrba fora derrubado na lona, atingido por um soco que teria destruído muitos outros, se não quase todos. E, não pela primeira vez, encontrou forças para se levantar de novo. Tinha sobrevivido — e queria viver.

30
Gente demais para contar

Os anos 1980 e 1990 deram a Rudi um reconhecimento levemente maior do que o recebido antes, fosse por causa da presença dele no filme *Shoah* ou no banco de testemunhas no julgamento de Zündel, ou ainda por um descongelamento gradual nas relações com as pessoas que anteriormente mantinham uma gélida distância. A Universidade de Haifa lhe concedeu um doutorado honorário em 1998 e, um ano antes, a comunidade judaica de Vancouver o havia convidado para ser orador num importante evento que tinha como objetivo lembrar a *Kristallnacht*, a "noite dos cristais", em novembro de 1938, quando os nazistas e seus apoiadores organizaram uma onda de ataques, quebraram centenas de vitrines de lojas de propriedade de judeus e atearam fogo em centenas de sinagogas. Rudi falou sobre um aspecto da guerra do nazismo contra os judeus que, para ele, era vergonhosamente negligenciado: a função de arrecadar dinheiro, ao roubar dos judeus tudo que possuíam — dinheiro, propriedade, o cabelo da cabeça, o ouro dos dentes.

Esse convite e outros podem até ter lhe gerado satisfação, mas ainda estava claro que o inimaginável feito que Rudi e seu velho amigo de Trnava tinham realizado permanecia pouco conhecido. Em 1988, Fred Wetzler faleceu em Bratislava, "amargurado, bêbado e esquecido",[1] nas palavras da defensora israelense de Vrba, Ruth Linn. Em seus últimos anos, Fred trabalhara numa biblioteca local. Vez por outra, um leitor pegava *Čo Dante Nevidel*, de "Jozef Lánik", e se maravilhava com o heroísmo da história contada no livro. O bibliotecário nunca dizia que Lánik era ele, que tinha sido ele quem escapara de Auschwitz.[2]

Rudi, então, passara a carregar sozinho a memória da missão de ambos. A fuga havia se baseado em três premissas. Primeiro, vinha a crença de que o mundo exterior não tinha conhecimento dos horrores da Solução Final, que o Planeta Auschwitz estava em permanente estado de eclipse, com aqueles que viviam na Terra sempre no escuro. Em segundo lugar, havia a convicção, relacionada à primeira premissa, de que, como a única razão pela qual os Aliados não tinham agido para impedir a matança era a ignorância, no instante em que soubessem da chacina com certeza fariam algo para lhe pôr um fim. Em terceiro lugar, e o mais importante especialmente para Rudi, havia uma crença ferrenha no fato de que, uma vez que os próprios judeus entendessem o que Auschwitz significava, se recusariam a embarcar nos trens de deportação, e, com a recusa, fariam emperrar a máquina de morte nazista, que até então fora azeitada pelo engodo e pelo sigilo. Nas últimas décadas da vida, Rudi veria todas essas três certezas serem abaladas.

Ele certamente nunca encontrou um motivo para vacilar na opinião de que uma parte do mundo exterior — os judeus — não sabia nada de Auschwitz. Rudi vira isso com os próprios olhos. Conversando com os recém-chegados selecionados para trabalho escravo ao registrá-los no campo da quarentena, nunca encontrou um único prisioneiro que soubesse algo a respeito das câmaras de gás de Auschwitz antes de o trem estacionar na plataforma.[3] E essa situação foi repetidamente confirmada nos anos pós-guerra. Yehuda Bauer poderia argumentar que "grandes quantidades de judeus húngaros estavam cientes do assassinato em massa na Polônia",[4] que haviam captado os fatos essenciais de boatos ou relatórios, mas Elie Wiesel falava em nome de muitos sobreviventes, e por muito mais vítimas, quando escreveu de modo explícito: "Não tínhamos a mais vaga ideia do que nos esperava em Auschwitz."[5] O nome do lugar não "despertava qualquer memória nem evocava medo algum".[6] Wiesel foi um dos judeus húngaros mantidos para sempre desinformados, mesmo depois que Fred e Rudi fugiram e escreveram o relatório. Nas palavras de Wiesel, "ninguém se deu ao trabalho de nos dizer 'Não embarquem'".[7]

Então, Rudi não via nada que abalasse sua convicção de que os judeus da Europa não sabiam o que os nazistas lhes reservavam. Com o passar dos anos, porém, viria a descobrir que o resto do mundo não era nem de perto tão ignorante quanto ele e Fred presumiam enquanto prendiam a respiração naquele buraco no chão.

É óbvio que a ambição nazista de livrar o mundo dos judeus não era nenhum segredo. A manchete de primeira página do *Los Angeles Examiner* em 23 de novembro de 1938, duas semanas depois da *Kristallnacht*, proclamava: "Nazistas avisam que judeus serão varridos a menos que sejam evacuados por democracias." O próprio Adolf Hitler tinha anunciado isso explicitamente em 30 de janeiro de 1942, quando declarou que "o resultado desta guerra será a completa aniquilação dos judeus",[8] repetindo uma ameaça que fizera em termos quase idênticos exatamente três anos antes. Ao longo de todo o ano de 1942, os Aliados viram e ouviram evidências suficientes para saber que aquilo não era mera aspiração. Em dezembro daquele ano, enquanto Rudi e outros prisioneiros eram obrigados a cantar "Noite Feliz" para seus captores da SS, o governo polonês no exílio publicara uma mensagem para a embrionária Organização das Nações Unidas intitulada "A exterminação em massa dos judeus na Polônia ocupada pela Alemanha".

Os líderes Aliados mais poderosos tinham recebido testemunho ocular, direto, da guerra dos nazistas aos judeus. Em 1943, tanto Anthony Eden quanto Franklin Roosevelt haviam se reunido com Jan Karski, um polonês não judeu de origem aristocrática que entrara sob disfarce no gueto de Varsóvia (duas vezes), bem como no campo de trânsito de Izbica, cujos relatos formaram a base para aquela mensagem enviada à ONU. Karski descreveu fuzilamentos em massa, bem como carregamentos de judeus em caminhões de produtos que eram então mandados para os "campos especiais em Treblinka, Bełżec e Sobibor", com o propósito declarado de reassentamento. "Uma vez lá, os assim chamados 'colonos' são assassinados em massa",[9] escreveu Karski. Em dezembro de 1942, Eden tomou a palavra na Câmara dos Comuns para ler uma declaração acordada por todas as doze nações aliadas, que condenava "a política bestial da exterminação a sangue-frio" realizada pelos nazistas, que então já fora confirmada por "numerosos relatórios". Membros do Parlamento permaneceram em silêncio para demonstrar apoio. Logo depois, em 1943, o Vaticano ficou sabendo que o número de vítimas judias dos nazistas estava chegando à casa dos milhões: Roma vinha se mantendo informada pelo núncio apostólico em Istambul,[10] monsenhor Angelo Roncalli, o futuro papa João XXIII.

Tudo isso Rudi descobriria nas décadas após a guerra, grande parte revelada por Martin Gilbert em *Auschwitz and the Allies*, livro para o qual Rudi fora um dos entrevistados principais. Gilbert escancarou o fato de que o governo em Londres, Washington e em outros lugares sabia, sim, da tentativa nazista de eliminar os judeus da Europa, mesmo que tivessem apenas um conhecimento superficial de Auschwitz, aquele "destino desconhecido" no leste. E ele foi mais longe ainda quando derrubou a segunda das crenças que haviam levado Fred e Rudi a escapar: a noção de que, uma vez que os Aliados fossem informados da chacina nazista perpetrada contra os judeus, agiriam de imediato.

Sem dúvida, Rudi estava totalmente cônscio da falha dos Aliados em não bombardear Auschwitz nem as linhas de trem que levavam ao campo, mesmo depois de ele e Fred terem saído de lá com o relatório. Graças a Gilbert, porém, Rudi começou a entender o que estava por trás daquela inação e a ver quão equivocado estivera em acreditar que era apenas a falta de informação que contivera a mão dos Aliados. Gilbert mostrou que havia considerações políticas e militares, é claro, mas parte da explicação era "ceticismo e descrença [...] e até mesmo preconceito".[11] Este último alimentava os dois primeiros. "Material familiar", lia-se num memorando do Gabinete Colonial, escrito em Londres em 7 de dezembro de 1942, em resposta a relatórios de assassinato em massa: "Os judeus estragaram o caso deles ao exagerar demais em tempos passados."[12] O texto completo do Relatório Vrba-Wetzler tinha ele próprio suscitado uma resposta familiar do Foreign Office, o Ministério das Relações Exteriores do Reino Unido. "Embora um exagero habitual dos judeus deva ser levado em conta",[13] escreveu Ian Henderson em 26 de agosto de 1944, "estas declarações são pavorosas". Menos de uma quinzena depois, um colega do mesmo departamento escreveu: "Na minha opinião, uma quantidade desproporcional de tempo do ministério é desperdiçada em lidar com esses judeus chorões."[14] O jovem Walter Rosenberg, de 19 anos, não tinha contado com nada disso.

Com o fim do século XX e o começo de um novo século, conforme os arquivos eram abertos, mais um golpe abalaria aquilo que havia sido a fé que movera Fred e Rudi. No relato de Gilbert, por mais que se soubessem de mais fatos a respeito da Solução Final em termos mais gerais, Auschwitz em si permanecera como "destino desconhecido"[15] ou, de forma quase tão vaga, "algum lugar no leste", selado com um lacre impermeável: nenhuma informação havia vazado. Isso com certeza era verdade em relação aos judeus despachados para o campo, que não sabiam de nada, e para o público em geral, fosse na Suíça, na Grã-Bretanha, nos Estados Unidos, fosse em outros lugares, que mal tinham ouvido a palavra "Auschwitz" até o relatório de Fred e Rudi vir à tona nos jornais no fim de junho de 1944.

No entanto, uma nova pesquisa[16] publicada cerca de duas décadas depois do livro de Gilbert mostrou que, nos círculos governamentais de Londres e Washington, o véu da ignorância era muito mais fino. Notícias de Auschwitz e de sua função já vinham chegando ao grupo de exilados poloneses desde 1942, trazidos por membros da resistência clandestina polonesa, entre eles, prisioneiros não judeus que tinham conseguido escapar do campo: pessoas como Stanisław Jaster, que, em junho de 1942, contrabandeou para fora do campo um relato que se referia à matança de judeus, ou o combatente da resistência Witold Pilecki, que, antes de fugir, em 1943, mandara informações mencionando o assassinato de judeus.[17] Além do mais, essas notícias haviam chegado àqueles que tinham o poder de tomar decisões.

Reconhecidamente, o governo polonês no exílio, com sede em Londres, não fez muito para publicar o que sabia. Isso se devia em parte à influência de nacionalistas linhas-duras que preferiam reduzir o papel desempenhado pelo sofrimento judaico, e em parte porque os exilados poloneses recebiam pistas de um governo britânico que optara por empurrar a chacina nazista dos judeus para as margens de seu esforço de propaganda,[18] com o propósito de não diminuir o apoio público à guerra. (Whitehall queria que os britânicos não tivessem dúvida de que estavam combatendo em prol de si mesmos, e não para salvar vidas judias.) O que aparecia publicamente dessa inteligência polonesa tendia a ser parcial e fragmentado. Mesmo em estado bruto, não editado, os relatórios poloneses não tinham o escopo, o detalhe nem a profundidade do Relatório Vrba-Wetzler. Não carregavam o mesmo peso e nenhum deles teve impacto comparável. Mesmo assim, eles existiram, e talvez até 35 deles tenham chegado ao Ocidente[19] antes do testemunho de Fred e Rudi — alguns desses achados ocasionalmente chegavam aos jornais. Ainda assim, os funcionários do governo e outros que foram informados sobre Auschwitz não agiram com base no que sabiam, geralmente pelos mesmos motivos que Gilbert já identificara: a concentração em outros objetivos da guerra, uma impaciência com os judeus, muitas vezes moldada por intolerância, e um ceticismo de que tais horrores pudessem estar de fato ocorrendo. Quando Winston Churchill escreveu ao seu vice para perguntar "O que pode ser feito? O que pode ser dito", era ao menos concebível que ele estivesse expressando não um horror indizível, mas a necessidade prática de um político por um conselho, uma vez que aquilo que havia sido informação sigilosa estava se tornando público.

Tardiamente, então, Rudi precisou confrontar o fato de que seu eu mais jovem se enganara ao acreditar que os Aliados não sabiam do que ocorria e ao crer que salvariam os judeus se soubessem. Mas havia uma última convicção à qual podia se apegar: a de que, se os judeus da Hungria tivessem sabido o que ele e Fred sabiam e narraram no relatório, teriam se recusado a rumar para a morte.

Rudi se ateve firme a essa crença; no entanto, ao ficar mais velho, ela também seria questionada. Vários historiadores argumentaram que, mesmo que Rezső Kasztner e os demais não tivessem ocultado o Relatório Vrba-Wetzler, pouco teria sido diferente. A resistência teria sido impossível dada a ausência de homens judeus em idade para lutar, a falta de armas, uma paisagem plana que possibilitava poucos locais para se esconder e uma população local que era ou indiferente ou hostil aos vizinhos judeus. Rudi tinha resposta para tudo isso. Os judeus não precisavam organizar uma resistência formal para frustrar ou desacelerar uma operação nazista: até mesmo uma recusa caótica, em pânico, de ir, um estouro na plataforma de embarque, teria sido suficiente. Teria forçado os nazistas a caçar cervos em vez de tocar rebanhos.

Entretanto, houve uma objeção que atacou com maior força, em parte por causa da fonte de que provinha. Pouco depois do lançamento de *Shoah*, Rudi conheceu um homem que o vira no filme de Lanzmann e viajara da Suécia, onde morava, até Vancouver para lhe agradecer pessoalmente. Esse homem acreditava que Rudolf Vrba salvara-lhe a vida. Chamava-se Georg Klein. Mais de quarenta anos antes, ele era György Klein, e trabalhava como secretário assistente para o Conselho Judaico de Budapeste.

Um momento decisivo acontecera no fim de maio ou no começo de junho de 1944, quando o chefe de Klein, um rabino membro do *Judenrat*, lhe falara de um "documento altamente secreto" que o conselho recebera. Era um relatório escrito por dois rapazes eslovacos que tinham fugido de um dos campos de aniquilação na Polônia. O rabino o mostraria a György, com a condição de que o jovem auxiliar não contasse sobre o conteúdo para ninguém além da família e de amigos mais próximos. Entregou então a György uma cópia feita em papel-carbono, em húngaro, do Relatório Vrba-Wetzler.

Quando o leu, Klein sentiu uma mistura de náusea e satisfação intelectual. Náusea porque passara a saber do destino da avó e dos tios que haviam sido deportados, e satisfação intelectual porque sabia que aquilo que estava lendo era verdade. "A linguagem seca, factual, quase científica, as datas, os números, os mapas e a lógica da narrativa", escreveria Klein mais tarde, "tudo fazia sentido. Nada mais fazia sentido".[20]

Klein foi imediatamente ver o tio, um reumatologista cuja clínica ficava do outro lado da rua. Apenas um adolescente na época, contou ao tio o que tinha lido, e a reação deste o deixou atônito. O homem ficou tão zangado que quase agrediu o sobrinho. "O rosto dele ficou vermelho e, em seguida, ele sacudiu a cabeça e ergueu a voz." Como György podia acreditar num absurdo daqueles? Era impensável, impossível.

György visitou outros parentes e amigos e repassou-lhes o que havia lido no Relatório de Auschwitz. Logo surgiu um padrão. Os mais jovens acreditaram no que ele dizia e começaram a fazer planos para fugir das deportações, mas as pessoas de meia-idade, aquelas que, como o tio, tinham dependentes, carreira e propriedade — aquelas que tinham muito mais a perder —, se recusaram a acreditar no que ouviam. A ideia de abandonar tudo que tinham, de entrar na clandestinidade, de viver com documentos falsos ou chegar até a fronteira na calada da noite... A simples ideia de tudo isso parecia impedi-los de acreditar. Mesmo György só empreendeu a própria fuga quando foi levado para uma estação ferroviária e pôde ver os vagões de gado à espera.[21] Lembrou-se das palavras que tinha lido e, mesmo correndo o risco de levar um tiro, saiu em disparada e fugiu.

Mais de quatro décadas depois, Klein estava sentado no clube do corpo docente da faculdade na University of British Columbia, com seu salvador, o qual ignorava o fato. Contou a Rudi que ele, Klein, era a prova de que, mesmo que o Relatório Vrba-Wetzler tivesse sido distribuído, como Rudi almejava, não teria trazido o resultado desejado. Das quase vinte pessoas de meia-idade que Klein avisara, nenhuma acreditou nele.

Os dois homens discutiram o assunto. Rudi insistia que ninguém acreditara nele por tratar-se de um jovem,[22] mas que o resultado teria sido diferente se o Relatório de Auschwitz tivesse sido posto em circulação pela liderança judaica de confiança. Klein refutava dizendo que aqueles que não eram jovens jamais teriam tomado alguma atitude, independentemente de quem desse o aviso. Estavam acostumados a obedecer à lei. Desobedecer significava expor os filhos, no momento crítico da plataforma de embarque na estação, à certeza de serem baleados. Nenhum pai ou nenhuma mãe se arriscariam a isso, mesmo que lhes dissessem que a morte os aguardava no fim da linha. "A negação era a fuga mais natural."[23]

A discussão prosseguiu em círculos, rodada após rodada. Rudi nunca recuou da opinião de que os judeus que embarcaram nos trens tinham ao menos o direito de tomar uma decisão consciente, um direito que lhes foi negado por aqueles que os mantiveram na ignorância, aqueles que tinham a evidência de que ele fizera de tudo para revelar. Klein se aferrou à opinião de que pouquíssimos teriam agido de forma diferente, mesmo que seu direito de saber tivesse sido respeitado.

Acontece que o argumento de Georg Klein não era totalmente novo para Rudi. Antes, ele tivera motivo para contemplar esse fato difícil mas inflexível: que os seres humanos julgam quase impossível conceber a própria morte.

Afinal, um de seus colegas fugitivos de Auschwitz tinha se deparado com esse fenômeno diretamente e poucos meses depois da fuga. Numa desesperadora reviravolta dos acontecimentos, Czesław Mordowicz foi capturado pela Gestapo ainda em 1944 e colocado num carregamento que o mandaria de volta para Auschwitz. Dentro do vagão de gado, ele contou aos companheiros de deportação que sabia o que os esperava.

— Escutem — implorava ele —, vocês estão indo para a morte.[24]

Czesław instou as pessoas espremidas no vagão a se juntar a ele e pular do trem em movimento. Elas se recusaram. Em vez disso, começaram a berrar, bateram nas portas e chamaram os guardas alemães. Atacaram Mordowicz e o surraram tanto que ele ficou totalmente incapacitado. Nunca saltou daquele trem, e acabou de volta a Birkenau. Tudo porque dera um aviso às pessoas e elas não foram capazes de acreditar nele nem quiseram lhe dar ouvidos.

Até mesmo entre os prisioneiros em Auschwitz, onde o ar era sufocante com a fumaça de carne humana incinerada, havia aqueles que se recusavam a acreditar no que podiam ver e no cheiro que sentiam. Um ex-escravizado de Josef Mengele descreveu como os prisioneiros que sabiam muito bem o que se passava nas câmaras de gás reprimiam esse conhecimento quando chegava a hora de entrar em fila para aguardar a própria execução.[25] Até mesmo o jovem Walter Rosenberg fizera isso, quando lidou pela primeira vez com as malas e roupas dos mortos no Kanada, ao tirar da mente as "vagas suspeitas" sobre os proprietários daqueles bens roubados e o destino deles.

Um horror é especialmente difícil de compreender se ninguém jamais presenciou algo parecido antes. Quando Jan Karski, o eficiente polonês disfarçado, visitou Washington para informar o presidente Roosevelt da agressão nazista aos judeus, também se encontrou com o juiz da Suprema Corte,

Felix Frankfurter. Karski contou ao juiz o que vira na Polônia. Frankfurter escutou por vinte minutos antes de finalmente dizer:

— Não acredito no senhor.

Um diplomata na sala defendeu a credibilidade de Karski, insistindo para que o juiz se explicasse.

— Não estou dizendo que ele está mentindo. Eu disse que não acredito. São coisas diferentes. Minha mente e meu coração são feitos de tal jeito que não consigo aceitar. Não. Não. Não.[26]

Após a guerra, Hannah Arendt admitiu que, quando leu a notícia enviada de Genebra no *The New York Times*, a qual revelava os fatos principais do Relatório Vrba-Wetzler, ela e o marido "não acreditaram". O marido achou que "não podia ser verdade, porque matar civis não faz nenhum sentido militar".[27]

A fuga de Walter fora construída sobre a convicção inicial de que a verdade podia salvar vidas, de que a informação seria a arma com a qual frustraria o plano nazista de eliminar os judeus. O fato de ter testemunhado a sorte do campo de famílias tchecas e a fé inabalável dos residentes de que seriam de algum modo poupados, apesar das evidências por todos os lados, o havia levado a compreender uma verdade mais complicada: a de que a informação é necessária, com toda a certeza, mas nunca é suficiente. Também é preciso que se *acredite* na informação, especialmente quando se trata de ameaças mortais. Em relação a isso, se não em nada mais, ele e Yehuda Bauer poderiam em algum momento ter encontrado um ponto de concordância: só quando a informação é combinada com a crença ela se torna conhecimento. E só conhecimento leva à ação.

O filósofo franco-judeu Raymond Aron diria, ao ser indagado sobre o Holocausto: "Eu sabia, mas não acreditava. E, como não acreditava, não sabia."[28]

Rudolf Vrba entendia tudo isso, mas mesmo assim não estava convencido. Discutiu o assunto com Georg Klein durante aqueles poucos dias que passaram juntos em Vancouver, ambos dando longos passeios no Stanley Park, com Klein hospedado na casa de Robin e Rudi, onde surpreendia o casal por começar o dia às cinco da manhã. O diálogo entre ambos continuou: pouco depois, dessa vez em Paris, compartilharam um longo almoço, que acabou virando jantar, com dois colegas cientistas. Nada do que Klein disse mudou o espírito de Rudi.

Klein ficava maravilhado com isso, espantado pelo fato de Rudi, apesar de tudo que tinha enfrentado, ser capaz de viver a vida, de incentivar alunos num dado momento e conversar tranquilamente com garçons no momento seguinte.[29] Defrontado com perdas irreparáveis — de sua gente, da filha —, era de esperar que alguém entrasse em negação ou depressão. Mas não foi o caso de Rudi. Ao contrário, estava fazendo algo muito mais difícil e admirável. Carregava com ele as perdas que sofrera, e vivia mesmo assim.

De fato, ele adorava a vida e queria mais. Em maio de 2005, ligou para Robert Krell, um líder da comunidade judaica de Vancouver e professor na Escola de Medicina da universidade. De início, Rudi encarou Krell com desconfiança e cautela — afinal, era um líder da comunidade judaica —, mas essa resistência foi sendo aos poucos quebrada. Krell era um judeu holandês nascido em 1940, que passara os primeiros anos de vida num esconderijo. A criança escondida e o fugitivo de Auschwitz acabaram ficando amigos. E naquele momento Rudi dizia ao telefone:

— Robert, preciso falar com você.[30]

Rudi disse a Krell que tinha câncer na vesícula havia aproximadamente dez anos: até então ele não mencionara isso. Além da esposa, não tinha contado para praticamente ninguém, nem Zuza fazia ideia. O último checape mostrou que o câncer havia avançado.

Rudi, contudo, não estava ligando para Robert com a intenção de ter uma conversa lúgubre sobre um fim iminente. É que ele não gostava do jeito como o urologista o estava tratando e imaginou se Robert poderia dar uma palavrinha com ele. Krell imediatamente ligou para o médico e explicou parte do histórico de seu paciente. Considerando onde Rudolf Vrba estivera, ele tinha boas razões para encarar médicos com desconfiança.

Seguiu-se uma cirurgia, em que foi removida toda a vesícula de Rudi e mais algum outro tecido, e a perspectiva era otimista. O tumor parecia ter sumido, e Rudi parecia mais um homem perto dos 70 anos do que um chegando aos 82. Ele estudara as taxas de sobrevivência desse tipo de câncer, assim como tinha estudado tudo sobre a doença, e brincava dizendo que se chegasse aos 92 anos ficaria contente. Não chegaria ao recorde alcançado pela mãe, aparentemente indestrutível, que morrera em 1991 com 96 anos, mas estaria de bom tamanho. Ainda não estava pronto para ir embora, queria viver.

Só que as células cancerosas tinham aprendido com o hospedeiro: haviam escapado. Tinham fugido da vesícula e formado metástases nas pernas. Os médicos de Rudi então desviaram o foco do tratamento para se concentrar em aliviar a dor. Ele já sofrera dor suficiente na vida, e Krell lhe disse que não havia necessidade de passar por mais sofrimento.

Os amigos foram inflexíveis ao dizer que as coisas não precisavam ter corrido daquela maneira. Acreditavam que se Rudi tivesse se consultado com médicos especialistas antes, em vez de tentar pesquisar e organizar o tratamento por conta própria, o câncer poderia ter sido curado. Mas Rudi sempre levava consigo a determinação de que não se deve demonstrar fraqueza — *Você é um Muselmann?* —, de que nunca devia parecer vulnerável, para Robin, para si mesmo, para o mundo. Essa determinação provou ser a maior vulnerabilidade.

A saúde dele entrou em firme declínio. Mas esse período também lhe trouxe um conforto que não conhecera por muitas décadas. Pela primeira vez desde os anos 1950, via a filha diariamente. Zuza, então editora de livros infantis em Londres, deixou tudo de lado e foi para Vancouver acompanhar os últimos meses de vida do pai. Às vezes conversavam sobre filosofia, às vezes ele falava de Helena, a primogênita. O relacionamento deles nem sempre havia sido fácil, mas aqueles últimos meses foram afetuosos. Sempre cientista, Rudi disse que amava Zuza "em nível celular":[31] era essa a profundidade a que o amor chegava. Era sua única filha viva, e ele era seu Tata.

Rudolf Vrba morreu às 19h25 da noite de 27 de março de 2006. Nas semanas que antecederam sua morte, Rudi relutara em discutir arranjos funerários. "Ele estava em negação", diria a esposa posteriormente, "e eu sustentei a negação".[32] Ele não queria saber.

Vrba foi sepultado no cemitério de Boundary Bay, na pequena cidade de Tsawwassen, na fronteira entre o Canadá e os Estados Unidos. Houve só um elogio fúnebre, do dr. Stephan Horny, um sobrinho de Rudi que vivia em Montreal. Não havia suficientes homens judeus presentes para formar um *minyan*, o quórum tradicional, e, indo contra a prática judaica, a cerimônia foi num sábado, o Shabat. O pai de Robin, contudo, recitou o *kadish*, a prece dos enlutados. Nove meses depois houve um evento memorial em Vancouver, ao qual compareceram cerca de quarenta pessoas.

Em vida, Rudi ficava contente sempre que sua tentativa de alertar o mundo sobre a realidade de Auschwitz era reconhecida, mas dificilmente esperava uma despedida de herói. Não se considerava um herói, caso a definição da palavra passe pelo sucesso da missão escolhida. Talvez, em vez disso, Rudolf Vrba se visse na tradição de um profeta judaico, que vem para dar uma advertência e para lamentar que a advertência não tenha sido seguida.

Durante aquela conversa que tiveram quando se encontraram da primeira vez, uma conversa que durou dez horas, Georg Klein perguntou a Rudi por que ainda ficava tão zangado com tudo que não acontecera na Hungria, em vez de se sentir orgulhoso com tudo que *tinha acontecido*, graças à fuga dele.

— Você não deveria ficar satisfeito por ter conseguido salvar 200 mil vidas?[33]

Não, Vrba não ficava satisfeito. Como muitos dos mais conhecidos salvadores do período, pensava menos naqueles que salvara do que em todos aqueles que não salvara.

Georg Klein não via isso da mesma forma. Sabia que devia a vida àquilo que Fred e Rudi tinham feito naqueles anos passados. Ele viera a se tornar um eminente cientista, e fez grandes avanços em imunoterapia contra o câncer, avanços que em breve ajudariam muitos milhões de pessoas. Nada disso teria sido possível sem Rudi. Klein tivera três filhos e sete netos, que, por sua vez, tiveram no total doze filhos. Nenhuma dessas vidas teria sido possível sem Rudi. Nenhum desses filhos estaria vivo se não fosse por Rudi.

A tradição judaica diz que salvar uma vida é salvar o mundo inteiro. Com o relato de Fred e Rudi foram salvos 200 mil judeus de Budapeste da deportação imediata para Auschwitz. Alguns morreriam meses depois nas mãos da Cruz Flechada, mas muitos outros, não. E cada uma dessas vidas, bem como a vida dos descendentes, não teria sido possível sem Rudolf Vrba.

Cinquenta anos antes de Walter Rosenberg nascer, e a não mais de 150 quilômetros dali, veio ao mundo um garoto chamado Erik Weisz. Era um judeu húngaro, filho de um rabino, e em poucos anos tinha se mudado para os Estados Unidos. Ali começou uma carreira no palco, primeiro no trapézio, depois executando truques de mágica e, finalmente, como mestre das fugas. Ele escolheu o nome artístico de Harry Houdini.

Rosenberg também era um mestre na arte da fuga. Fugiu de Auschwitz, do passado e até mesmo do próprio nome. Fugiu do país natal, do país de adoção e do país depois desse. Fugiu e fugiu e fugiu — mas nunca conseguiu se libertar totalmente do horror que testemunhara e expusera ao mundo.

Quando morou na Inglaterra, nos anos 1960, ao trafegar de carro no centro de Londres vindo de casa, em Sutton, tudo que conseguia ver quando passava pelas chaminés fumegantes da Usina de Energia de Battersea[34] eram os crematórios de Birkenau. Quando era tratado com grosseria por um técnico de raios X em Vancouver, achava que o paramédico tinha a ver com a SS.[35] Quando o câncer de que padecia se espalhou sem permitir uma nova operação, lamentou para um amigo que "a Gestapo finalmente me pegou".[36]

A vida de Rudi foi definida por aquilo que tinha suportado quando adolescente. Mas ele não foi esmagado. Quando a filha, Zuza, fez 44 anos, ele lhe desejou feliz aniversário e lembrou-a de que 44 era o "número da sorte" dele.[37] Entre parênteses, e como explicação, escreveu "44070", o número de Auschwitz que havia sido tatuado no braço, com ênfase nos dois primeiros dígitos. Ele não considerava esse número uma maldição; acreditava que lhe trouxera muita sorte. Afinal, sobrevivera e escapara. "Espero que também lhe traga sorte", disse à filha.[38]

Rudolf Vrba foi um mestre na arte da fuga cuja realização se inclui entre as maiores do século XX. Ao fugir de Auschwitz, fez o que nenhum judeu jamais fizera antes — e contou ao mundo o que tinha visto. Embora nunca tenha conseguido fugir da sombra do campo de concentração, teve uma vida plena, como um homem pleno. Tornou-se cientista e erudito, marido, pai e avô. Ajudara o mundo, e a História, a conhecer a verdade do Holocausto. E, graças a ele, dezenas de milhares de pessoas puderam ter vidas longas e prósperas, bem como os respectivos filhos, netos e bisnetos — tanta gente que nem ele seria capaz de contar todos.

Agradecimentos

Seria impossível escrever um livro como este sem a gentileza de outras pessoas. Em primeiro lugar, agradeço a Robin Vrba, que, pacientemente, me deixou adentrar por muitas horas a vida que compartilhou com Rudi, e para isso vasculhou papéis amarelados e fotografias esmaecidas, respondeu a uma interminável torrente de perguntas e acessou um rico depósito de memórias. Não menos generosa foi a primeira esposa e amor de infância de Rudolf, Gerta Vrbová, que conversou comigo durante as últimas semanas de vida para recordar um mundo que havia muito desaparecera, e acabou por me entregar uma mala cheia de cartas do ex-marido, muitas das quais remetiam a experiências de dor inimaginável. Também sou grato aos filhos de Gerta, Caroline e Peter, e ao neto Jack, bem como a amigos e colegas de Rudi em Vancouver — entre eles, Chris Friedrichs, Robert Krell e Joseph Ragaz —, por compartilharem suas recordações desse homem extraordinário.

Uma legião de estudiosos generosamente dividiu comigo conhecimento, a começar por Nikola Zimring, que me guiou por vários dos aspectos mais esquivos da história de Vrba-Wetzler. Yehuda Bauer, Paul Bogdanor, Ruth Linn, Deborah Lipstadt e Nikolaus Wachsmann, bem como um ex-membro da resistência clandestina húngara, David Gur, todos ajudaram enormemente, como também Peter Klein, filho de Georg, e Richard Bestic, filho de Alan. Tim Radford concordou em servir como intérprete dos escritos científicos de Rudi, e o fez com a clareza habitual. Quero agradecer particularmente a Karen Pollock, do Fundo Educacional do Holocausto. Karen e a organização que dirige fazem um trabalho inestimável, e ela me deu uma pista específica que se revelou essencial quando parti nesta jornada. Uma parcela dos lucros deste livro irá para o fundo.

Além dessas conversas com historiadores e da orientação da família e dos colegas de Rudi, este livro baseia-se em depoimentos de sobreviventes do Holocausto, documentos que registram os acontecimentos daquele período e, acima de tudo, nas palavras do próprio Rudolf Vrba. Ele deixou não só um registro de memórias, mas também um extenso arquivo pessoal de cartas e escritos, todos mantidos na Biblioteca Presidencial Franklin D. Roosevelt, em Nova York. Gostaria de agradecer a Kirsten Carter e sua equipe por ajudar a tornar o arquivo acessível, mesmo na época da covid.

Agradecimentos são devidos a Szymon Kowalski e Teresa Wontor-Cichy, do Museu Estatal de Auschwitz-Birkenau, por responderem a tantas de minhas perguntas, bem como à equipe do Yad Vashem, em Jerusalém, e a Allen Packwood, do Centro de Arquivos Churchill, em Cambridge. Sou grato a Gordon Brown por estabelecer esta última conexão e, sem dúvida, pelo incentivo que deu a este projeto.

Estou em dívida com Marcelina Tomza-Michalska, por atuar como minha guia e intérprete na Polônia, e a Jarka Šimonová, por desempenhar o mesmo papel na Eslováquia. Agradecimentos adicionais vão para Peter Švec, por esclarecer minhas indagações quando percorremos um trecho da marcha anual Vrba-Wetzler e refizemos a rota de fuga, uma comemoração que em parte existe graças à inspiração da saudosa filha de Rudi, Zuza.

Na John Murray, eu não poderia ter estado em melhores mãos do que nas de meu editor, Joe Zigmond: ele e Jocasta Hamilton conseguiram ser ao mesmo tempo entusiásticos e sensatos, respaldados pelo meticuloso cuidado e profissionalismo de Caroline Westmore e pela dedicação na edição de texto de Peter James. Nos Estados Unidos, os agradecimentos vão para a perspicácia tranquilizadora de Sara Nelson e Kris Dahl. Fosse em Londres, fosse em Nova York, todos eles captaram a importância desta história quando tinham apenas pouco mais do que minha convicção de que ela precisava ser contada.

A equipe Curtis Brown foi muito além do mero dever, com Viola Hayden revelando-se uma leitora astuta, ao passo que Kate Cooper e Nadia Mokdad fizeram milagres para levar esta história a um público mais amplo. Na frente de batalha, como sempre, esteve Jonny Geller, que não só é o melhor agente que qualquer escritor pode desejar, mas também um verdadeiro e leal amigo já faz quatro décadas. Foi num passeio pelo bosque com ele que se deu a guinada para a escrita deste livro, que jamais teria acontecido sem Geller.

Mais uma vez, fico feliz em agradecer a Jonathan Cummings por seu exaustivo (e sem dúvida esgotante) trabalho de pesquisa para este projeto, sempre à caça do mais minucioso detalhe. Ele mergulhou fundo na história junto comigo e esteve a meu lado quando nos embrenhamos nos arquivos, nos arrastamos penosamente pelas florestas da Eslováquia e caminhamos em meio a fantasmas em Auschwitz. Sou profundamente grato.

Por fim, agradeço à minha esposa, Sarah, e aos meus filhos, Jacob e Sam. Este não é um tema leve de se carregar. O fato de ter sido capaz de fazê--lo deve-se à paciência, à leveza e ao amor deles. Eu os amo mais cada ano que passa.

Jonathan Freedland
Londres, março de 2022

Créditos das imagens

Alamy Stock Photo: 199 embaixo / Keystone Press. Arquivo do Museu Estatal Auschwitz-Birkenau: 195 em cima / foto Stanisław Kolowca 1945, 195 embaixo; 196, 199 centro à direita. © bpk Bildagentur: 199 em cima à esquerda. Biblioteca & Museu Presidencial FDR: 197 embaixo. Cortesia de Caroline Hilton: 198 centro à direita. Arquivos Nacionais, Kew, Reino Unido: 197 em cima / PREM 4/51/10. Cortesia da coleção privada de Hans Citroen: 194 embaixo. Sovfoto/Universal Images Group/Shutterstock: 193 embaixo. Museu Memorial do Holocausto dos Estados Unidos, cortesia do Yad Vashem: 194 em cima / Domínio Público: 200 em cima / Criado por Claude Lanzmann durante a filmagem de *Shoah*, usado com permissão do Museu Memorial do Holocausto dos Estados Unidos e Yad Vashem — A Autoridade da Rememoração dos Heróis e Mártires do Holocausto, Jerusalém. Cortesia de Robin Vrba: 193 em cima, 198 em cima à esquerda e embaixo, 200 embaixo.

Notas

Abreviaturas

APMAB: Archiwum Państwowego Muzeum Auschwitz-Birkenau [Arquivos do Museu Estatal de Auschwitz-Birkenau], Oświęcim
CZA: Central Zionist Archives [Arquivos Sionistas Centrais], Jerusalém
FDRPL: Franklin D. Roosevelt Presidential Library [Biblioteca Presidencial Franklin D. Roosevelt], Hyde Park, Nova York
JTA: Jewish Telegraphic Agency [Agência Telegráfica Judaica]
NA: Národní Archiv [Arquivos Nacionais], Praga
USHMM: United States Holocaust Memorial Museum [Museu Memorial do Holocausto dos Estados Unidos], Washington, D.C.
YVA: Yad Vashem Archive [Arquivo Yad Vashem], Jerusalém

Prólogo

1 Wetzler, *Escape*, p. 108.
2 Id., depoimento 1963, p. 37.
3 Id., *Escape*, p. 111.
4 Ibid., p. 108.
5 Ibid.
6 Id., depoimento 1963, p. 38.
7 Vrba, *I Escaped*, p. 271.
8 Wetzler, *Escape*, p. 124.
9 Gilbert, *Auschwitz*, p. 196.
10 Wetzler, *Escape*, p. 125.
11 Ibid., p. 124.
12 Id., *Escape*, pp. 134-135.
13 Vrba, *I Escaped*, p. 274.
14 Id., "Preparations", p. 247.

15 Wetzler, depoimento 1963, p. 36.
16 Ibid., p. 38.
17 Id., *Escape*, p. 134.
18 Ibid., p. 130.
19 Vrba, *I Escaped*, p. 275.
20 Ibid.
21 Wetzler, *Escape*, p. 139.
22 Ibid.
23 Vrba, *I Escaped*, p. 277.

Capítulo 1: Estrela

1 Correspondência do autor com Robin Vrba.
2 Vrba, entrevista para Lanzmann, p. 71.
3 Correspondência do autor com Robin Vrba.
4 Vrba, *World at War*, parte I, p. 4.
5 Kubátová; Láníček, *Imagination*, p. 22.
6 Vrbová, *Trust*, p. 11.
7 JTA, "2 Synagogues Burned in Slovakia", 14 dez. 1938.
8 Vrbová, *Trust*, p. 14.
9 Vrba, *I Escaped*, p. 55.
10 Entrevista do autor com Robin Vrba, 22 out. 2021.
11 Vrbová, *Trust*, p. 21.
12 Vogel, entrevista para o USHMM, p. 2.
13 Vrbová, *Trust*, p. 21.
14 Spira, "Memories of Youth", p. 43.
15 A primeira página do artigo de propaganda governamental no *L'idové noviny*, 21 set. 1941. A manchete dizia: "Judeus já enxotados: as leis mais estritas contra os judeus são da Eslováquia."
16 Vrba, *World at War*, parte I, p. 2.
17 Vrbová, *Trust*, p. 17.
18 Correspondência do autor com Robin Vrba.
19 Vrba, *World at War*, parte I, p. 12.
20 Id., entrevista para Lanzmann, p. 2.
21 Id., *I Escaped*, p. 4.
22 Id., entrevista para Lanzmann, p. 2.
23 Id., *World at War*, parte I, p. 12.
24 Id., *I Escaped*, p. 1.
25 Entrevista do autor com Robin Vrba, 16 nov. 2020.
26 Vrba, *I Escaped*, p. 1.
27 Ibid., p. 5.

Capítulo 2: Quinhentos *Reichsmarks*

1. Vrba, *I Escaped*, p. 6.
2. Ibid., p. 17.
3. Ibid., p. 19.
4. Frieder, *Souls*, p. 105.
5. Vrba, *I Escaped*, p. 20.
6. Ibid., p. 21.

Capítulo 3: Deportado

1. Vrba, *I Escaped*, p. 34.
2. Id., *World at War*, parte I, p. 20.
3. Id., *I Escaped*, p. 45.
4. Id., *World at War*, parte I, p. 28.
5. Id., *I Escaped*, p. 45.
6. *Vrba-Wetzler Report*, p. 21.
7. Ibid.

Capítulo 4: Majdanek

1. Vrba, *I Escaped*, p. 52.
2. Ibid., p. 56.
3. Ibid., p. 60.
4. Museu Estatal de Majdanek, "Living Conditions". Disponível em: <www.majdanek.eu/en/history/living_conditions/13>.
5. Cesarani, *Final Solution*, p. 659.
6. *Vrba-Wetzler Report*, p. 23.
7. Ibid., p. 22.
8. Fackler, "Music", p. 2.
9. Vrba, *I Escaped*, p. 64.
10. Ibid., p. 65.
11. Ibid., p. 67.
12. *Vrba-Wetzler Report*, p. 24.

Capítulo 5: Éramos escravizados

1. *The World at War*, Thames TV, episódio 20, "Genocide", 27 mar. 1974.
2. Vrba, *I Escaped*, p. 73.
3. Id., "Testimony", p. 1333.
4. Wetzler, "Testimony", 1963, p. 26.
5. *Vrba-Wetzler Report*, p. 1.

6   Langbein, *People*, pp. 70-71.
7   Długoborski e Piper, *Auschwitz*, v. II, p. 17.
8   Levi, *If This Is a Man*, p. 103.
9   Langbein, *People*, p. 120.
10 Vrba, *I Escaped*, p. 81.
11 Ibid., p. 82.
12 *Vrba-Wetzler Report*, p. 24.
13 Vrba, *I Escaped*, p. 112.
14 Ibid., p. 94.
15 Vrba, "Testimony", p. 1247.
16 Id., *I Escaped*, p. 113.
17 Id., "Testimony", p. 1248.
18 Rothman, entrevista para o USHMM, p. 14.
19 Greif, *We Wept*, n. 24, p. 368.
20 *Vrba-Wetzler Report*, p. 24.
21 Vrba, "Testimony", p. 1248.
22 Ibid.
23 *Vrba-Wetzler Report*, p. 24.
24 Vrba, "Testimony", p. 1250.
25 Ibid., p. 1252.
26 Ibid., p. 1251.
27 Ibid., pp. 1330-1331.
28 Ibid., p. 1332.
29 Ibid., p. 1253.
30 Itzkowitz, entrevista para o USHMM, p. 14.
31 *Vrba-Wetzler Report*, p. 25.
32 Ibid.
33 Ibid.
34 Vrba, "Testimony", pp. 1254-1255.
35 Id., *I Escaped*, p. 130.
36 Bacon, *Saving Lives*, p. 47.
37 Langbein, *People*, p. 204.
38 Bacon, *Saving Lives*, p. 47.
39 Ibid.
40 Vrba, *I Escaped*, p. 131.
41 Ibid., p. 132.
42 *Vrba-Wetzler Report*, p. 2.

Capítulo 6: Kanada

1   Greif, *We Wept*, p. 338, n. 45.
2   Vrba, "Testimony", p. 1306.

3   Greif, *We Wept*, p. 338.
4   Hart, *I Am Alive*, pp. 69-70.
5   Vrba, entrevista para Lanzmann, p. 28.
6   Id., *I Escaped*, p. 43.
7   Ibid., p. 145.
8   Levi, *If This Is a Man*, p. 21.

Capítulo 7: A Solução Final

1   Cesarani, *Final Solution*, p. 522.
2   Ibid., p. 520.
3   Wachsmann, *KL*, p. 292.
4   Entrevista do autor com Nikolaus Wachsmann, 28 maio 2021.
5   Długoborski e Piper, *Auschwitz*, v. III, p. 121.
6   Ibid.
7   Ibid., p. 122.
8   Ibid., p. 129.
9   Ibid.
10 Ibid., p. 131.
11 Müller, *Eyewitness*, pp. 31-39.
12 Długoborski e Piper, *Auschwitz*, v. III, p. 131.
13 Wachsmann, *KL*, p. 301.
14 Ibid., p. 304.
15 Ibid, p. 307.
16 Museu Estatal de Auschwitz-Birkenau, "The Death of Silent Witnesses to History". Disponível em: <www.auschwitz.org/en/museum/news/the-death-of-silent-witnesses-to-history,466.html>.
17 Müller, *Eyewitness*, p. 98.

Capítulo 8: O grande negócio

1   Cesarani, *Final Solution*, p. 653.
2   Doležal, *Cesty Božím*, pp. 111-112.
3   Vogel, entrevista para o USHMM, p. 5.
4   Holocaust Education & Archive Research Team, "The Holocaust: Economic Exploitation".
5   Cesarani, *Final Solution*, p. 653.
6   Vrba, entrevista para Lanzmann, p. 26.
7   Cesarani, *Final Solution*, p. 654.
8   Der Spiegel, "Schaeffler".
9   Nyiszli, *Auschwitz*, p. 87.
10 Ryback, "Evidence of Evil", p. 68.

11 Wachsmann, *KL*, p. 314.
12 Cesarani, *Final Solution*, p. 654.
13 A estimativa foi feita pelo *SS-Gruppenführer* e tenente-general de polícia Odilo Globocnik. Os números dele mostram um movimento de 100 milhões de *Reichsmarks*, com uma nota a qual dizia que material equivalente a 50% dos bens listados ainda estava armazenado e por processar, o que acrescentaria 50 milhões de *Reichsmarks* ao montante. Além disso, havia mil vagões adicionais de artigos têxteis avaliados em 13 milhões de *Reichsmarks*. Isso elevaria o total a 163 milhões de *Reichsmarks*. Globocnik, porém, insistiu em afirmar que se baseara em "valores mínimos", e é muito provável que tenha subestimado o cálculo: "É mais provável que o valor total seja o dobro", escreveu Globocnik. Nesse caso, 326 milhões de *Reichsmarks* é provavelmente um número mais confiável. Ver: Office of United States Chief of Counsel for Prosecution of Axis Criminality, Nazi Conspiracy and Aggression, suplemento A, p. 752.
14 Depoimento de Kitty Hart em Langbein, *People*, p. 140.
15 Depoimento de Manca Švalbová e Krystyna Żywulska, ibid., p. 141.
16 Vrba, "Testimony", pp. 1438-1439.
17 Id., entrevista para Lanzmann, p. 27.
18 Id., "Preparations", p. 246.
19 Um editor de olhar aguçado da tradução dinamarquesa das memórias de Vrba notou que o homem da SS a quem Vrba se referira como Wiglep, e que foi denominado como Wyklef no Relatório Vrba-Wetzler, era, "presumivelmente, Richard Wiegleb, que é conhecido por numerosas outras listas de pessoal da SS em Auschwitz". Vrba, *Flugten fra Auschwitz*, n. 3, p. 162. Ver também Strzelecki, "Plunder", p. 251.
20 Vrba, *I Escaped*, pp. 152-154; Vrba, "Testimony", pp. 1436-1437.
21 Um registro de Auschwitz mostra que o cirurgião era um prisioneiro polonês, certo dr. Władysław Dering. Ele se tornaria parte central de um notório julgamento por difamação em 1964 em Londres, depois que Leon Uris o citou em seu romance best-seller *Exodus* como um dos vários médicos que realizavam experimentos em Auschwitz. Entre as muitas acusações contra Dering, que a corte considerou essencialmente verdadeiras, estava a alegação de que ele realizara operações no campo sem anestesia suficiente. O caso foi dramatizado por Uris em seu romance *QB VII*. APMAB, ibid.
22 O "livro do bloco" para o Bloco 4, um dos poucos que remanesceram, está conservado no Museu de Auschwitz. Ele registra que Walter Rosenberg foi liberado da enfermaria em 5 de outubro de 1942 e considerado apto para o trabalho. APMAB, Labour Department, v. 7, pp. 77-78.
23 Vrba, *I Escaped*, p. 163.

Capítulo 9: A rampa

1. Vrba, entrevista para Lanzmann, p. 7.
2. Wachsmann, *KL*, p. 309.
3. Vrba, "Testimony", p. 1269.
4. Id., entrevista para Lanzmann, p. 16.
5. Entrevista do autor com Teresa Wontor-Cichy, 6 ago. 2021.
6. Vrba, "Testimony", p. 1271.
7. Ibid., p. 1273.
8. Id., entrevista para Lanzmann, p. 9.
9. Id., "Testimony", p. 1274.
10. Ibid., p. 1275.
11. Id., *I Escaped*, p. 166.
12. Id., "Preparations", p. 241.
13. Id., entrevista para Lanzmann, p. 23.
14. Id., "Testimony", p. 1284.
15. Id., entrevista para Lanzmann, p. 15.
16. Id., "Testimony", p. 1282.
17. Ibid., p. 1277.
18. Ibid., p. 1278.
19. Ibid., p. 1277.
20. Wachsmann, *KL*, p. 311.
21. Wetzler, depoimento 1963, p. 35.
22. Vrba, entrevista para Lanzmann, p. 12.
23. Id., "Testimony", pp. 1304-1305
24. Ibid., p. 1548.
25. Długoborski e Piper, *Auschwitz*, v. III, p. 130.
26. Greif, *We Wept*, p. 228.
27. Wachsmann, *KL*, p. 318.
28. Doležal, *Cesty Božím*, p. 112.
29. Entrevista do autor com Teresa Wontor-Cichy, 6 ago. 2021.
30. Borkin, *I.G. Farben*, p. 123.
31. Vrba, "Testimony", p. 1279.
32. Id., *I Escaped*, p. 165.
33. Id., entrevista para Lanzmann, p. 4; Doležal, *Cesty Božím*, p. 109.

Capítulo 10: O homem da memória

1. Id., *World at War*, parte I, p. 40.
2. Id., "Testimony", p. 1271; id., *I Escaped*, p. 255.

3   A frase, que tem uma versão que se costuma atribuir a Dostoiévski, foi usada por Rudolf Vrba numa conversa com Robert Krell. Ver Krell, *Sounds from Silence*, p. 260.
4   Aderet, "The Mystery of the Jewish Boy Who Was Forced to Be Mengele's 'Dog'".
5   Langbein, *People*, p. 97.
6   Ibid., p. 98.
7   Vrba, entrevista para Lanzmann, p. 5.
8   Ibid., p. 6.
9   Id., "Testimony", p. 1316.
10 Id., entrevista para Lanzmann, p. 6.
11 Vrba para Martin Gilbert, 12 ago. 1980, FDRPL, Coleção Vrba, caixa 2.
12 *Vrba-Wetzler Report*, p. 8.
13 Vrba, entrevista para Lanzmann, pp. 6-7; id., "Testimony", p. 1529.
14 Ibid., pp. 1475-1476.
15 Id., entrevista para Lanzmann, p. 5.
16 Ibid., p. 21.
17 Ibid.

Capítulo 11: Birkenau

1   Vrba, entrevista para Lanzmann, p. 37.
2   Id., *I Escaped*, p. 182.
3   Id., entrevista para Lanzmann, p. 37.
4   Id., "Testimony", p. 1343.
5   Correspondência do autor com Robin Vrba.
6   Vrba, "Testimony", pp. 1314-1315.
7   Ibid., p. 1316.
8   Ibid., p. 1315.
9   Ibid., pp. 1455-1456.
10 Museu Estatal de Auschwitz-Birkenau, "Christmas Eve in Auschwitz as Recalled by Polish Prisoners". Disponível em: <www.auschwitz.org/en/museum/news/christmas-eve-in-auschwitz-as-recalled-by-polish-prisoners,47.html>.
11 Vrba, "Testimony", p. 1246.
12 Quadro de Informações no Museu Estatal de Auschwitz-Birkenau.
13 Vrba, *I Escaped*, p. 203.
14 Ibid., p. 199.
15 Kulka, "Attempts", p. 295.
16 Vrba, *I Escaped*, p. 200.
17 Cesarani, *Final Solution*, p. 527.
18 Vrba, *I Escaped*, p. 201.
19 Ibid., p. 200.

20 Vrba, entrevista para Lanzmann, p. 38.
21 Ibid., p. 39.
22 Ibid., p. 40.
23 Ibid., p. 43.

Capítulo 12: "Foi maravilhoso"

1 Kulka, "Attempts", p. 295.
2 Vrba, "Testimony", p. 1321.
3 Ibid.
4 Langbein, *People*, p. 71.
5 Vrba, "Testimony", p. 1357.
6 Ibid., p. 1348.
7 Ibid., pp. 1348-1349.
8 Ibid., pp. 1472-1473.
9 Depoimento de Rudolf Vrba para inclusão no julgamento de Adolf Eichmann, 16 jul. 1961, FDRPL, Coleção Vrba, caixa 10; Gilbert, *Auschwitz*, p. 194.
10 Vrba, *I Escaped*, p. 202.
11 Cesarani, *Final Solution*, p. 528.
12 Ibid., p. 660.
13 Entrevista com Otto Dov Kulka em Freedland, "Every One", *The Guardian*, 7 mar. 2014.
14 Nas memórias de Rudolf, que tendem a usar versões anglicizadas dos nomes, ela é "Alice". Gerta Vrbová contou ao autor que o nome dela, na verdade, era Alicia.
15 Vrba, *I Escaped*, p. 216.
16 Ibid., p. 227.
17 Müller, *Eyewitness*, p. 109.
18 Gilbert, *Auschwitz*, n. 1, p. 235.
19 *Vrba-Wetzler Report*, p. 16.

Capítulo 13: Fugir era loucura

1 Vrba, "Testimony", p. 1441.
2 Kulka, "Attempts", p. 297.
3 Müller, *Eyewitness*, pp. 55-56.
4 Kulka, "Attempts", p. 298.
5 Vrba, "Preparations", p. 243.
6 Vrba, *I Escaped*, p. 248.
7 Ibid., p. 252.
8 Ibid.
9 Rudolf Vrba doou o cinto ao Museu Imperial de Guerra, em Londres, em 1999. Está catalogado como item EPH 2722.

10 Kulka, "Attempts", p. 295.
11 Ibid.
12 Vrba para Martin Gilbert, 12 ago. 1980, FDRPL, Coleção Vrba, caixa 2.
13 Vrba, "Testimony", p. 1319.
14 Vrba, "Preparations", p. 246.

Capítulo 14: Lições russas

1 Vrba, "Preparations", p. 246.
2 Ibid., pp. 238-239.
3 Ibid., p. 240.
4 Id., *I Escaped*, p. 238.
5 Ibid., p. 239.
6 Id., "Preparations", p. 245.
7 Id., "Testimony", p. 1345.
8 Id., *I Escaped*, p. 238.
9 Ibid., p. 239.
10 Entrevista do autor com Gerta Vrbová, 15 jun. 2020.
11 Vrba, "Preparations", p. 244.
12 Id., "Testimony", p. 1321.
13 Kulka, "Five Escapes", p. 205.
14 Vrba, "Testimony", pp. 1327-1328.
15 Wetzler, depoimento 1963, p. 35.
16 Vrba, "Testimony", p. 1321.
17 Wetzler, depoimento 1963, p. 35.
18 Gilbert, *Auschwitz*, p. 193.
19 Ibid., p. 194.
20 Ibid., p. 193.

Capítulo 15: O esconderijo

1 Kulka, "Attempts", p. 296.
2 Müller, *Eyewitness*, p. 179.
3 Kulka, "Attempts", p. 299.
4 Wetzler, depoimento 1963, p. 36.
5 Kulka, "Attempts", p. 299. Algumas fontes dizem que o primeiro nome de Eisenbach era Mendel, referem-se como Getzel Abramowicz ou Gecel a Abraham Gotzel, e como Mordka Cytryn ou Mordecai a Citrin.
6 Vrba, *I Escaped*, p. 262.
7 Kulka, "Attempts", p. 299.
8 Ouro, segundo ibid.; diamantes, segundo Vrba, *I Escaped*, p. 263.
9 Kulka, "Attempts", p. 299.

Capítulo 16: Libertem meu povo

1 Ver a nota 4 do Capítulo 28.
2 Vrba, *I Escaped*, p. 267.
3 Id., "Preparations", p. 248.
4 Wetzler, depoimento 1963, p. 37.
5 Ibid.
6 Kulka, "Five Escapes", p. 201.
7 Ibid., p. 202.
8 Siegfried Lederer passou a guerra combatendo junto à resistência antinazista e viveu na Tchecoslováquia até a morte, em 5 de abril de 1972, 28 anos após o dia em que saiu de Auschwitz. Morreu na obscuridade, sem ser reconhecido por sua extraordinária fuga ou pela tentativa de alertar os judeus de Theresienstadt.
9 Vrba, *I Escaped*, p. 267.
10 Ibid.
11 Id., "Testimony", p. 1365.
12 Vrba, *I Escaped*, p. 269.
13 Ibid.
14 "Em 1º de abril de 1944, chegou um transporte de judeus gregos. Duzentos deles foram para o campo e o restante, aproximadamente 1.500, foi imediatamente levado para a câmara de gás." Relato de um prisioneiro que fugiu de Auschwitz em 28 de julho de 1944, CZA A314/18.
15 Vrba, "Testimony", p. 1366.
16 Wetzler, *Escape*, p. 108.
17 Vrba, "Testimony", p. 1368.
18 Doležal, *Cesty Božím*, p. 109. Vrba contou ao entrevistador que não sabia que 7 de abril de 1944 tinha sido a noite do Seder até exatamente cinquenta anos depois, quando deu uma palestra para marcar o aniversário de sua fuga.

Capítulo 17: Subterrâneo

1 Wetzler, *Escape*, p. 114.
2 A localização do esconderijo em BIII, ou México, não é precisa. Em um relato, Vrba o situa a "trezentos metros [sic] a leste do Crematório V" (ver Vrba, "Preparations", p. 246). No entanto, considerando outros detalhes do testemunho de Vrba e Wetzler, é provável que a distância fosse um tanto maior, o que colocaria o esconderijo no canto nordeste do México.
3 Vrba, *I Escaped*, p. 274.
4 Czech, *Auschwitz Chronicle*, p. 607.
5 Wetzler, *Escape*, p. 135.
6 Ibid., p. 144.

7 Id., depoimento 1963, p. 38.
8 Wetzler, *Escape*, p. 145.
9 Vrba, "Testimony", p. 1370.
10 Ibid.
11 Wetzler, depoimento 1963, p. 38.
12 Ibid., p. 39.
13 Vrba, "Testimony", p. 1374.
14 Id., *I Escaped*, p. 278.
15 Id., "Testimony", p. 1370.
16 Wetzler, depoimento 1963, p. 39.

Capítulo 18: Em plena fuga

1 Kárný, "Report", p. 553.
2 Telegrama reproduzido em Kulka, "Five Escapes", p. 205.
3 A Segunda Portaria de Implementação da Lei de Mudança de Prenomes e Nomes de Família, de agosto de 1938, também listava 99 nomes femininos. Ver Nick, *Personal Names, Hitler and the Holocaust*, p. 65.
4 Vrba, "Preparations", p. 245.
5 Ibid.
6 Gilbert, *Auschwitz*, p. 196.
7 Wetzler, depoimento 1963, p. 39.
8 Ibid.
9 Vrba, "Preparations", p. 247.
10 Ibid.
11 Wetzler, depoimento 1963, p. 39.
12 Vrba, *I Escaped*, p. 280.
13 Ibid.
14 Flaws, *Polish Complicity*, pp. 62-63.
15 Vrba, *I Escaped*, p. 285.
16 Id., "Preparations", p. 247; Gilbert, *Auschwitz*, p. 196.
17 Vrba, "Preparations", p. 247.
18 Ibid., p. 248.
19 Ibid.
20 Wetzler, depoimento 1963, p. 39.
21 Vrba, *I Escaped*, p. 287.
22 Wetzler, depoimento 1963, p. 39.

Capítulo 19: Cruzando a fronteira

1 Vrba, "Preparations", p. 248.
2 Wetzler, depoimento 1963, p. 39.

3   Vrba, *I Escaped*, p. 288.
4   Id., "Preparations", p. 248.
5   Wetzler, depoimento 1963, p. 39.
6   Vrba, *I Escaped*, p. 289.
7   Wetzler, depoimento 1963, p. 40.
8   Vrba, "Preparations", p. 248.
9   Wetzler, depoimento 1963, p. 40.
10 Ibid.
11 Vrba, *I Escaped*, p. 291.
12 Ibid.
13 Wetzler, depoimento 1963, p. 40.
14 Ibid., p. 41.
15 Ibid., p. 40.
16 Ibid. O memorial de Rudolf Vrba não fornece o nome do guia deles até a fronteira eslovaca nem indício algum de que se tratasse de um veterano de Auschwitz.
17 Vrba, *I Escaped*, p. 293.
18 Wetzler, depoimento 1963, p. 40.
19 Id., *Escape*, p. 179.
20 Vrba, *I Escaped*, p. 295.
21 Id., entrevista para Lanzmann, p. 53.
22 Vrba para Martin Gilbert, 30 jul. 1980, FDRPL, Coleção Vrba, caixa 2.
23 Vrba, entrevista para Lanzmann, p. 53.
24 Id., "Preparations", p. 251.
25 Vrba para Martin Gilbert, 30 jul. 1980, FDRPL, Coleção Vrba, caixa 2.
26 Vrba, entrevista para Lanzmann, p. 54.
27 Wetzler, *Escape*, p. 192.
28 Vrba, "Preparations", p. 251.

Capítulo 20: Tudo preto no branco

1   Gilbert, *Auschwitz*, p. 203.
2   Vrba, "Preparations", p. 251.
3   Id., entrevista para Lanzmann, p. 56.
4   Karmil/Krasňanský, entrevista de Kulka, p. 4.
5   Krasňanský, "Declaration", p. 1.
6   Wetzler, *Escape*, p. 193.
7   Vrba, "Preparations", p. 251; Krasňanský, "Declaration", p. 1.
8   Karmil/Krasňanský, entrevista de Kulka, p. 3.
9   Vrba, "Preparations", p. 251.
10 Gilbert, *Auschwitz*, p. 203.
11 Wetzler, *Escape*, p. 201.

12 Steiner, entrevista para Lanzmann, pp. 79-81.
13 Vrba, entrevista para Lanzmann, p. 59.
14 Fatran, "Working Group", p. 165.
15 Vrba, entrevista para Lanzmann, p. 57.
16 *Vrba-Wetzler Report*, introdução de Oskar Krasňanský, s.p.
17 Krasňanský, "Declaration", p. 1.
18 Kulka, "Five Escapes", p. 207.
19 A maioria dos estudiosos tende a confiar no cálculo feito por Franciszek Piper, ex-diretor do instituto de pesquisa do Memorial e Museu de Auschwitz, que concluiu que pelo menos 1,1 milhão de pessoas foram assassinadas em Auschwitz-Birkenau, sendo quase 1 milhão de judeus.
20 Neumann, *Im Schatten*, pp. 178-182.
21 Vrba, "Preparations", p. 263.
22 Miroslav Kárný é cético em relação a essa explicação para a ausência no relatório de qualquer menção explícita à iminente ameaça aos judeus húngaros, e comenta que o relatório se refere a um aparente boato sobre a esperada chegada de "grandes carregamentos de judeus gregos". Se boatos sobre uma comunidade foram incluídos, indaga Kárný, por que não incluíram boatos sobre outra? Uma resposta óbvia para isso é que Fred e Walter já tinham visto, eles próprios, a chegada dos judeus gregos: de fato, havia sido o tema da última conversa de Walter com um homem da SS no campo. Krasňanský pode muito bem ter acreditado que a conversa sobre judeus gregos não pertencesse, portanto, à categoria de especulação, e, assim, podia ser incluída, ao passo que o perigo para os judeus da Hungria não podia. Há evidência adicional de que Fred e Walter avisaram sobre os preparativos em Auschwitz para o assassinato em massa de judeus húngaros na forma de uma carta em que dois líderes judeus eslovacos detalhavam precisamente esse perigo. A carta foi enviada em 22 de maio de 1944: depois que Vrba e Wetzler haviam contado a história deles em Žilina, mas, de modo crucial, *antes* da fuga de Mordowicz e Rosin. A informação por trás desse aviso poderia ter vindo somente de Fred e Rudi. Kárný, "Report", p. 560; Vrba para Randolph L. Braham, 17 jan. 1994, FDRPL, Coleção Vrba, caixa 1.
23 Vrba, "Preparations", pp. 254-255.
24 Ibid., p. 255.
25 Wetzler, *Escape*, p. 205.
26 Vrba, "Preparations", p. 255.
27 Trencsényi, Janowski, Baár, Falina e Kopeček, *History*, v. 1, p. 552.
28 Vrba, "Testimony", p. 1377.

Capítulo 21: Homens de Deus

1 Vrba, *I Escaped*, p. 302.
2 Baron, *Stopping*, p. 181.

3   Id., "Myth", p. 187.
4   Id., *Stopping*, p. 184.
5   Ibid., p. 195.
6   Ibid., p. 191.
7   Ibid.
8   Id., "Myth", p. 188.
9   Id., *Stopping*, p. 209-210.
10 Ibid.

Capítulo 22: O que eu posso fazer?

1   Mordowicz, entrevista para o USHMM, p. 24.
2   Ibid., p. 26.
3   Rosin, entrevista de Kulka, p. 8.
4   Vrba para Martin Gilbert, 30 jul. 1980, FDRPL, Coleção Vrba, caixa 3.
5   Mordowicz, entrevista para o USHMM, p. 29.
6   Ibid.
7   Ibid., p. 32.
8   Ibid., p. 28.
9   Kulka, "Five Escapes", p. 208.
10 Rosin, entrevista de Kulka, p. 21.
11 Zimring, "Tale", p. 381.
12 Vrba, *I Escaped*, pp. 305-306.
13 Vrba para John S. Conway, 2 jul. 1976, FDRPL, Coleção Vrba, caixa 1, p. 4.
14 Ibid., p. 14.
15 Krasňanský, "Declaration", p. 3.
16 Mordowicz, entrevista para o USHMM, p. 50.
17 Kulka, "Five Escapes", p. 210.
18 Ibid.
19 Mordowicz, entrevista para o USHMM, p. 50.
20 Vrba para John S. Conway, 2 jul. 1976, FDRPL, Coleção Vrba, caixa 1, p. 15.
21 Mordowicz, entrevista para o USHMM, p. 51.
22 "Death Trains in 1944: The Kassa List".

Capítulo 23: Londres foi informada

1   Entrevista com Krasňanský, 22 dez. 1980, em Gilbert, *Auschwitz*, p. 203.
2   Kranzler, *Mantello*, p. xxii.
3   Ibid., p. 91.
4   Ibid., p. 98.
5   Baron, *Stopping*, p. 18.
6   Rings, *Advokaten*, p. 144.

7   Kranzler, *Mantello*, pp. 208-209.
8   Bogdanor, *Kasztner's Crime*, p. 187.
9   Fleming, *Auschwitz*, p. 233.
10 Rings, *Advokaten*, pp. 140-146.
11 Fleming, *Auschwitz*, p. 233.
12 Tibori Szabó, "Auschwitz Reports", p. 113.
13 Zimring, "Men", p. 81.
14 Daniel T. Brigham, "Inquiry Confirms Nazi Death Camps", *The New York Times*, 3 jul. 1944.
15 Entrevista com Garrett em Rings, *Advokaten*, p. 144.
16 Gilbert, *Auschwitz*, p. 233.
17 Gravações das transmissões das rádios de Londres e Moscou, Arquivos Centrais, Praga, SUA4, URP. Cart. 1170, citado em Kárný, "Report", p. 559.
18 Świebocki, *London*, p. 56.
19 Fleming, *Auschwitz*, apêndice I, linha 46.
20 O episódio foi lembrado por Erich Kulka em conversa com Gerhart Riegner, que o discutiu numa entrevista de abril de 1995 com Martin Gilbert no Congresso Mundial Judaico em Genebra. Baron, *Stopping*, n. 32, p. 15.
21 Waller, *Disciples*, p. 136; Baron, *Stopping*, p. 16.
22 Gilbert, *Auschwitz*, p. 233.
23 Ibid.
24 Winik, "Darkness", p. 68.
25 FDRPL, Registros do Departamento de Estado Referentes aos Problemas de Socorro e Refugiados (Corpo de Refugiados de Guerra), Documentos e Relatórios Diversos ref. Campos de Extermínio para Judeus na Polônia (1), caixa 69; Baron, *Stopping*, p. 21.
26 Kárný, "Report", p. 563.
27 Ibid., p. 564.
28 Kulka, "Five Escapes", p. 207.
29 Gilbert, *Auschwitz*, p. 236.
30 Winik, "Darkness", p. 67.
31 Wyman, *America and the Holocaust*, v. XII, p. 104; Baron, *Stopping*, p. 20.
32 Gilbert, *Auschwitz*, p. 238.
33 Baron, "Myth", p. 24.
34 Winik, "Darkness", p. 69.
35 Ibid., p. 70.
36 Ibid., p. 75.
37 Ibid., p. 77.
38 Martin Gilbert, "Could Britain Have Done More to Stop the Horrors of Auschwitz?", *The Times*, 27 jan. 2005.
39 Fleming, *Auschwitz*, p. 235.
40 Gilbert, *Auschwitz*, p. 269.

41 O julgamento é de Sir Martin Gilbert, biógrafo oficial de Churchill. Numa palestra em 1993, ele declarou: "Nunca vi uma minuta de Churchill dando esse tipo de autoridade imediata para executar um pedido." Gilbert, "Churchill and the Holocaust". Disponível em: <https://winstonchurchill.org/the-life-of-churchill/war-leader/churchill-and-the-holocaust-the-possible-and-impossible/>.
42 Fleming, *Auschwitz*, p. 249.
43 Gilbert, *Auschwitz*, p. 285.
44 Ibid.
45 Esse é o caso apresentado por Michael Fleming em *Auschwitz*, p. 250. Ele sugere que tanto Churchill quanto Eden estavam ansiosos, acima de tudo, para *serem vistos* como se atuassem para salvar vidas judias, inclusive pela posteridade. Martin Gilbert manteve a opinião oposta: que Churchill estava sinceramente desejoso de ajudar os judeus da Europa.
46 Gilbert, *Auschwitz*, p. 315. Aconteceu em 13 de setembro de 1944, quando um ataque aéreo norte-americano sobre Monowitz foi ligeiramente desviado e atingiu tanto Auschwitz I quanto Birkenau. No campo principal, foram mortos quinze homens da SS e 23 judeus; em Birkenau, as bombas danificaram as linhas ferroviárias de manobra que levavam aos crematórios.
47 Winik, "Darkness", p. 70.

Capítulo 24: Salame húngaro

1 Vrba, *I Escaped*, p. 293.
2 Braham, "Hungary", p. 40.
3 Tibori Szabó, "Auschwitz Reports", p. 102.
4 Porter, *Kasztner's Train*, p. 134.
5 Tibori Szabó, "Auschwitz Reports", p. 103.
6 Ibid., p. 104.
7 Correspondência pessoal com o professor Zoltán Tibori Szabó, 1º nov. 2021.
8 Porter, *Kasztner's Train*, p. 136.
9 Tibori Szabó, "Auschwitz Reports", p. 105.
10 Fatran, "Working Group", p. 171.
11 Braham, "Hungary", p. 40.
12 Fatran, "Working Group", pp. 173-177.
13 Braham, "Hungary", p. 43.
14 Reichenthal, "Reappraisal", p. 223.
15 Braham, *Politics of Genocide*, v. 2, p. 939.
16 Reichenthal, "Reappraisal", p. 223.
17 Ibid., p. 224.
18 Rudolf Vrba acreditava nisso. Ver o epílogo de *I Escaped*, p. 320. A alegação também é feita em Tschuy, *Dangerous Diplomacy*, pp. 83-84, e repetida por

Tibori Szabó, "Auschwitz Reports", p. 105. Mas a evidência documental de que Kasztner tenha mostrado o relatório a Eichmann é vaga.
19 Reichenthal, "Reappraisal", p. 225.
20 Kasztner, *Kasztner Report*, p. 158.
21 Braham, *Politics of Genocide*, v. 2, p. 955.
22 Bogdanor, *Kasztner's Crime*, p. 191.
23 Kasztner, *Kasztner Report*, p. 129.
24 Reichenthal, "Reappraisal", p. 234.
25 Kasztner, *Kasztner Report*, p. 145.
26 Reichenthal, "Reappraisal", p. 235.
27 Stark, *Hungarian Jews*, pp. 21-31. Há informação conflitante referente ao número de judeus deportados da Hungria. Segundo um relatório do gendarme coronel László Ferenczy, o número foi de 434.351. O plenipotenciário do Reich na Hungria, Edmund Veesenmayer, mencionou 437.402.
28 Vrba, "Preparations", p. 256.
29 Entrevista de Kulka com Wetzler, 1964, YVA P.25/21/3, p. 5.
30 Vrba, "Preparations", p. 261.
31 Ibid., p. 256.
32 Vrbová, *Trust*, pp. 79-80.
33 Entrevista do autor com Gerta Vrbová, 30 jun. 2020.
34 Vrbová, *Trust*, p. 85.
35 Ibid., p. 86.
36 Ibid., p. 88.
37 Entrevista do autor com Gerta Vrbová, 15 jun. 2020.
38 Ibid.
39 Vrbová, *Trust*, p. 92.
40 Entrevista com József Eliás em Baron, *Stopping*, p. 187.
41 Entrevista com Sándor Török, ibid., p. 205.
42 Ibid., p. 70.
43 Ibid., p. 208.
44 Ibid.
45 As palavras foram ditas por Horthy ao comandante-chefe da polícia provincial, Gábor Faragho, ibid., p. 74.
46 Kulka, "Five Escapes", p. 215. Kulka sugere que foi a confirmação obtida no mosteiro que levou o Vaticano a agir.
47 Fleming, *Auschwitz*, p. 233.
48 Kulka, "Five Escapes", p. 215.
49 Baron, *Stopping*, p. 75.
50 Braham, *Politics of Genocide*, v. 2, p. 873.
51 "Death Trains in 1944: The Kassa List".
52 Baron, *Stopping*, pp. 80-82.
53 Braham, *Politics of Genocide*, v. 2, p. 879.

54 Baron, *Stopping*, p. 84. Para saber mais sobre a mudança de opinião da liderança húngara, ver Gilbert, *Auschwitz*, p. 266.
55 Relatório do Escritório de Serviços Estratégicos, ibid., p. 94.
56 Ibid., p. 105.
57 Ibid., p. 42.
58 Lévai (org.), *Eichmann in Hungary*, p. 126.

Capítulo 25: Um casamento com armas

1 Vrbová, *Trust*, p. 94.
2 Ibid., p. 115.
3 Vrba, "Affidavit".
4 Id., *I Escaped*, p. 315.
5 Id., "Affidavit", p. 5.
6 Ibid., p. 6; id., "Testimony", p. 1518.
7 Ibid., p. 1386.
8 Vrbová, *Betrayed*, p. 31.
9 Vrba, "Affidavit", p. 7.
10 Id., *I Escaped*, p. 307.
11 Ibid., p. 308.
12 Entrevista do autor com Robin Vrba, 16 nov. 2020.
13 Vrbová, *Betrayed*, p. 71.
14 Ibid., p. 49.
15 Ibid., p. 71.
16 Ibid., p. 59.
17 Ibid., p. 66.
18 Ibid., p. 69.
19 Entrevista do autor com Robin Vrba, 16 nov. 2020.
20 Vrbová, *Betrayed*, p. 74.
21 Ibid., p. 75.
22 Ibid., p. 87.
23 Ibid., p. 88.
24 Ibid.
25 Entrevista do autor com Gerta Vrbová, 15 jun. 2020.
26 Vrbová, *Betrayed*, p. 105.
27 Ibid.
28 Ibid., p. 114.
29 Entrevista do autor com Robin Vrba, 30 nov. 2020.
30 Vrbová, *Betrayed*, pp. 122-124.
31 Entrevista do autor com Gerta Vrbová, 28 jul. 2020.
32 Vrba, "Affidavit", p. 13.
33 Entrevista do autor com Gerta Vrbová, 15 set. 2020.

34 Vrbová, *Betrayed*, p. 12.
35 Vrba, "Affidavit", p. 7.
36 Ibid., p. 9.
37 Vrba, *I Escaped*, pp. xi-xii.
38 Kulka, *Landscapes*, p. 110.
39 Entrevista do autor com Gerta Vrbová, 15 jun. 2020.

Capítulo 26: Uma nova nação, uma nova Inglaterra

1 Klein, "Confronting", p. 278.
2 Vrbová, *Betrayed*, pp. 192-203.
3 Entrevista do autor com Gerta Vrbová, 30 jun. 2020.
4 Ibid.
5 Segev, *The Seventh Million*, p. 257.
6 Arendt, *Eichmann in Jerusalem*, p. 117.
7 Porter, *Kasztner's Train*, p. 331.
8 Reichenthal, "Reappraisal", p. 241.
9 Ibid., p. 249.
10 Ibid., p. 251.
11 Porter, *Kasztner's Train*, p. 343.
12 Harry Gilroy, "Quisling Charge Stirs All Israel", *The New York Times*, 3 jul. 1955.
13 Porter, *Kasztner's Train*, p. 313.
14 Ibid., pp. 354-355.
15 O juiz Shimon Agranat estava citando o antigo erudito Rabi Hillel. Ver Klein, *Pietà*, p. 130.
16 Vrba, Bachelard e Krawczynski, "Interrelationship".
17 Ibid.
18 Vrba, "Utilization".
19 Entrevista do autor com Robin Vrba, 30 nov. 2020.
20 Ibid.
21 Obituário para Blanche Lucas, *The Times*, 21 jul. 1994.
22 Entrevista do autor com Gerta Vrbová, 28 jul. 2020.
23 Vrba para Zuza Vrbová, 14 jun. 1983, p. 13, compartilhada com o autor por Gerta Vrbová.
24 Vrba, *I Escaped*, pp. xvi-xvii.
25 Entrevista do autor com Gerta Vrbová, 30 jun. 2020.
26 Arendt, *Eichmann in Jerusalem*, p. 124.
27 Linn, *Escaping Auschwitz*, p. 13.
28 Rudolf Vrba, Carta ao Editor, *Observer*, 22 set. 1963.
29 Vrbová, *Betrayed*, p. 254.

Capítulo 27: Canadá

1. Entrevista do autor com Robin Vrba, 16 nov. 2020.
2. Vrba para Zuza Vrbová, 14 fev. 1983, p. 9, compartilhada com o autor por Gerta Vrbová.
3. Entrevista do autor com Gerta Vrbová, 15 set. 2020.
4. Entrevista do autor com Chris Friedrichs, 13 dez. 2020.
5. Entrevista do autor com Robin Vrba, 16 nov. 2020.
6. Entrevista do autor com Robin Vrba, 30 nov. 2020.
7. Entrevista do autor com Robin Vrba, 16 nov. 2020.
8. Vrba para Martin Gilbert, 12 ago. 1980, FDRPL, Coleção Vrba, caixa 2.
9. Entrevista do autor com Robin Vrba, 16 nov. 2020.
10. Entrevista do autor com Robin Vrba, 30 nov. 2020.
11. Vrba, *I Escaped*, p. xviii.
12. Vrba para Benno Müller-Hill, 25 jun. 1997, FDRPL, Coleção Vrba, caixa 4.
13. Vrba, p. 128n.
14. Fulbrook, *Legacies*, p. 301. Ver também Kuretsidis-Haider, "Österreichische KZ-Prozesse: Eine Übersicht", p. 20.
15. "Life Sentence Given to Ex-Nazi for Killing Gypsies at Auschwitz", *JTA Daily News Bulletin*, 29 jan. 1991.
16. Relembrando o julgamento, Rudi disse a um entrevistador: "O juiz avisou que ele não precisava depor, mas ele disse que não tinha nada a esconder." Doležal, *Cesty Božím*, p. 112.
17. Vrba, *I Escaped*, p. 140n.
18. Purves, *War Criminals*, F.2.b.
19. FDRPL, Coleção Vrba, caixa 12; ver também "Kirschbaum, Slovakia's Aide of Eichmann in Toronto, Is Charged with War Crimes", *Canadian Jewish News*, 27 jul. 1962, p. 1.
20. Vrba, "Testimony", p. 1542.
21. Ibid., p. 1528.
22. Ibid., p. 1461.
23. Ibid., pp. 1389-1390.
24. Esse veredito de 1985 foi derrubado com base num detalhe técnico legal, o que levou a um segundo julgamento em 1988, no qual Zündel foi novamente considerado culpado. Por fim, foi absolvido pela Suprema Corte do Canadá em 1992 com base no fato de que a legislação sobre notícias falsas era uma limitação descabida à liberdade de expressão. Ver <https://scc-csc.lexum.com/scc-csc/scc-csc/en/item/904/index.do>.

Capítulo 28: Eu conheço uma saída

1. Lanzmann, *Shoah: An Oral History*, p. 123.
2. Entrevista do autor com Robin Vrba, 2 fev. 2021.

3   Entrevista do autor com Robin Vrba, 22 out. 2021. Não era fácil mandar dinheiro para a Tchecoslováquia comunista, era preciso fazê-lo via Suíça e convertê-lo nos chamados *vouchers Tuzex*.
4   Uma das disputas mais ferrenhas entre Vrba e Wetzler era relativa à questão de saber se eles tinham escapado de Auschwitz com evidência documental. Em seu livro autobiográfico, Wetzler menciona que a dupla tentou levar dois tubos com listas de carregamentos, desenhos, até mesmo o rótulo de uma lata de Zyklon B, evidência esta reunida com a ajuda de vários outros prisioneiros. Nessa narrativa, um dos tubos foi perdido durante o conflito em Porąbka. Vrba foi inflexível ao dizer que nada disso havia acontecido ou poderia ter acontecido. Qualquer prisioneiro encontrado em posse de lápis ou papel teria sido punido por conspiração. Ver Vrba, "Testimony", p. 1353.

Ambos os relatos têm defensores, mas um fato crucial conta pesadamente a favor da versão de Vrba. Quando falou após a guerra sobre o papel que desempenhou ao anotar o Relatório Vrba-Wetzler, Oskar Krasňanský fez de tudo para elogiar a "maravilhosa memória" dos fugitivos. Não fez nenhuma menção a qualquer prova documental. Se os dois homens tivessem apresentado documentação, Krasňanský certamente a teria mencionado, pelo menos em sua introdução ao Relatório de Auschwitz. Mas nunca mencionou. O episódio com o garçom em Nova York, relatado neste livro, sugere que Krasňanský dificilmente estaria superestimando a capacidade da memória de Vrba.
5   Na narração de Wetzler, a ideia de uma fuga para alertar o mundo originou-se com a clandestinidade comunista de Auschwitz. Fred foi encarregado de reunir essa informação da forma como podia, e deveria entregá-la nas mãos dos combatentes da resistência na Eslováquia, em sua maioria comunistas. Quanto à sua escolha de parceiro de fuga, Wetzler sustentou que também havia sido uma decisão tomada pela liderança clandestina: escolheram Walter para a missão indubitavelmente porque achavam que ela requeria um sujeito corajoso, da Eslováquia, que Fred conhecesse e em quem confiasse.

Rudi rejeitava inteiramente esse relato. Insistia que, ao contrário, a decisão de fugir e contar ao mundo fora uma resolução mútua tomada por ele e Fred, os últimos dois homens sobreviventes de Trnava, e por mais ninguém. Para ser justo, reconheceu em suas memórias que "muito antes de eu pensar nessa ideia, a resistência clandestina vinha se concentrando no problema de expor Auschwitz ao mundo, revelar seus segredos e advertir os judeus da Europa sobre o que a deportação realmente significava", e esperava apenas pelo "plano certo, o momento certo e o homem certo" (Vrba, *I Escaped*, p. 256).

No entanto, quando Walter os abordou com seu plano para a fuga, os líderes da resistência rejeitaram-no por todas as razões que Szmulewski dera na época: que ele era impetuoso demais, inexperiente demais e jovem demais para que se acreditasse nele. Como resultado, e embora tivessem recebido auxílio crucial de indivíduos — fosse do *Sonderkommando* Filip Müller, que lhes deu detalhes do processo de eliminação pelo gás, ou dos dois judeus poloneses, Adamek e Bolek, que cobriram o esconderijo quando Fred e Walter lá entraram —, a fuga em si, e quanto a isso Walter foi inflexível, fora uma iniciativa dele. E isso era especialmente verdadeiro em relação à missão específica de avisar aos judeus da Hungria, que, ressaltou Rudi, foi "ditada exclusivamente por minha consciência" e, com certeza, não por "um mítico comitê em Auschwitz ou em alguma outra parte" (Vrba, "Preparations", pp. 255-256). Prova de que não havia plano para Fred e Rudi entregarem a informação que tinham a combatentes comunistas na Eslováquia era o fato de que a dupla não fez tal coisa.

Quanto aos motivos que levaram Fred a contar uma história tão diferente da de Rudi, uma explicação foi aventada rapidamente. Rudi compôs sua autobiografia na Grã-Bretanha; conversou com historiadores e outros depois de se estabelecer no Canadá. Ele podia falar livremente. Fred Wetzler estava num Estado-satélite soviético em que a liberdade de expressão era rigorosamente restrita. Rudi vira ele mesmo que não era uma política na república socialista da Tchecoslováquia mencionar que as principais vítimas dos nazistas eram os judeus. Além disso, Rudolf Vrba desertara para o Ocidente e tornara-se imediatamente uma não pessoa em sua terra natal: teria sido arriscado para Fred tê-lo elogiado como camarada igual num ato de valor antifascista. Quem sabe não seria mais seguro numa Tchecoslováquia comunista mostrar um grupo de prisioneiros comunistas como heróis da história? Ver também Zimring, "Men", p. 43.

6   Carta de Wetzler para Kárný, 19 nov. 1984, NA, Coleção Kárný, caixa 10; Zimring, "Men", p. 43.
7   Rosin, entrevista de Kulka, p. 8.
8   Linn, "Rudolf Vrba", p. 179.
9   Entrevista do autor com Robin Vrba, 16 nov. 2020.
10 Zimring, "Men", p. 76.
11 Rosin era membro do Hashomer Hatza'ir. Ver "Ernie Meyer: A Sole Survivor", *Jerusalem Post*, 30 abr. 1992.
12 Ver, por exemplo, o caso dos paraquedistas sionistas, em Bogdanor, *Kasztner's Crime*, pp. 159-176.
13 Eric M. Breindel, "A Survivor of the Holocaust", *Harvard Crimson*, 2 maio 1974, FDRPL, Coleção Vrba, caixa 1.
14 Talvez o exemplo definitivo de um tratamento antissionista do caso Kasztner seja a peça *Perdition* (1987), de Jim Allen.
15 Vrba para Joan Campion, 8 ago. 1979, FDRPL, Coleção Vrba, caixa 1. Vrba estava se referindo a Gisi Fleischmann.
16 Breindel, "A Survivor of the Holocaust".
17 Gila Fatran e quatro outros historiadores, "For the Sake of Historical Justice", Carta ao Editor, *Yediot Aharonot*, 2 jun. 1998; Yehoshua Jelinek, "A Hero Who Has Become Controversial", Carta ao Editor, *Haaretz*, 21 jun. 1998.
18 Yehuda Bauer, Carta ao Editor, *Jewish Journal*, 28 out. 2004.

19 Entrevista do autor com Gerta Vrbová, 15 set. 2020. Vrbová conheceu Bauer e ficou chocada com o fato de o historiador ter usado essa palavra para descrever o ex-marido dela.
20 Yehuda Bauer para John S. Conway, 23 maio 1985, FDRPL, Coleção Vrba, caixa 1.
21 *The World at War*, episódio 20, "Genocide", Thames TV, 27 mar. 1974.
22 Vrba, entrevista para Lanzmann, p. 100.
23 Vrba para Rex Bloomstein, 20 jul. 1981, FDRPL, Coleção Vrba, caixa 1.
24 Krell, *Sounds from Silence*, p. 256.
25 Entrevista do autor com Robert Krell, 31 dez. 2020.
26 Krell, *Sounds from Silence*, p. 266.
27 Klein, "Confronting", p. 279.
28 Ibid.
29 Entrevista do autor com Robin Vrba, 22 out. 2021.
30 Entrevista do autor com Robert Krell, 31 dez. 2020.
31 Numa carta para a filha, Rudi listou os aspectos da vida moderna com os quais ainda se maravilhava. Vrba para Zuza Vrbová, 18 jun. 1982, p. 1, compartilhada com o autor por Gerta Vrbová.
32 Entrevista do autor com Robin Vrba, 16 nov. 2020.

Capítulo 29: Flores do vazio

1 Vrba para Helena Vrbová, 13 fev. 1980, p. 3, compartilhada com o autor por Gerta Vrbová.
2 Entrevista do autor com Gerta Vrbová, 12 jul. 2020.
3 Vrba para Zuza Vrbová, 14 fev. 1983, p. 18, compartilhada com o autor por Gerta Vrbová.
4 Entrevista do autor com Gerta Vrbová, 15 set. 2020.
5 Vrbová, *Betrayed*, pp. 11-12.
6 Vrba para Helena Vrbová, 13 fev. 1980, p. 4, compartilhada com o autor por Gerta Vrbová.
7 Entrevista do autor com Robin Vrba, 16 nov. 2020.
8 Helena Vrbová para Zuza Vrbová, maio 1982, compartilhada com o autor por Gerta Vrbová.
9 Vrba para o dr. Peter F. Heywood, Instituto de Pesquisa Médica da Papua Nova Guiné, 9 mar. 1984, compartilhada com o autor por Gerta Vrbová.
10 O último bilhete de Helena Vrbová, escrito em 9 maio 1982, compartilhado com o autor por Gerta Vrbová.
11 Vrba para Zuza Vrbová, 28 abr. 1983, p. 5, compartilhada com o autor por Gerta Vrbová.
12 Vrba para Zuza Vrbová, 14 fev. 1983, p. 38, compartilhada com o autor por Gerta Vrbová.

13 Ibid., p. 10.
14 Vrba para Zuza Vrbová, 18 jul. 1982, p. 7, compartilhada com o autor por Gerta Vrbová.
15 Vrba para Zuza Vrbová, 28 jan. 1984, p. 2, compartilhada com o autor por Gerta Vrbová.
16 Vrba para o dr. Peter F. Heywood, Instituto de Pesquisa Médica da Papua Nova Guiné, 9 mar. 1984, compartilhada com o autor por Gerta Vrbová.
17 Entrevista do autor com Robin Vrba, 30 nov. 2020.
18 Ibid.
19 Vrba para Zuza Vrbová, 28 abr. 1983, p. 6, compartilhada com o autor por Gerta Vrbová.
20 Vrba para Zuza Vrbová, 18 jul. 1982, pp. 6-8, compartilhada com o autor por Gerta Vrbová.

Capítulo 30: Gente demais para contar

1 Linn, "Rudolf Vrba", p. 181.
2 A história foi contada para o autor pelo dr. Martin Korčok, presidente do Museu do Holocausto de Sered', Eslováquia, 7 ago. 2021.
3 Vrba, "Preparations", p. 241.
4 Bauer, *Rethinking*, p. 236.
5 Elie Wiesel, "A Survivor Remembers Other Survivors of 'Shoah'", *The New York Times*, 3 nov. 1985, seção 2, p. 1.
6 Langbein, *People*, p. 117.
7 Nicholls, *Christian Antisemitism*, p. 236.
8 Gilbert, *Auschwitz*, p. 20.
9 Ibid., p. 94.
10 Porter, *Kasztner's Train*, pp. 182-183.
11 Gilbert, *Auschwitz*, p. viii.
12 Ibid., p. 99.
13 Kárný, "Report", p. 562.
14 Gilbert, *Auschwitz*, p. 312.
15 Martin Gilbert, "Could Britain have done more to stop the horrors of Auschwitz?", *The Times*, 27 jan. 2005.
16 Ver o trabalho de Richard Breitman, Barbara Rogers e Michael Fleming, entre outros.
17 Fleming, "Elusiveness Narrative", pp. 3-4.
18 Ibid., pp. 8-9.
19 Ibid.
20 Klein, "Confronting", p. 260-261.
21 Ibid., p. 263.
22 Ibid., p. 274.

23 Ibid., p. 275.
24 Mordowicz, entrevista para o USHMM, p. 73.
25 Klein, "Confronting", p. 274.
26 Karski, entrevista para Lanzmann.
27 Van Pelt, "Veil", p. 121.
28 Claude Lanzmann cita Aron no começo de seu filme sobre Jan Karski, *The Karski Report*, 2010.
29 Klein, "Confronting", p. 278.
30 Krell, *Sounds from Silence*, p. 261.
31 Gerta Vrbová, obituário de Zuza, *AJR Journal*, p. 15.
32 Entrevista do autor com Robin Vrba, 22 out. 2021.
33 Klein, "Confronting", pp. 274-275.
34 E-mail de Richard Bestic, filho de Alan Bestic, para o autor, 24 ago. 2020.
35 Krell, *Sounds from Silence*, p. 263.
36 Linn, "Rudolf Vrba", p. 209.
37 Vrba para Zuza Vrbová, 23 abr. 1998, p. 1, compartilhada com o autor por Gerta Vrbová.
38 Zuza Vrbová morreu em 2013, aos 59 anos.

Referências bibliográficas

Aderet, Ofer. The Mystery of the Jewish Boy Who Was Forced to Be Mengele's "Dog". *Haaretz*, 8 abr. 2021.
Arendt, Hannah. *Eichmann in Jerusalem*: A Report on the Banality of Evil. Ed. rev. ampl. Londres/Nova York: Penguin, 1994.
Bacon, Ewa K. *Saving Lives in Auschwitz*: The Prisoners' Hospital in Buna-Monowitz. West Lafayette, IN: Purdue University Press, 2017.
Baron, Frank. "The 'Myth' and Reality of Rescue from the Holocaust: The Karski-Koestler and Vrba-Wetzler Reports". *Yearbook of the Research Centre for German and Austrian Exile Studies*, v2000, v. 2, pp. 171-208.
_____. *Stopping the Trains to Auschwitz, Budapest, 1944*. Lawrence, KS: University of Kansas, 2020.
Bauer, Yehuda, *Rethinking the Holocaust*. New Haven, CT/Londres: Yale University Press, 2001.
Bogdanor, Paul. *Kasztner's Crime*. Londres/Nova York: Routledge, 2017.
Borkin, Joseph. *The Crime and Punishment of I.G. Farben*. Nova York: Free Press, 1978.
Braham, Randolph L. *The Politics of Genocide*: The Holocaust in Hungary. Nova York: Columbia University Press, 1981, 2 v.
_____. Hungary: The Controversial Chapter of the Holocaust. In: _____; Heuvel, William J. vanden (orgs.). *The Auschwitz Reports and the Holocaust in Hungary*. Nova York: Rosenthal Institute for Holocaust Studies, Graduate Center of the City University of New York, 2011.
_____; Pók, Attila (orgs.). *The Holocaust in Hungary*: Fifty Years Later. Nova York: Rosenthal Institute for Holocaust Studies, Graduate Center of the City University of New York/Columbia University Press, 1997.
_____; Vago, Bela (orgs.). *The Holocaust in Hungary Forty Years Later*. Boulder, CO: Social Science Monographs, 1985.
_____; Heuvel, William J. vanden (orgs.). *The Auschwitz Reports and the Holocaust in Hungary*. Nova York: Rosenthal Institute for Holocaust Studies, Graduate Center of the City University of New York, 2011.
Brigham, Daniel T. "Inquiry Confirms Nazi Death Camps". *The New York Times*, 3 jul. 1944.

Cesarani, David. *Final Solution*: The Fate of the Jews, 1933-1949. Londres: Macmillan, 2015.

Chandrinos, Iason; Droumpouki, Anna Maria. The German Occupation and the Holocaust in Greece: A Survey. In: Antôniou, Giôrgos; Moses, A. Dirk (orgs.). *The Holocaust in Greece*. Cambridge: Cambridge University Press, 2018.

Czech, Danuta. *Auschwitz Chronicle 1939-1945*. Nova York: H. Holt, 1990. DEATH TRAINS in 1944: The Kassa List. Disponível em: <http://degob.org/tables/kassa.html>.

DID GERMAN Firm Schaeffler Process Hair from Auschwitz? *Der Spiegel*, 2 mar. 2009. Disponível em: <www.spiegel.de/international/germany/claimby-polish-researcher-did-german-firm-schaeffler-process-hair-fromauschwitz-a-610786.html>.

Długoborski, Wacław; Piper, Franciszek (orgs.). *Auschwitz, 1940-1945*: Central Issues in the History of the Camp. Oświęcim: Auschwitz-Birkenau State Museum, 2000. Trad. inglesa William R. Brand, 5 v.

Doležal, Miloš. *Cesty Božím (Ne)Časem* Praga: Karmelitánské nakladatelství, 2003.

Fackler, Guido. Music in Concentration Camps 1933-1945. *Music & Politics*, v. I, n. 1, inverno 2007.

Fatran, Gila. The "Working Group". *Holocaust and Genocide Studies*, v. 8, n. 2, outono 1994, pp. 164-201.

Flaws, Jacob. *Bystanders, Blackmailers, and Perpetrators:* Polish Complicity During the Holocaust. Tese (Mestrado). Iowa State University, 2011.

Fleming, Michael. *Auschwitz, the Allies and Censorship of the Holocaust*. Cambridge/Nova York: Cambridge University Press, 2014.

_____. "The Reassertion of the Elusiveness Narrative: Auschwitz and Holocaust Knowledge". *Holocaust Studies*, v. 26, n. 10, 2020, pp. 1-21.

Freedland, Jonathan. "Every One of Us Had His or Her Own Story of Survival. But We Never Talked About It". *The Guardian*, 7 mar. 2014.

Frieder, Emanuel. *To Deliver Their Souls*: The Struggle of a Young Rabbi During the Holocaust. Nova York: Holocaust Library, 1990.

Fulbrook, Mary. *Reckonings:* Legacies of Nazi Persecution and the Quest for Justice. Oxford: Oxford University Press, 2018.

Gilbert, Martin. *Auschwitz and the Allies*. Londres: Michael Joseph, 1981.

_____. Churchill and the Holocaust: The Possible and Impossible. Palestra no United States Holocaust Memorial Museum Washington, 8 nov. 1993. Disponível em: <https://winstonchurchill.org/the-life-of-churchill/war-leader/churchilland--the-holocaust-the-possible-and-impossible/>.

Greif, Gideon. *We Wept Without Tears*: Testimonies of the Jewish Sonderkommando from Auschwitz. New Haven, CT/Londres: Yale University Press, 2005.

Hart, Kitty. *I Am Alive*. Ed. rev. Londres: Corgi, 1974.

HOLOCAUST EDUCATION & ARCHIVE RESEARCH TEAM. The Holocaust: Economic Exploitation. Disponível em: <www.holocaustresearchproject.org/economics/index.html>.

Itzkowitz, Sam. Entrevista. United States Holocaust Memorial Museum, RG-50.050.0006, 3 mar. 1991.

Karmil/Krasňanský. Entrevista concedida a Erich Kulka. Oral History Division, Institute of Contemporary Jewry, Hebrew University of Jerusalem, n. 65 (1), 1964.

Kárný, Miroslav. The Vrba and Wetzler Report. In: Gutman, Israel; Berenbaum, Michael (orgs.). *Anatomy of the Auschwitz Death Camp*. Bloomington/Indianápolis, IN/Washington, D.C.: Indiana University Press/United States Holocaust Memorial Museum, 1994.

Karski, Jan. Entrevista concedida a Claude Lanzmann para o filme *Shoah*. United States Holocaust Memorial Museum, 1978, n. RG-60.5006.

Kasztner, Rezső. *The Kasztner Report*: The Report of the Budapest Jewish Rescue Committee, 1942-1945. Karsai, László; Molnár, Judit (orgs.). Jerusalém: Yad Vashem, International Institute for Holocaust Research, 2013.

Klein, Georg. "Confronting the Holocaust: An Eyewitness Account". In: Braham, Randolph L.; Heuvel, William J. vanden (orgs.). *The Auschwitz Reports and the Holocaust in Hungary*. Nova York: Rosenthal Institute for Holocaust Studies Graduate Center/ City University of New York, 2011.

_____. *Pietà*. Cambridge, MA/Londres: MIT Press, 1992. Trad. inglesa Theodore e Ingrid Friedmann.

Kranzler, David. *The Man Who Stopped the Trains to Auschwitz*: George Mantello, El Salvador, and Switzerland's Finest Hour. Syracuse, NY: Syracuse University Press, 2000.

Krasňanský, Oskar. Declaration Made Under Oath by Oscar Karmiel, Formerly Krasňanský, at the Israeli Consulate in Cologne, February 15, 1961. FDRPL, Coleção Vrba, caixa 16.

Krell, Robert. *Sounds from Silence:* Reflections of a Child Holocaust Survivor, Psychiatrist and Teacher. Amsterdã: Amsterdam Publishers, 2021.

Kubátová, Hana; Láníček, Jan. *The Jew in Czech and Slovak Imagination, 1938-89*: Antisemitism, the Holocaust, and Zionism. Leiden/Boston, MA: Brill, 2018.

Kulka, Erich. "Five Escapes from Auschwitz". In: Suhl, Yuri (org.). *They Fought Back*: The Story of the Jewish Resistance in Nazi Europe. Nova York: Crown, 1967.

_____. "Attempts by Jewish Escapees to Stop Mass Extermination". *Jewish Social Studies*, v. 47, n. 3-4, verão/outono 1985, pp. 295-306.

Kulka, Otto Dov. *Landscapes of the Metropolis of Death*: Reflections on Memory and Imagination. Londres: Allen Lane, 2013. Trad. inglesa Ralph Mandel.

Kuretsidis-Haider, Claudia. "Österreichische KZ-Prozesse: Eine Übersicht". *Juztiz und Erinnerung*, dez. 2006 , n. 12, pp. 14-21.

Langbein, Hermann. *People in Auschwitz*. Chapel Hill, NC/Londres: University of North Carolina Press, 2004.

Lanzmann, Claude. *Shoah: An Oral History of the Holocaust*: The Complete Text of the Film. Nova York: Pantheon, 1985.

Lévai, Jenö (org.). *Eichmann in Hungary*: Documents. Budapeste: Pannonia Press, 1961.

Levi, Primo. *If This Is a Man*. Londres: Orion Press, 1959. Trad. inglesa Stuart Woolf.

Linn, Ruth. "Naked Victims, Dressed-up Memory: The Escape from Auschwitz and the Israeli Historiography". *Israel Studies Bulletin*, v. 16, n. 2, primavera 2001, pp. 21-25.

_____. *Escaping Auschwitz:* A Culture of Forgetting. (Ithaca/NY/Londres: Cornell University Press, 2004.

_____. "Rudolf Vrba and the Auschwitz Reports: Conflicting Historical Interpretations". In: Braham, Randolph L.; Heuvel, William J. vanden (orgs.). *The Auschwitz Reports and the Holocaust in Hungary*. Nova York: Rosenthal Institute for Holocaust Studies, Graduate Center of the City University of New York, 2011.

Mordowicz, Czesław. Entrevista. United States Holocaust Memorial Museum, n. RG-50.030.0354, 1995-1996.

Müller, Filip. *Eyewitness Auschwitz*: Three Years in the Gas Chambers. Nova York: Stein & Day, 1979.

Neumann, Oskar. *Im Schatten des Todes*: Ein Tatsachenbericht vom Schicksalskampf des slowakischen Judentums. Tel-Aviv: Olamenu, 1956.

Nicholls, William. *Christian Anti-Semitism*: History of Hate Lanham, MD: Aronson, 1995.

Nick, I. M. *Personal Names, Hitler, and the Holocaust*: A Socio-Onomastic Study of Genocide and Nazi Germany. Lanham, MD: Lexington Books, 2019.

Nyiszli, Miklós, *Auschwitz*: A Doctor's Eyewitness Account. Nova York: Arcade, 2001. Trad. inglesa Tibére Kremer e Richard Seaver.

OFFICE OF UNITED STATES Chief of Counsel for Prosecution of Axis Criminality. *Nazi Conspiracy and Aggression* (A Collection of Documentary Evidence Prepared by the American and British Prosecuting Staffs). Washington, D.C.: United States Government Printing Office, 1947, suplemento A.

_____. *Nazi Conspiracy and Aggression*: Opinion and Judgment. Washington, D.C.: United States Government Printing Office, 1947.

Porter, Anna. *Kasztner's Train*: The True Story of an Unknown Hero of the Holocaust. Londres: Constable, 2008.

Purves, Grant. *War Criminals*: The Deschênes Commission. Ottawa: Library of Parliament, Research Branch, 1998.

Reichenthal, Eli. "The Kasztner Affair: A Reappraisal". In: Braham, Randolph L.; Heuvel, William J. vanden (orgs.). *The Auschwitz Reports and the Holocaust in Hungary*. Nova York: Rosenthal Institute for Holocaust Studies, Graduate Center of the City University of New York, 2011.

REPORT OF a prisoner who escaped from Auschwitz, 28 jul. 1944, CZA A314/18.

Rings, Werner. *Advokaten des Feindes*: Das Abenteuer der politischen Neutralität. Viena/Düsseldorf: Econ-Verlag, 1966.

Rosin, Arnošt. Entrevista com Erich Kulka. YVA P.25/22, 1965-1966.

Rothman, Marty. Entrevista. United States Holocaust Memorial Museum, n. RG-50.477.1255, 30 jan. 1986.

Ryback, Timothy W. Evidence of Evil. *The New Yorker*, 15 nov. 1993.

Segev, Tom. *The Seventh Million*: The Israelis and the Holocaust. Nova York: Hill & Wang, 1993.

Spira, Karen. Memories of Youth: Slovak Jewish Holocaust Survivors and the Nováky Labor Camp. Tese (Mestrado). Brandeis University, 2011.

Stark, Tamás. *Hungarian Jews During the Holocaust and After the Second World War, 1939-1949*. Nova York: Eastern European Monographs/Columbia University Press, 2000.

STATE MUSEUM AT MAJDANEK. Disponível em: <www.majdanek.eu/en>
Steiner, Andre. Entrevista concedida a Claude Lanzmann para o filme *Shoah*. United States Holocaust Memorial Museum, n. RG-60.5010, 1978.
Strzelecki, Andrzej. "The Plunder of Victims and Their Corpses". In: Gutman, Yisrael; Berenbaum, Michael (orgs.). *Anatomy of the Auschwitz Death Camp*. Bloomington/Indianápolis, IN/Washington, D.C.: Indiana University Press/United States Holocaust Memorial Museum, 1994.
Świebocki, Henryk. *London Has Been Informed*: Reports by Auschwitz Escapees. Oświęcim: Auschwitz-Birkenau State Museum, 1997.
Tibori Szabó, Zoltán. "The Auschwitz Reports: Who Got Them and When?" In: Braham, Randolph L.; Heuvel, William J. vanden (orgs.). *The Auschwitz Reports and the Holocaust in Hungary*. Nova York: Rosenthal Institute for Holocaust Studies, Graduate Center of the City University of New York, 2011.
Trencsényi, Balázs et al. *A History of Modern Political Thought in East Central Europe*. Oxford: Oxford University Press, 2016.
Tschuy, Theo. *Dangerous Diplomacy*: The Story of Carl Lutz, Rescuer of 62,000 Hungarian Jews. Grand Rapids, MI/Cambridge: William B. Eerdmans, 2000.
van Pelt, Robert Jan. "When the Veil Was Rent in Twain: Auschwitz, the Auschwitz Protocols, and the Shoah Testimony of Rudolf Vrba". In: Braham, Randolph L.; Heuvel, William J. vanden (orgs.). *The Auschwitz Reports and the Holocaust in Hungary*. Nova York: Rosenthal Institute for Holocaust Studies, Graduate Center of the City University of New York, 2011.
Vogel, Michael. Entrevista. United States Holocaust Memorial Museum, n. RG-50.030.0240, 14 jul. 1989.
Vrba, Rudolf. "A Source of Ammonia and Changes of Protein Structure in the Rat Brain During Physical Exertion". *Nature*, 1955, v. 176, pp. 117-118.
_____. "Utilization of Glucose Carbon in Vivo in the Mouse". *Nature*, 1964, v. 202, pp. 247-249.
_____. Affidavit in Application for Naturalisation as a British Citizen, 10 jan. 1967.
_____. Entrevista para a série *The World at War*. United States Holocaust Memorial Museum, n. RG-50.148.0013, 1972.
_____. Entrevista concedida a Claude Lanzmann para o filme *Shoah*. United States Holocaust Memorial Museum, n. RG-60.5016, 1978.
_____. Testimony in Ontario District Court, between Her Majesty the Queen and Ernst Zündel, before the Honourable Judge H. R. Locke and a Jury; Appearances, P. Griffiths for the Crown, D. Christie for the Accused; [in] the Courthouse; 361 University Ave., Toronto, Ontario, 7 jan. 1985.
_____. "The Preparations for the Holocaust in Hungary: An Eyewitness Account". In: Braham, Randolph L.; Pók, Attila (orgs.). *The Holocaust in Hungary*: Fifty Years Later. Nova York: Rosenthal Institute for Holocaust Studies, Graduate Center of the City University of New York/Columbia University Press, 1997.
_____. *Flugten fra Auschwitz*. Copenhague: People's Press, 2016.
_____; Bachelard, H. S.; Krawczynski, J. "Interrelationship between Glucose Utilization of Brain and Heart". *Nature*, 1963, v. 197, pp. 869-870.

_____; Bestic, Alan. *I Escaped from Auschwitz*: The Shocking True Story of the World War II Hero Who Escaped the Nazis and Helped Save Over 200,000 Jews. Zimring, Nikola; Vrba, Robin (orgs.). Nova York: Racehorse, 2020.

VRBA-WETZLER REPORT. FDRPL, Records of the War Refugee Board, caixa 7, pasta German Extermination Camps. Disponível em: <www.fdrlibrary.marist.edu/resources/images/hol/hol00522.pdf>.

Vrbová, Gerta. *Trust and Deceit*: A Tale of Survival in Slovakia and Hungary, 1939--1945. Londres: Vallentine Mitchell, 2006.

_____. *Betrayed Generation*: Shattered Hopes and Disillusion in Post-War Czechoslovakia. Cambridge: Zuza Books, 2010.

_____; Hilton, Caroline; Hilton, Peter. "Zuza Jackson (*née* Vrbová), Born Prague, 3 May 1954, Died Cambridge 17 September 2013". *AJR Journal*, v. 14, n. 4, abr. 2014, p. 15.

Wachsmann, Nikolaus. *KL*: A History of the Nazi Concentration Camps. Londres: Little, Brown, 2015.

Waller, Douglas C. *Disciples*. Nova York: Simon & Schuster, 2015.

Wetzler, Alfréd. Testimony of Alfréd Wetzler, 30 November 1963. APMAB, Coleção de Depoimentos, 1963, v. 40, pp. 24-49.

_____. *Escape from Hell*: The True Story of the Auschwitz Protocol. Nova York: Berghahn Books, 2007. Trad. inglesa Péter Várnai.

Winik, Jay. *1944*: FDR and the Year That Changed History. Nova York: Simon & Schuster, 2015.

_____. "Darkness at Noon: FDR and the Holocaust". *World Affairs*, v. 178, n. 4, inverno 2016, pp. 61-77.

Wyman, David S. (org.). *America and the Holocaust*: A Thirteen-Volume Set Documenting the Editor's Book, The Abandonment of the Jews. Nova York: Garland, 1991.

Zimring, Nikola. The Men Who Knew Too Much: Reflections on the Historiography of Rudolf Vrba and Alfréd Wetzler's Escape from Auschwitz-Birkenau and Their Attempt to Warn the World. Tese (Mestrado), Tel-Aviv University, 2018.

_____. "A Tale of Darkness: The Story of the Mordowicz-Rosin Report". In: Vrba, Rudolf; Bestic, Alan. *I Escaped from Auschwitz*: The Shocking True Story of the World War II Hero Who Escaped the Nazis and Helped Save Over 200,000 Jews. Zimring, Nikola; Vrba, Robin (orgs.). Nova York: Racehorse, 2020.

Índice remissivo

açoitamento
    Ver surras
Adamek (prisioneiro polonês), 170, 171, 175, 177, 185, 353n5
agentes provocadores, 190
"Agenor", 244
água, 47, 48, 56, 63, 70
alemães étnicos, 96, 171
Alemanha, 95, 96, 293-296
    Ver também nazistas
Alojamentos
    em Auschwitz-Birkenau, 18, 19, 63, 71, 79
    em Majdanek, 51, 52, 55
    em Nováky, 39-41
ancião, 101
antissemitismo, 246, 247, 278
    na Eslováquia
    na Hungria, 226, 227
Appell (chamada), 55, 63, 79
arame farpado, cerca de, 17, 40, 41, 43
    em Birkenau, 164
    em Majdanek, 51-54
Arendt, Hannah, 282, 288, 322
arianização, 30, 31
Ariel (prisioneiro eslovaco), 66
Aron, Raymond, 322
Aufraumungskommando
    Ver Comando de Remoção
Auschwitz I, campo de morte, 105, 133, 140, 163, 216, 219, 347n46
Auschwitz, Comemoração, 277

Auschwitz, Protocolos de
    Ver Vrba-Wetzler, Relatório
Auschwitz, Relatório de
    Ver Vrba-Wetzler, Relatório
Auschwitz-Birkenau, complexo de campo de morte, 60, 63, 64, 85, 86, 203, 204, 210, 215-225
    conhecimento de, 317, 318
    documentários sobre, 300-305
    excursões em, 279
    ferrovia, 157, 158, 163
    incompreensibilidade de, 321
    julgamento de oficiais da SS, 293-299
    legado, 323-325
    localização, 156
    sistema de numeração, 121, 122
    Solução Final em, 88-94, 113, 114
    subcampos, 165, 184, 187, 294
    transmissões de rádio sobre, 244, 245
    Ver também Auschwitz I; Birkenau (Auschwitz II); Buna/Monowitz (Auschwitz III); planos de fuga; Holocausto; Kanada

Babi Yar (Kiev), 87
bagagem, 79-81, 83, 108, 118
Balaban, Jacob, 166168, 191
balões de barragem, 191, 192
"banhos"
    Ver chuveiros
Barbarossa, Operação, 87
Bauer, Yehuda, 305, 315, 322, 327, 354n18-20

BBC, 244, 245
Becher, *SS-Standartenführer* Kurt, 283
Belarus, 87
Bélgica, 92, 100, 158, 179, 222, 251
Bełzec, 87, 88, 92, 132, 316
bens roubados, 95-99, 102, 103
   "organização" de, 99, 100
Berlim, Muro de, 301, 313
Bestic, Alan, 287, 288, 299
Bielsko, 188, 189
Birkenau (Auschwitz II), 66, 73, 77, 86, 130-135
   câmaras de gás, 90-93
   campo externo, 164, 165, 180-182
   escriturários, 137-140, 162
   Familienlager (campo de famílias), 141-147, 162, 221, 222, 244, 245
   fossos de cascalho, 72, 73
   mulheres em, 76
   planos de fuga de, 165-169
   rampa, 105-125
   resistência clandestina em, 132-136
   Ver também pilha de madeira
Blitz, 31
Blum, Léon, 221
Boemia e Moravia, Protetorado da, 28
Bolek (prisioneiro polonês), 170, 171, 175, 177, 185, 353n5
bombardeios aéreos, 247-250, 263
bombas, vítimas de, 96
borracha, 67
Brand, Hansi, 283
Bratislava, 27-29
   Centro Judaico da (UŽ), 210, 211
   residência de Weiss em, 257, 258
Bruno (*Kapo*, Kanada), 102-104
Budapeste, 34, 37, 38, 42, 128, 224, 227, 230, 240, 249, 252-254, 256, 257, 260-264, 267, 288, 294, 303, 305, 306, 319, 325, 360
Buna/Monowitz (Auschwitz III), 66-72, 248
   processo judicial relativo a, 294, 295
   torres de vigilância, 67
Buntrock, *Unterscharführer*, 17
Burger, Ernst, 128
Burzio, Giuseppe, 236
Butz, Arthur, 297

cabeça raspada, 52
cabelo, 97
cadáveres, 16, 63, 66, 69, 179
   bens valiosos de, 97, 98
   católicos, 238, 239
   chegada na rampa de, 108, 109, 123, 124
   em Birkenau, 132
   em Buna, 71
   incineração mortuária de, 85, 86
   queima dos, das câmaras de gás, 88, 91, 93, 94
   registro de, 137, 138
   valas com fogueiras para a queima de, 131
Čadca, 208-211
cães, 15, 18, 19, 161, 162, 166
   no Exército alemão, 201, 202
caixas para bombas, 73
câmaras de gás, 88-93, 113, 114
   caminhões de comboio, 140
   demolição das, 246
   em Birkenau, 132, 134
   observações de Rosenberg sobre, 122, 123
   prisioneiros de campo de famílias mandados para, 145, 146
   reportagem das, 219-222, 224
campo de famílias (*Familienlager*), 142-147, 162, 222, 244, 245
campos de concentração
   Ver campos de trabalho
campos de morte, 87, 88, 92, 94, 98, 132, 316
   Ver também Auschwitz; Majdanek
campos de trabalho
   Ver também trabalho
campos de trânsito, 39-41, 316
campos
   Ver campos de morte; campos de trabalho; campos de trânsito

Canadá, 80, 81
    Ver também Vancouver
canções, 56, 57
Čanecký, Ondrej, 208, 209
canibalismo, 120
Cantuária, arcebispo da, 243
carregamentos, transportes, 39, 44-50, 58, 59, 179
    câmaras de gás, 89, 92, 93
    católicos, 238, 239
    da Eslováquia, 253, 267, 268
    da Hungria, 158, 226, 230, 234-236, 242, 243, 254-256, 260-264
    de Theresienstadt, 141-144
    números de, 121, 122
    para Buna, 67, 68, 72, 73
    perturbação dos, pelas nações aliadas, 247
    propriedade roubada dos, 95, 97
    rampa, chegada na, 105-120, 122-124
    relatos de testemunhas oculares dos, 316
    reportagem de, 219-222
cartões-postais, 46, 112, 255, 256
"casas com estrela amarela", 263
cascalho, fossos de, 60, 61, 77, 84, 110, 233
cerca elétrica, 63
cercas
    Ver arame farpado, cercas de; cerca elétrica
chamadas, 16, 55, 63, 65, 67, 71, 73, 83, 133, 141, 166, 185, 232
    números de cadáveres nas, 71
    Ver também Appell
chantagem, 102, 129, 133, 135, 283
Chełmno, campo de morte, 87, 93
Christie, Doug, 298, 299
Churchill, Winston, 243, 249-251, 300, 318, 328, 347n41, 347n45
chuveiros, 52, 64, 88-91
"ciganos", 92, 222, 295
Cytryn (prisioneiro soviético), 165, 166, 168
civis, 69, 70, 72, 107

Čo Dante Nevidel [O que Dante não viu] (Lanik/Wetzler), 301, 314
Códice Judaico (Eslováquia), 31
colaboração, 282, 283
Comando de Remoção (Aufraumungskommando), 79-83, 91, 96-99
    Ver também Rollkommando
comida, 274, 275
    "organização" de, 99, 100
    em Buna, 69
    em Majdanek, 51, 56
    fugas, 187
    no Kanada, 81, 82
    planos de fuga, 160, 189-191, 205, 206
    suborno de, para a resistência, 133, 134
    viagens de deportação, 45, 47
comunismo, 32, 129, 290
    na Tchecoslováquia, 273, 276-278
confiança, 50, 52, 152, 160, 259
Congresso Mundial Judaico, 288, 346n20
Conselho de Pesquisa Médica (Canadá), 290
Conselho de Pesquisa Médica (Carshalton, Inglaterra), 285, 289
Conselhos Judaicos (Judenrate), 252, 288, 289, 319
    Ver também UŽ
crematórios, 56, 84
    Ver também câmaras de gás
crianças
    cadáveres, 130, 131
    deportação de, 45, 47-49
    residência no campo de famílias de Birkenau, 144
    seleção de, 105, 107, 109, 110, 114, 115
crimes de guerra, 246, 262, 282, 283, 293-297
criminosos, 53
cristãos, 227, 228
    Ver também Igreja Católica
Croácia, 92
Cruz Flechada, 268, 325
cuidados médicos, 55, 103, 104, 126, 129

ARTE DA FUGA 365

Dachau, campo de trabalho de, 136
Daily Herald (jornal), 287, 288, 293
Daily Telegraph (jornal), 242
DAW (Deutsche Ausrustungswerke/Fábrica Alemã de Equipamentos), 73, 79, 140
deportação
    Ver carregamentos, transportes
decomposição, 93, 94
desinfetantes, 90
dinheiro vivo, 100, 152, 255
dinheiro, 96, 97, 129, 160
    resgate de judeus, pagamento pelo, 255
disenteria, 55, 63, 68
Dobrowolný (soldado da SS), 152, 153
documentos falsos, 225, 258
Dulles, Allen, 243, 245

Eckstein, rabino, 55, 56
economia, 86, 95, 96, 99-102
    Ver também dinheiro
Eden, Anthony, 243, 249, 250, 316, 347n45
Effektenlager (depósito de bens pessoais), 79, 83
Eichmann, Adolf, 252-256, 268
    capangas, 282, 283
    julgamento de, 287, 288
    população judaica da Eslováquia e, 296, 297
    população judaica de Budapeste e, 262, 263
Einsatzgruppen (unidades de assassinato móveis), 87
Eisenbach, Alexander ("Sandor"), 166, 168, 169, 191
Eisler, Erwin, 29, 53
Éliás, József, 227-229
eliminação
    Ver Solução Final
enfermaria, 82, 88, 102, 123
    injeções letais, 126, 127
enforcamentos, 151, 152, 168, 169
Engel, Miklós, 221

enterros em massa, 93, 92
Erdelyi, Josef, 59, 75, 76, 78, 79
    em Buna, 66, 67, 69-72
    morte, 126, 127
esconderijo
    Ver pilha de tábuas
escriturários, 104, 133, 134, 137-142, 145, 157, 159, 162, 169, 174, 222, 232
Eslováquia, 25-34, 37, 38, 66
    câmaras de gás, vítimas da, 92
    campos de trânsito na, 39, 40
    Canadá, emigrantes para, 80, 81
    carregamentos vindos da, 122, 161, 267, 268
    fuga na, 156, 207-211
    Hungria, relação com, 253, 254
    Igreja Católica na, 235-239
    Majdanek, internos em, 52, 53
    Mordowicz/Rosin, informação proveniente de, 234, 235
    movimento de resistência na, 268, 269
    Wetzler, homenagem a, 302
    Ver também Bratislava; Nováky, campo de trânsito; Trnava, UŽ
esquis, 73, 77
Estados Unidos da América, 87, 242-248
    negação do Holocausto, 297
    residência de Vrba nos, 281, 290, 291
    Ver também Roosevelt, Franklin
estrela amarela
    Ver estrela de Davi
estrela de Davi, 32
Exército alemão, 73, 191, 192, 201, 202

fábricas, 66, 67, 86, 216, 217
Farber, Josef, 128, 129, 132
Faurisson, Robert, 297
fenol, 126
Fischer, Laco, 78
Força Aérea dos Estados Unidos, 248, 250, 263
França, 92, 100, 122, 152, 153, 158, 220, 222, 251, 297
Frank, Anne, 10

Frankfurter, Felix, 321
Freudiger, Fülöp, 303
Fries, SS-Oberscharführer Jakob, 65, 67, 84, 131
    revista de prisioneiros por, 74, 75, 98, 126-128
fuzilamentos em massa, 87, 316

Garrett, Walter, 241-243, 245, 249, 261, 287
gás venenoso
    Ver Zyklon B
Gestapo, 17, 168, 169, 173, 183, 205, 206, 216, 236, 240, 268, 321, 326
Gilbert, Martin: *Auschwitz and the Allies*, 300, 316-318, 346*n*20, 347*n*41, 347*n*45
Getzel, Abramowicz, 166-169, 340*n*5
Grabner, Maximilian, 89, 90
Grã-Bretanha, 41, 249, 250, 287, 288, 300, 317, 353*n*5
    conhecimento das atrocidades nazistas, 316-318
    Ver também Inglaterra
Graf, SS-Unterscharführer Otto, 81, 176, 295
Grécia, 152, 158, 222, 251
Grepo (polícia de fronteira), 183
Gruenwald, Malkiel, 281-283
Grupo de Trabalho do UŽ (Centro Judaico), 218, 224, 226, 235, 236, 240
    sionismo, 303, 304
Guerra Civil Espanhola, 128, 129, 133
guerrilheiros, 35, 190, 203, 206, 207
    na Eslováquia, 268, 269
guetos, 45, 122
    Łodź, 87
    na Hungria, 254, 255, 263
    resistência sionista nos, 304, 305
    Varsóvia, 162, 255, 272, 304, 306, 316
Gustavo V da Suécia, rei, 262
Gyulai, condessa Ilona Edelsheim, 260

Haifa, Universidade de, 304, 314
Hartenstein, SS-Sturmbannführer, 183
Harvard, Escola Médica de, 290
Heiliger, Max, 97

Henderson, Ian, 317
Heydrich, Reinhard, 87
Hilton, Beth, 286
Hilton, Sidney, 280, 286
Himmler, Heinrich, 86, 95, 110, 184, 294
Hirsch, Fredy, 145
Hitler, Adolf, 28, 230, 269, 272, 288, 295, 304, 312, 315
Hitlerista, Juventude, 186
Hlinka, guardas, 40, 41, 43, 44, 46, 208
    administração dos transportes de carregamento, 44, 45
    identificação de Nemsila, 297
Hlinka, Partido (Partido do Povo Eslovaco), 28, 30, 33, 34
Holanda, 92, 100, 152, 158, 170, 220, 222, 243, 251
Holocausto, 9, 272, 292, 305, 306
    legado do, para a segunda geração, 311
    negação do, 297, 298, 321, 322
    sobreviventes, 293, 294
holofotes de busca, 60, 63, 73, 74, 164
homossexuais, 53
Horny, Stephan, 324
Horthy, Miklos, 226, 260-264, 268, 348*n*45
Hoss, Rudolf, 85, 86, 94, 222, 295
Houdini, Harry, 325
Hungria, 28, 34, 35-38
    antissemitismo na, 226, 227
    carregamentos da, 234-236, 239, 242, 243
    Conselho Judaico na, 288, 289
    controle da Cruz Flechada, 267, 268
    esforços de Mantello na, 215, 216
    governo de Horthy, 260-264
    informação negada para, 305
    judeus na, 158, 163, 222-224
    negociações de Kasztner na, 252-256, 282-284
    reação ao Relatório Vrba-Wetzler, 227-231, 251-254
    Ver também Budapeste
Hunsche, Otto, 294

I Cannot Forgive (Vrba), 288, 292
IG Farben, 69, 72, 216, 294, 295
Igreja Católica, 229-231, 236-239
    conhecimento das atrocidades, 316
    na Hungria, 261, 262
informantes, 160
Inglaterra, 34, 35, 239, 279, 284-287, 289, 291, 309, 325
inspeções, revistas, 73-76, 98
intervenção militar, 246-250
Israel, 183, 184, 249, 281-284, 288, 302-305, 314
    julgamento de Eichmann, 288, 289
    Ver também Palestina
Iugoslávia, 34, 35, 222
Izbica, campo de trânsito de, 316

Jaster, Stanisław, 318
Jawiszowice (Jawischowitz), 187
joias, 80, 96, 97
jornais, 241-243
judaísmo
    Ver judeus
Judenrampe (rampa dos judeus), 105, 106, 115, 121, 122, 158, 179, 216, 255, 298
judeus, 176, 177, 184
    belgas, 179
    campos de trânsito para, 39, 40
    colaboração contra, 281-284
    comunidade de Budapeste, 262-264
    comunistas contra, 277, 278
    em Majdanek, 51-53
    escondidos, 189
    eslovacos, 26-34, 38, 39, 161, 208, 209
    húngaros, 163, 222, 223, 226-231, 251-253, 324, 325
    informação dada a, 143-147, 314, 315
    informação nas nações aliadas, 316-318
    objetos pessoais, 79, 80
    residência em Israel de, 281, 282
    resistência dos, 318, 319
    Ver também Solução Final; carregamentos; sionismo
Juttner, *Obergruppenführer* Hans, 283

Kahan, Esther, 221
Kanada (Auschwitz), 78-84, 90, 91, 94
    "organização" do, 95-98
    negócios no, 95-98
    provisões da rampa para, 106
    refugiado do, 127, 128
    relocação em Birkenau, 131, 132
    resistência clandestina no, 128-130
    riqueza de internos proveniente do, 98-104
Kapos, 53, 54, 57
    comportamento na rampa dos, 107-109
    em Auschwitz, 63, 64
    em Birkenau, 132
    em Buna, 67-71
    fugitivos, tratamentos dos, 151
    inspeções, revistas feitas por, 64
    mulheres como, 82
    no Kanada, 78, 79, 101-104
    resistência clandestina de, 132, 133
Karski, Jan, 316, 321, 322
Kasztner, Rezső, 226, 251-256, 288, 289, 307, 319
    crenças sionistas, 303-305
    em Israel, 282-284
Katz, Chaim, 221
Klein, George (Gyorgy), 319-322, 324, 325
Knapp, Josef, 41
Komoly, Otto, 252
Konig, *SS-Rottenführer* Ernst-August, 295, 296
Konig, *SS-Unterscharführer* Hans, 81
Kopecky, Jaromir, 243, 244
Krasňanský, Oskar, 215-217, 219, 222-224, 240
    apelo a Igreja Católica, 236-239
    apelo às nações aliadas, 246
    em Israel, 281
    Hungria, informação para, 226, 251, 252
    Mordowicz/Rosin, informação proveniente de, 234, 235
Krausz, Moshe, 303

Krell, Robert, 323
Kripo (Polícia Criminal), 183
Kristallnacht [Noite dos Cristais], 314, 315
Krumey, Hermann, 254, 283, 294
Krupp, 216
Kuhnemann, SS-Unterscharführer Heinrich--Johannes, 296

Langer, Fero ("Bullo"), 152, 153, 155, 171
Lanik, Jozef
    Ver Wetzler, Alfréd (Fred)
Lanzmann, Claude, 300, 306, 319
Lederer, Siegfried, 172, 173, 175, 341n8
Levi, Primo, 10, 305
liberalismo, 32
Linn, Ruth, 302, 304, 314, 327
Lipson, Robin
    Ver Vrba, Robin
Liptovský Svätý Mikuláš, 224, 234, 257
Lituânia, 87, 222
Łódź, 87
Londres,
    Ver Grã-Bretanha
Lublin, 40, 48, 50, 56, 58-60, 86
Lucas, Blanche, 241, 287
Luftwaffe, 96
Lutz, Carl, 252

Majdanek, campo de morte, 51-58, 86, 87
malas
    Ver bagagem
Manchester Guardian (jornal), 242
Mantello, George, 240-243, 245, 303
Martilotti, monsenhor Mario, 236-239, 261
Mauthausen, campo de trabalho, 136
McClelland, Roswell, 245, 246
McCloy, John, 247, 248
membros artificiais, 97, 98
Mengele, Josef, 109, 119, 321
Milówka, 156, 185, 203, 206-208
minas de carvão, 86, 187
Mordowicz, Czesław, 232-241, 257
    nova prisão de, 321

Vrba, relação com, 272, 273
morte em Auschwitz, 63-66, 71
    em Buna, 68-72
    em Majdanek, 55, 56
    fugas fracassadas, 151-154
    procedimentos de seleção, 110, 111
    Ver também cadáveres; crematório; campos de morte; câmaras de gás
necrotérios, 85, 86
mulheres, 76, 141
no Kanada, 80, 82, 99, 102, 103
seleções, 109, 110, 114, 115
Muller, Filip, 134, 353n5
Munique, Acordo de (1938), 28
Munk, Alicia, 143-146, 162
Muselmänner, 65, 79, 82, 132

nacional-socialismo
    Ver nazistas
nações aliadas, 240-250, 261
    conhecimento das atrocidades, 316-318
Nações Unidas, 316
nascimento de crianças, 141
Natal, 131
Nature (revista científica), 285
nazistas, 28, 244
    alegada colaboração de Kasztner com, 283, 284
    engodo por parte dos, 112-117, 146, 220, 221
    eufemismos, 115
    na Eslováquia, 30, 31, 267, 268
    negação dos, 297, 298
    ocupação da Hungria, 251-256, 260
    planos para a Solução Final, 86, 87, 316, 317
    receita em dinheiro dos, 39, 314
    rotinas dos, 206
    UŽ, criação da, 217, 218
    Ver também Gestapo; SS
Neue Zurcher Zeitung (jornal), 242
Neumann, Oskar, 215, 217, 218, 223, 224
    em Israel, 281
Neumann, Renée, 172, 173

News for Women (programa de rádio), 244
Nováky, campo de trânsito de, 39-45
números dos prisioneiros, 64, 65, 121, 122, 142
  Ver também tatuagens
Nuremberg, 283

Oberkapos, 55, 56
objetos pessoais, 79-83
"organizar", 99, 100
Oświęcim, 40, 85, 105, 156, 162, 173, 206
  Ver também Auschwitz
Otto (prisioneiro eslovaco), 66
ouro, 33
  extrações de dentes, 97, 98, 138

Palestina, 133, 240, 303, 304
Papua Nova Guiné, 309-311
pasta de dentes, espremedores de, 80, 83, 96
Pehle, John, 245-248
peiot (cachos laterais), 27, 209
pesquisa com células, 285, 286
Pestek, *SS-Rottenführer* Viktor, 171-173
Pilecki, Witold, 318
pilha de madeira, 15-22, 166, 167, 170, 171, 177-181
Pio XII, papa, 261
piolhos, 52, 75, 88, 126, 130
Pisarzowice, 189, 191
planos de fuga
  da Eslováquia, 35, 36
  da Tchecoslováquia, 279-281
  de Birkenau, 155, 156, 160-171, 173-184, 232-234
  de Majdanek, 56, 57
  de Nováky, 40-42
  enforcamento de fugitivos capturados, 151, 152
  Langer, planos de, 152, 153
  Pestek, planos de, 171-173
  planos da rampa, 118, 119
  Unglick, planos de, 153-155
  Volkov, diretrizes, 159-161
  Ver também pilha de madeira

Polhora-Pomfy, Mikulás, 297
Pollack, dr., 208-211
Polônia, 33, 40, 101, 280
  assassinatos em massa na, 87
  Canadá, emigração para, 80, 81
  carregamentos vindos da, 121
  comunidade judaica da, 92
  fugas na, 186-207
  governo no exílio da, 315-319
  prisioneiros políticos vindos da, 85, 86
  retorno de Vrba a, 272
  Ver também Auschwitz; Lublin; Oświęcim; Majdanek; Varsóvia, gueto de
Porąbka, 167, 191, 203, 205, 352*n*4
Praga, 109, 114, 143, 172, 173, 270-273, 277, 278, 280, 281, 285, 286, 289, 291, 296, 311
prisioneiros de guerra, 50, 66, 88, 156, 159, 190
prisioneiros políticos, 53, 85, 86, 133, 135, 136, 152, 157, 221
propaganda, 28, 318

quarentena, campo de (Birkenau BIIa), 139, 140, 142, 144

rádio, transmissões de, 244, 245
RAF (Royal Air Force — Real Força Aérea), 249, 250
reassentamento, 39, 45, 46, 53, 83, 101, 109, 112, 219, 253, 316
  Ver também carregamentos, transportes
redes ferroviárias, 85, 86, 106
  bombardeios aéreos, 247-250
  em Auschwitz, 157, 158, 163
  na Hungria, 254
Reichsbank (Banco do Reich), 97, 98, 129
relógio, 160, 174, 175, 179
resistência clandestina, 127-130, 132-136, 138, 139
  no campo de famílias, 144, 145
  planos de fuga, 163, 172, 173

resistência
  Ver resistência clandestina
Riegner, Gerhart, 244
Rollkommando (grupo de rolagem), 106, 108, 110, 115, 118, 119
Roma, 92, 230, 261, 295, 316
Roncalli, monsenhor Angelo, 316
Roosevelt, Franklin, 243, 248, 251, 316, 321, 328
  Hungria, advertência a, 262, 263
Rosenberg, Elias (pai de Walter), 25, 26, 312
Rosenberg, Fanci (irmã de Walter), 25, 26
Rosenberg, Ilona (mãe de Walter), 25-27, 29, 34, 35
  Gerta, aprovação de, 273
  reencontro com Rudi, 271
Rosenberg, Max (primo de Walter), 26, 27, 119
Rosenberg, Sammy (irmão de Walter), 25, 53, 54
Rosenberg, Walter (depois, Rudolf Vrba), 10, 34, 35, 248, 322
  Auschwitz, chegada a, 63-66
  Auschwitz, viagem a, 58-60
  colegas de campo, relação com, 233
  corrida em fuga, 184-207
  criação de, 25-27
  deportação de, 44-50
  Eisenbach, relação com, 166-169
  em Birkenau, 130-133, 180-182
  em Buna, 66-72
  em Majdanek, 51-58, 86
  em Nováky, 39-42
  em Topoľčany, 42, 43
  fossos de cascalho, trabalho nos, 72, 73
  inspeção, revistas de, 74-77
  judaísmo de, 27-33
  Langer, relação com, 152, 153
  linha ferroviária, tomada de consciência da, 157, 158
  memorização de dados, 121-123, 139-141
  na Eslováquia, 206-211
  na Hungria, 36-38
  no campo de famílias, 142-147
  no Kanada, 78-84, 95-104
  Pestek, relação com, 172
  pilha de madeira, esconderijo na, 178-180, 183 184
  plano de fuga, 15-22, 155, 156, 170, 171, 173-177
  rampa, trabalho na, 105-125
  resistência clandestina, participação na, 128-130, 132-136
  Solução Final, compreensão da, 83, 84, 92-94
  tifo, doença provocada por, 126-128
  Unglick, relação com, 153-155
  UŽ, informação para, 215-219, 222-225
  Volkov, orientação de, 159-161
  Wetzler, relação com, 137, 138, 161-163
  Ver também Vrba, Rudolf; Vrba--Wetzler, Relatório
Rosenheim, Jacob, 247
Rosin, Arnošt, 233-235, 240, 303, 344n22
  Vrba, relação com, 257, 272, 273, 302
roupas, 51, 52, 55, 58
  câmaras de gás, arranjo de, 90, 91
  Comando de Remoção, escolha de, 80
  em Auschwitz-Birkenau, 65
Kapos com triângulo verde de criminosos comuns, 53, 63, 102, 103, 133, 142, 158
  planos de fuga, 152, 153
  qualidade das, 139
  redistribuição de, 95, 96
  triângulo amarelo dos judeus, 65
  triângulo vermelho dos prisioneiros políticos, 53, 133
Rússia
  Ver União Soviética

Sachsenhausen, campo de trabalho de, 159

saneamento, 55, 109, 132
sapatos, pilhas de, 82, 84, 92
Schindler, Oskar, 10
Schreiber ver escriturários
Schwarzhuber, *SS-Untersturmführer* Johann, 232
SD (Serviço de Segurança), 183
Seder, 177
seleções, 109-111, 115, 119, 123, 140, 141, 176
   médicos, 126
   relatório Vrba-Wetzler, detalhes das, 217, 219, 220, 249
Serédi, arcebispo Jusztinián, 229, 230, 260
Shertok, Moshe, 249
Shoah (documentário), 9, 300, 301, 306, 307, 314, 319
Sidonova, Gerta *Ver* Vrbová, Gerta
Siemens, 216
Silésia, 85, 86, 92, 101, 186
Sinclair, Archibald, 250
Sinti, 92, 295, 296
sirenes, 16, 19, 153, 166, 167, 172, 173, 178, 179, 230, 232
Skalité, 207-209
Slánský, Rudolf, 277
Sobibor, campo de morte de, 87, 92, 132, 316
socialismo, 32, 33
   Ver também comunismo
Soła, rio, 156, 184, 187, 188, 191, 234
Soljenítsin, Alexander, 297
Solução Final, 83, 84, 86-94, 113, 114, 317
   Eichmann, arquiteto da, 254
   em Birkenau, 133-136
Sonderkommando (Comando Especial), 91, 93, 94, 134, 154, 176, 221, 294, 353*n*5
   despir cadáveres, função do, 97
   expectativa de vida do, 138
Soós, dr. Geza, 227-229
SS, 16-21, 67, 186, 187
   celebrações de Natal da, 131
   chamadas, 71
   Departamento Político, 160

deportações, administração das, 46, 48-50, 59
dinheiro, roubo de, 129
em Auschwitz, 59, 63
em Buna, 68-70
em Majdanek, 52, 55, 56, 58
fugitivos, tratamento dos, 151-155, 164-175
inspeções, revistas feitas pela, 75, 76
julgamentos de, 287-296
massacres cometidos pela, 87
nas câmaras de gás, 89-94
no campo de famílias, 142-144
no Kanada, 79, 81, 82, 101, 102
Pestek, tentativa de fuga de, 171-173
propriedade roubada, apropriação de, 96
rampa, administração da, 105-107, 109, 110, 112-116, 118, 119
represálias da, 119, 120
resistência eslovaca a, 268, 269
Rosenberg, tratamento de, 173, 174
SS-WVHA (Agencia Central Econômica e Administrativa), 86
Stäglich, Wilhelm, 297
Steiner, Erwin, 211, 215, 219
Stern, Samu, 252
suborno, 26, 83, 102, 103, 133, 135, 153, 158, 253
sucá (cabana temporária), 26
Suíça, 230, 236, 239, 240, 242, 243, 245, 247, 255, 256, 261, 262, 317, 352*n*3
surras, 31, 44, 51, 52, 54, 55, 64, 66, 81, 82, 89, 98, 103, 166, 169, 175, 178, 179, 220, 233, 321
   detalhamento das, no Relatório Vrba--Wetzler, 219
   em Birkenau, 135
   morte por, 66, 98
   no Kanada, 79, 81
surtos de tifo, 72-77
Svätý Jur, 236, 238
Székely, Mária, 228, 229, 260
Szmulewski, David, 132, 133, 137, 163, 352*n*5

tabaco soviético (*machorka*), 15, 18, 19, 161, 166
tatuagens, 64, 65, 122, 138, 142, 167, 207, 217, 219, 238, 292, 293, 313, 326
números dos prisioneiros
Tchecoslováquia, 25, 28, 279-281
comunismo na, 273, 276-278
governo no exílio, 34, 243, 244, 268
residência de Wetzler na, 301
Ver também Birkenau; *Familienlager* (campos de famílias); Praga; Theresienstadt
terra de ninguém, 38, 119
Testemunhas de Jeová, 53
testemunhas oculares, relatos de, 316
The New York Times (jornal), 242, 322
The Times (jornal), 242
Theresienstadt, 114, 141, 144, 146, 173, 271, 341*n*8
Terceiro Reich
Ver nazistas
tifo, 72, 75, 77, 78, 84, 126-128, 130, 137, 221, 298
Tiso, Jozef, 28-31, 236
deportações, garantias sobre, 45, 49
médicos, indulto a, 208
Tito, Josip, 35
Topoľčany, 25, 41, 42, 59, 183
Török, Sándor, 260, 261
torres de vigilância, 17, 20, 21, 63, 67, 164
tortura, 120, 121
trabalho agrícola, 57
trabalho escravo, 18, 40, 86
em Buna, 66-70
em Majdanek, 57
nas minas de carvão, 187
nos fossos de cascalho, 72
vindo de Oświęcim, 85
trabalho, 56, 57, 60, 65, 66
Ver também trabalho escravo
trabalhos forçados
Ver trabalho escravo
Treblinka, campo de morte, 87, 88, 92, 132, 316
trens
Ver redes ferroviárias; carregamentos, transportes
triângulos, identificação de prisioneiros como, 53, 65
Trnava, 29-32, 35, 37, 42, 53, 66, 78, 128, 133, 137, 143, 159, 161, 183, 249, 257, 258, 267, 270, 271, 273, 280, 314, 352*n*5
Turquia, 240
tzitzit (colete de franjas), 27

Uher, Milan, 268, 269, 286
Új Kelet (jornal), 284
Unglick, Charles, 153-155, 158, 167
União dos Combatentes Antifascistas, 277
União Soviética, 87, 269
prisioneiros de guerra da, 66, 88, 159
residência de Vrba na, 278-280
Untermenschen (povo inferior), 31
URSS
Ver União Soviética
UŽ (Ustredňa Židov/Centro Judaico de Bratislava), 210, 211, 215, 217, 218, 257

Va'ada, 251
valas com fogueiras, 130, 131
valores, bens valiosos, 80, 81, 96, 97
Vancouver, 290-293, 295-297, 306, 307, 309, 314, 319, 322, 323, 324, 326, 327
Varsóvia, gueto de, 162, 255, 272, 304, 306, 316
Vaticano
Ver Igreja Católica
Viena, 26, 81, 106, 109, 129, 279, 280, 295, 308
Volkov, Dmitri, 159-161, 163, 166, 167, 171, 174, 186, 187, 189, 191, 201, 203, 269
Votoček, Emil, 30
Vrba, Robin (segunda esposa de Rudi), 10, 291-293, 301, 312, 313, 322, 324, 327

Vrba, Rudolf (Rudi; antes Walter Rosenberg), 9, 10, 225, 322-326
  caráter, 305-308
  comunismo, aversão ao, 276-278
  documentários, participação em, 300, 301
  educação, 269, 270
  em Bratislava, 257, 258
  em Israel, 281, 282, 284
  em Viena, 279-281
  fuga, motivo para, 314, 315
  Gerta, relação com, 257-259, 267, 271-276
  Helena, suicídio de, 309-313
  IG Farben, processo judicial, 294, 295
  Igreja Católica, relatório para, 236-239
  judeus húngaros, informação para, 235, 236, 251, 318-321
  julgamentos, testemunha em, 293-299
  mãe, reencontro com, 270, 271
  Mordowicz/Rosin, relação com, 234
  na Inglaterra, 285-289
  nações aliadas, compreensão das, 316, 317
  no Canadá, 290-293
  resistência eslovaca, participação na, 268, 269
  sionismo, crítica ao, 303-305
  Wetzler, relação com, 301, 302
  Ver também Rosenberg, Walter
Vrba-Wetzler, Relatório, 226, 235, 300
  acusações de Gruenwald da cumplicidade de Kasztner no, 281-284
  cópias clandestinas, 256-259
  minimização israelense do, 302
  publicação do, 240-244
  reação britânica ao, 248-250, 317
  reação da Igreja Católica ao, 237-239
  reação de Klein ao, 319-321
  reação dos Estados Unidos ao, 246-248
  reação húngara ao, 227-231, 251-254, 260-262, 264
  transmissões de rádio do, 244, 245
Vrbová, Gerta (primeira esposa de Rudi), 10, 30, 143, 257-259
  casamento, 271-276
  fuga de, 267, 268, 280, 281
  Helena, relação com, 311
  na Inglaterra, 286-289
Vrbová, Helena (filha mais velha de Rudi), 274, 275, 280, 286, 287, 289, 293
  suicídio, 309-313
Vrbová, Zuzana (Zuza, Zuzka) (filha mais nova de Rudi, depois Jackson), 274, 275, 280, 286, 287, 289, 293
  Helena, suicídio de, 309-313
  relação com o pai, 324

Waldsee, 254, 256
Wallenberg, Raoul, 303
Wannsee, Conferência de (1942), 87
Weiss, Josef, 257, 303
Weissmandl, rabino Michael Dov, 246-249
Weizmann, Chaim, 249
Wetzler, Alfréd (Fred), 137, 138, 142, 161-163, 180-182
  companheiros de campo, relação com, 232, 233
  corrida em fuga, 184-207
  em Israel, 305
  morte, 314
  na Eslováquia, 207-211
  Pestek, plano de fuga de, 172
  pilha de madeira, esconderijo na, 179, 180, 183, 184
  plano de fuga, 15-22, 170, 177
  relato da fuga feito por, 301, 302
  UŽ, relato para o, 215-217, 219, 220, 222-225
  Vrba, relação com, 272, 273, 278
  Ver também Vrba-Wetzler, Relatório
Wetzlerová, Etela, 278
Wiegleb, *SS-Scharführer* Richard, 103-105, 127, 128, 130, 131, 336n19
Wiesel, Elie, 305, 315

Wiesenthal, Simon, 296, 297
Winterhilfeswerke (fundo de socorro de inverno), 95
Wiskemann, Elizabeth, 244, 245, 249
Wisliceny, *SS-Hauptsturmführer* Dieter, 33, 253, 283
World at War, The (documentário), 300, 305
WRB (War Refugee Board — Corpo de Refugiados de Guerra), 245-247

Yad Vashem (Jerusalém), 302, 328
Yank (jornal do Exército norte-americano), 246
Yup (prisioneiro alemão), 157, 158, 223

Žilina, 211, 215-225
   sionismo, 32, 133, 251, 252, 258, 303-305
Zündel, Ernst, 297-299, 314
   Did Six Million Really Die?, 298
Zyklon B, 88-91, 113, 120, 162, 221, 270, 352*n*4

1ª edição	JUNHO DE 2023
impressão	IMPRENSA DA FÉ
papel de miolo	PÓLEN NATURAL 70G/M²
papel de capa	CARTÃO SUPREMO ALTA ALVURA 250G/M²
tipografia	BEMBO